西南政法大学证据法学研究中心
潘金贵 主编

证据法学论丛

ZHENGJU FAXUE LUNCONG 第八卷

中国检察出版社

《证据法学论丛》编辑委员会

目　录

卷首视点

证据法理

前沿聚焦

实证研究

异域法苑

●卷首视点

完善证据规则　实现司法公正

——基于新《民事证据规定》施行的思考

潘金贵*

党的十八届四中全会审议通过的《中共中央关于全面推进依法治国若干重大问题的决定》（以下简称《决定》），对司法工作提出了“坚持以事实为根据，以法律为准绳，健全事实认定符合客观真相、办案结果符合实体公正、办案过程符合程序公正”的目标。习近平总书记多次强调应当努力让人民群众在每一个司法案件中感受到公平正义，为新时代司法工作提出了更高的要求。司法活动实现公平正义的前提是遵循证据规则，正确地收集、审查、运用、认定证据，否则容易导致错误认定事实，酿成冤假错案，损害公平正义。因此，证据规则的构建和完善，无疑是实现司法公正的重要一环。

2019 年 12 月 26 日，最高人民法院发布了《关于修改〈民事诉讼证据的若干规定〉的决定》，新的《民事诉讼证据的若干规定》（以下简称新《民事证据规定》）于 2020 年 5 月 1 日开始施行。修改《民事证据规定》，是贯彻党的十八届四中全会精神，推进以审判为中心的诉讼制度改革，全面贯彻证据裁判原则，贯彻落实民事诉讼法，推动民事审判程序规范化，回应新时代人民群众的司法需求，满足人民法院审判实践需要的重要举措。新《民事证据规定》的施行，翻开了民事证据规则司法适用的新篇章，对民事审判工作必将产生重要的影响。基于此，笔者有以下几点感悟和思考：

---

* 西南政法大学法学院教授，证据法学研究中心主任，博士生导师。

一、法治的核心是规则之治，证据规则的完善是全面推进依法治国不可或缺的重要组成部分

"规则之治，才属于法治的治理方式"，规则产生标准，标准让人们可预期。法治就是规则之治。治理一个国家，规则之治才是现代的治理方式。[①] 正如习近平总书记所说："人类社会发展的事实证明，依法治理是最可靠、最稳定的治理。"[②] 法理学上认为，法律规则是构成法律规范的主要元素。法律原本就是社会成员共同认可的行为规则的集合体，是社会成员共同价值观的升华。无论实体法还是程序法，都是确立人们行为规则的规范总合，证据法不管是作为实体法或者程序法的组成部分抑或自成体系，同样具有法律规则的基本属性。依法治国作为党领导人民治理国家的宏伟方略，其基本内涵可解读为依照法律确立的规则治理国家，而治理国家的具体表现之一就是通过诉讼途径按照法律规则解决国家与公民之间、公民与公民之间的纠纷，其中证据规则就是国家用以解决纠纷的基本法律工具之一。应当看到，新《民事证据规定》为解决民事诉讼纠纷提供了更为科学的证据指引，这无疑是在民事司法领域通过证据规则的完善进一步全面推进依法治国宏伟方略的重要体现。

二、法治建设的经验表明，证据规则的缺失，是妨碍实现司法公正的重要原因，构建和完善证据规则是实现司法公正的重要保障

改革开放以后很长一段时间内，虽然我国法治建设逐步发展，立法工作成绩斐然，但是立法机关、司法部门对证据规则的构建重视不够，刑事诉讼法、民事诉讼法、行政诉讼法中涉及证据的法律规定均是寥寥数条，基本处于规则缺失的状态。证据规则的缺失，导致的消极影响是多方面的，例如：公安司法人员在处理具体案件遇到证据问题时往往陷入"无法可依"的困境；公安司法人员、当事人及普通民众的证据意识、规则意识淡薄；由于无规则可循，给公安司法人员留下了极大的自由裁量空间和权力寻租空间，致使无论民事诉讼还是刑事诉讼中，都存在案件的处理偏离公正底线的问题等。在民事诉讼领域，直至2001年最高人民法院发布《关于民事诉讼证据的若干规定》，才构建起初步的证据规则，对于民事诉讼当事人证据意识的形成、审判人员证据裁判理念的确立具有里程碑的意义。而在刑事诉讼领域，2010年"两高三部"发布了《关于办理死刑案件审查判断证据若干问题的规定》和《关于办理刑

---

① 胡建淼：《法治是规则之治》，载《法制日报》2016年6月20日第2版。

② 《习近平主席在庆祝澳门回归祖国15周年大会暨澳门特别行政区第四届政府就职典礼上的讲话》，载中国政府网2014年12月20日，http: //www. gov. cn/xinwen/2014 - 12/20/content_2794531. htm。

事案件排除非法证据若干问题的规定》，初步解决了刑事诉讼中证据规则过于粗疏的问题。应当看到，随着法治建设的不断发展，证据规则的不断健全和完善，公安司法人员及民众的证据意识不断提升，证据裁判的理念日益被接受和认知，近年来公安司法机关办理案件的质量明显有了较大的提高，通过证据规则保障司法权力正当行使的积极效应正在凸显，司法的公正性、权威性得到了进一步增强。

三、新《民事证据规定》的施行对于保障民事司法领域实现司法公正具有重要意义，并对刑事诉讼、行政诉讼证据规则的完善具有借鉴价值

新《民事证据规定》对原规定作了大幅度的修改，其中，保留原规定未作修改的只有11条，对原规定作出修改的有41条，新增加条文47条。此次修改，是在总结近二十年民事审判实践经验的基础上，针对司法实践中证据方面的突出问题进行了严格规范。新《民事证据规定》具有以下四个方面的特点：一是进一步规范民事诉讼各方主体的证据行为；二是进一步明确民事诉讼各方主体的职能分工；三是进一步加大对虚假证据行为的制裁力度；四是进一步完善民事诉讼证据的审查判断规则。总体而言，新《民事证据规定》对民事诉讼证据规则的修改、补充和完善，体现在以下几方面：第一，补充和完善“书证提出命令”制度，扩展当事人收集证据的途径；第二，修改和完善当事人自认规则，更好地平衡当事人处分权的行使和人民法院发现真实的需要；第三，补充和完善当事人、证人具结和鉴定人承诺制度以及对当事人、证人虚假陈述和鉴定人虚假鉴定的制裁措施，推动民事诉讼诚信原则的落实；第四，补充和完善电子数据范围的规定，明确电子数据的审查判断规则。① 应当看到，新《民事证据规定》围绕审判实践中关于民事诉讼证据规则的适用存在的突出问题和民事诉讼制度发展过程中出现的新情况、新问题作出了相应规定，其现实针对性强、问题意识强、前沿意识强，不少规定可圈可点，值得充分肯定。新《民事证据规定》的施行，进一步完善了民事诉讼证据规则及相关的程序规则，无疑将更好地保障当事人的诉讼权利，促进司法公正的实现。同时，尤其需要指出的是，新《民事证据规定》中的一些规定，如关于鉴定和电子数据的规定就比刑事诉讼法相关解释和《关于行政诉讼证据若干问题的规定》的相关规定更为翔实，更具有操作性，对于今后完善刑事诉讼、行政诉讼的证据规则有一定的借鉴意义和参考价值。

---

① 参见江必新：《关于理解和适用新民事证据规定的若干问题》，载《法律适用》2020年第13期。

四、新《民事证据规定》的施行为证据法学研究开辟了新的空间，对“证据法学一体化”的构建具有重要意义

证据法学是一门综合性学科，其内容涵盖了刑事实体法、民事实体法以及行政实体法所确立的实体性证据规则，如刑法规定的巨额财产来源不明罪的证明责任、民法典相关条文规定的过错推定制度等，也涵盖了刑事诉讼法、民事诉讼法、行政诉讼法所确立的程序性证据规则，还涵盖了证据技术、法庭科学、心理学等关联学科的相关知识。因此，虽然我国采取了大陆法系国家的立法模式，将“证据”规定在诉讼法中，但绝不能将证据法理解为仅仅是程序法的问题。同时，证据是刑事诉讼、民事诉讼、行政诉讼中共有的内容，其原理具有共通性，而在具体的证据规则上各自又有诸多不同。因此，证据法学的研究以及教学均应当坚持“证据法学一体化”的视野，做到相关知识的融会贯通。当前，我国证据法学研究以及教学中存在的刑事证据、民事证据、行政证据“不相往来”的现象是值得反思的。从这个层面上说，新《民事证据规定》的施行不仅为民事证据法而且为整个证据法学的研究以及教学开辟了新的空间，对于证据法学的一体化建构具有重要的意义。

何为司法公正，不同的角度可以作不同的解读。正如博登海默所言：“正义具有一张普罗透斯似的脸，变化无常，随时可呈现不同形状，并且具有极不相同的面貌。”[①] 司法意义上的公正和事实意义上的公正或许会出现“两张皮”的问题，其关键在于能否通过科学的证据规则指引，引导公安司法人员和当事人到达实现司法公正的彼岸。实现司法公正必须完善证据规则，而新《民事证据规定》的施行则是我国在民事司法领域保障实现司法公正迈出的更为坚实的一步。

---

① ［美］博登海默：《法理学：法律哲学与法律方法》，邓正来译，中国政法大学出版社 2017 年版，第 266 页。

●证据法理

论刑事辅助证据的运用

秦宗文[*]　蓝文想[**]

长期以来，在我国的制度语境下，诉讼证据的范围一般局限于实质证据，即与案件事实有直接联系的证据。辅助证据仅作为学理概念存在，在实务中没有得到应有的重视。随着庭审实质化改革的推进以及对印证模式的反思，辅助证据逐渐受到关注。从近年来被纠正的冤假错案看，其问题基本上都源于关键证据的可靠性。如果这些关键证据在当初能通过辅助证据予以检验，这些错误大概率会得以避免。实践中，辅助证据定位不清，游离于线索、材料、证据之间。由于立法上对辅助证据缺乏明确规定，导致其常无法进入法庭或难以被正确评价，不能发挥应有的证明作用。理解辅助证据长期失位的原因，明确辅助证据应然的定位并使其发挥应有的作用，对现行诉讼证据体系的优化有重要意义。下文主要从刑事诉讼的角度对上述问题加以研究。

一、辅助证据的概念

辅助证据是与实质证据相伴而生的概念。实质证据是指与待证事实存在直接联系的证据。这里的待证事实一般是指构成要件事实与程序法事实。辅助证据的概念界定，研究者存在不同的意见。有学者从证据分类的角度，认为辅助证据可以囊括实质证据的全部外延。据此，该学者将辅助证据的概念定义为："在证明时被认为属于相对独立于待证事实之外的其他事实的存在或发生而形成的证据。"①（其对于实质证据的定义为："在证明时被认为属于待证事实的

---

* 南京大学法学院教授，博士生导师。

** 南京大学法学院诉讼法专业研究生。

① 周洪波：《实质证据与辅助证据》，载《法学研究》2011 年第 3 期。

存在或发生而形成的证据。"）这种定义的学理意义远大于实践意义。将辅助证据的证明对象定位为"待证事实之外的其他事实"，不当地扩大了其外延。因为待证事实之外的其他事实并非都有证明的必要，而以此为证明对象，极易挣脱关联性规则的束缚。同时，可能产生同一证据在证明不同待证事实时，既充当实质证据又作为辅助证据的混乱，制造大量无意义的"辅助证据"。另一种界定方法，是将辅助证据的证明对象限定为辅助事实。何为辅助事实？田口守一教授认为，"辅助事实是有关实质证据可信性的事实"。[①] 林钰雄在此基础上提出，"辅助事实是能够据以推论证据之'质地'的事实，亦即以证据方法之'证明力'为对象的事实"。[②] 笔者认为，将辅助证据的定义建立在实质证据之上，有助于提升其实践意义。因为定罪量刑必然以实质证据为基础，依托实质证据来界定辅助证据，其证明对象和证明目的会更清晰，比较有利于其证明作用的实现。在实践中，辅助证据主要以两种形式发挥作用：其一，削弱或增强实质证据的真实性、可靠性。例如，通过目击证人视力不佳的证据，证明其证言内容可能不实。其二，阻断实质证据与待证事实的关联性。例如，在环境污染案件中，专家辅助人对相关鉴定意见或相关物证发表的意见，证明相关证据与待证事实之间不存在关联关系。综上，辅助证据的合理定义，应是用以证明实质证据真实性、可靠性、相关性的证据。

二、辅助证据运用的实践考察

在明确辅助证据定义的基础上，下文将进一步考察辅助证据在实践中的运用情况。以"辅助证据"为关键词，运用全文检索，在北大法宝可获得 141 个相关刑事案例。笔者将以其作为分析基础。

（一）辅助证据运用的整体情况

统计显示，2011 年"辅助证据"开始在刑事判决中出现。2011—2019 年各年份的相关案件数分别为 1 件、2 件、1 件、9 件、17 件、21 件、28 件、24 件、38 件，总体上呈增长趋势。依表 1 所示，从判决所涉及的罪名来看，妨害社会管理秩序罪最多，共计 54 件，其中又以毒品犯罪的数量为最，共计 27 件，侵犯财产罪与侵犯公民人身权利犯罪分列其后。据判决书显示，在这三类犯罪中，辅助证据主要用于毒品数量、犯罪金额、附带民事诉讼赔偿数额等认定环节。

---

① ［日］田口守一：《刑事诉讼法》，张凌、于秀峰译，中国政法大学出版社 2010 年版，第 268 页。

② 林钰雄：《刑事诉讼法》（上），中国人民大学出版社 2005 年版，第 359 页。

表 1　含“辅助证据”判决的罪名①

涉及的刑法罪名章节	案件数
危害公共安全罪	11
破坏社会主义市场经济秩序罪	12
侵犯公民人身权利民主权利罪	23
侵犯财产罪	37
妨害社会管理秩序罪	54
贪污贿赂罪	14
渎职罪	3

虽然判决中出现了“辅助证据”的概念，但是在分析判决书之后可以发现，真正存在辅助证据的比率并不算高，只有 49 件案件，占总数的 35%。大多数提到辅助证据的案件，是辩方对辅助证据缺失的质疑，以及法院对辅助证据缺失的分析，共计 85 件，占总数的 60%。还有一小部分是法官不当的惯用语，如“上述证据以及公诉机关提供的其他辅助证据，能够相互印证，形成完整的证据链条”，但无证据显示在庭审中是否运用过辅助证据，这里将其归于无法判断类，这样的案件有 7 件，占总数的 5%。通过上述数据也可以看出，主张运用辅助证据的主力军是辩护律师，其目的是以缺乏辅助证据作为挑战控方实质证据的借口，带有辩护策略之意。

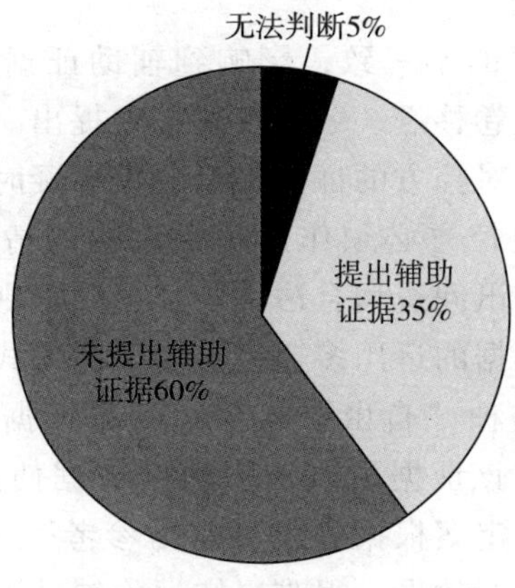

图 1　辅助证据庭审提出比例

① 需要说明的是，由于某一案件可能涉及多个罪名，所以统计的案件总数大于 141。

（二）辅助证据运用中存在的具体问题

从整体上看，辅助证据的运用数量和范围都还比较有限，但仍暴露出一些比较典型的问题：

1. 概念运用内涵不一

近年来，“辅助证据”的概念越来越多地出现在判决书之中，但其所指代的对象，往往与理论上的辅助证据存在出入。最典型的误用是将辅助证据与补强证据相混淆。补强证据是相对于主证据而言的证据分类。补强证据的证明对象主要为案件事实，其实质上是通过一种重复证明的方式强化主证据的证明力。如前文所述，辅助证据的证明对象是实质证据的真实性、可靠性与相关性。两者确实存在一定的交叉，但是将证明对象直接指向案件事实的补强证据与辅助证据混用，显然是不合适的。部分法院将辅助证据理解为能够体现言词证据内容的实物证据，而实物证据所承载的信息往往与待证事实之间也存在直接关联，其寻求的仍是印证的证明效果。学理上对于言词证据所对应的辅助证据的解释，主要是关于证人的作证能力和品格、被告人供述的自愿性和真实性的证据，两者的范围存在一定的交叉。此外，不少法院并不区分实质证据的内部证明与辅助证据的外部检验，习惯于统称全案证据形成印证，无形中提高了对辅助证据的要求。例如，G省Z市某法院在其多份判决的证据分析部分，均以“上述证据以及公诉机关提供的其他辅助证据，能够相互印证，形成完整的证据链条”结尾，而实际上在全案证据中并未出现辅助证据，且辅助证据也并无与案中其他证据印证的要求。这里“辅助证据”的含义更类似于用以旁证、佐证的证据，与学理上的辅助证据有差异。

2. 证据采信模棱两可

对辅助证据内涵理解的不一致，影响到辅助证据证明作用的发挥。实践中，辅助证据并不一定随卷移送，一般在庭审中提出。主要有两种情况：一是辩方自行提出；二是辩方对控方的证据提出合理怀疑时，由控方提出。在第二种情况下，除了法律规定控方必须作出一定说明的情况，例如非法证据排除中，控方有必要提供证明讯问过程合法性的证据，否则控方并不一定会提供相关的辅助证据。对辅助证据的运用多遵循自由证明方式，法院并不会在证据形式上作过多审查。但是这种“自由”也延续到了证据的采信，诸多判决对于辅助证据的分析，止于“该证据可以作为辅助证据使用”或者“该证据系辅助证据，无法作为本案的定案根据，仅可作为参考”。这更像是对辅助证据证据资格的判断，不涉及证明效果，很难得知评价辅助证据到底发挥了怎样的证明作用。在一起妨害公务案件①中，律师提出对案发现场的录像视频进行清晰度处理。法院认为，现场视频资料基于事发现场不在摄像头正下方、晚上光线不够充足等因素，仅作辅助证据证实现场基本状况，故不同意辩护人提出的对视频进行清晰度处理的鉴定申请。法院实际上是通过“仅作辅助证据证实现场基本状况”，否定了该证据的证明作用。这种筛除证据的形式显得有些随意。当然，类似品格证据、情态证据、专家辅助人意见之类的辅助证据，在庭审中可能对法官心证的形成确有影响，但很难在判决书中充分阐述。这不应该成为回避的理由，以可感知的说理方式呈现辅助证据的证明作用，仍然是有必要的。

3. 举证责任分配不当

刑事证明责任由控方承担，辩方的任务是说服法官使其相信控方建构的事实存疑。在说服法官时，辩方可以单纯地对控方的证据进行质疑，也可以提出证据支持自己的主张。辩方提出的证据，可以是实质证据，也可以是辅助证据。辩方是否提出证据，取决于辩论的需要。法官不能因辩方没有提出证据而否定辩方的主张。这不但适用于实质证据，也适用于辅助证据。这一过程不存在证明责任转移问题。实践中，当言词证据缺乏客观证据印证时，法官就可能将证明证据真实性的责任错误分配。这种情况在“一对一”的证明疑难案件中更常发生。例如，在一起猥亵儿童的犯罪中，辩护人提出，被告人虽承认与被害人开了不适当的玩笑，但被侵犯儿童的陈述存在夸张或与事实不符的可能性，其是否看到甚至碰到被告人的生殖器，证据并不充分。法官认为，被害人陈述虽不能完全证明猥亵事实如此发生过，但是辩护人未提出证据说明猥亵事实没有发生过，所以对于辩护人的意见不予采纳。该案中，辩方并没有必要对被害人陈述进行证伪，只需提出合理疑问。如果辩方无法证明控方提供证据的真实性，就要承担不利后果，那无异于让被告人自证无罪。这种不当分配在实践中时有发生，严重影响事实认定的正确性。

三、辅助证据运用不当的成因分析

辅助证据在判决书中的不当运用，只是辅助证据在刑事司法运用混乱的一个侧面。如果寻求原因，并不能完全归结于审判本身。从证据收集到证据评价，每一个阶段，每一个相关的证据规范，每一个接触证据者，都可能影响辅助证据的有效运用。反思辅助证据的不当运用，需要从多角度思考。

① 案情参见（2016）粤04刑终479号判决书。

（一）取证活动的忽视

我国刑事案件的取证活动基本由侦查机关所垄断，律师虽然有一定的调查取证权，但基于对执业风险的考量，很多情况下并没有很高的取证积极性。侦查机关在证据获取与保管环节，存在对辅助证据获取不足与保存不善的问题。在取证上，一方面，某些辅助证据在客观上存在提取与固定的困难，当然也不能排除办案人员由于能力限制而忽视了相关证据的收集。例如，接受讯问时犯罪嫌疑人的情态变化，可能是判断其供述真实性的重要参考材料，但是其基本不可能被收集与固定。另一方面，在实践中，侦查机关对于证据提取记录常出现不规范的情况，如对扣押物品特征描述不详，导致庭审中辩护人对证据同一性提出质疑。在证据保管上，虽然“两高三部”出台的规范性文件对证据保管提出了要求，但除非出现变造、伪造证据的可能，否则对于保管过程存在瑕疵的证据，法院一般采用侦查机关的情况说明或者其他证据的印证修补其瑕疵，侦查机关几乎不会受到相应的程序性制裁。对于证据保管过程证据瑕疵甚至缺失过高的宽容度，加剧了侦查机关对可证明证据真实性、同一性的辅助证据重视不足的局面。

（二）证明模式的限制

我国的刑事证明模式为印证模式，从本质上说，这是一种整体性的证明模式，其强调的是多个包含同一信息或者具有同一指向性的证据形成证据链条，据此进行事实认定。这些证据所承载的信息是通过相互作用而产生证明效果的。整体证明模式的内在逻辑是强调证据整体的力量，不过分强调单个证据的证明作用。“不可能通过赋予各项分散的证据以价值，然后再对这些价值进行累加来作出决定。”① 我国刑事证明长期奉行的“孤证不能定案”原则，就是这种证明逻辑的突出表现。辅助证据主要运用于对实质证据的真实性、可靠性检验，偏向于对单个证据的证明力或者证据质量进行检验。虽然不能简单地说，整体证明模式必然排斥原子性的单证检验，但在案件证据已形成体系性印证的情况下，整体性证明模式易抑制对单个证据质量的深究，这一点难以否认。这客观上削弱了对辅助证据的需求。同时，印证证明模式需要的证据一般局限于实质证据，辅助证据很难独立完成对某一环节案件事实的证明。而一旦得到证明该部分事实的实质证据后，就可以通过与其实质证据的印证关系得到检验，并满足案件证明的要求，一般也不需要借助辅助证据对其进行检验和补强。此外，印证证明对实质证据的倚重，也使法官在判决书论证中不愿，甚至

① ［美］米尔建·R．达马斯卡：《漂移的证据法》，李学军等译，中国政法大学出版社2003年版，第47页。

不敢以辅助证据作为推论的基础。这都限制了司法对辅助证据的需求。

（三）相应规范的失语

刑事诉讼法中“证据”被定义为“用来证明案件事实的材料”。按照材料说，辅助证据能否顺利进入诉讼程序就存在疑问，因其并非必须随案移送的证据，在庭审中出示该类证据，可能构成“突袭”。目前，立法上对于辅助证据的运用缺乏系统规定，主要依托于司法解释中的非法证据排除规则、补强规则、印证规则、证据鉴真规则加以指引。这些规范不但数量上远远不够，不足以应对实践中多样的辅助证据；而且，规范本身也流于粗疏，只是笼统地要求提供辅助证据，对如何筛选辅助证据缺乏明晰的指引。如果辅助证据缺失或者存在瑕疵，其欲证明的实质证据能否采信，当前规范也语焉不详。裁判者杂糅使用“可以作为辅助证据使用”“仅作为辅助证据，但不得作为定案的根据”“可以作为量刑的参考”“可以帮助审查证据”等表述，正反映了实践中对辅助证据证据能力与证明力判断上的无序与混乱。对于辅助证据的裁量当属自由心证的范畴，法律无须作证明力的预设，笔者并无异议，但是在证据资格的规定上如果大量留白，可能导致裁判者筛选证据的恣意。

（四）理论储备与指引的不足

通过判决文字的分析，可以看出，辅助证据在司法实践中的运用呈增加趋势，这是值得肯定的。由于证据法研究在我国起步较晚，研究的精细度不够，辅助证据在主流的证据法教材中几乎没有涉及，在法律规范中更缺乏操作性强的规定。这导致部分司法人员以自己的理解，甚至是错误的理解，来运用辅助证据。不少人并未意识到“辅助证据”是一个专有名词，有着特定的运用条件，而是将其泛化为“补强证据”“印证证据”甚至是“间接证据”的替代词。如前文论及的裁判者对举证责任的不当分配，若排除主观恣意因素，那就应主要归因于相关专业知识的薄弱。它直接反映的是部分司法人员的业务水平还有待提高，但更深层的因素是学界对于辅助证据研究的缺失，难以为实践提供有力的理论支撑。当前辅助证据的研究呈现“由点及面”的态势，对某些典型辅助证据的研究已取得较大进展，但辅助证据系统理论的建构及与实践的互动还有很长的路要走。

（五）辅助证据自身的局限性

应该承认，辅助证据本身就是一个复杂且争议较大的问题。测谎证据、品格证据、情态证据等在理论上受关注颇多，但也存在较大争议，特别是其可靠性问题、负面影响问题，更是众说纷纭。这些证据与待证事实的关联性较弱，还可能对裁判者造成不当的心理暗示，理论界与实务界对将其用作定罪证据态度比较谨慎。新近出现的智能轨迹证据、信号分布证据、模拟动画等证据，对技术的依赖比较强，如何审查其载体和内容的可靠性还存在难度，这给执法者对这类证据的采信带来困扰。虽然实践中对辅助证据的使用一般采自由证明的方式，不太受到证据形式的严格约束，但案件处理中若要以缺乏法定证据形式的证据作为定罪量刑的根据，执法者仍有较大的疑虑。一旦一方对辅助证据的证据能力或证明能力提出质疑，就可能落入循环证明的困境，使庭审偏离争点，影响效率。

四、辅助证据的实践价值

“辅助证据的运用是为了检验实质证据真实性、可靠性、相关性”，这是对辅助证据价值比较恰当的界定。但这种界定还比较抽象，鉴于辅助证据研究尚处于起步阶段，为了对其价值作更准确的理解，有必要作更具体化的分析。

（一）规范侦查活动，约束选择性取证

在侦查过程中，要求有效形成、收集、运用辅助性证据，对于有效规范、约束侦查活动，纠偏选择性取证，有重要意义。在侦查活动中，侦查人员底层思维并非理论上“高大上”的“无罪推定”，而是“有罪推定”。就保障取证有效性而言，有其合理性。无罪推定发挥作用的主要空间是取证之后的证据审查阶段。因而，侦查人员在取证过程中对有罪证据更为敏感，也属正常。但这也不可避免地带来选择性取证问题。如在现场勘验时，侦查人员下意识地只关注能够证明犯罪嫌疑人有罪的证据。再如，侦查人员讯问犯罪嫌疑人时，多通过概括方式记录口供。部分讯问笔录呈现对于完全认罪的内容照单全收，对于部分认罪的内容断章取义，对于无罪或罪轻的辩解选择性忽略。此种情境下，“以上笔录我看过，和我说的相符”的签字措施，已不足以保证口供的真实性与全面性。对证据的选择性取舍不但出现于证据形成阶段，在随后的案卷形成中也可能再次出现。进入案卷的证据以服务于定罪指向为标准被筛选，对指控不利的证据可能被放弃，不再出现于证据卷中。基于这些证据形成的“案卷事实”，经过走过场式的庭审几乎直接过渡为“法庭事实”，现实中“起点错，跟着错，错到底”的冤案，多源于侦查阶段证据取舍中的选择性思维。在此之下，在侦查阶段强化辅助证据，特别是讯问录音录像的形成与运用，将可作为“自律工具”发挥作用。[①] 例如，公安部2014年发布的《公安机关讯问犯罪嫌疑人录音录像工作规定》要求，各级公安机关除对重大案件的讯问活动进行录音录像外，要逐步实现对所有刑事案件的讯问过程进行录音录像。讯问

① 秦宗文：《讯问录音录像的功能定位：从自律工具到最佳证据》，载《法学家》2018年第4期。

录音录像不但在形成过程中可以对侦查人员形成心理约束，避免不当取证影响供述的真实性、合法性，其直接承载与案件事实相关的信息，甚至有成为据以定罪量刑的“最佳证据”的潜力。当然，辅助证据本身的真实性保障也需要考虑的问题。如有学者指出，“选择性录音录像、选择性存储、选择性制作、选择性移送，而不是全程同步录音录像，已成为讯问录音录像制作和运用的常态模式”。[①] 这需要其配套规则的完善和良好实施加以协助。

（二）推动实质庭审，打破虚假印证

选择性取证很大程度上是侦查人员职业潜意识甚至是无意识行为，通过辅助证据的收集与运用对侦查取证活动进行监督，只是尽可能保障证据收集的全面性与可靠性，辅助证据价值发挥的重心仍在庭审阶段。以审判为中心改革的核心在于庭审实质化，有效的举证、质证是实现庭审实质化的重要手段之一，而辅助证据正是举证、质证的重要工具。借鉴特伦斯·安德森对于“附属证据”的分类，“那些对一个待证事实仅有间接相关性的证据是附属的，要么是关于证据的证据，要么是在推理链条中联系环节强弱的证据”[②]。我们可以将庭审中的辅助证据的作用分为两类：其一，与庭前活动类似，辅助证据发挥着对实质证据的资格进行检验的作用。例如，辩方可以通过对证据保管记录的缺失或者瑕疵的质疑，动摇证据的合法性或者同一性。当然，控方也可以通过提出辅助证据补正瑕疵，予以反驳。如此一来，辅助证据就能以外部检验的方式保障实质证据的真实可靠性。其二，辅助证据作为推理的环节所呈现。例如，某夫妻为了使其餐馆的菜肴味道“更好”，在其汤底里加入了一定量的罂粟壳，后在食品安全检测时被发现。侦查人员为突出该不法行为的危害，记录了“造成顾客腹泻不止”的损害后果。辩方提出，根据权威药典的记载，罂粟壳虽有毒性，但其却有止泻的作用，所以“造成腹泻不止”的记录乃侦查人员伪造或与罂粟壳无关，不能据此认为被告人的行为造成了消费者的身体损伤。法庭支持了辩方的意见。在事实认定中强化辅助证据的作用对于促进庭审实质化有实质意义。辅助证据的加入可以在实质证据与待证事实之间建立新关联，打破原有虚假印证关系，使法官能真正根据庭审内容作出判决。

（三）缓解证明疑难，辅助“孤证”定案

印证是我国传统的刑事证明方法。最高人民法院《关于适用〈中华人民

---

① 马静华、张潋瀚：《讯问录音录像与非法证据排除：一个实证的考察》，载《西南民族大学学报（人文社科版）》2016年第7期。

② ［美］特伦斯·安德森、戴维·舒姆、［英］威廉·特文宁：《证据分析》，张保生、朱婷、张月波等译，中国人民大学出版社2012年版，第83页。

共和国刑事诉讼法〉的解释》第104条规定，“证据之间具有内在联系，共同指向同一待证事实，不存在无法排除的矛盾和无法解释的疑问的，才能作为定案的根据。”正是印证证明要求的体现。在我国当前程序正当性保障并不十分有力的情况下，印证规则对于保障案件事实的真实性是有利的。但在特定情形下，印证规则面临着“失灵”风险。例如性侵未成年人犯罪案件，其证据有两个特征：一是由于客观证据缺乏；二是由于犯罪过程隐蔽性强，常缺乏较有力的证人证言，整个案件证据构造一般以被害人陈述为核心，其证据印证不足。[①] 此时，若按传统的印证证明要求，这类案件会面临证据量不足的问题。最高人民检察院第九检察厅厅长史卫忠表示，“适时推行建立以儿童证言为中心的审查证据规则，进一步规范侵害未成年人案件证据标准。”[②] 这似乎有放松印证要求之意，但是否能突破“孤证不能定案”的规则，尚未可知。但若单采被害人证言即可定案，错案的风险无疑也是极大的。在实质证据获取困难，而单纯依被害人陈述定罪又可能加大错案风险的两难中，强化辅助证据的作用无疑是可行的新方案。如果被害人愿意出庭陈述，其在整个作证过程中的神态，甚至是被性侵后的整个精神状态，都可以作为判断其陈述以及推定犯罪嫌疑人是否实施相应行为的依据。此外，犯罪嫌疑人的品格证据、情态证据也是重要的参考。这一解决方案承认了实质证据匮乏的现实，但又以辅助证据担保被害人陈述的真实性，是当前平衡打击犯罪与保障人权关系的可行路径。

实践中除了案件整体欠缺证据外，更多证明疑难体现在部分关键事实实质证据不足。例如一起贩卖毒品案中，在甲的手机里，警察找到其发给乙的短信：“和上次一样，1500（元）。”仅凭此短信恐难以认定这笔犯罪事实，但若结合两人交易毒品的惯例，法官是可能认定此次交易事实的。当然，辅助证据的价值在不同案件中体现不同，但它有利于松动印证证明的僵化现象，还证明本应有的自由属性，为一些证明疑难案件找到更合理的解决方案。

五、辅助证据的价值实现

发挥辅助证据的证明价值，推动司法证明活动的精细化，除推动规则构建外，还应进行相应的配套改革。就目前情况而言，应主要从四个方面着手：

（一）正确看待辅助证据

我国理论界对辅助证据长期缺乏深入细致的研究，实务界的认识基本上也

① 向燕：《性侵未成年人案件证明疑难问题研究——兼论我国刑事证明模式从印证到多元“求真”的制度转型》，载《法学家》2019年第4期。

② https：//www. spp. gov. cn/spp/zdgz/201912/t20191220_450819. shtml，2020年6月20日最后访问。

处于混沌的状态，但这并不意味着实务中很少运用辅助证据认定案件事实。如果浏览判决文书或与一线司法人员交流，可以很容易发现辅助证据早已被运用于司法实践，虽然绝大多数相关文书中并没有出现辅助证据等词语。在辅助证据这一专业词语没有被广泛认知的情况下，对辅助证据实际运用的广泛性远远超越文书所显示的比例。如被告人的前科，虽然司法人员在台面上否认“一次盗窃，终身为贼”的合理性，但当证据稍显薄弱时，前科仍会对事实认定起到“临门一脚”的作用。司法实务中，在犯罪嫌疑人身上发现毒品后，其往往称是为自己吸食所持有。此时一般会被认定为非法持有，而不认定为贩卖。但若犯罪嫌疑人有贩卖前科，则更容易被认定为贩卖毒品。此时，前科这一辅助证据就发挥了关键作用。由于理论与实务融合不足，辅助证据的运用问题没有得到应有的关注，理论没有能为实务提供有力的指引，各地运用辅助证据的方法不一，甚至相互矛盾，影响案件的正确处理。破解这一局面的有效路径，是正视辅助证据存在的现实及其潜在价值，并对其进行深入研究。

（二）重视辅助证据的收集

强化辅助证据的收集是改善辅助证据运用状况的基础，没有辅助证据，就不存在运用的可能性。强化辅助证据的收集，可从以下方面着手：第一，对于实质证据薄弱的案件类型，如强制猥亵儿童、“一对一”的行贿案件等，应特别注意辅助证据的收集，以便对实质证据进行有效补强。第二，注意辅助证据收集的时效性和恰当性。有些辅助证据存在时间和空间都具有不可重复性，如果错失，就可能无法再现，或可能失真。如被害人提供证言时的痛苦或轻松表情，对于判断其证言真实性可能有重要价值，时间久远或证人受到外界因素干扰之后，可能就无法真实再现。对类似辅助证据，就应在当时以恰当的方式进行固定。第三，要培养侦查人员获取辅助证据的意识。由于刑事诉讼法对证据法定分类的影响，取证人员多注意符合标准的证据，对于无法有效分类的辅助证据重视不足。这是当前辅助证据输入刑事诉讼程序不足的重要原因之一。第四，为律师取证提供更宽松的空间。辅助证据对实质证据的作用既可强化也可削弱，因而，获取辅助证据是律师辩护的有效方法。由于执业风险的考虑，很多律师调查取证的积极性不高，不能通过辅助证据对控方证据进行有效的质疑，影响辩护效果，进而影响司法公正。为律师提供更宽松的取证空间，调动律师取证的积极性，对发挥辅助证据的证明作用是非常必要的。

（三）举证、质证、认证方式的转变

在庭审实质化改革中，不少学者提出，举证质证方式应由批量举证转变为“重点举证”，甚至在关键证据上“一证一举，一证一质”。辅助证据是用以证

明实质证据真实性、可靠性、相关性的证据，举证质证方式的转变，有利于辅助证据价值的发挥。在批量举证的模式下，检察官对不利于控诉的证据往往蜻蜓点水般带过，更谈不上充分展示辅助证据，辩方缺乏充分了解证据的机会，难以有效质证。举证方式的转变，首先要求检察官应从履行检察官客观义务、追求司法公正角度来理解举证方式的意义，不能仅从效率角度，以完成工作的心态进行举证。这种转变实践中已在发生。“这种重点的全面举证方式已在实践中为部分检察官所采用。尤其是考虑到辩方会利用这些辩护证据的情况下，检察官首先举示并对其证据意义予以说明，既有利于合议庭全面了解案情，又能在诉讼对抗中先发制人，也显示出检察官立场的客观公正。”① 但这种转变的还远远不够，还不能为辅助证据的运用提供必要的空间。当然，这并不意味着对所有证据都要一证一举、一证一质。在绝大多数案件中，这样既无必要，也是对司法资源的浪费。一证一举、一证一质应限于双方有争议的证据，也只有在这类证据中，才需要以辅助证据来强化质证效果。

辅助证据证明作用的发挥，还有赖于认证方式的变化。我国当前判决结果的作出与庭审的时间间隔，往往有较长时间。法官对法庭审理情形的记忆随着时间的流逝而趋于模糊，而法庭记录也难以对一些辅助证据如情态证据进行固定，这使判决主要依赖于案卷证据而非庭审调查情形。这样，如果认证方式不加以改革，举证、质证方式变革对辅助证据证明作用的发挥仍将是有限的。

（四）以心证的公开防范可能的滥用

与实质证据相比，辅助证据判断的主观性一般更强，如强制猥亵儿童案件中被告人品格证据的运用，这决定了对辅助证据的运用需要更为慎重，以免造成事实的错误认定。由于辅助证据种类繁多，并且其证明力高度依赖个案情况，很难通过事先制定明确的规则进行规范，对其运用是否合理更多依赖经验法则，因而，事后的心证公开就尤为必要。心证公开的主要方式应是裁判文书说理。我国虽然推动裁判文书说理已有多年，但从目前的情况看，效果仍不甚理想。当主观性更强的辅助证据加入证据体系后，不说理的或者说理不充分的裁判文书，将为恣意心证留下充分的空间，冲击司法公正。因而，辅助证据的引入，必须与裁判文书说理同步。如此，方能保障司法的公信力。

① 龙宗智：《庭审实质化的路径和方法》，载《法学研究》2015年第5期。

程序性辩护中的被告人举证问题研究

王　彪*

一般认为，根据无罪推定原则，刑事诉讼中证明被告人有罪的举证责任应由控方（公诉机关或者自诉人）承担。① 2012 年《刑事诉讼法》第 49 条第一次明确规定被告人有罪的举证责任由控方承担。② 对此，相关立法人员进一步解释："被告人不承担证明自己无罪的责任，不能因为犯罪嫌疑人、被告人不能证明自己无罪便据以得出犯罪嫌疑人、被告人有罪的结论。"③ 被告人似乎在"罪与非罪"问题上不承担任何举证责任。④ 然而，刑事诉讼中需要证明的案件事实并不仅限于定罪事实，还有量刑事实和程序争议事实。⑤ 对于量刑事实的证明问题，除 2012 年最高人民法院《关于适用〈中华人民共和国刑事诉讼法〉的解释》（以下简称 2012 年《法院解释》）第 64 条第 2 款外，立法和

---

* 西南政法大学法学院副教授、硕士生导师，法学博士，中国政法大学博士后研究人员。本文系重庆市教育委员会人文社会科学研究基地项目"程序性辩护中的被告人举证问题研究"（项目编号：16SKJD09）的最终成果。

① 无罪推定是一项世界普遍认可的基本刑事司法准则。目前，不同国家对无罪推定的理解存在差异，但均认为无罪推定的基本内容包括控诉方承担证明有罪的责任，被控诉方不承担证明自己无罪的责任，且无罪推定要求"有罪证明"应当达到法律规定的证明标准。参见徐灿：《无罪推定研究》，中国人民公安大学出版社 2019 年版，第 113—114 页。

② 2012 年《刑事诉讼法》第 49 条规定，公诉案件中被告人有罪的举证责任由人民检察院承担，自诉案件中被告人有罪的举证责任由自诉人承担。

③ 全国人大常委会法制工作委员会刑法室编：《关于修改中华人民共和国刑事诉讼法的决定——条文说明、立法理由及相关规定》，北京大学出版社 2012 年版，第 44 页。

④ 这里之所以使用"似乎"一词，是因为在被告人一方提出正当防卫、紧急避险等积极抗辩事由的情况下是否需要承担举证责任，理论界与实务界均存在一定的争议。参见宁松：《刑事举证责任研究》，中国检察出版社 2013 年版，第 173 页；结合案例的实证分析，参见王天民：《刑事案件中的积极抗辩事由及其司法证明》，载《现代法学》2018 年第 2 期。

⑤ 参见陈瑞华：《刑事证据法》，北京大学出版社 2018 年版，第 406—408 页。

司法解释没有其他规定。2012 年《法院解释》第 64 条第 2 款仅规定认定从重量刑事实的证明标准，即认定被告人有罪和对被告人从重处罚，应当适用证据确实、充分的证明标准。对于从重量刑事实和从轻量刑事实的举证责任分配以及从轻量刑事实需要达到何种证明标准，立法和司法解释并没有规定。理论界与实务界普遍认为，从重量刑事实由控诉方承担举证责任，从轻量刑事实由被告方承担举证责任。考虑到被告人的举证能力等因素，对于从轻量刑事实的证明达到优势证据标准即可。① 关于程序争议事实的证明问题，2012 年《法院解释》第 64 条第 1 款第 9 项明确将“有关管辖、回避、延期审理等的程序事实”纳入“应当运用证据证明的案件事实”的范围。而对于程序争议事实具体应当如何证明的问题，除非法证据排除问题外，立法和司法解释均没有明确的规定。因此，对于程序争议事实的证明问题有研究的必要性。

近年来，随着社会的发展，被告人一方经常就管辖、回避、非法证据排除等程序性问题向法庭提出异议，与管辖、回避、非法证据排除等程序有关的事实往往成了控辩双方争议的对象，对于这些程序争议事实，由哪一方承担举证责任、需要证明到何种程度呢？最高人民法院、最高人民检察院、公安部、国家安全部、司法部（以下简称“两高三部”）于 2010 年 5 月联合发布的《关于办理刑事案件排除非法证据若干问题的规定》（以下简称 2010 年《非法证据排除规定》）对非法证据排除程序中的证明责任分配问题予以规定，2012 年《刑事诉讼法》对此予以确认。2012 年《法院解释》第 28 条对于当事人及其法定代理人以特定理由（审判人员有不当行为）申请审判人员回避如何举证的问题进行了初步的规定。除此之外，对于其他的程序争议事实应当如何证明的问题，立法和司法解释没有明确。司法实践中，由于立法规定的模糊性或者立法对相关问题没有规定等原因，当被告人一方提出回避申请、管辖异议以及非法证据排除申请时，控辩审三方往往持有不同的看法，在个别案件中，还可能引发“辩审冲突”。② 司法实践中“辩审冲突”现象的不断发生，会严重影响司法权威和司法公信力。因此，本文拟对程序争议事实的证明问题进行系统研究，以期对司法实践中的问题提出有针对性的建议。

何谓程序争议事实，理论界与实务界有不同的看法。一方面，有学者就程序法事实作出列举。例如，有学者认为，侦查行为的合法性、一审法院违反法律规定的程序、证人出庭作证、法官回避等均属于程序争议事实。③ 有学者则认

---

① 参见张吉喜：《量刑证据与证明问题研究》，中国人民公安大学出版社 2015 年版，第 43—49 页。

② 参见王彪：《刑事诉讼中的“辩审冲突”现象研究》，载《中国刑事法杂志》2015 年第 6 期。

③ 参见陈瑞华：《刑事证据法》，北京大学出版社 2018 年版，第 407 页。

为，程序法事实是指对解决诉讼程序问题有法律意义的事实，通常有以下几种：关于管辖权问题、关于回避的事实、决定对犯罪嫌疑人应否采取强制措施的事实、某些关于诉讼期间的事实、证据能力的证明问题、违反法定的诉讼程序的事实、执行中的某些事实、当事人申诉理由的事实。① 还有学者认为，刑事诉讼程序事实是指有关刑事诉讼程序是否合法进行的事实，具体包括：（1）有关管辖的事实；（2）有关回避的事实；（3）有关对犯罪嫌疑人、被告人采取强制措施的事实；（4）有关审判组织组成的事实；（5）有关诉讼程序的进行是否超越法定期限的事实；（6）司法机关侵犯犯罪嫌疑人、被告人诉讼权利的事实；（7）与执行的合法性有关的事实，如犯人“是否怀孕”的事实；（8）其他与程序的合法性或者公正审判有关的事实，如延期审理的事实等。② 另一方面，有人对程序法事实予以类型化分类。例如，最高人民法院法官将程序法事实与证据法事实并列，将程序法事实分为三类：一是涉及人权司法保障的程序法事实，包括限制人身自由的强制措施以及审前羁押等事实；二是决定诉讼进程的程序法事实，包括立案、移送审查起诉和提起公诉等事实；三是影响公正审判的程序性事实，包括管辖、回避、公开审判等事实，将证据法事实分为证据收集合法性事实和证据收集规范性事实。③ 有学者则基于不同的视角，对刑事程序法事实予以分类，认为基于权利属性的角度，可以将刑事程序法事实分为权利形成型刑事程序法事实、权利妨碍型刑事程序法事实和权利侵害型刑事程序法事实。④ 本文认为，上述学者或者实务工作者列举的部分事实不属于程序法事实，例如，立案、移送审查起诉和提起公诉等事实实际上是定罪事实，即是否构成犯罪以及对于犯罪的证明需要达到何种程度，在审查逮捕时对事实要件的考察也是同样的道理。所谓的程序法事实，应当是指与实体事实无关的

① 参见陈光中主编：《证据法学》，法律出版社 2011 年版，第 300—302 页。

② 参见樊崇义主编：《证据法学》，法律出版社 2008 年版，第 283 页。有学者持类似观点，即刑事诉讼程序事实具体包括：（1）对犯罪嫌疑人、被告人采取强制措施的事实；（2）有关回避的事实；（3）关于诉讼进程是否超越法定期限的事实；（4）公安司法机关是否存在侵犯犯罪嫌疑人、被告人诉讼权利的事实；（5）有关管辖争议的事实；（6）与执行的合法性有关的事实，如关于犯人“是否怀孕”的事实。参见何家弘、刘品新：《证据法学》，法律出版社 2013 年版，第 202 页。

③ 参见沈德咏主编：《严格司法与诉讼制度改革——推进以审判为中心的刑事诉讼制度改革策论》，法律出版社 2017 年版，第 62—65 页。

④ 此外，该学者还认为：基于权力行使的角度，可以将刑事程序法事实分为职权请求型刑事程序法事实和职权违法型刑事程序法事实；基于刑事诉讼法律规范的角度，可以将刑事程序事实分为普通法律规制型刑事程序法事实、宪法规制型刑事程序法事实和国际条约规制型刑事程序法事实；基于法律效果的角度，可以将刑事程序法事实分为直接影响型刑事程序法事实、间接影响型刑事程序法事实和基本不影响型刑事程序法事实。参见王满生：《刑事诉讼中程序法事实的证明研究》，西南政法大学 2011 年博士学位论文，第 18—29 页。

程序法事实，典型的如取证的合法性、回避等。考虑到证据合法性、回避事由、管辖权以及审判程序违法等四个方面的程序法事实经常面临争议，① 考虑到申请变更强制措施等问题还没有被纳入法官裁判的视野，因此，本文拟对这四种程序法事实的证明问题进行研究。对于证明问题的研究，涉及方方面面的内容，如证明方式、证明责任的分配，等等。从被告人一方来看，如果在辩护过程中，提出非法证据排除、法官回避等主张，则属于程序性辩护。② 在程序性辩护中，如果控辩双方对程序法事实存在争议，就会涉及被告人一方的举证问题。本文着重考察程序法事实的证明责任的分配问题，特别是被告人一方是否需要承担举证责任以及需要承担何种证明责任。

一、非法证据排除程序中的被告人举证

1979 年《刑事诉讼法》第 32 条规定："严禁刑讯逼供和以威胁、引诱、欺骗以及其他非法的方法收集证据。"这是"总结我国的经验，针对'文革'中的教训，同时参照国外的经验教训"而作出的规定。③ 对于违反该条规定所获取的证据应该如何处理的问题，在当时的立法背景下，没有也不可能有任何的规定。1994 年出台的最高人民法院《关于审理刑事案件程序的具体规定》第 45 条规定：严禁以非法的方法收集证据；凡经查证确实属于采用刑讯逼供或者威胁、引诱、欺骗等非法的方法取得的证人证言、被害人陈述、被告人供述，不能作为证据使用。这一规定首次明确非法取证的后果，即相关证据不能作为证据使用。据此，对于非法取证问题要求"查证属实"才能排除相关证据，但没有规定如何查证属实。换句话说，由哪一方来证明是否有非法取证行为以及证明到何种程度等问题，该司法解释没有明确。此后，1996 年《刑事诉讼法》第 43 条作出了与 1979 年《刑事诉讼法》第 32 条相同的规定，仍没有明确非法取证的后果。1998 年出台的最高人民法院

---

① 有学者持类似观点，仅对证据合法性、回避事由、管辖权以及审判程序违法四个方面的程序法事实的证明责任问题进行研究，参见孙长永、赖早兴、黄维智：《刑事证明责任制度研究》，中国法制出版社 2009 年版，第 328—394 页。

② 有学者认为，程序性辩护有广义和狭义之分。广义的程序性辩护是指所有在程序层面上提出诉讼请求、诉诸司法裁判的辩护活动。从申请回避、申请变更管辖、申请变更强制措施、申请重新鉴定，一直到申请召开庭前会议、申请二审法院开庭审理，都属于辩护方从事程序性辩护的方式。狭义的程序性辩护是一种"反守为攻的辩护"，是辩护方针对国家专门机关实施过的程序性违法行为，申请司法机关宣告无效的辩护活动。参见陈瑞华：《刑事辩护的理念》，北京大学出版社 2017 年版，第 209—210 页。

③ 参见顾昂然：《立法札记——关于我国部分法律制定情况的介绍（1982—2004 年）》，法律出版社 2006 年版，第 451 页。

《关于执行〈中华人民共和国刑事诉讼法〉若干问题的解释》第 61 条和 1999 年施行的《人民检察院刑事诉讼规则》第 265 条均规定，以刑讯逼供或者威胁、引诱、欺骗等非法的方法取得的证人证言、被害人陈述、被告人（或犯罪嫌疑人）供述不能作为定案的根据或者指控犯罪的根据。与 1994 年的规定相比，上述司法解释的规定没有明确对于非法取证问题是否需要“查证属实”，同样也没有规定由哪一方来证明非法取证行为的存在与否以及需要达到的程度。

此后，司法实践中经常发生这样的现象：被告人在法庭上以审前阶段受到刑讯逼供为由推翻之前的供述，一些被告人及其辩护人还明确提出排除非法证据的申请。如前所述，由于立法和司法解释没有明确非法证据排除的程序问题，对于被告人一方提出的非法证据排除申请该如何处理，不同地方有不同的做法。大部分法院对于被告人一方提出的排除非法证据申请要么置之不理，要么要求被告人一方举证，要么在进行调查后不予表态。[①] 例如，在云南杜培武案件中，法官采取了置之不理的态度。对此，杜培武是这样描述的：[②]

1998 年 12 月 17 日，昆明市中级人民法院开庭审理由昆明市人民检察院提起公诉的“杜培武故意杀人案”。我当庭向法官、检察官、律师以及数以百计的旁听公民展示了我手上、脚上、膝盖上被刑讯逼供的伤痕，没有得到法庭的重视。我要求公诉人对检察官拍下的关于我被打伤的伤情照片作出回答，公诉人表示：“照片我们没照过，是你们公安照的，我们不知道。”1999 年 1 月 15 日，法院再次开庭审理我的“杀人案”。吸取前次开庭人家“不知道”照片的教训，这次我悄悄将侦查阶段穿在身上被办案人员打烂的一套衣服作为刑讯逼供的确凿证据，掖藏在腰部，外罩一件风衣到庭。庭审中，我当庭从身上扯出受刑时被打烂的衣服向法庭控告，而法庭竟然视若无睹，并不进行任何调查，审判长只是说了一句：“好，把衣服放下就行了。”法庭上，我再次提出伤情照片问题，这回公诉人说，我们查了，照片是照过，只有一张。我说，一张也行，请你向法庭出示。公诉人竟说：“找不着了。”这时该案审判长说：“不要再纠缠这个问题了。”

沈阳的刘涌案件，一审铁岭市中级人民法院、二审辽宁省高级人民法院和再审最高人民法院对这一问题则有三种不同的看法。一审庭审中，刘涌等被告人以侦查阶段受到刑讯逼供为由翻供，刘涌的辩护人也请求法庭“认真调查

---

① 结合案例的分析，参见陈瑞华：《程序性制裁理论》，中国法制出版社 2005 年版，第 249—258 页。

② 参见王达人、曾粤兴：《正义的诉求——美国辛普森案与中国杜培武案的比较》，北京大学出版社 2012 年版，第 229—230 页。

此事”。对此，铁岭市中级人民法院在判决书中判定：[①]

上列被告人及其辩护人提出的公安机关在侦查阶段有刑讯逼供行为。经公诉机关调查，认定公安机关有刑讯逼供行为的证据不充分，对此辩护意见不予采纳。

辽宁省高级人民法院二审判决认为不排除侦查机关在侦查过程中存在刑讯逼供的可能性，但没有明确是否排除非法证据，而是将证据合法性问题转化为量刑问题，将刘涌的死刑立即执行改判为死刑缓期二年执行。[②] 具体如下：[③]

一审判决认定被告人刘涌的主要犯罪事实和证据未发生变化，应予以确认。对刘涌及其辩护人提出的公安机关在对刘涌及其同案被告人讯问时存在刑讯逼供的辩解及辩护意见，经查，不能从根本上排除公安机关在侦查过程中存在刑讯逼供。刘涌系黑社会性质组织的首要分子，应当按照其所组织、领导的黑社会性质组织所犯的全部罪行处罚。其所犯故意伤害罪，论罪应当判处死刑，但鉴于其犯罪的事实、性质、情节和对社会的危害程度以及本案的具体情况，对其判处死刑，可不立即执行。

二审宣判后，辽宁省高级人民法院的判决引起广泛关注，对于何谓“本案的具体情况”，民众议论纷纷。在这一背景下，最高人民法院决定通过“提审”的方式启动再审。最高人民法院提审时，公诉人出示了新的证据材料。最终，最高人民法院认为本案“不能认定”公安机关在侦查阶段存在刑讯逼供，具体如下：[④]

对于再审被告人刘涌及其辩护人提出的公安机关在本案侦查阶段存在刑讯逼供的辩解及辩护意见，经查，庭审中公诉人出示的参与刘涌一案的预审、监管、看守人员的证言证明，公安人员未对刘涌及其同案被告人刑讯逼供；辽宁省人民政府依法指定的鉴定医院沈阳市公安医院2000年8月5日至2001年7月9日对刘涌及其同案被告人先后进行的39次体检病志载明，刘涌及其同案被告人皮肤黏膜均无出血点，双下肢无浮肿，四肢活动正常，均无伤情。刘涌的辩护人在庭审中出示的证明公安人员存在刑讯逼供的证人证言，取证形式不符合有关法规，且证言之间相互矛盾，同一证人的证言前后矛盾，不予采信。

---

① 参见陈瑞华：《程序性制裁理论》，中国法制出版社2005年版，第307页。

② 在稍早一些的李俊岩组织、领导黑社会性质组织案，辽宁省高级人民法院也是认定“不能从根本上排除公安机关刑讯逼供行为的存在”，也是将死刑立即执行改判为死刑缓期二年执行。参见陈瑞华：《程序性制裁理论》，中国法制出版社2005年版，第251页。

③ 《刘涌组织、领导黑社会性质组织案——中华人民共和国最高人民法院刑事判决书（2003）刑提字第5号》，载《刑事审判参考》（总第36集），法律出版社2004年版，第145页。

④ 《刘涌组织、领导黑社会性质组织案——中华人民共和国最高人民法院刑事判决书（2003）刑提字第5号》，载《刑事审判参考》（总第36集），法律出版社2004年版，第168—169页。

据此，不能认定公安机关在侦查阶段存在刑讯逼供，刘涌及其辩护人的辩解和辩护意见，本院不予采纳。

上述案例表明，由于司法解释未设定具体的非法证据排除程序，使得司法实践中排除非法证据难以操作。理论界与实务界陆续有人提出完善非法证据排除程序，明确控辩双方的举证责任以及相应的证明标准。但是，对于被告人一方的举证责任应该如何分配的问题，理论界与实务界有不同的看法。例如，有学者认为，“提出申请的辩护方需要提出证据证明非法证据的存在以及排除该证据的必要性。但是，这种证明不需要达到最高的标准，如‘事实清楚，证据确实、充分’，或者‘排除合理怀疑’，而只需要证明到具有高度的可能性即可”。① 有法官则认为，口供具备合法性的事实是犯罪构成事实附带的“争执中的事实”，控诉方应当对此承担证明责任。② 司法实践中，在刘涌案件发生后，要求对非法取证行为“查证属实”的做法经常发生，司法解释确立的非法证据排除规则处于沉睡状态。理论界与实务界均主张完善我国的刑事证据规则，特别是非法证据排除规则。

因赵作海案的推动，2010 年 5 月 30 日，“两高三部”联合发布了《关于办理死刑案件审查判断证据若干问题的规定》和《关于办理刑事案件排除非法证据若干问题的规定》。其中，2010 年《非法证据排除规定》对于被告人一方提出的非法证据排除申请应如何处理作了规定，即确立了两步式证明的模式，首先由被告人一方提供线索或者证据，③ 待审判人员对证据合法性产生合理怀疑后，由公诉人对证据收集的合法性进行证明，④ 且需要证明到排除合理怀疑的程度⑤。对此，2012 年刑事诉讼法予以确认，但也作了一定的调整。一方面，对被告人一方的要求由提供“线索或者证据”修改为“提供相关线索或者材料”，将“证据”改为“材料”，在一定程度上降低了对被告人一方的

---

① 参见陈瑞华：《刑诉中非法证据排除问题研究》，载《法学》2003 年第 6 期。

② 参见罗国良：《论非法证据排除规则中口供合法性的证明责任》，载《中国刑事法杂志》2006 年第 6 期。

③ 2010 年《非法证据排除规定》第 6 条规定，被告人及其辩护人提出被告人审判前供述是非法取得的，法庭应当要求其提供涉嫌非法取证的人员、时间、地点、方式、内容等相关线索或者证据。

④ 2010 年《非法证据排除规定》第 7 条第 1 款规定，经审查，法庭对被告人审判前供述取得的合法性有疑问的，公诉人应当向法庭提供讯问笔录、原始的讯问过程录音录像或者其他证据，提请法庭通知讯问时其他在场人员或者其他证人出庭作证，仍不能排除刑讯逼供嫌疑的，提请法庭通知讯问人员出庭作证，对该供述取得的合法性予以证明。公诉人当庭不能举证的，可以根据刑事诉讼法第一百六十五条的规定，建议法庭延期审理。

⑤ 2010 年《非法证据排除规定》第 11 条规定，对被告人审判前供述的合法性，公诉人不提供证据加以证明，或者已提供的证据不够确实、充分的，该供述不能作为定案的根据。对此的分析，参见王彪：《一审阶段排除非法证据程序问题研究》，载《人民司法》2012 年第 19 期。

要求。另一方面，增加了一种排除非法证据的情形，除“不能排除”有非法取证的情形外，还有“确认”有非法取证的情形。“两高三部”于2017年6月联合发布《关于办理刑事案件严格排除非法证据若干问题的规定》（以下简称《严格排除非法证据规定》）对该问题没有任何修改。2018年刑事诉讼法对该问题亦未作修改。

对于上述规定，从理论上来说，目前仍存在一些争议。首先，被告人一方在申请排除非法证据时是否承担举证责任。对此，学界存在不同的观点。有学者认为，“要求当事人及其辩护人、诉讼代理人‘提供相关线索或者材料’，并不是说对主张侦查人员非法取证之事实负有举证责任，而只是要求其就侦查人员涉嫌非法取证之事实形成争点”。① 有学者认为，在被告人一方申请排除非法证据时要求其提供非法取证的线索或者证据，只是规定了被告人行使证据排除申请权时的相应说明义务，这种说明义务充其量只是一种提供证据责任，而非证明责任内涵中的客观证明责任。② 本文认为，所谓举证责任（证明责任），包括行为责任和结果责任两个侧面，且举证责任与证明标准紧密相关。用通俗的话来说，控辩双方中的某一方承担举证责任，就意味着其不仅要提供证据材料，而且要提供证据材料证明待证事实至特定的程度，如果达到这种程度，则应承担不利的法律后果。因此，要求被告人一方提供相关线索或者材料，意味着被告人一方承担了一定的举证责任，只不过这种举证责任所要求达到的证明程度较低，即法官对证据的合法性产生合理怀疑即可。此外，根据刑事诉讼法的规定，我国刑事法官负有查证职责，即在案件事实真伪不明时，法官不能简单根据证明责任分配原则进行裁判，还应运用审判职权进行相应的调查。为此，立法规定法庭有庭外调查核实证据的权力。但是，需要明确的是，法庭的查证职责仅仅是一种补充性的责任，在承担举证责任的一方没有将相应事实证明到法定的程度时，仍应由其承担相应的后果。

那么，如何理解被告人一方承担的举证责任呢？有学者认为，要求被告人及其辩护人提供涉嫌非法取证的人员、时间、地点、方式、内容等相关证据，对于辩方而言，要求过高；如果被告人及其辩护人提供相关的线索，如说明几个人对其刑讯逼供，大致的时间、地点，说明刑讯的方式和内容，能让法官产生侦查机关有非法取证的可能，就应当启动非法证据排除程序；如果被告人及

① 参见陈光中主编：《〈中华人民共和国刑事诉讼法〉修改条文释义与点评》，人民法院出版社2012年版，第77—78页。

② 参见郭志媛、董满清：《非法证据如何证明？——兼评〈非法证据排除规定〉》，载《西部法学评论》2010年第5期。

其辩护人提供了非法取证的具体证据，法庭更应当启动此程序。[①] 对此，我们完全赞同，即对被告人一方承担的举证责任不能机械地理解为在某一个案件中一定要满足非法取证的人员、时间、地点等要素，关键是能否根据被告人一方提供的相关线索或者材料，结合司法实践的现状和个案的具体情况，进行综合判断后让法官对证据收集的合法性产生合理的怀疑。

其次，检察机关承担的证明证据收集合法性的举证责任是否过重。对此，大多数学者均认为现行规定是适当的。但也有学者认为，控方对证据合法性的证明需要达到“确实、充分”的程度，从理论上来说，此证明标准是有可能达到的，但是，从司法实践来看，该标准要求严苛，多数案件中难以达到。为了能够真正实行非法证据排除规则，应当适度降低对证据合法性证明要达到的程度，宜采用“较大证据优势”或者“明显证据优势”的标准。[②] 本文认为，考虑到我国现行的“分工负责、互相配合、互相制约”的检警关系，考虑到我国现行侦查环节的高度封闭性，上述观点有一定的道理。但是，基于遏制将来的非法取证、规范侦查机关将来的取证行为，以及我国法官对公诉方的“偏袒”等因素，参考国外的立法例，现行立法关于公诉方对证据收集合法性需要证明至排除合理怀疑的程度是合适的。

再次，被告人一方是否需要对证人证言、被害人陈述的合法性承担举证责任。根据《非法证据排除规定》第 13 条的规定，庭审中，检察人员、被告人及其辩护人可以提出未到庭证人的书面证言、未到庭被害人的书面陈述是非法取得的。据此，《非法证据排除规定》第 13 条规定了举证方应当对其取证的合法性予以证明，从理论上来说，这里的举证方包括被告人一方。然而，根据 2012 年《刑事诉讼法》第 57 条第 1 款的规定，在对证据收集的合法性进行法庭调查的过程中，人民检察院应当对证据收集的合法性加以证明。2012 年刑事诉讼法仅规定人民检察院应当对证据收集的合法性加以证明，举证责任承担者的变化意味着非法证据排除规则的排除对象发生了变化。换句话说，被告人一方所收集的证据不适用非法证据排除规则，[③] 也就谈不上由被告人一方承担证据收集合法性的举证责任。

最后，非法实物证据排除中的举证责任分配问题。根据《非法证据排除规定》第 14 条的规定，排除非法物证、书证需要三个条件，即物证、书证的取得明显违反法律规定，可能影响公正审判，不能予以补正或者无法作出合理

---

① 参见汪海燕：《评关于非法证据排除的两个〈规定〉》，载《政法论坛》2011 年第 1 期。

② 参见陈光中：《刑事证据制度改革若干理论与实践问题之探讨——以两院三部〈两个证据规定〉之公布为视角》，载《中国法学》2010 年第 6 期。

③ 参见王彪：《论刑事诉讼中私人违法取得证据之证据能力》，载《河北法学》2016 年第 2 期。

解释。2012年《刑事诉讼法》第54条的规定与此有一定的差异，即将“物证、书证的取得明显违反法律规定”修改为“收集物证、书证不符合法定程序”，将“可能影响影响公正审判的”修改为“可能严重影响司法公正的”。通过对比可以发现，2012年刑事诉讼法关于物证、书证的排除条件，在降低违法要求的同时，提高了影响司法公正的程度，且将“公正审判”修改为“司法公正”。

对于非法实物证据的排除还有两个问题需要解决。一是非法实物证据的“非法方法”具体是指什么。根据有学者的论述，其认为“非法方法”既可以是指“以违反法定程序、严重影响司法公正等非法方法”，也可以是指“违反法定程序，严重影响司法公正，不能补正或者作出合理解释的非法手段”。[①] 本文认为，“非法方法”从形式上看违反了法定的程序，从后果上看则是严重影响司法公正，而不能将违反法定程序和严重影响司法公正相分离。[②] 例如，搜查犯罪嫌疑人的住宅时没有申请搜查证而无证搜查。二是“可能严重影响司法公正”如何认定、由谁来证明。对于这一问题，有学者认为，[③] 针对侦查人员非法取得的实物证据，我国确立了裁量性排除规则。裁量性排除包括三个环节：其一，侦查人员对物证、书证的收集不符合法定程序；其二，该违法取证行为“可能影响司法公正”；其三，公诉方对该取证不合法的情况进行补正或者合理解释，法院对于不能补正或者合理解释的，作出排除非法证据的决定。要准确适用裁量性排除规则，就需要按照三个步骤来确立证明责任：首先，公诉方要证明侦查人员收集实物证据的合法性。其次，法院在认定实物证据取证不合法的前提下，责令被告方承担证明责任，也就是证明侦查人员的非法取证“可能影响司法公正”。这属于证明责任的转移，被告方要证明违法取证造成了严重后果，如严重影响了司法机关的公正形象，可能造成所获取的实物证据不真实、不可靠，甚至可能造成冤假错案，等等。最后，假如被告方能够证明实物证据的非法取证“可能影响司法公正”，那么，证明责任再次回到公诉方。公诉方需要对该非法取证行为进行必要的程序补正，要么进行单纯的程序补救，要么进行合理的解释或者说明。

根据该学者的观点，在非法实物证据的排除程序中，被告人一方需要承担一定的举证责任，即证明侦查机关违反法定程序取证达到了严重影响司法公正

---

① 参见左宁：《中国刑事非法证据排除规则研究》，中国政法大学出版社2013年版，第160—249页。

② 参见胡红军、王彪：《审判阶段非法证据排除的若干疑难问题》，载《法律适用》2014年第8期。

③ 参见陈瑞华：《非法证据排除程序再讨论》，载《法学研究》2014年第2期。

的程度。对于这一问题，也有不同观点。[①] 后者认为，在证据合法性的法庭调查程序中，由检察机关承担取证合法的证明责任，其标准是排除合理怀疑的最高证明标准。显然，刑事诉讼法对不同类别的非法证据设置了统一的证明机制。这样，在非法实物证据的排除程序中，最终的证明责任由公诉方承担，即公诉方须举证证明侦查机关没有违法取证，或者虽然取证程序违反了法律规定但并未达到“严重影响司法公正”的程度，或者公诉方能够对“严重影响司法公正”的违法取证行为“予以补正或作出合理解释”。

本文赞同后一种观点。[②] 主要理由有以下几点：一是立法对证据合法性的举证责任承担问题有明确规定，即检察院承担证据合法性的举证责任，故让被告方承担举证责任于法无据；二是法学界一般认为，被告方仅承担争点形成责任，控方则承担程序合法的举证责任，法官只在特殊情形下有一定的主动查证职责；三是如前所述，违反法定程序与严重影响司法公正是一个整体，是形式和后果的关系。一般来说，违反特定的法定程序就意味着严重影响司法公正，[③] 检察机关就需要进行补正或者作出合理解释。需要明确的是，对于非法物证、书证来说，谈不上“补正”的问题，非法物证、书证的存在即意味着非法取证行为已经发生，只能进行“合理解释”。所谓合理解释，一般指的是制止犯罪、抓捕犯罪嫌疑人、避免证据灭失等紧急情况。[④] 换句话说，这里的“合理解释”指的是非法物证、书证排除的例外性规定。对此，立法或者司法解释应当进一步细化。

从司法实践来看，非法证据排除制度在运行中也存在若干问题。例如，被告人一方往往会扩大非法证据的范围，对“非法证据”作扩张解释。[⑤] 其中，与被告人举证问题紧密相关的问题是，被告人一方的举证达到何种程度才能使法官启动有关证据收集合法性的调查程序？对此，立法规定非常清晰，即被告人一方的举证只需要让法官对证据收集的合法性产生合理怀疑即可启动证据收集合法性调查程序。然而，司法实践中，就这一问题经常发生争议。一般来

---

① 参见高咏：《非法证据排除的证明问题研究》，中国财政经济出版社 2014 年版，第 141 页。

② 参见胡红军、王彪：《审判阶段非法证据排除的若干疑难问题》，载《法律适用》2014 年第 8 期。

③ 有人认为，这里的严重影响司法公正主要是严重影响程序公正，即由于违法搜查、扣押而侵犯了犯罪嫌疑人、被告人享有的宪法性权利。参见戴长林主编：《非法证据排除规定和规程理解与适用》，法律出版社 2019 年版，第 53 页。

④ 最高人民法院法官的观点，参见戴长林、罗国良、刘静坤：《中国非法证据排除制度：原理 · 案例 · 适用》，法律出版社 2017 年版，第 118 页。

⑤ 相似的发现，参见马明亮：《作为正当程序的非法证据排除规则》，中国政法大学出版社 2017 年版，第 85 页。

说，除非被告人一方提供了有力的证据材料证明存在非法取证的存在，否则，法庭往往不会启动证据收集合法性的调查程序。本文认为，这种情形是多种原因造成的。一方面，随着侦查人员对非法证据排除规则的认知进一步加强，侦查人员往往不会采取那些可能带来明显伤痕的非法取证行为，[①] 非法取证行为会更加隐蔽、更加难以辨识，被告人一方在法庭上往往难以提供较为明确的线索或者材料，或者无法证明取证行为系立法明确规定的非法取证行为。另一方面，对于那些被告人一方提供了具有一定说服力的线索或者材料的案件，法官出于法律之外因素的考虑往往也不愿启动证据合法性调查程序。对于这种情形的深层次原因，有学者曾给出较为深刻的分析：[②] 作为一项事后制裁手段，排除非法证据事实上暗含了对侦查机关内部奉行的“亚文化观念”以及由此衍生的取证方法的质疑、甚至是否定。因此，在微观层面上，个体法官面对的不是具体证据，而是一种被警察群体普遍接受的取证方式；不是某一个具体的警察，而是作为整体存在的侦查机关。而且，在程序层面上，该项评价还将直接影响到检察机关在庭审中的证明责任以及指控事实的认定。因此，在司法实践中，除非得到所在法院的强有力支持，个体法官根本不具有对抗当地公安机关、检察机关的能力和勇气。

本文认为，为解决法官即使内心对取证行为的合法性产生了合理的怀疑也不愿启动证据收集合法性调查程序的问题，一方面需要通过学习、培训等加强法官对非法证据排除问题的认知；另一方面则需要限制法官自由裁量权、提升法院裁判的独立性和中立性。[③] 换句话说，我们要采取各种有效措施解决法官不会排除非法证据、不愿排除非法证据、不敢排除非法证据以及不能排除非法证据等问题，[④] 在理解法官的基础上提出有针对性的建议，而非简单地对法官的做法进行批评。

二、回避事由争议中的被告人举证

在回避事由方面，1979 年《刑事诉讼法》第 23 条规定了审判人员、检察人员、侦查人员在四种情形下应当回避。1996 年刑事诉讼法在这一规定的基

---

① 结合相关案例的实证分析，参见王彪：《非法口供排除规则威慑效果实证分析》，载《法治研究》2014 年第 9 期。

② 吴宏耀：《非法证据排除的规则与实效——兼论我国非法证据排除规则的完善进路》，载《现代法学》2014 年第 4 期。

③ 参见陈瑞华：《非法证据排除程序的理论展开》，载《比较法研究》2018 年第 1 期。

④ 参见王彪：《法官为什么不排除非法证据》，载陈兴良主编：《刑事法评论》（第 36 卷），北京大学出版社 2015 年版，第 600—619 页。

础上，增加了一种应当回避的情形，即审判人员、检察人员、侦查人员违反有关禁止性规定。之所以增加这一规定，是因为司法实践中存在一些审判人员、检察人员、侦查人员接受当事人及其委托的人的请客送礼，徇私枉法的情况。[①] 此外，根据1996年《刑事诉讼法》第192条的规定，原审人民法院对于发回重新审判的案件，应当另行组成合议庭。根据该法第206条的规定，人民法院按照审判监督程序重新审判的案件，也应当另行组成合议庭进行。[②] 2012年刑事诉讼法与2018年刑事诉讼法对回避问题没有新的规定。

在申请回避的程序方面，就审判阶段来说，是否回避由院长或者审判委员会决定，院长和审判委员会如何决定则没有明确规定。根据1996年《刑事诉讼法》第30条第3款的规定和1998年最高人民法院《关于执行〈中华人民共和国刑事诉讼法〉若干问题的解释》第28条、第29条的规定，对于当事人及其法定代理人提出的符合法定回避事由的申请，如果被驳回，对驳回的决定，当事人及其法定代理人可以申请复议一次。当事人及其法定代理人申请复议的，院长或者审判委员会如何处理，也没有规定。

在申请回避时当事人及其法定代理人是否需要举证的问题，立法没有明确。2000年最高人民法院《关于审判人员严格执行回避制度的若干规定》第2条规定，当事人及其法定代理人如果以审判人员有违反禁止性规定的行为为由申请回避的，应当提供相关证据材料。2011年最高人民法院《关于审判人员在诉讼活动中执行回避制度若干问题的规定》第2条仅规定，对于审判人员违反禁止性规定的，当事人及其法定代理人有权申请其回避。根据后一规定，当事人及其法定代理人以审判人员违反禁止性规定为由申请回避是否需要举证的问题仍然是不明确的。根据2012年《法院解释》第28条的规定，当事人及其法定代理人依照《刑事诉讼法》第29条和本解释第24条规定申请回避，应当提供证明材料。然而，对于当事人及其法定代理人提供证明材料需要达到何种程度，司法解释没有明确。

综观立法和司法解释的规定，我国的回避制度具有以下特点：一是适用回避的人员范围较大。在西方法治发达国家，回避的人员仅涉及法官和陪审员；

① 参见全国人大常委会法制工作委员会刑法室编：《中华人民共和国刑事诉讼法：条文说明、立法理由及相关规定》，北京大学出版社2008年版，第81页。

② 参与立法人员认为，对于发回重新审判的案件，如果仍由原审判组织审理，原审判组织成员对案件可能会有先入为主或有成见的情况，从而可能影响案件重新审判时正确认定案件事实和正确适用法律，不能保证判决的公正，因此，为了慎重起见，发回重新审判的案件应当另行组成合议庭进行审判。对于按照审判监督监督程序重新审理的案件，之所以如此规定，理由大致相同。参见全国人大常委会法制工作委员会刑法室编：《中华人民共和国刑事诉讼法：条文说明、立法理由及相关规定》，北京大学出版社2008年版，第454、491页。

而我国适用回避的人员范围较大，包括侦查人员、检察人员、审判人员、书记员、翻译人员、鉴定人，以及人民法院中占行政编制的工作人员、人民陪审员、勘验人员、执行员。[①] 二是回避的原因，国外包括有因回避和无因回避，我国没有无因回避，只有有因回避。

既然是有因回避，当事人及其法定代理人申请回避是否需要举证？如果需要，举证应该达到何种程度？有学者认为，我国刑事诉讼法一直没有明确规定刑事回避的证明责任，国内学者在讨论回避制度时，也很少涉及回避的证明责任分配问题。[②] 因此，有必要考察国外法治发达国家的做法。

在有因回避时，英美法系国家只要求申请人证明存在"偏见的可能性"或者"合理怀疑"即可；其他国家则普遍要求由回避申请人提供回避申请所依据的理由和证据，同时被申请回避者也有义务对此加以证明。[③] 在德国，回避分为法官的回避与拒绝，法官的回避之原因可以分为四类。其一，法官本身即为犯罪行为之被害人者；其二，法官与犯罪行为之被害人间有很近的亲属关系；其三，法官与被告有很近的亲属关系；其四，法官曾参与该案，即其曾为该案之检察官、警察人员、被害人之辩护人或律师，或者其曾为该案之证人或鉴定人，或者其曾参与该案之下级审之裁判，或者其曾参与该案之审判，而该案现已提起再审者。法官之拒绝，是指虽然并未为法律规定应行回避之法官，其亦得因对其中立性之不信赖，恐有偏颇之虞，而被声请拒绝。[④] 根据《德国刑事诉讼法典》第 26 条的规定，申请人应当"释明"拒绝的理由，被申请拒绝的法官应当对拒绝理由作职务上的陈述。[⑤] 在法国，根据《法国刑事诉讼法典》第 669 条的规定，申请回避要说明回避的理由并附相关证据，同时该法

---

① 具体原因，参见易延友：《刑事诉讼法：规则、原理、应用》，法律出版社 2019 年版，第 205 页。

② 参见孙长永、黄维智、赖早兴：《刑事证明责任制度研究》，中国法制出版社 2009 年版，第 353 页。

③ 参见孙长永、黄维智、赖早兴：《刑事证明责任制度研究》，中国法制出版社 2009 年版，第 350 页。

④ 参见［德］克劳思·罗科信：《刑事诉讼法》，吴丽琪译，法律出版社 2003 年版，第 53—54 页。

⑤ "释明"指主张的事实必须要证明到法院认为该事实极为可能，且无须进一步调查就可作裁判的程度。在这里就拒绝申请不进行形式上的证据收集，法院也无须听询证人。所谓法官作职务上的陈述，如果情况清楚明确，那就无须作出职务上的陈述。这种陈述应当书面作出，并不是口头表达，然后记录在笔录中，也不是内部意见。参见《德国刑事诉讼法典》，宗玉琨译注，知识产权出版社 2013 年版，第 13—14 页。

第673条规定，提出回避申请而被驳回的申请人，应承担一定的民事罚款。[①]在日本，提出回避申请，应当明示原因。[②]综上，在国外，申请回避的，一般都要提供理由和相应的证据材料，并且要达到一定的程度，但对申请方举证的要求一般较低。

在我国，理论上一般认为，根据谁主张、谁举证的一般原则，证明责任应在提出回避申请的一方当事人。如果提出回避申请的当事人，未能提供足以证明其主张的证据材料，应当承担申请被驳回的不利后果。在司法实践中，多数法院也是这样理解当事人在申请回避中的证明责任的。[③]本文认为，对于我国立法和司法解释规定的回避事由，可以分为三类。第一类是立法明确规定的三种情形，即被申请回避的人是本案的当事人或者是当事人的近亲属等情形。这些情形由于比较清晰，申请回避方提出主张附有一定的理由即可。第二类是回避的弹性事由，即“与本案当事人有其他关系，可能影响公正处理案件的”。有学者认为，将回避的弹性事由确定为“与本案当事人有其他关系，可能影响公正处理案件的”，可能排斥大量足以影响法官公正审判的回避情形，使得很多根据基本社会经验和常识需要退出案件审判的法官，无法通过正常的回避途径而回避，也使得当事人在申请法官回避方面要承担不必要的证明责任，并很难证明法官与当事人的关系足以达到“影响公正处理案件”的程度。[④]本文认为，立法用语是“可能影响公正处理案件的”，这仅仅是一种“可能性”，且这里的“公正处理案件”，不仅包括实体上的公正，还应当包括程序上的公正，因此，申请回避方如果提出的理由或者材料能够让人对被申请回避的人公

---

① 《法国刑事诉讼法典》第669条（1993年1月4日第93－2号法律）规定，受审查人、重罪、轻罪或违警罪的被告人以及诉讼的任何当事人，欲申请预审法官、违警罪法庭法官，轻罪法庭的一名、数名或全部法官，上诉法院或重罪法院的法官回避时，应当向上诉法院第一院长提出申请，否则，申请无效；不得申请检察机关的检察官回避。所提申请应当指明申请回避的法官的姓名，并说明申请其回避的理由，同时附有支持此项请求的全部有效证明；已经自愿在法院或预审法官前进行诉讼的各当事人，仅在因此后发生的情况足以成立申请回避之原因时，其提出的回避申请始能接受。第673条规定，凡是作出驳回回避申请的裁定，均宣告对提出回避申请的人判处75欧元至750欧元的民事罚款。参见《法国刑事诉讼法典》，罗结珍译，中国法制出版社2006年版，第402—403页。

② 日本《刑事诉讼规则》第9条规定，申请合议庭组成人员的法官回避，应当向该法官所属的法院提出，申请受命法官、地方法院的独任法官、家庭法院或简易法院的法官回避，应当向应予回避的法官提出；提出回避申请，应当明示原因。提出回避原因及回避申请的人，在对案件作出请求或陈述时不知道有回避的原因，或者回避的原因是在作出请求或陈述后发生时，应当自提出申请之日起3日以内，以书面说明该回避原因。参见《日本刑事诉讼法》，宋英辉译，中国政法大学出版社2000年版，第120—121页。

③ 参见孙长永、黄维智、赖早兴：《刑事证明责任制度研究》，中国法制出版社2009年版，第354页。

④ 参见陈瑞华：《刑事诉讼的前沿问题》，中国人民大学出版社2005年版，第435页。

正处理案件产生“合理的怀疑”即可。[①] 第三种情形是被申请回避的人有不当行为的。对此，2012 年《法院解释》要求申请回避方提供证据材料，但没有明确需要证据到何种程度。本文认为，如果申请回避方提出的证据材料让人有“合理的理由”怀疑被申请回避的人有相应的行为，被申请回避的人应当回避，最主要的理由是：立法之所以设立回避制度，目的是为了确保案件的公正处理，这里的公正处理案件，既包括实体上的公正，也包括程序上的公正，如果已经有“合理理由”的怀疑被申请回避申请的人有不当行为的，仍由其处理案件则难以让人对其产生公正的期待，最终，即使案件结果是客观公正的，但这种“合理理由”的怀疑也会让人“觉得”案件没有被客观公正地处理。

三、管辖权争议中的被告人举证

我国刑事诉讼中的管辖，是指公安机关、人民检察院和人民法院以及其他国家专门机关在直接受理刑事案件以及人民法院系统内部审判第一审刑事案件方面的权限划分。[②] 据此，我国刑事诉讼中的管辖可以分为职能管辖和审判管辖。对于职能管辖问题，由于立法的规定较为明确，且职能管辖涉及不同国家机关之间的分工问题，发生争议的情况较少。司法实践中，发生争议较多的是级别管辖和地区管辖。

关于级别管辖问题，立法对上下法院之间的管辖分工作了相对明确的规定。此外，立法还对上下级法院之间的管辖变更问题作了规定。根据 1979 年《刑事诉讼法》第 18 条的规定，上级法院可以审判下级法院管辖的一审案件，也可以将自己管辖的一审案件交由下级法院管辖；下级法院可以将其管辖的一审案件移送上一级法院审判。司法实践中，对于一些定罪证据存疑的案件，法院担心认定有罪被上级法院改判，往往通过降低审级的方式将案件交由下级法院审判，一些冤错案件的形成与此密切相关，例如，湖北佘祥林案。[③]

1995 年 1 月 10 日，湖北省高级人民法院就佘祥林故意杀人案作出二审裁定：事实不清，证据不足，撤销原判，发回重审。一审法院接到二审裁定之后，将案件退回检察院，检察院又把案件退回公安机关，要求补充侦查。补充

① 有学者认为，对申请回避的理由，申请人应当说明理由或者提供证据线索，证明标准通常达到大致可信即可。参见孙长永、黄维智、赖早兴：《刑事证明责任制度研究》，中国法制出版社 2009 年版，第 356 页。本文认为，“大致可信”标准较为模糊，如果将其理解为“优势证据”标准，对申请回避方来说，承担的举证责任过高，故建议用“合理怀疑”标准。

② 参见孙长永主编：《刑事诉讼法学》，法律出版社 2019 年版，第 107 页。

③ 参见何家弘主编：《迟到的正义：影响中国司法的十大冤案》，中国法制出版社 2014 年版，第 174—178 页。

侦查后，检察院与法院协商，认为这些证据仍然无法满足湖北省高级人民法院的要求，就再次“退补”。公安机关坚持认为本案证据足以证明佘祥林故意杀人的事实，不再“补查”。案件就此搁置。1997 年 10 月，荆门市委政法委召开了由荆门市法院、检察院、公安局以及京山县委政法委有关单位负责人参加的协调会议。在各方发表意见之后，政法委决定采取“疑罪从轻”的处理办法。具体方案是将案件从中级人民法院降格到基层法院审理：第一，由京山县人民检察院向京山县人民法院提起公诉；第二，京山县人民法院“一审拉满”，也就是按管辖权的最高限度判处被告人有期徒刑 15 年；第二，中级人民法院二审维持原判，使这个案件在本地“消化”，不用再上到湖北省高级人民法院。1998 年 6 月 15 日，京山县人民法院以故意杀人罪判处佘祥林有期徒刑 15 年，剥夺政治权利 5 年。1998 年 9 月 22 日，荆门市中级人民法院驳回佘祥林的上诉，维持原判。

毫无疑问，对佘祥林一案，司法机关的做法并没有解决证据上的问题，而是通过降低审级的方式“规避”了湖北省高级人民法院的审级监督，从而“掩盖”了问题。事实证明，佘祥林案是典型的冤错。1996 年修改刑事诉讼法时，考虑到除基层法院以外的上级法院各自管辖的第一审刑事案件，都是根据案件的性质、对社会的危害大小以及影响面的大小等具体情况划分管辖范围的，而且各自管辖的案件数量并不多，为确保办案质量，删除了 1979 年《刑事诉讼法》关于上级法院可以将自己管辖的第一审刑事案件交由下级人民法院审判的规定。[①] 然而，在此后的司法实践中，仍有一些案件发生级别管辖的争议，特别是对于上级法院发回重审的案件，能否降低管辖的级别问题，立法的规定仍显模糊。例如，在贵州黎庆洪案的庭审中，曾因管辖、非法证据排除等问题发生了激烈的“辩审冲突”，并引发广泛关注。该案的诉讼过程以及管辖权争议如下：[②]

2008 年 9 月 10 日，黎庆洪因涉嫌赌博罪被贵阳市公安局刑事拘留。此后，黎庆洪被控组织、领导黑社会性质组织及非法持有枪支等罪。2010 年 3 月 25 日，贵阳市中级人民法院数罪并罚判处黎庆洪有期徒刑 19 年。2010 年 7 月 12 日，贵州省高级人民法院以事实不清为由，裁定撤销贵阳市中级人民法院的一审判决，将案件发回重审。发回重审后，贵阳市人民检察院申请撤诉；贵阳市中级人民法院于 2010 年 8 月 16 日裁定准许检察院撤诉。撤诉后，贵阳市人民

---

① 参见全国人大常委会法制工作委员会刑法室编：《中华人民共和国刑事诉讼法：条文说明、立法理由及相关规定》，北京大学出版社 2008 年版，第 64 页。

② 参见易延友：《刑事诉讼法：规则·原理·应用》，法律出版社 2019 年版，第 201—202 页。

检察院将该案退回贵阳市公安局补充侦查。补充侦查终结后，案件由贵阳市小河区人民检察院于2011年8月26日起诉至小河区人民法院。起诉书显示，该案的被告人增加到57人，所涉嫌的罪名也由之前的6个增加到十几个。

就该案的管辖权问题，辩护人表示，小河区人民法院不具有此案的管辖权。理由是，此案原一审在贵阳市中级人民法院，被贵州省高级人民法院二审撤销一审判决之后，发回贵阳市中级人民法院重审，而非小河区人民法院；审级的变化是在规避贵州省高级人民法院的审判监督。法庭休庭后，当场宣布贵阳市中级人民法院指定小河区人民法院管辖的文件，并表示原一审案件与此案系两个案件，而不是一个案件。辩护人表示不服，当即指出起诉书白纸黑字写的是，检察院撤诉后退回贵阳市公安局补充侦查，而非重新侦查，这就是一个案子。辩护人的意见未被法庭采纳。

贵州黎庆洪案件在全国范围内引起广泛关注，该案检察机关降格起诉后法院如何确定管辖的问题也同样引起重视。最终，2012年《法院解释》第21条对此予以明确，即层报给原第二审法院，原第二审法院可以根据情况将案件移送原第一审法院或者其他法院审判。据最高人民法院法官的解释，在2012年《法院解释》起草过程中，有意见提出，司法实践中，对于发回重审的案件，有的司法机关为了回避证据不足问题或者减少社会关注，将案件降格处理，将本应由中级人民法院审理的案件，改由基层法院审理。对此，《法院解释》应予以限制，以确保相关案件的审理质量。最终，最高人民法院采纳了这一意见。[①] 客观地说，司法解释的这一规定可以在很大程度上化解实践中存在的问题。然而，值得注意的是，现行立法和司法解释并没有规定被告人一方的管辖异议权，没有规定被告人一方提出管辖异议后，法院应当如何处理。2012年《法院解释》仅规定管辖权发生争议的，应当协商解决，协商不成的，由争议的法院分别层报共同的上级法院指定管辖。考察相关规定，可以发现，立法者认为管辖问题属于法院内部审判权力的划分问题。事实上，有学者早已发现这一问题，该学者认为，现行的审判管辖制度就几乎完全建立在下列假定的基础上：[②] 管辖作为法院内部审判权力的划分问题，完全属于法院自主裁决的事项，而不受当事人诉权的影响和约束；而在法院系统内部，决定管辖事项和裁决管辖争议的实体依据就是方便法院诉讼、提高审判效率等实用性原则；裁决的程序遵循典型的行政层级制原则，按照下级法院报请上级法院决定、上级法

① 参见江必新主编：《〈最高人民法院关于适用中华人民共和国刑事诉讼法的解释〉的理解与适用》，中国法制出版社2013年版，第20页。

② 参见陈瑞华：《刑事诉讼的前沿问题》，中国人民大学出版社2005年版，第445页。

院主动指定的方式而进行。

司法实践中的一些典型案例也印证了这一判断，一方面，司法实践中鲜有管辖异议成功的案例，另一方面，一些管辖异议成功的案例，也并非简单依据法律获得成功的，例如，所谓的“中国典当第一案”。[①] 该案侦查机关曾试图推动案件在湖北某市一个基层法院举行第一审，以便利用两审终审制的便利，争取在本地中级人民法院作出终审裁决。为避免可以预见的不利结局，辩护律师将本案的管辖问题提交湖北省政法机关联席会议。通过这次关键的会议，多数意见主张本案应当“提高管辖层级”，由市级检察机关向中级人民法院提起公诉，从而保证案件至少由高级人民法院充当终审法院，以避免本案侦查机关所具有的强大政治影响力对法院审判的干预。辩护律师的这一努力，最终取得了成功，打赢了“管辖之战”。

根据陈瑞华教授的考察，该案的管辖权异议之所以取得成功，是因为辩护律师在当地的影响力，以及该辩护律师与有关部门及时的沟通、协调。如果该案的辩护律师在当地没有这样的影响力和“协调”能力，该案最终由哪一级法院管辖也许还是个未知数。

关于地区管辖问题，目前主要在两种情况下存在较多的问题。一方面，由于地方因素的介入，由于立法对地区管辖的模糊，一些侦查机关往往“跨市”甚至“跨省”抓捕犯罪嫌疑人，抢夺管辖权。[②] 例如，2017 年 12 月，广东医生谭某某发了个题为《中国神酒“鸿茅药酒”，来自天堂的毒药》的网帖，从心肌变化、血管老化、动脉粥样硬化等方面，想说明鸿茅药酒对老年人会造成伤害。涉事企业以他恶意抹黑造成自身 140 万元经济损失为由报警。2018 年 1 月，内蒙古凉城警方以“损害商品声誉罪”将他跨省抓捕。由于媒体关注，该案最终由鸿茅药酒公司向公安机关撤案。[③] 另一方面，整体回避问题。所谓整体回避，是指申请法院所有的法官回避，本质上属于管辖权异议问题。法院整体回避问题，据报道，最早引起关注的案件是陕西“法官谋杀院长案”。在该案中，被告人一方申请西安市中级人民法院整体回避，理由是西安市中级人民法院的院长是本院的“被害人”，而本案的被告人之一杨清秀是西安市中级

---

① 参见陈瑞华:《刑事辩护的艺术》，北京大学出版社 2018 年版，第 252 页。

② 需要说明的是，这里的地区管辖，指的是不同侦查机关的管辖权力划分问题，虽然从立法上来看，没有侦查机关“地区管辖”的规定，但根据基本的法理，法院的地区管辖在很大程度上影响侦查机关的地区管辖。也就是说，A 地区法院管辖的案件，一般也是由 A 地区对应的侦查机关侦查。

③ 参见百度百科词条“谭秦东”，载 https://baike.baidu.com/item/%E8%B0%AD%E7%A7%A6%E4%B8%9C/22489732?fr=aladdin，2019 年 11 月 15 日最后访问。

人民法院的工作人员。具体情况如下：[①]

2000年9月18日，陕西省西安市人民检察院向西安市中级人民法院提起公诉，指控被告人吕西娟、杨清秀犯有故意杀人罪（未遂）。起诉书指控吕西娟在被告人杨清秀的唆使下，于2000年3月8日上午8时20分左右，“来到西安市中级人民法院朱庆林院长办公室，将办公室门反锁，指责、威胁朱庆林。当朱庆林提出要外出开会时，被告人吕西娟趁朱庆林不备，将其打倒在地，并抓住朱庆林的领带紧勒其脖颈，致朱庆林出现脑缺血昏迷，后被及时赶到的法院干警解救脱险。被告人吕西娟被当场抓获”。

同年10月20日、31日，被告人杨清秀两次向西安市中级人民法院提出申请，以该案件被害人为西安市中级人民法院院长、案件由该法院管辖无法保证公正审判为由，要求西安市中级人民法院“整体回避”和合议庭组成人员回避，但该申请被西安市中级人民法院驳回。在此之前，被告人吕西娟及其辩护律师“请求异地公开审理”的要求，也被西安市中级人民法院以同样的理由予以驳回。两名被告人都向西安市中级人民法院分别申请复议，但都又一次遭到驳回。经过开庭审理，西安市中级人民法院判决杨清秀、吕西娟犯有故意杀人罪（未遂），判处杨清秀有期徒刑15年，吕西娟有期徒刑13年。

“法官谋杀院长案”进入二审后，吕西娟的辩护律师在上诉意见中提出西安市中级人民法院本应回避而不回避，陕西省高级人民法院裁定驳回上诉、维持原判，该裁定书认为：[②] 我国刑事诉讼法律所规定的回避制度是指个人回避，并没有规定审判组织或审判机关回避。本案受害人朱庆林是西安市中级人民法院院长，涉及本案的公正处理，但该案起诉到西安市中级人民法院后，朱庆林已自己申请回避并经审判委员会决定同意朱庆林回避。故吕西娟及其律师要求西安市中级人民法院回避本案审理的理由与意见不能成立。

事实上，陕西省高级人民法院的看法具有代表性。此后，司法实践中有若干管辖权有争议的案件，被告人一方的异议也没有获得成功。例如，重庆李庄案。在该案中，李庄申请江北区法院、江北区检察院集体回避被驳回，理由是立法没有规定集体回避。对此，有学者也表示赞同。[③] 此后，吉林王成忠案再次引发媒体关注。王成忠系吉林辽源市中级人民法院民三庭院庭长，2018年

---

① 参见陈海、刘向晖、金凌云：《“法官谋杀院长案”调查》，载《南方周末》2003年9月11日，第A5版。

② 参见陈海、刘向晖、金凌云：《“法官谋杀院长案”调查》，载《南方周末》2003年9月11日，第A5版。

③ 参见余虎、张军兴：《法学专家明确指出：李庄申请异地审判，于法无据》，载https://cq.qq.com/a/20100111/000103.htm，2019年11月16日最后访问。

11月8日，辽源市中级人民法院开庭审理王成忠民事、行政枉法裁判案，王成忠及其辩护人提出管辖异议，要求全体合议庭成员回避，审判长认为申请理由不符合法律规定，当场驳回该请求。[①] 由于王成忠及其辩护人的坚持，辽源市中级人民法院书面报告吉林省高级人民法院，吉林省高级人民法院指定对该案异地审理。[②] 最终，该案由吉林通化市中级人民法院进行二审。从结果上看，该案与陕西“法官谋杀院长案”相比有进步，但该案之所以最终改变管辖，与辩护律师的坚持以及该案引起的媒体关注有关，从申请回避后法院的反应来看，这种通过申请全体法官回避而变相提出管辖异议的情况，多数法官认为于法无据，在处理这一申请时，也没有相应的诉讼程序，面对舆论压力，选择向上级法院请示汇报的方式解决这一问题。

本文认为，解决我国司法实践中的管辖权争议问题，应当从两个层面着手。一方面，建立适度诉讼化的管辖权异议制度。相关案例表明，在我国司法实践中，有关管辖权的争议并不少见，而面对有关主体提出的管辖权异议，法院要么置之不理，要么就以典型的行政方式予以处理。[③] 换句话说，司法实践中有管辖权异议，但立法上没有建立管辖权异议制度。对此，有学者认为：[④] 事实上，管辖权异议问题与回避问题的基本原理是一样的，都是为了保证刑事案件的被告人获得公正的审判，这种公正审判的目的则在于加强法院判决的权威性和可接受性。问题在于，我国的刑事诉讼法在涉及管辖问题时几乎没有考虑到这一制度的基本原理，刑事诉讼法也根本没有赋予当事人申请管辖异议的权利，也没有规定管辖权异议的程序以及相应的救济手段。其明显的缺陷就是在当事人为实现公平审判而申请异地审判的时候，他（她）实际上没有权利申请管辖权异议，即使被告人可以提出这样的申请，也没有一种诉讼程序能够帮助他实现自己的权利。解决这一问题的基本思路，就是在程序正义观念的指导下，在保证公正审判的理论指导下，建立我国的管辖权异议制度。

对此观点，本文表示赞同。此外，本文认为，我国建立的管辖权异议制度应当适度诉讼化，即改变现行的通过行政化的方式解决管辖争议的情况。具体来说，要改变现行的受案法官自己裁判受案法院是否有权管辖的问题，由上级

---

① 参见《吉林辽源中院开庭审理原庭长：被告人申请合议庭回避，被驳回》，载 https://baijiahao.baidu.com/s?id=1616549002276591967&wfr=spider&for=pc，2019年11月16日最后访问。

② 参见江聪越：《异地审理——王成忠案必将实现程序实体双正义》，载中国法院网 https://www.chinacourt.org/article/detail/2018/12/id/3595403.shtml，2019年11月16日最后访问。

③ 参见孙长永、黄维智、赖早兴：《刑事证明责任制度研究》，中国法制出版社2009年版，第373页。

④ 参见易延友：《刑事诉讼法：规则·原理·应用》，法律出版社2019年版，第212—214页。

法院就管辖权异议问题进行裁判。

另外，将管辖权异议问题的处理适度诉讼化之后，明确被告人一方的举证问题，即被告人一方是否需要举证，如果需要举证，需要举证至何种程度。对此，有学者针对不同情形分别提出了相应的建议：[①] 法院如果发现自己没有管辖权，应当将公诉案件退回同级检察机关；如果认为自己“不能”或者“不宜”对此案件行使管辖权，则应当呈报上级法院，由上级法院对该案件指定管辖。上级法院应当依职权对案件的管辖予以调查，并在倾听各方当事人意见的基础上作出指定管辖。但是，如果受案法院认为案件归自己管辖而有关主体对此有争议时，上级法院在处理此争议时必须按照司法裁判程序进行。具体来说，法院应该处于中立方，由提起异议的一方提供证据以证明受案法院对此案没有或者“不宜”“不能”行使管辖权，并经过与诉讼另一方的充分辩论，由法院通过裁定的方式在法定的受理期限内对管辖权异议作出裁定。至于证明方式，可以采用自有证明方式，证明标准达到优势证据标准即可。

对于这一问题，不同国家有不同做法。例如，在美国，一些法院或者法官以“合理的可能性”为标准，当被告人的证明达到此标准时即以保障被告人公正审判权为由指令改变审判地点。[②] 而大多数法院采用“确实有偏见结果产生”的标准，在此标准下，要求改变审判地点的被告人必须证明实际产生了偏见。[③] 在法国，在诉讼的任何阶段，当事人均可提出受诉法院“无管辖权抗辩”，审判法庭对其管辖权进行审查后作出决定。虽然没有明确当事人是否需要举证的问题，但为了避免发生诉讼程序无效的情形，法庭一般对这一申请较为谨慎。[④] 根据日本最高法院《刑事诉讼规则》第 2 条的规定，请求指定管辖或者转移管辖，应当向管辖法院提出附理由的请求书。通过比较可以发现，英美法系国家通过判例详细阐明了被告人申请变更审判地点的“举证责任”和“证明标准”，而大陆法系国家对此则没有明确的规定。[⑤] 大陆法系国家之所以对此没有规定，是因为大陆法系国家的法官并非消极被动，其有“发现案件事实”的职责和权力。

---

① 参见孙长永、黄维智、赖早兴：《刑事证明责任制度研究》，中国法制出版社 2009 年版，第 374 页。

② 参见李学军主编：《美国刑事诉讼规则》，中国检察出版社 2003 年版，第 463—464 页。

③ 参见房保国：《刑事诉讼管辖权异议的裁判体系》，载《烟台大学学报（哲学社会科学版）》2004 年第 1 期。

④ 参见［法］贝尔纳·布洛克：《法国刑事诉讼法》，罗结珍译，中国政法大学出版社 2009 年版，第 304 页。

⑤ 参见房保国：《刑事诉讼管辖权异议的裁判体系》，载《烟台大学学报（哲学社会科学版）》2004 年第 1 期。

结合上述国外立法例，考虑到管辖权异议制度的基本原理，考虑到我国刑事诉讼中被告人一方的举证能力，考虑到我国法官具有的查证职责，本文认为，对于管辖权异议，被告人一方应当承担一定的举证责任，但对于被告人一方的举证不宜要求达到过高的程度，达到“合理的怀疑”即可，[①] 即通过被告人一方的举证使得人们对受案法院能否公正审判案件产生了合理的怀疑。

四、审判程序违法争议中的被告人举证

从法理上来说，法院应当是客观中立的，对于侦查机关、检察机关的违法行为，法院可以作出诉讼行为无效的宣告。假如法院没有恪守客观中立原则，将会产生什么样的后果呢？根据 1979 年《刑事诉讼法》第 138 条的规定，如果一审法院违反诉讼程序，可能影响正确判决的，二审法院应当撤销原则、发回重审。“撤销原则、发回重审”意味着二审法院对一审法院非法审判行为的程序性制裁。当然，这种程序性制裁还具有一定的依附性，即依附于实体判决的正确与否。1996 年《刑事诉讼法》第 191 条对此规定予以完善，即确立了“自动撤销原审裁判”的制度。[②] 2012 年《刑事诉讼法》第 227 条、2018 年《刑事诉讼法》第 238 条对此未作修改。此外，2012 年《刑事诉讼法》第 242 条第 4 项规定申诉的案件经复核有“违反法律规定的诉讼程序，可能影响公正审判的”情形的，人民法院应当重新审判。从字面上看，本条似乎在再审程序中确立了程序性制裁措施，即违反法律规定的诉讼程序可能导致相关诉讼行为无效，但从参与立法人员的解释来看，该条规定不涉及程序性制裁，或者说该条规定的撤销原判、发回重审是以违反法律规定的诉讼程序的行为可能影响对案件事实的认定，影响对被告人的定罪量刑为前提的。[③]

---

① 有学者持类似观点，但其论证方式存在一定的问题。该学者认为，法院的管辖问题属于程序性事项，当事人申请管辖权异议的，应当由申请者承担举证责任；申请人应当证明其主张存在的可能性大于不存在的可能性，证明要达到优势证据的程度，使人们对法院管辖的正当性产生合理的怀疑，否则其异议将会被驳回。参见房保国：《刑事诉讼管辖权异议的裁判体系》，载《烟台大学学报（哲学社会科学版）》2004 年第 1 期。本文认为，该学者的观点前后矛盾，即“优势证据”与“合理怀疑”相矛盾。

② 参见［德］托马斯·魏根特：《对〈中华人民共和国刑事诉讼法〉的比较评述》，樊文译，载［德］托马斯·魏根特：《德国刑事诉讼程序》，岳礼玲、温小洁译，中国政法大学出版社 2004 年版，第 239 页。

③ 参与立法人员认为，“违反法律规定的诉讼程序”，是指已经发生法律效力的判决、裁定在审判过程中违反了本法有关公开审判的规定、违反了回避制度、剥夺或者限制了当事人的法定诉讼权利、审判组织的组成不合法以及其他违反法律规定的诉讼程序的情形；“可能影响公正审判的”，是指由于存在违反法律规定的诉讼程序的行为，可能影响到对案件事实的认定，影响对被告人的定罪量刑。参见全国人大常委会法制工作委员会刑法室编：《关于修改中华人民共和国刑事诉讼法的决定：条文说明、立法理由及相关规定》，北京大学出版社 2012 年版，第 282 页。

如果被告人及其辩护人以一审法院“违反法定程序”为由上诉，二审法院应该如何进行审查呢？对此，刑事诉讼法没有规定，根据2012年《法院解释》第315条的规定，二审法院应当审查“在侦查、审查起诉、第一审程序中，有无违反法定诉讼程序的情形”。具体如何审查，缺乏相应的程序规定。全国人大法工委参与立法人员认为，二审法院在审理上诉或者抗诉案件过程中，合议庭经过开庭审理或经过阅卷、讯问被告人及听取其他当事人、公诉人、辩护人、诉讼代理人的意见等，发现一审法院的审理具有违反法定诉讼程序的情形，并经查证属实后，应当作出裁定，撤销原判决，发回原审法院按照一审程序重新审判；原审法院应当重新组成合议庭对案件进行审判，必须纠正违反法律规定的诉讼程序的做法。① 由此可见，二审法院的审查程序类似于行政审查程序，或者说是一种职权调查程序。

从比较法的角度来看，在美国，对审判程序违法的争议主要是转化为对被告人宪法性权利的司法救济问题来处理的，在被告人提出适当的动议或者申请后，上诉审法院要区分宪法性错误和非宪法性错误，要区分有害错误和无害错误，如果是宪法性错误，则控诉方要承担证明责任，即该错误属于无害错误，并且要证明到排除合理怀疑的程度。大陆法系的国家在审判程序违法的争议及证明问题上，更多强调法院依职权发动纠正程序。②

参考国外的立法例，结合我国的具体情况（法官有查证责任，但如果没有当事人的推动，法官的查证责任又不会轻易启动），本文认为，对于审判程序违法问题的处理，应当与回避、管辖等程序性争议事项的处理一样，首先要确立适度诉讼化的程序，在此基础上，由被告人一方承担一定的举证责任。具体来说，根据需要证明的内容的不同，被告人一方举证要达到的要求也不应该完全一样。由于违反公开审判规定、违反回避制度和审判组织组成不合法问题，较为明确也易于证明，被告人一方的举证应当达到“优势证据”标准；而由于违反法定程序可能影响公正审判的这一问题具有一定的模糊性且难以证明，被告人一方仅需提供一定的证据即可，具体来说，被告人一方的举证应当让人对一审法院是否进行了“公正的审判”产生了“合理的怀疑”。

综上，在四种类型的程序争议事项中，除非法证据排除问题外，当被告人一方提出相应的程序性辩护时该如何处理，立法和司法解释均没有规定相应的诉讼程序。事实上，这一问题已经引起学界的关注，例如，有学者认为，刑事

---

① 参见全国人大常委会法制工作委员会刑法室编：《中华人民共和国刑事诉讼法：条文说明、立法理由及相关规定》，北京大学出版社2008年版，第450页。

② 参见孙长永、黄维智、赖早兴：《刑事证明责任制度研究》，中国法制出版社2009年版，第376—382页。

程序性证明的行政化倾向导致程序异化，这种程序异化限缩了程序性证明制度的发展空间。[①] 因此，本文认为，对于除非法证据排除程序之外的三种程序性争议事项，立法或者司法解释应当首先确立适度诉讼化的诉讼程序，在此基础上为被告人一方分配一定的举证责任。所谓适度诉讼化的诉讼程序，是考虑到这些问题均属于程序性争议事项，考虑到诉讼效率等因素，不宜确立过于严格的程序。所谓为被告人一方分配一定的举证责任，是考虑到程序性事项的特殊性，往往需要被告人一方提出明确的异议才有启动相应程序的必要性。同时，考虑到被告人一方的举证能力、法官的查证责任等因素，对于被告人一方承担的举证责任，不能要求达到过高的证明标准。

除了上述情形之外，还有若干类型的程序性辩护中也存在被告人一方的举证问题，如被告人一方认为应当适用非羁押性强制措施时，其是否需要证明有应当适用非羁押性强制措施的理由。在审前程序中，由于缺乏中立的裁判者，被告人一方的申请只能向作出羁押决定的侦查机关提出，其效果往往是得不到相应的回应。虽然2012年刑事诉讼法增加了羁押必要性审查制度，但羁押必要性审查后给出的建议不具有强制性。因此，对于适用何种强制措施、涉案财物是否应当扣押等若干类型的程序性辩护，首先应当将相关问题纳入裁判者的审理范围，[②] 然后确立相应的诉讼程序，最后才需要考虑被告人一方是否需要举证以及如何举证等问题。

① 参见石浩旭：《刑事程序性证明理论系统研究》，知识产权出版社2013年版，第160页。

② 最高人民法院的法官也认识到这一问题的存在，例如，关于实践中处理强制措施等程序性争议的模式，最高人民法院的法官认为，“这种处理模式带有较强的行政色彩，尚未纳入诉讼化的轨道，因不涉及法院对程序性争议的裁判，也就谈不上相应的证明问题”。参见沈德咏主编：《严格司法与诉讼制度改革：推进以审判为中心的刑事诉讼制度改革策论》，法律出版社2017年版，第73页。

重复性供述排除规则研究*

黄海强**

引言

重复性供述以严重非法取证方法获得先前供述为前提，以合法方式获取后续外观无瑕疵的供述为表象，其实质在于先前严重非法取证方法对后续外观合法供述的影响。排除重复性供述是排除“刑讯逼供等非法方法获取的口供”的重要保障。

2017年6月27日，“两高三部”联合发布的《关于办理刑事案件严格排除非法证据若干问题的规定》（以下简称《严格排除非法证据规定》）第5条确立了重复性供述排除规则。重复性供述排除规则突破了以往非法口供的认定范围，确立了不同于裁量排除说的原则加例外排除模式，具有一定的创设意义，需从学理上厘清分歧、诠释理论正当性。本文拟以原则加例外排除模式为框架，从理论、规范、实践三个角度解析重复性供述排除规则，探析其存在的问题并提出相应的完善建议。

一、重复性供述排除的理论基础

（一）重复性供述排除的内在逻辑

先前非法讯问方法所造成的痛苦记忆直接作用于后续讯问过程之中，在一段时间内受讯问情境所带来的压力不断重现刑讯逼供等非法方法带来的痛苦，进而在后续供述中违背意愿，即受特定的时空条件限制，而先前供述与后续供述之间也存在“覆水难收”的影响作用。德国证据使用禁止之继续效力理论

---

* 本文系2019年度重庆市研究生科研创新项目“刑事案件事实认定中的经验法则研究”（CYB19128）的阶段性成果。

** 广东国智律师事务所律师。

则将前次非法讯问与后续供述自愿性之间的持续性影响抽象化、理论化,[①] 拓展了重复性供述排除依据的理论深度。具体而言,先前讯问方法的继续效力体现在以下方面。首先,在特定时空条件下"刑讯逼供等非法方法"对犯罪嫌疑人、被告人产生了直接的心理压迫作用,犯罪嫌疑人、被告人受制于压力场之中。审讯情境因与日常生活隔绝、较长时间的限制自由、面对侦查人员的心理而产生一定的压力,在权力控制型讯问情境中,讯问者被赋予控制讯问时间、地点、参与者、措施等,以此来实现所欲的结果。[②] "审讯的压力场蕴含着把嫌疑人吸引到有罪方向的强大力量,置身于此的嫌疑人内心所感受到的辛酸是旁人无法体会的。"[③] 其次,在面临一定的审讯压力时,犯罪嫌疑人、被告人担心翻供会再次遭受"刑讯逼供等非法方法"的压制,肉体或精神上所遭受的痛苦持续性地在记忆中重现,在精神层面的折磨下,被可能的心理恐惧而支配,不得不作出违心的供述。最后,在"出袋之猫"心理[④]的影响下,认为先前供述已经作出,再反悔也没用了。在这种消极心理影响下作出重复性供述。

从证据属性角度看,重复性供述因欠缺合法性、真实性、自愿性要件而应当予以排除。首先,刑讯逼供等非法方法造成的痛苦记忆时刻折磨着犯罪嫌疑人、被告人,后续供述时虽然讯问方式合法,但受到非法方法的影响,致使重复性供述在实质层面欠缺合法性要素。其次,刑讯逼供等非法方法获取的证据虚假可能性较大。有学者经统计发现,在20起冤案中,多达19起案件即95%的案件存在刑讯逼供情形。[⑤] 非法取证是造成冤假错案的重要成因,因"出袋之猫"和担心翻供再次遭受非法讯问方法等心理的影响,犯罪嫌疑人、被告人在再次供述时仍延续先前供述的内容,即重复性供述与先前刑讯逼供等非法方法获取的口供均可能为虚假供述。最后,虽然我国尚未确立自白任意性规则,但痛苦规则将迫使被告人违背意愿供述作为认定非法性的要件之一,且对

---

① 证据使用禁止具有继续性效力,即使被告人在后来的程序中接受合法的讯问,但只要其陈述仍然受先前违法讯问行为的继续影响时,该陈述仍然不得作为证据使用。参见陈瑞华:《比较刑事诉讼法》,中国人民大学出版社2010年版,第185页。吉冠浩博士将供述继续效力解释为:在侦查人员第一次非法讯问后,当第二次讯问时,如果第一次讯问对被告人供述任意性的侵害效果继续到了第二次讯问,导致被告人供述时丧失任意性,则第二次供述没有证据能力。参见吉冠浩:《论非法证据排除规则的继续效力——以重复供述为切入的分析》,载《法学家》2015年第2期。

② 吴丹红:《角色、情境与社会容忍——法社会学视野中的刑讯逼供》,载《中外法学》2006年第2期。

③ [日]浜田寿美男:《自白的心理学》,片成男译,中国轻工业出版社2006年版,第71页。

④ 出袋之猫(cat out of the bag),通常指泄露之前保守秘密或未披露的事实。如果被告人第一次已经作出供述,无论基于何种动机,都会受到已经作出的供述的影响,也就是说,不能把出了袋子的猫再装回袋子中了。

⑤ 陈永生:《刑事冤案研究》,北京大学出版社2018年版,第15页。

"反对自证其罪"作了原则性规定，基本上在正面宣示意义上承认犯罪嫌疑人、被告人供述应具有自愿性要件。在刑讯逼供等非法方法的波及效应[①]影响下，犯罪嫌疑人、被告人在持续性的肉体或精神创伤中所作的供述极有可能违背真实意愿，减损真实性及程序正当性。因此，重复性供述应当排除的直接根据是先前采取"刑讯逼供等非法方法"致使后续供述欠缺合法性、真实性、自愿性要件。

需要说明的是，在"肉体上或精神上所遭受的剧烈痛苦"影响下，重复性供述内含实质非法性、虚假可能性，在排除正当性层面则指向"人权保障说""虚假排除说"等非法证据排除的一般性理论基础。非自愿性则是重复性供述排除的个性化因素，在一定程度上体现了自白任意性规则的内涵——非任意性自白不具有可采性。2012 年刑事诉讼法已确立"不得强迫任何人证实自己有罪"规则，供述自愿性保障在立法上有规范基础，[②] 因供述自愿性与真实性之间的正向关联，从保障真实性角度排除非自愿供述具有一定的观念共识基础。当然，自愿性审查只是判断重复性供述是否属于非法证据的要素之一，并且在其他条款中并未将自愿性标准视为证据具有证据能力的必要条件，因此不能说我国已确立自白任意性规则，只能说重复性供述排除过程中考虑的自愿性因素在一定程度上反映了我国非法证据制度向自白任意性规则过渡的可能性。因为后续重复性供述的外观合法性及不绝对的虚假性，继续效力理论解析下的重复性供述排除依据应审视非法证据排除的结果中心主义立场，从供述的虚假排除转向"过程中心主义"立场的非自愿排除。[③] 因此，重复性供述是基于非自愿前提而产生的诉讼证据，是"痛苦规则"的"衍生物"。重复性供述排除规则所保障的"自愿性"实际上更接近"痛苦规则"下一种相对较低位阶的保障，无法涵摄自白任意性规则中高位阶所保障的"任意性"。

从程序功能角度看，重复性供述所蕴含威慑侦查人员的非法行为理论是保障"痛苦规则"实施的重要举措。非法口供排除在实践中效果不彰的重要原因之一就是重复性供述不排除。曾有学者在实证研究中发现，在 3832 件样本案件中，申请排除非法证据的有 104 件，启动合法性调查而排除案件数为 10

---

① 波及效应认为犯罪嫌疑人、被告人遭受刑讯逼供后，刑讯逼供对犯罪嫌疑人、被告人的肉体或精神产生持续性创伤，犯罪嫌疑人、被告人在一段时间之内持续受到创伤、痛苦回忆的波及影响。参见裴显鼎：《非法证据排除程序适用指南》，法律出版社 2016 年版，第 100 页。

② 参见王景龙：《中国语境下的自白任意性规则》，载《环球法律评论》2016 年第 1 期；龙宗智：《我国非法口供排除的"痛苦规则"及相关问题》，载《政法论坛》2013 年第 5 期。

③ 陈瑞华：《非法证据排除规则的适用对象——以非自愿供述为范例的分析》，载《当代法学》2015 年第 1 期。

件，但这10起案件的最终结果并未因为法院的非法证据排除而起到实质性影响，其中，被排除的10起案件中有一半都是采纳其他重复供述认定有罪。① 治理刑讯逼供的重要途径是适用程序性制裁理论，通过“剥夺程序性违法者通过违法所得的不正当利益”，宣告侦查人员非法获取的证据无效，以促使其遵守法律程序。② 重复性供述在实质层面代替非法口供发挥证明作用，若仅排除通过刑讯逼供等非法方法获取的口供而肯定重复性供述的证据能力，则在制度层面肯定了违法取证者的不正当利益，加之个人责任追究机制的缺失，无异于鼓励侦查人员通过重复取供的方式“洗白”非法口供，难以遏制刑讯逼供。此外，有学者用“成本与制裁理论”论证威慑违法取证的必要性，指出仅排除刑讯逼供等非法方法获取的口供是一种成本型惩罚机制，仅吓阻行为人收益小于成本的施害行为，而排除重复性供述则是制裁型惩罚，吓阻所有不当行为。③ 成本型惩罚机制赋予侦查人员是否违法取供的自由裁量权，且在制度层面调节收益、成本关系陷入瓶颈时，④ 建立制裁型惩罚就成为必然的选择。通过程序性制裁理论排除重复性供述以遏制刑讯逼供，从另一角度来讲也就是要求侦查机关取证时必须在法律许可的范围内依据正当程序行使职权，以此来证成侦查权行使的正当性、合法性。司法正当理论遵循了非法证据排除规则逆推效应，通过对逆向行为的否定，排除逆向行为使侦查行为回归到正向行为的止步之处，以此清除不当行为的后果。⑤

（二）重复性供述排除的模式选择

1. 重复性供述的三种排除模式简述

（1）绝对排除模式

绝对排除模式认为，只要采取了刑讯逼供或者其他非法取证方法，那么后续形成的重复性供述均应予以排除，唯有此才能通过剥夺非法利益而威慑侦查

---

① 左卫民：《“热”与“冷”：非法证据排除规则适用的实证研究》，载《法商研究》2015年第3期。

② 陈瑞华：《程序性制裁理论》，中国法制出版社2017年版，第191页。

③ 易延友：《非法证据排除规则的立法表述与意义——刑事诉讼法第54条第1款的法教义学分析》，载《当代法学》2017年第1期。

④ 有研究认为，在我国违法侦查的发现概率极低、无法定罪的成本极小，非法取证成本较低，参见李昌盛：《违法侦查行为的程序性制裁效果研究——以非法口供排除规则为中心》，载《现代法学》2012年第3期。有论者认为，我国非法证据排除制度在责任主体上归责于集体与国家而非个人、在威慑功能上存在理论上“过度威慑”与实践中“威慑不足”问题、在利益流向上反使罪犯获益等问题，参见陈虎：《程序性制裁之局限性——以非法证据排除规则为例的分析》，载《当代法学》2010年第2期。

⑤ 栗峥：《非法证据排除规则之正本清源》，载《政治与法律》2013年第9期。

人员的非法取证行为。[①] 绝对排除模式强调重复性供述排除的应然价值，往往体现在法律规定的延伸解读中。例如，德国刑事诉讼法第 136 条 a 列举了禁止讯问的方法，如果采取该条禁止的非法方法进行讯问，取得的供述不具有证据能力，“即或后来的讯问方法无违法情事，当后续陈述仍受昔往不法讯问之压力影响时，此时虽属合法之陈述仍不具有证据能力”。[②] 在德国极具影响力的格夫根诉德国案中，法院裁定排除了被告人受到虐待威胁后在警察、检察官及法官面前作出的所有供述。[③] 但因绝对排除模式仅强调威慑警察和捍卫程序正当价值，过于理想化而不被实践所接纳。但万毅教授从经验主义出发认为，在我国的司法体制和刑事诉讼体制的“绑定”效应作用下，很难切断后续自白与先前非法讯问行为的因果关系，绝对排除模式具有现实合理性。[④]

（2）裁量排除模式

裁量排除模式认为，刑讯逼供行为与重复性供述之间存在因果关系，由法官权衡因果关系是否因各种因素而被“稀释”，从而使得重复性供述获得证据能力。德国在司法实务中依据权衡理论适用证据禁止使用原则，[⑤] 不正当讯问方法是继续效力理论的作用基点与前提，在审讯主体、审讯环境等审讯情境性因素的持续影响下减损后续合法供述的真实性、合法性及自愿性，当情境性因素改变、其他因素介入削减继续效力的影响时，后续供述获得独立性而具备证据能力。裁量排除模式更关注后续供述的证据属性，从后续供述的真实性、自愿性等角度裁量判断是否具有证据能力。裁量排除模式承认刑讯逼供行为对随后供述的自愿性产生持续影响，强调法官综合判断因果关系的大小，在是否排除重复性供述时赋予法官较大的自由裁量权。

（3）原则加例外排除模式

原则加例外排除模式认为，受先前非法取证方法影响的后续重复性供述均应排除，除非符合特定的消除持续影响的条件可例外地不排除。美国在美国诉贝耶（U. S. v. Bayer）（1947）案中，最高法院指出：“一旦被告通过自白，让猫跑出口袋，不管出于什么诱因，他就不可能免受由于自白所带来的心理上和实际的不利……在此意义上，一个后来的自白总是被视为第一次

---

① 张智辉主编：《刑事非法证据排除规则研究》，北京大学出版社 2006 年版，第 15 页。

② ［德］克劳斯·罗科信：《刑事诉讼法》，吴丽琪译，法律出版社 2003 年版，第 232 页。

③ 孙长永、闫召华：《欧洲人权法院视野中的非法证据排除制度——以“格夫根诉德国案”为例》，载《环球法律评论》2011 年第 2 期。

④ 万毅：《论“反复自白”的效力》，载《四川大学学报（哲学社会科学版）》2011 年第 5 期。

⑤ ［德］克劳斯·罗科信：《刑事诉讼法》，吴丽琪译，法律出版社 2003 年版，第 232 页。

自白的果实。”[①] 原则与例外的排除模式旨在不准执法人员利用非法行为而取得更优势的地位，但也不使其处于较非法行为前更劣势的地位。[②] 我国也有学者认为，受痛苦规则所列举的非法方法影响的后续供述均应排除，除非符合庭审中获得律师辩护且被告知权利的情况下仍然重复性供述或与隐蔽性证据相互印证的例外情形可以不予排除。[③] 原则加例外排除模式更注重重复性供述排除规则的吓阻功能，偏重于从程序性制裁角度在更大范围严格地排除重复性供述。

2. 重复性供述的三种排除模式评析

(1) 绝对排除模式排除范围过宽

绝对排除模式作为一种理论观点可以证成，但因排除范围过宽而不具有实践可行性，理由如下：首先，重复性供述的排除依据在于先前非法取证行为对后续供述的持续影响，这种影响会随着时间推移、讯问情境变更而逐渐削减，合理范围内的审讯压力相对人人格仍能保持独立作出自主判断和自主选择，“相对自愿”下供述是侦讯获得供述的客观常态。[④] 当非法取证方法对后续供述的影响下降至合理的审讯压力范围内，后续供述就具备了证据能力。其次，对于司法裁判而言，证据总体上是稀缺的，否定证据能力应当慎重。事实上，重复性供述并不必然是虚假陈述，且不论刑讯逼供获取的口供可能为真，在法律拟制其为虚假供述的情况下，犯罪嫌疑人、被告人在正当讯问程序中再次作出虚假的有罪供述可能性并不大。质言之，重复性供述具有一定的证据价值，在证据材料稀缺的刑事诉讼中，动辄将关键性的供述大范围地排除可能会干扰事实的认定。尤其对于作为直接证据的口供而言，对于证明案件事实具有线索指引、主观方面证明、与其他证据印证等重要作用，应珍视口供的重要价值。并且，口供来源唯一，只能由犯罪嫌疑人、被告人提供，绝对排除与非法取证方法存在时间接续、心理影响的后续合法口供并不可取。最后，随着以审判为中心的诉讼制度改革推进、证据裁判原则的重申、法官责任制的推行，万毅教授所担忧的司法现状已有了相当程度的优化。因此，依非法取证方法对后续供述的影响程度部分排除重复性供述就成为必然的选择。

(2) 裁量排除模式具有高度不确定性及不安定性

裁量排除模式克服了绝对排除模式的弊端，对于经验丰富的专业裁判者而

① 汪海燕：《论美国毒树之果原则——兼论对我国刑事证据立法的启示》，载《比较法研究》2002 年第 1 期。

② 王兆鹏：《美国刑事诉讼法》，北京大学出版社 2014 年版，第 281 页。

③ 龙宗智：《我国非法口供排除的“痛苦规则”及相关问题》，载《政法论坛》2013 年第 5 期。

④ 王渤：《犯罪嫌疑人自愿供述辨析》，载《河北法学》2014 年第 1 期。

言，可采性问题作为正确判决之保障措施的重要性已经下降，由重复性供述带来的大多数危险都可以通过专业法官对证据采信过程的阐释说理予以消除，而无须对证据信息予以彻底且代价高昂的驳回。[①] 裁量排除模式需综合考察非法取证方式的严重程度、讯问情境、时间推移、权利告知等多种因素进行权衡判断，但法官自由裁量具有高度不确定性及不安定性。鉴于裁量排除模式偏重于考虑证据属性问题，因我国尚未建立自白任意性规则，在裁量重复性供述是否排除时侧重于关注证据真实性问题，或以翻供印证规则来判断重复性供述是否应当排除，在适用过程中极易忽略重复性供述排除内在的威慑侦查人员违法的功能。

（3）原则加例外排除模式具有现实合理性

原则加例外排除模式在原则上排除所有受刑讯逼供影响的后续合法供述，并不需要根据个案具体权衡刑讯逼供是否产生继续效力，以此来保障重复性供述排除规则适用的刚性和有效性。尽管可能存在后续讯问中未受先前非法讯问方法之持续影响的情形，但基于保障重复性供述合法性、真实性、自愿性的证据属性要求以及程序性制裁功能的发挥，立足于保障人权及司法正直的价值，一概原则性地排除受刑讯逼供等非法方法影响的重复性供述。例外情形的设置在原则排除之外设置“疏解出口”，当后续供述不受不正当讯问方法之影响时重新获得证据能力，给予讯问人员以补救机会，珍视口供对于证明案件事实的重要作用，通过设置合理的排除模式来平衡惩罚犯罪与保障人权。只有刚性的排除、明确的例外才能使本已较为狭窄的排除规则真正发挥规制作用而不至于虚设，在真实发现与程序正义之间形成平衡关系。[②] 虽然有观点认为重复性供述排除规则的原则加例外排除模式未能发挥预期效果，将其归因于该排除模式的固有缺陷，认为应采取个案分析模式。[③] 这其实是将规则内容的缺陷理解为模式的缺陷，属于归因错误。原则加例外排除模式为法官排除重复性供述提供了明确的规范指引，限制了法官的自由裁量权，也赋予了法官排除重复性供述的勇气与权威，法官得以依据刚性的排除法则对抗侦诉机关、上级、民众带来的压力，具有现实合理性。

《严格排除非法证据规定》第5条采取了原则加例外模式。明确“采用刑讯逼供方式使犯罪嫌疑人、被告人作出供述，之后犯罪嫌疑人、被告人受该刑讯逼供行为影响而作出的与该供述相同的重复性供述”应予排除。同时，立

① ［美］米尔建·R. 达马斯卡：《漂移的证据法》，李学军等译，中国政法大学出版社2003年版，第41—61页。

② 龙宗智：《我国非法口供排除的“痛苦规则”及相关问题》，载《政法论坛》2013年第5期。

③ 牟绿叶：《论重复供述排除规则》，载《法学家》2019年第6期。

足司法实践规定，侦查阶段主体变更与诉讼阶段变更的例外情形允许侦查机关、检察机关予以补救。这一规定关注到了刑讯逼供方式对后续供述造成的合法性、真实性、自愿性缺失的问题，既肯定了重复性供述应当排除的价值判断，又注意到口供对于证明案件事实的重要作用，立足于全流程排除格局，允许公安司法机关在后续讯问中自动弥补先前非法取证行为，为公安司法机关提供了后续补正的出口。

二、重复性供述排除规则的规范解读

（一）排除原则的规范解读

1. 重复性供述的规范解读

为了巩固证据，公安司法机关往往多次就同一或相似的问题讯问犯罪嫌疑人、被告人，在刑事卷宗中则体现为多份时间接续、来源同一、内容相关的犯罪嫌疑人、被告人供述。多份供述之间并非简单的重复性印证，多次取证蕴含着丰富的发生学原理：首先，以先前供述为线索、基础获取更加详尽的后续供述，先粗略后详尽的供述形成过程符合记忆规律；其次，多次供述之间必然有重合、补充乃至矛盾之处，可成为后续审讯、审查判断证据的根据；最后，多次供述之间内含的连贯性、稳定性也是判断供述真实性的重要依据。重复性供述则是在上述司法惯习影响下形成的具有特定含义的非法证据。重复性供述以两份以上的供述为表现形式，先前受刑讯逼供影响的供述与后续外观合法的供述之间存在继续效力影响下“重复”的关系，因其证明指向和证明作用相同而应当被排除。

《严格排除非法证据规定》第5条在描述“重复”时所用的词语为“相同”，此处需要从继续效力影响的角度解读“相同”的含义。首先，“相同”的含义为犯罪嫌疑人、被告人供述自己的罪行，前后供述均认罪，若是针对同一或相似问题作出供述和辩解两种矛盾的言词证据时，二者之间不存在证明犯罪事实存在的功能作用，不构成重复性供述。其次，“相同”并不要求“完全一致”，若前后供述真的相同则形成由讯问人员复制、粘贴先前供述而作出的雷同笔录，雷同笔录违背了讯问人员应当如实记录犯罪嫌疑人、被告人供述的规定，真实性存疑。再次，“相同”不仅要求均认罪，更强调先后供述之间存在的内在关联性，这种内在关联由刑讯逼供产生持续影响而存在，在形式上则体现为“实质相关、内容相似”，就同一问题的有罪供述应当是存在实质层面的相互支撑作用，在语言表述方面也应近似。有论者通过类型化分析将刑讯逼取供述与重复性供述之间的关系概括为“基于供述内容核实固定的前后重合”

“基于供述内容修订完善的前后相当”“基于供述内容补充细化的前后包容”,[①]均是“实质相关、内容相似”的具体体现。最后,“重复”的对象为主要犯罪事实,并不要求前后供述都供认全部的犯罪事实,也不要求前后供述一致。犯罪嫌疑人、被告人供述往往因记忆、审讯压力、趋利避害等心理影响而出现反复或不一致,但对于主要事实的供述基本一致,“相同”指向与指控的主要犯罪事实相关的供述,不要求在细节方面一致,也不要求非主要犯罪事实相同。

2. 刑讯逼供方式的规范解读

刑讯逼供是我国非法证据排除制度中的关键词。刑事诉讼法规定,严格排除刑讯逼供等非法方法获取的犯罪嫌疑人、被告人供述,根据“两高”的司法解释,刑讯逼供可理解为使被告人在肉体上或精神上遭受剧烈疼痛或痛苦的肉刑或变相肉刑。刑讯逼供在形式上体现为暴力方法和体罚虐待方法,在实质上则侵犯了犯罪嫌疑人、被告人的身体权、健康权等人身权利。概言之,刑讯逼供具有以下三个特征:首先,刑讯逼供客观上表现为肉刑或变相肉刑,直接作用于犯罪嫌疑人、被告人的身体,侵犯了犯罪嫌疑人、被告人的身体权、健康权;其次,刑讯逼供直接导致犯罪嫌疑人、被告人在肉体上、精神上遭受剧烈痛苦,也即学者所概括的主观层面的“痛苦规则”,这种痛苦是继续效力影响的前端,给犯罪嫌疑人、被告人造成了记忆痛苦;最后,刑讯逼供导致的后果是犯罪嫌疑人、被告人因难以忍受痛苦而作出的非自愿供述,后续非自愿供述因继续效力的影响而继受了先前供述的非法性、虚假性和非自愿性特征。由此观之,根据《严格排除非法证据规定》第 5 条的表述,威胁、引诱、欺骗等作用于犯罪嫌疑人、被告人精神层面的非法方法不属于重复性排除规则的先前非法方法。

但继续效力的影响主要作用在心理层面,仅规定伤害身体的刑讯逼供所影响的后续供述予以排除范围过窄。需要注意的是,在最高人民法院公布的《严格除非法证据规定》草案中,先前非法方法指的是通过刑讯逼供或者威胁方法获取的犯罪嫌疑人、被告人口供。而最终颁布的《严格排除非法证据规定》仅规定受刑讯逼供行为影响而作出的与先前供述相同的供述应当排除。威胁方法所带来的心理压力更为持久,所形成的心理阴影会持续影响至后续的合法讯问之中,威胁也在实质层面侵犯了犯罪嫌疑人、被告人的自由意志权,即威胁方式可理解为精神层面的“酷刑”。故此,“如此区别对待,在法理上是站不住脚的”。[②]

① 董坤:《检察机关排除非法证据问题研究》,中国检察出版社 2018 年版,第 76 页。

② 毛立新:《严格排除非法证据规定的九大缺憾》,载《中国律师》2017 年第 8 期。

（二）例外情形的规范解读

有论者精准地将侦查阶段主体变更和诉讼阶段变更例外情形抽象为以下三个要件：（1）侦查阶段主体变更或诉讼阶段变更；（2）告知权利及认罪法律后果消除前期非法取证行为的影响；（3）犯罪嫌疑人、被告人自愿供述。[①] 其中，前两个条件为形式条件，可直观地作出判断；第三个条件是实质条件，需由法官综合相关因素判断后续供述是否自愿，在一定程度上体现了自白任意性规则。

1. 侦查阶段主体变更与诉讼阶段变更的规范解读

侦查阶段主体变更例外情形[②]是基于侦查机关可自行排除非法证据而设置的允许侦查机关在自我纠错后补正的措施，其目的在于鼓励侦查机关自行排除非法证据，并通过重新取证实现惩罚犯罪与保障人权的统一。诉讼阶段变更例外旨在通过变更讯问人员和讯问情境而削弱刑讯逼供造成的心理阴影。相较之下，侦查阶段主体变更仅涵盖狭义的相同机关的人员变更和权利告知，对于被追诉人而言，实施非法取证方法的侦查人员与其他侦查人员并无印象上的实质差异，相较于诉讼阶段变更包含的广义的主体变更、间隔时间增加、整体性的诉讼阶段变更以及权利告知而言，显得相对单薄。

诉讼阶段变更例外情形[③]是高度概括的类型化影响中断情形，具体而言，诉讼变更例外考虑到了几乎所有的稀释因素，如讯问人员、讯问阶段、时间间隔、权利告知、讯问情境等。诉讼阶段的变更意味着不同性质的主体变更、更加充分的权利保障、间隔时间的增加、逐渐减弱的追诉意愿等。诉讼阶段的变更与裁量排除说中的“重复性供述的分阶段排除”类似，均强调诉讼阶段内含的综合性因素的变化。诉讼阶段变更例外情形内含两项重要因素：律师帮助与公安司法机关内部制约。一方面，虽然刑事诉讼法允许犯罪嫌疑人、被告人自第一次讯问起有权聘请辩护律师，但在实践中犯罪嫌疑人、被告人往往是在审查逮捕阶段乃至审查起诉阶段才切实得到律师帮助，诉讼阶段变更实际上包含律师再次告知犯罪嫌疑人、被告人诉讼权利，为其提供心理支持和法律帮助，特别是可以帮助犯罪嫌疑人、被告人收集讯问人员涉嫌刑讯逼供的线索材料、申请排除重复性供述。另一方面，诉讼阶段变更与刑事诉讼中三机关配合

---

① 张建伟：《排除非法证据的价值预期与制度分析》，载《中国刑事法杂志》2017年第4期。

② 《严格排除非法证据规定》第5条规定，侦查期间，根据控告、举报或者自己发现等，侦查机关确认或者不能排除以非法方法收集证据而更换侦查人员，其他侦查人员再次讯问时告知诉讼权利和认罪的法律后果，犯罪嫌疑人自愿供述的可作为例外。

③ 《严格排除非法证据规定》第5条规定，审查逮捕、审查起诉和审判期间，检察人员、审判人员讯问时告知诉讼权利和认罪的法律后果，犯罪嫌疑人、被告人自愿供述的。

制约原则紧密相关，三机关之间以证据裁判原则为依据互相制约，检察机关、审判机关在诉讼流程的后端侧重于关注证据能力问题，检察机关、审判机关均有权排除非法证据。与此同时，检察官的客观义务、法官的中立裁判立场加上责任制要求使得在诉讼阶段变更具备了实质变更诉讼情境的可能。因此，诉讼阶段变更例外情形综合考虑了减损继续效力影响作用的多种因素，类型化地列举了常见的继续效力中断的情形，以诉讼进程的阶段化特征将稀释刑讯逼供影响作用的多种因素抽象为客观的审查逮捕、审查起诉和审判期间，具有相当的合理性和可适用性。

2. 告知诉讼权利和认罪法律后果的规范解读

告知权利及认罪法律后果是侦查阶段主体变更例外情形、诉讼阶段变更例外情形的共同要素。告知义务的履行对于公安司法机关而言是自我约束的必要条件，是“尊重和保障人权”条款的具体化，也是司法正直理论的具体要求。对于犯罪嫌疑人、被告人而言，在特定的讯问压力场中，获知己方的诉讼权利能够在压力对抗中增强己方的底气，能够更有效地维护己方的诉讼利益。认罪法律后果的告知可以促使犯罪嫌疑人、被告人作出明智、自愿的供述。

在具备法律知识的讯问人员看来，诉讼权利与认罪法律后果是常识性的，无须解释。而对于犯罪嫌疑人、被告人而言，进入诉讼程序是偶然情形，一般不清楚诉讼权利和认罪法律后果，更不能理解权利告知和认罪法律后果所带来的实体性利益。实践中，办案人员可能以笼统的一句话概括性地告知诉讼权利以淡化之前刑讯逼供的影响，认罪的法律后果与消除之前刑讯逼供的影响从而难以形成直接效应关系。因此，权利告知应具体化，包括告知有权申请排除非法证据，有权拒绝回答与本案无关的问题的权利，依法对非法取证的侦查人员提出控告、检举，可以委托律师或申请法律援助，等等。[①] 关于认罪法律后果，是指应在法律规范范围内如实告知认罪可能导致的有利和不利后果。

3. 自愿供述的规范解读

重复性供述具备证据能力的核心要素在于刑讯逼供导致的继续效力影响消失，犯罪嫌疑人、被告人自愿供述。有学者将重复供述排除设置例外情形的根据抽象为“自愿性矫正理论”，认为当后续派生证据系在被告人意志自由情况下取得时，供述自愿性已受到矫正，[②] 即将自愿性作为判断是否应适用例外情形的核心因素。因此，供述自愿性是衡量重复性供述是否可以作为证据使用的

① 裴显鼎主编：《非法证据排除程序适用指南》，法律出版社 2018 年版，第 17 页。

② 孔令勇：《非法证据排除的“例外模式”——重复供述排除规则教义学展开》，载《法学家》2019 年第 6 期。

主观标准。重复性供述的“自愿性”特征超越了以往非法证据排除所关注的“非法性”和“虚假性”特征，对于供述自愿性的重视在一定程度上体现了自白任意性规则的价值，即要求侦查机关正当地发现案件真相，更深层次地体现了法律的正当程序观点。[①] 需要予以正视的是，自愿性并非判断重复性供述是否具有证据能力的唯一要件，即不能将自愿性作为唯一标准，还应结合供述的真实性予以综合判断。一般而言，侦查阶段变更讯问人员、变更诉讼阶段、充分告知权利和认罪法律后果能够削减刑讯逼供造成的继续效力影响，但是否能够减损至使得重复性供述获得证据能力层面的独立性尚需进一步判断。

《严格排除非法证据规定》第 5 条将侦查阶段主体变更和诉讼阶段变更两项例外情形并列规定，体系解释要求二者应当对继续效力的减损、中断作用相当。但按照上述文义解释，侦查阶段主体变更作为例外情形存在正当性缺省问题。因此，与侦查阶段侦查主体变更情形相比，诉讼阶段变更情形内含多项减损继续效力的因素。即诉讼阶段变更例外情形能够中断刑讯逼供导致的继续效力影响中断，可直接推断后续的重复性供述是自愿作出的，若犯罪嫌疑人、被告人对此不持异议，法官可在证据相互印证的真实性判断标准之上直接判断审查逮捕、审查起诉和审判期间被告人的供述是自愿的。因“自愿供述”要件的存在，例外情形的审查判断则适用自由裁量，由法官进行审查判断，尤其是侦查阶段主体变更例外情形应综合考虑其他时间间隔、讯问情境、诉讼权利及认罪法律后果告知等多种因素审查判断，而诉讼阶段变更例外情形可原则上认可其证据能力。

三、重复性供述排除规则适用的实践考察

（一）重复性供述排除规则实践运行的基本情况

笔者在北大法宝司法案例网络数据库、中国裁判文书网高级检索，选中全文检索，输入关键词“重复供述”“重复性供述”“重复自白”，案件类型选择“刑事案件”，文书类型和时间均未限制，收集到全国各级法院相关生效判决书、裁决书、其他文书 108 份。经筛选，8 份裁判文书与检索样本指向同一案件事实，14 份裁判文书为不相关案例，[②] 剔除后剩余 86 份裁判文书，依此建立了研究数据样本。包含“重复性供述”“重复自白”等关键词的有效样本实

① 张建伟：《自白任意性规则的法律价值》，载《法学研究》2012 年第 6 期。

② 主要是在检索重复供述时出现与本文所指称的受非法方法影响的重复性供述不同含义的案例，这些判决书中出现的重复供述主要有以下三种语义：其一，犯罪嫌疑人、被告人认罪，不再重复供述；其二，前后供述重复、稳定，指向犯罪嫌疑人、被告人供述的证明力问题；其三，雷同笔录，即复制粘贴而成的重复供述。

际上指的是辩方提出或法院依职权排除重复性供述的样本数，并非指向法院裁判认定排除重复性供述的样本数量。

由表1和表2可见，86份有效裁判文书样本涵盖24个省份的三级人民法院，基本能反映全国法院刑事裁判中重复性供述排除问题的现状。

表1　裁判文书地域分布情况

省份	数量	省份	数量	省份	数量
浙江	11	广西	5	湖南	1
安徽	6	贵州	3	吉林	2
福建	9	河北	3	江苏	4
甘肃	2	河南	3	江西	1
广东	4	湖北	4	辽宁	3
内蒙古	3	宁夏	2	山东	3
上海	1	四川	6	天津	1
西藏	1	云南	3	重庆	5

表2　裁判文书法院层级分布情况

判决法院层级	数量
基层人民法院	41
中级人民法院	42①
高级人民法院	3

概览样本，相关裁判文书的形成时间均是在2012年刑事诉讼法正式确立非法证据排除制度之后。2017年6月27日《严格排除非法证据规定》颁布后，重复性供述排除申请的案例呈现爆发式增长。在86份裁判文书样本

① 在指向事实同一的重复裁判文书中，法院裁判层级统计遵循就高不就低的原则，其中与(2017)内04刑再14号重复的（2017）内0424刑再2号、与（2019）鲁17刑终100号重复的(2018)鲁1724刑初301号、与（2019）冀02刑终282号重复的（2018）冀0202刑初145号均是由基层人民法院作出的裁决。

中，适用《严格排除非法证据规定》第 5 条的样本数量为 74 份，[①] 而在 2017 年 6 月 27 日前审理的样本数量仅为 12 份。由此可见，重复性供述排除规则内生于我国的非法证据排除实践之中，随着非法证据排除制度的深化不断发展，2017 年《严格排除非法证据规定》出台后，重复性供述排除规则得以在规范层面确立，并在实践中焕发生机。2017 年《严格排除非法证据规定》确立的重复性供述排除规则为司法实践提供了操作指引，尤其是激发了辩方提出排除重复性供述排除申请的积极性。在此之前，因规范阙如致使辩方不会、不愿运用重复性供述排除规则来遏制违法取证、保障被追诉人的诉讼权利，重复性供述排除规则的确立不仅指导辩护律师积极运用该规则，并提供了明确的法律依据以敦促法官正视重复性供述这一问题，也为法官提供了裁判依据。

从罪名分布的情况看，在所有样本中，贿赂犯罪以 12 个案例占全部罪名出现频率总数的 13.95%，高居榜首；走私、贩卖、运输、制造毒品罪与盗窃罪均以 7 个案例占到全部罪名出现频率总数的 8.14%，并列第二。此分布与易延友教授基于 1459 个刑事案例对非法证据排除规则的实证研究一致。易延友教授分析相关申请排除非法证据排除案例发现，受贿罪出现频率最高（21.17%），盗窃罪出现频率次之（11.67%），贩卖毒品罪出现频率位列第三（10.64%）。[②] 由此说明，申请排除重复性供述与申请排除以刑讯逼供获取的证据为代表的非法证据之间具有内在关联。非法方法获取的初次供述是重复性供述排除规则实施的基础，仅在形式上排除一次有罪供述，而采纳后续与之相关联的证明对象同一、证明指向同一、证明程度相似的重复性供述并不能有效切断非法方法对后续供述的强迫、影响。从辩护的策略角度看，仅排除一份非法口供无法真正动摇、瓦解控方的指控体系，因此，在有规范指引的前提下，很多情况下，辩方在提出排除刑讯逼供等方法获取的口供请求时均一并提出排除重复性供述的申请。

具体分析重复性供述排除规则的司法适用，需审视重复性供述是否排除、重复性供述排除后是否影响定罪量刑。如表 3 所示，概览样本发现，在 86 个

---

① 判断是否适用《严格排除非法证据规定》第 5 条的依据主要有以下标准：其一，裁判文书作出时间是否在 2017 年 6 月 27 日以后；其二，裁判文书中是否提到了《严格排除非法证据规定》或《人民法院办理刑事案件排除非法证据规程（试行）》，因为 2018 年 1 月 1 日起试行的《人民法院办理刑事案件排除非法证据规程（试行）》，第 1 条重复了《严格排除非法证据规定》第 5 条的重复性供述排除规定；其三，是否出现了与《严格排除非法证据规定》第 5 条相同的规范表述。

② 易延友：《非法证据排除规则的中国范式——基于 1459 个刑事案例的分析》，载《中国社会科学》2016 年第 1 期。

样本中，先前供述被认定为非法口供而被排除的案件为43件，占样本总量的50%，非法证据排除比例较高的原因在于此次检索的条件限制为“重复性供述”，辩方提出重复性供述排除申请的前提是确信前述供述为非法方法获取，前提条件的多重性致使先前供述排除比例高于一般情况下所指称的非法证据排除比例。重复性供述排除案件为21件，占样本量比例为24.42%，占已排除先前供述案件的比例为48.84%，因非法方法与后续供述之间天然的内在联系，刑讯逼供、威胁、疲劳审讯等非法方法直接对后续形式合法的供述产生非法影响力，致使重复性供述缺失一定的真实性、合法性、自愿性，排除重复性供述是发挥非法证据排除制度功能的应有之义。从样本案例来看，重复性供述排除比例较高，可以说基本实现了《严格排除非法证据规定》确立重复性供述排除规则的意旨。同时，有6件案例①因重复性供述被排除而不予认定与重复性供述直接相关的部分指控，在实体层面发挥了程序性制裁效果。

此外，以《严格排除非法证据规定》颁布时间为界，将前后两个阶段的重复性供述排除情况进行对比发现，在绝对数量上，重复性供述排除规则确立之后，重复性供述排除数量远高于之前；在占样本量比例上，二者基本相同。但这是因为样本检索条件所限，在2017年6月27日前，法院办理刑事案件数量基数远高于《严格排除非法证据规定》颁布至今的案件量，表3仅以重复性供述为关键词检索案例，所得的结论具有较大的局限性。重复性供述规则确立之前，所检索到的案例因缺乏规范指引，明确提出排除重复性供述申请的案例大多在实质层面符合学理所倡导的受前述非法取供方法持续影响的供述，故相对比例的比较不具有科学性。但在重复性供述排除规则确立之前仍有部分法官依照基本法理排除重复性供述，如在数据库中所检索到的4起②排除重复性供述案例，体现出重复性供述排除具有内生动力和实践需求。

---

① 资料来源于余某某盗窃案一审刑事判决书（2018）赣1128刑初221号，孙某某敲诈勒索案一审刑事判决书（2018）冀0730刑初129号，蒙自市水务局等滥用职权案一审刑事判决书（2016）云2503刑初333号，张某某等盗窃、掩饰、隐瞒犯罪所得案一审刑事判决书（2017）豫1221刑初316号，邢某受贿案一审刑事判决书（2016）皖0323刑初312号，石某掩饰、隐瞒犯罪所得案一审刑事判决书（2014）东刑初字第103号（该案法院在排除重复性供述后，认定检察机关所指控的盗窃罪不成立，最终以“掩饰、隐瞒犯罪所得罪”定罪处罚）。

② 资料来源于潘某盗窃案二审刑事判决书（2014）成刑终字第214号，蒙自市水务局等滥用职权案一审刑事判决书（2016）云2503刑初333号，石某掩饰、隐瞒犯罪所得案刑事一审判决书（2014）东刑初字第103号，廖某某贩卖毒品案二审刑事裁定书（2015）宜刑终字第275号。

表 3 重复性供述排除情况概览

相关情况	适用概览	规则确立之后	规则确立之前
样本数量	86	74	12
排除先前供述	43	35	8
排除重复性供述	21	17	4
重复性供述排除案件占样本量比例	24.42%	22.97%	33.33%
重复性供述排除案件占已排除先前供述案件比例	48.84%	48.57%	50%
（部分）无罪	6	4	2

（二）重复性供述排除规则在司法适用中存在的问题

1. 先前非法讯问方法范围界定狭窄

在《严格排除非法证据规定》第 5 条确立重复性供述排除规则之后，司法审判实践在有了规范遵循之外也受制于规范条文的外延限定，尤其是先前非法取证方法被界定为狭义的刑讯逼供，在一定程度上阻碍了重复性供述排除规则威慑违法、倡导司法正当程序功能的发挥。在 2017 年 6 月 27 日后的部分裁判文书中，刑讯逼供之外的其他非法取供方法所影响的后续重复性供述则无法依规范排除。

[案例 1] 在冯某受贿案①中，虽然认为检察机关在刑事拘留前采取非法拘禁等非法方法限制人身自由获取的供述为非法证据予以排除，但在刑事拘留后将犯罪嫌疑人送至看守所后获取的供述不符合采取刑讯逼供方法取得的重复性供述不予排除。

[案例 2] 在敬某某、蔡某走私、贩卖、运输、制造毒品案②中，法官将以服用美沙酮方式引诱毒瘾发作的被告人所获得口供予以排除，但对于后续在看守所收集的被告人供述则以无证据证实取证违法，且该次供述亦不符合《严格排除非法证据规定》第 5 条规定的应当一并排除的条件，不予排除。

2. 适用例外规定时只作形式化审查而忽略自愿性要件

例外规定的设置有其必要性和合理性，但梳理相关裁判文书发现存在僵化

① 冯某受贿案二审刑事判决书（2018）桂 09 刑终 230 号。

② 敬某某、蔡某走私、贩卖、运输、制造毒品案一审刑事判决书（2018）川 1381 刑初 68 号。

适用例外规定的情形。

[案例3] 在伍某甲、伍某乙盗窃、抢劫案①中，法院认定伍某甲后续供述除侦查期间确认不能排除以非法方法收集证据而更换侦查人员，其他侦查人员再次讯问时告知诉讼权利和认罪的法律后果后犯罪嫌疑人的供述系自愿，即2018年2月6日的被告人伍某甲讯问笔录不予排除。

[案例4] 在王某甲运输毒品案②中，检察机关未能合理解释王某甲左脸红肿的事实，故对被告人王某甲在被抓获当天所作的供述笔录依法予以排除。之后由相同的侦查人员对被告人所作的重复性供述笔录一并排除，其他侦查阶段获取的供述不予排除。

3. 纪检监察调查期间受非法方法影响的重复性供述无法排除

在监察体制改革前，纪委在对被调查对象"双规"期间所获得的自书材料、调查笔录不受刑事诉讼程序制约。在后续的刑事诉讼程序中，辩方提出因在纪检监察调查期间受到非法方法讯问而申请排除后续重复性供述时，法院无法援引刑事诉讼法所规定的非法证据排除制度判断先前供述是否属于刑讯逼供等方法获取的非法口供，遑论排除受继续效力影响的重复性供述。表4归纳统计了法院对纪检监察期间形成的供述不予置评的4起案例，可充分说明职务犯罪案件在适用重复性供述排除规则时所面临的程序障碍。

表4 法院对纪检监察期间形成的供述不予置评的案例统计

案例	文书	辩方申请排除非法证据申请	法院裁判意见	是否排除重复性供述
案例7 麻某某 滥用职权案	(2018) 浙03刑 终409号	其在纪委所作的谈话笔录系受威胁所作，在检察机关所作的供述属于重复自白，应予排除	纪委"双规"并非刑事诉讼程序，不适用非法证据排除程序，且纪委所作的笔录并未作为证据移送；至于侦查阶段的供述是否属于重复自白的问题，则需独立判断	否

① 伍某甲、伍某乙盗窃、抢劫案一审刑事判决书（2018）鄂1087刑初104号。

② 王某甲运输毒品案一审刑事判决书（2017）粤0305刑初224号。

续表

案例	文书	辩方申请排除非法证据申请	法院裁判意见	是否排除重复性供述
案例 8 金某某受贿、滥用职权案	（2016）浙 06 刑终 863 号	被告人及证人毛某在纪委调查阶段受到长时间疲劳审讯及威胁、恐吓，其二人在侦查阶段所做的供述及证言与纪委阶段违法取证行为存在因果关系，属于重复性供述	纪委并非侦查机关，其所采取的调查手段不受刑事诉讼法规制。本案一审也未将纪委调查笔录作为本案证据，故对纪委调查阶段是否存在疲劳调查等手段，本院不予置评。至于侦查阶段的供述是否属于重复自白的问题，则需独立判断	否
案例 9 唐某某受贿案	（2018）渝 01 刑申 24 号	唐某某是在“双规”期间受到刑讯逼供所作的供述，而在侦查初期继续作出重复性供述，应当依法排除	“双规”程序不属于司法审查范围，唐某某被“双规”期间虽有检察院干警参加，但并不是履行检察职责。案件移送检察机关后，另由检察机关侦查人员办理，有同步录音录像佐证，唐某某仍然多次供述，并写出自书材料，其内容与行贿人证言相互印证	否
案例 10 王某某受贿案	（2018）宁 02 刑初 6 号	其所作供述是在纪检委受到逼供影响下而作出的重复性供述	纪委对王某某涉嫌违纪的调查程序，并不是刑事诉讼法规定的必经或前置程序。申请排除非法证据针对的只是刑事诉讼阶段司法人员非法取证、犯罪嫌疑人违背意愿而作出的供述。且因被告人未履行初步争点形成责任，根据其他证据判断不存在非法取证行为	否

经归纳分析，表4所列举的职务犯罪案例均是被告人申请认定纪检监察调查期间形成的供述为非法证据，以此说明后续在刑事诉讼程序中形成的供述为重复性供述应予排除，但法院认为纪检监察期间不属于刑事诉讼程序，未针对纪检监察期间形成的供述进行合法性调查程序，且因纪检监察期间形成的材料未移送法院，根据在案的检察机关依据刑事诉讼取证程序所获取的形式合法的后续供述定案。质言之，因纪检监察与刑事诉讼程序的分离而不再实质性审查纪检监察期间是否存在非法取证行为及是否对后续供述产生继续效力。监察体制改革后，职务犯罪案件均由监察机关调查，《监察法》第33条[①]规定监察调查程序适用非法证据排除制度在一定程度上回应了上述程序障碍，然而刑事诉讼裁判中是否可直接援引监察法排除监察程序中的非法证据、可否将监察调查程序中的非法取证行为视为重复性供述排除规则中的先前非法取供行为、监察调查阶段是否可适用重复性供述排除规则的例外情形、监察调查期间排除的证据材料是否随案移送等问题，均需通过监察法与刑事诉讼法的衔接予以解决。

4. 先前非法口供不随案移送致使无法认定重复性供述

重复性供述的认定需具备两个前提条件：先前非法供述被排除、后续供述与先前非法供述形成重复。多元主体排除格局下，侦查机关、检察机关均有权自主排除非法证据，但将非法证据排除后未随案移送导致在审判阶段无从判断后续供述是否与先前非法口供重复、是否受先前非法取供行为影响，致使重复性供述排除规则在实践中被规避、架空。86份有效裁判文书样本中有4份裁判文书[②]显示检察机关不出示部分非法供述，因先前非法供述未出示，无从判断后续形式合法的供述是否与先前供述重复，仅审查后续供述获取方式是否合法，无法准确适用重复性供述排除规则。

[案例5] 杨某等开设赌场案[③]中，裁判文书指出："对指控证据的选择、取舍由公诉机关自行决定系其中应有之义，就像被告人及辩护人可自行决定提交何种无罪或罪轻的证据一样，系其依法享有的诉讼权利。公诉机关撤回部分证据作为指控证据的，人民法院只需审查其他在案证据，依法认定案件事实。"

---

① 《监察法》第33条规定，监察机关依照本法规定收集的物证、书证、证人证言、被调查人供述和辩解、视听资料、电子数据等证据材料，在刑事诉讼中可以作为证据使用。监察机关在收集、固定、审查、运用证据时，应当与刑事审判关于证据的要求和标准相一致。以非法方法收集的证据应当依法予以排除，不得作为案件处置的依据。

② 资料来源于麻某某滥用职权案二审刑事裁定书（2018）浙03刑终409号，姚某某留他人吸毒案一审刑事判决书（2018）鲁1103刑初129号，徐某某等贩卖毒品案一审刑事判决书（2018）渝0120刑初100号，杨某等开设赌场案一审刑事判决书（2014）温龙刑初字第893号。

③ 杨某等开设赌场案一审刑事判决书（2014）温龙刑初字第893号。

案例5中，法院裁判意见所展示的观点只强调了公诉权的自由裁量特征，并未注意到移送非法证据的重要意义。虽然2012年颁布的《人民检察院刑事诉讼规则（试行）》第71条第2款[①]和《严格排除非法证据规定》第17条第3款[②]均规定检察院应当随案移送被排除的非法证据，但实践中做法不一。同时，理论上对非法证据随案移送尚存较大争议，支持者认为，非法证据随案移送是为了保证诉讼环节的顺畅进行，以使处于下一环节的办案人员能够较为全面地了解案件情况；[③] 反对观点则认为，非法证据随案移送可能会污染法官的自由心证，实际上对法官施加影响。[④] 由此陷入两难困境：非法证据随案移送可能会污染法官自由心证，而不随案移送违背现行法律规定与“全案卷宗移送主义”，同时影响重复性供述的认定，如何在二者之间寻求平衡成为难题。

四、重复性供述排除规则的完善构想

（一）扩大先前非法讯问方法的范围

《严格排除非法证据规定》第5条仅规定受刑讯逼供影响的重复性供述应当予以排除，限制了重复性供述排除规则的适用范围，需通过多种方法扩大先前非法讯问方法的范围。

第一，应当将严重的威胁和非法拘禁纳入先前非法讯问方法的范围。严重程度的威胁、非法拘禁在某种程度上和刑讯逼供等同，本文认为可以将采用以暴力或者严重损害本人及其近亲属合法权益等进行的威胁视为严重程度的威胁。以暴力或者严重损害本人及其近亲属合法权益进行威胁的方式具有相当程度的精神压迫，其与非法拘禁均属于广义的“痛苦”。

第二，对非法讯问方法的闭合式规定限缩了重复性供述排除规则适用的范围，应修改为列举加概括的开放式规定。应将非法讯问方法的范围界定为“刑讯逼供、严重威胁、非法拘禁等非法方法”，裁判者可根据其他非法方法与刑讯逼供行为的程度相当性——违法程度、痛苦程度、意志违背程度进

---

① 《人民检察院刑事诉讼规则（试行）》第71条第2款规定，办案人员在审查逮捕、审查起诉中经调查核实依法排除非法证据的，应当在调查报告中予以说明。被排除的非法证据应当随案移送。

② 《严格排除非法证据规定》第17条第3款规定，人民检察院对审查认定的非法证据，应当予以排除，不得作为批准或者决定逮捕、提起公诉的根据。被排除的非法证据应当随案移送，并写明为依法排除的非法证据。

③ 孙谦：《〈人民检察院刑事诉讼规则（试行）〉理解与适用》，中国检察出版社2012年版，第66页。

④ 韩旭：《非法证据排除新规：进步、局限及其适用问题——基于〈严格排除非法证据规定〉的分析》，载《江苏行政学院学报》2018年第1期。

行裁量判断。[①]

第三，有条件地将不当引诱、欺骗方式纳入先前非法讯问方法的范围。应将引诱、欺骗方式进行区分，仅规制严重违法且达到了“违法程度和对犯罪嫌疑人、被告人的强迫程度与刑讯逼供或者暴力、威胁相当而迫使其违背意愿供述”的引诱、欺骗方式。[②] 法官若认为不当引诱、欺骗严重侵犯了犯罪嫌疑人、被告人的基本权利，所获取的供述虚假可能性较大，则进一步排除后续重复性供述；若法官认为在不适用不当引诱、欺骗方式即可获得后续的重复性供述时，可审慎评价后续重复性供述的证明力。

（二）重构例外规定适用的限制条件

第一，应严格限制侦查阶段主体变更例外的情形。侦查阶段主体变更例外能够督促侦查机关及时自行排除重复性供述，有其合理之处。但也存在机械适用侦查阶段主体变更例外的情况，即只要变更侦查人员、告知诉讼权利及认罪法律后果，就肯定后续重复性供述的证据资格。因此，需要进一步限制侦查阶段主体变更例外。具体来说，应注意以下两个问题：其一，在认定侦查阶段主体变更例外时应要求侦查人员履行加重告知义务，即在告知一般诉讼权利及认罪法律后果之后，应告知犯罪嫌疑人先前非法供述已被排除，不作为认定案件事实的根据，以此来打消犯罪嫌疑人的心理顾虑。其二，不得将犯罪嫌疑人被送至看守所羁押视为削弱先前非法讯问方法持续性影响的因素，羁押状态下的场所变更不能作为减损继续效力影响的要素。

第二，明确例外规定适用的形式要件与实质要件的层次化关系。如前所述，侦查阶段主体变更与诉讼阶段变更、诉讼权利及认罪法律后果告知是例外规定的形式化要件，自愿供述是例外规定的实质要件。首先，应当明确，上述三个要件均是适用例外情形的条件，缺一不可，不能仅根据形式要件便认定后续重复性供述是自愿作出的，应强调自愿供述要件的独立性。其次，应先判断形式要件，后判断实质要件。形式要件的价值在于能够快速地将不符合侦查阶段主体变更与诉讼阶段变更、诉讼权利及认罪法律后果告知的后续重复性供述予以排除，为认定是否适用例外规定提供操作指引。不能用法官对后续供述自愿性的自由裁量取代形式要件的门槛界定功能，以防止法官基于追求案件真实的目的而扩大化适用例外规定。

---

① 郭华、谭趁尤：《犯罪嫌疑人重复性供述排除的局限与再续——以严重“威胁”方法为中线的展开》，载《广西社会科学》2019 年第 10 期。

② 万毅：《“无解”的司法解释——评“两高”对“刑讯逼供等非法方法”的解释》，载《法学论坛》2014 年第 1 期。

第三，应明确自愿供述要件审查的具体内容。自愿性标准是重复性供述排除规则的亮点，也是适用例外规定时法官裁判的法规范依据。形式要件只是为法官判断是否属于例外规定提供一般性的概括指引，但是否消除先前非法讯问方法所带来的持续性影响尚需结合个案情况予以综合判断。一方面，法官可根据讯问情境、讯问间隔时间、加重告知义务、律师介入等客观因素判断被告人供述的自愿性，特别是在适用侦查阶段主体变更例外情形时应审慎判断其后续供述的自愿性。需要强调的是，律师介入是消除先前非法讯问方法继续效力影响的有效措施，基于值班律师制度的建立与刑事辩护全覆盖的发展，犯罪嫌疑人在侦查阶段获得律师帮助已不再困难，特别是被羁押的犯罪嫌疑人有权寻求值班律师的法律帮助，在存在非法讯问可能的案件中，原则上应要求律师为犯罪嫌疑人提供法律帮助，法院在审查侦查阶段主体变更例外时应将律师介入因素考虑其中。另一方面，法官可根据后续讯问时被告人的神态、重复性供述是否与其他证据（特别是隐蔽性证据）相互印证等情况判断其供述的自愿性。

第四，应强化法官在适用例外规定时认定自愿性要件的裁判说理。法官裁判时忽略自愿性标准映射在裁判文书中则体现为认定自愿性标准说理不足。在刑事裁判文书说理中，偏向于定罪量刑等实体性问题，就非法证据的认定、排除程序等说理较为粗疏。[①] 在重复性供述排除问题中，继续效力的影响是否存在本身就比较模糊，控辩双方基于不同的诉讼立场而各执一词，中立的裁判方要维护裁判的权威性和正当性，就应当对后续供述是否自愿、重复性供述是否排除予以充分的说理论证。但因为重复性供述排除规则适用了严格排除原则，在立法层面假定受到刑讯逼供影响的后续重复性供述缺乏自愿性、真实性而应予排除，免除了裁判者在个案中的说理义务。因此，要求对重复性供述为何不排除或适用例外情形作出充分的论证说理，可以倒逼法官重视对“自愿供述”要件的审查，以准确适用重复性供述排除规则，并将该规则蕴含的震慑违法、促进程序公正等价值通过个案裁判文书说理体现出来。

（三）构建纪检监察调查程序适用重复性供述排除规则的衔接机制

职务犯罪案件适用重复性供述排除规则比例较高，前文述及贿赂犯罪占申请排除或依职权排除重复性供述样本量的13.95%，因监察体制改革，监察调查活动独立于侦查活动，职务犯罪如何适用重复性供述排除规则需立足于纪检监察调查与刑事司法的衔接进一步讨论。

第一，《监察法》第33条第1款规定了监察机关收集的证据材料在刑事诉讼中可作为证据使用，在规范层面建立了监察证据与刑事诉讼证据衔接基础，

---

① 雷小政：《非法证据排除中的“实质说理”与改革建议》，载《证据科学》2016年第3期。

但为避免出现不同理解，应当在刑事诉讼法中明确监察机关收集的证据材料在刑事诉讼中可作为证据使用，裁判者可依据刑事诉讼程序中的各项证据裁判原则、规则进行裁判。《监察法》第33条第3款规定监察证据适用非法证据排除规则，打通监察法与刑事诉讼法非法证据排除制度的衔接通道，在证据一体模式下，《严格排除非法证据规定》所确立的重复性供述排除规则也应直接适用于监察调查程序。虽然有观点认为，《监察法》第33条第3款规定的“以非法方法收集的证据应当依法予以排除，不得作为案件处置的依据”仅为监察机关依职权自行排除非法证据提供了依据，不得作为司法机关在刑事诉讼中排除非法监察证据的依据。[①] 但《监察法》33条第1条已明确监察调查取证规范应受刑事诉讼活动的基本指引——刑事诉讼法及相关规定的制约，法院可依据监察法和刑事诉讼法双重审查基准裁量是否排除监察证据。质言之，负有证据审查职责的检察、审判机关不得以“监察委员会不是侦查机关”为由在职务犯罪追诉中降低适用于原侦查机关的非法证据排除规则。[②]

第二，重复性供述排除规则仅规定侦查阶段主体变更例外情形，监察调查阶段能否适用主体变更例外情形尚需进一步明确。监察调查与刑事侦查泾渭分明，在重复性供述排除规则未规定监察调查阶段主体变更例外的情形下，出于保障供述自愿性的目的，监察调查阶段不应适用主体变更例外情形，仅可适用诉讼阶段变更例外情形。

第三，应建立健全职务犯罪同步录音录像移送制度。重复性供述认定过程中离不开对同步录音录像的审查，既可以通过同步录音录像审查先前取证方法是否合法，又可以通过同步录音录像审查后续供述时的自愿性。《监察法》第41条第2款[③]仅要求同步录音录像留存备查，未规定是否随案移送。为了更进一步保障庭审实质化、非法证据排除实质化，应要求监察调查活动的同步录音录像随案移送。

（四）完善非法证据随案移送制度

为准确认定后续供述是否受先前非法供述的持续影响，法官需审查先前供述与后续供述内容之间是否存在实质联系，但公诉部门不移送在审前阶段已排除的非法证据使得法官在认定“重复”时缺乏审查材料。因此，需要完善非

---

① 谢登科：《监察证据在刑事诉讼中的使用——兼论〈监察法〉第33条的理解与适用》，载《中共中央党校学报》2018年第5期。

② 刘艳红：《职务犯罪案件非法证据的审查与排除——以〈监察法〉与〈刑事诉讼法〉之衔接为背景》，载《法学评论》2019年第1期。

③ 《监察法》第41条第2款规定：“调查人员进行讯问以及搜查、查封、扣押等重要取证工作，应当对全过程进行录音录像，留存备查。”

法证据随案移送制度。

第一，侦查机关、检察机关等在审前阶段已排除的非法证据应当随案移送。重复性供述需以先前非法供述作为判断的基础性材料，应落实非法证据随案移送的规定，以确保法院综合审查判断后续供述是否受到先前非法讯问的影响。

第二，规则的落实需辅之以必要的保障性措施，应当明确当辩方提出排除重复性供述申请时，法院有权要求检察机关补充移送已被排除的非法证据，若检察机关拒不移送原则上应将后续供述认定为重复性供述予以排除。

第三，为回应非法证据随案移送可能影响法官心证的质疑，应当将被排除的非法证据单独成卷，与作为起诉根据的其他证据材料相分离。一般情况下，法官不应查阅已被排除的非法证据卷，避免受非法证据“污染”。只有当辩方提出排除重复性供述申请或法官认为可能存在重复性供述需要排除时方可查阅单独的非法证据卷宗。质言之，非法证据卷仅为审查重复性供述而存在，不得作为认定案件的根据。

监察案件二元分流模式下的证明规则构建

——以一般违纪违法案件处置为视角

唐昕驰*

引言：问题的提出

1993 年党的纪律委员会和监察局实行合署办公，一套班子两块牌子，同时履行纪检监察两种职能，从 2015 年监察制度改革到 2018 年刑事诉讼法修改后监察制度正式确立，纪委与监委一直沿袭此前“一套班子两块牌子”的传统，随着检察院反贪干警的转隶，正式标志着中国反腐败力量完成了重新整合。此间我们需要注意的是，无论在监察制度改革之前还是监察制度改革中或者是监察制度正式确立之后，虽然调查方法、监督范围或其他方面产生了较大的变化，但其中基本没有发生改变的是案件进入纪检监察程序后的分流模式——纪检监察机关的内部处置或涉嫌犯罪移送司法机关（监察制度改革后由监察委员会进行犯罪调查），这种案件处理模式可以称为“二元分流模式”。这样的案件分流模式进一步引发了纪检监察自行处置案件的证明规则应当如何构建的问题：对一般违反党的纪律规范和轻微违法尚不够刑事处罚行为的调查和处置是否能够适用调查涉嫌犯罪案件的证明规则。答案恐怕是否定的，监察机关自行处分与处罚刑事犯罪之间最为明显的差别即在于处理结果的严厉性程度，因此刑事诉讼的证明规则相对而言更为严谨，而监察机关自行处分的结果一般不同于刑事处罚会触及当事人的实质性财产或人身自由权利，因而从案件调查处理的效率出发，监察机关自行处置的案件应当有自成一套的证明规则。本文拟以监察案件的二元分流模式为理论根基，分析其中一般违纪违法案件的

---

* 西南政法大学法学院刑事诉讼法学博士生。

特殊性，初步建构起一套适用于监察委员会自行处置的案件的证明规则。

一、"案件二元处理模式"——一般违纪违法案件证明规则构建的理论基础

（一）监察案件二元处理模式的基本内容

监察案件具有一定的特殊性，监察程序处理案件类似于公安机关处理行政治安案件和刑事犯罪案件：公安机关可以依照治安管理法规对扰乱社会秩序，妨害公共安全，侵犯公民人身权利，侵犯公私财产，情节轻微尚不够刑事处罚的违法行为实施行政处罚。《监察法》在第45条规定了监察机关根据监督、调查结果分流案件的三种方式：一是对涉嫌职务犯罪的，监察机关经调查认为犯罪事实清楚，证据确实、充分的，应当制作起诉意见书，连同案卷材料、证据一并移送人民检察院依法审查、提起公诉；二是对有职务违法行为但情节较轻的公职人员直接或委托有关机关、人员进行谈话提醒、批评教育、责令检查或者予以诫勉，或者依照法定程序作出警告、记过、记大过、降级、撤职、开除等政务处分决定；三是对没有证据证明被调查人存在违法犯罪行为的，应当撤销案件。除第三类外，我们可将前两种方法归纳为监察机关处理案件的"二元模式"，即违法违纪行为尚不够刑事处罚的调查终结后作纪律处分，或构成犯罪的移送检察机关提起公诉。监察程序中监察机关分流处理案件的"二元模式"是构建监察案件证明规则的理论根基，对于不同类型和违法程度不同的案件，应当一分为二地对待。

区分"二元模式"中案件的分类，根据现有法律规范，进入监察机关视线的有违纪、违法和犯罪三种行为。违纪行为是指中国共产党党员因违反党纪规章制度、条例、政策等而受到《中国共产党纪律处分条例》（以下简称《党纪》）追究的行为。《党纪》第7条规定党组织和党员违反党章和其他党内法规，违反国家法律法规，违反党和国家政策，违反社会主义道德，危害党、国家和人民利益的行为，依照规定应当给予纪律处理或者处分的，都必须受到追究。违法行为是指违反了中华人民共和国法律、法规的行为。犯罪行为是指违反了中华人民共和国刑法的行为。三者之间的关系较为清楚，犯罪行为必定是违法行为，但是违纪违法不一定就是犯罪。相对于贪污贿赂罪范围而言，党纪处罚的范围要宽泛得多。质言之，从党中央对违法违纪案件的根本态度、实践操作性以及提升办案效率的角度出发，对监察委员会进行调查后发现被调查人违纪违法行为尚不需适用刑事诉讼程序的案件没有必要适用刑事诉讼的一系列证明规则，应按照实际办案需要就证明对象、证明责任、证明标准问题以监察委员会自行处理案件为视角重新构建一套证明规则。

（二）以二元处理模式为理论依据构建证明规则的正当性

二元处理模式是当前监察机关处理违法违纪案件的唯一方式，对尚不构成犯罪或情节显著轻微不宜作犯罪追究的违法违纪案件，适用不同于刑事诉讼程序的证明规则在党的基本精神和监察机关办理具体案件的价值取向上都具备正当性。

第一，以二元处理模式为理论根据构建证明规则符合党中央“四种形态”的基本内容。《党纪》第4条规定，对党组织和党员违犯党纪的行为，应当以事实为依据，以党章、其他党内法规和国家法律法规为准绳，准确认定违纪性质，区别不同情况，恰当予以处理。2016年10月27日，党的十八届六中全会审议通过了《中国共产党党内监督条例》，其中第7条规定，党内监督必须把纪律挺在前面，运用监督执纪“四种形态”，经常开展批评和自我批评、约谈函询，让“红红脸、出出汗”成为常态；党纪轻处分、组织调整成为违纪处理的大多数；党纪重处分、重大职务调整的成为少数；严重违纪涉嫌违法立案审查的成为极少数。从“四种形态”的基本要求看，党内处理将成为违法违纪案件的主要处理模式，通过党内监督和党员的自我约束减少违法违纪行为进入刑事追诉程序的案件，同时这也意味着监察机关在此后的办案过程中自行处理案件的比例将增加，适用刑事诉讼程序的案件数量必然会减少，因此以纪律处分案件为主线构建证明规则的必要性不言而喻。

第二，以二元处理模式为理论根据构建证明规则符合监察机关办理案件的效率价值取向。根据贵州省纪律检查委员会、贵州省监察委员会目前公开的数据显示，全省纪检监察机关共处理44114人次，同比增长38.3%。运用第一种形态，谈话函询、批评教育25299人次，占处理总人数的57.3%，同比增长81.8%，对如实说明情况且被反映问题不实的党员干部予以采信并反馈告知；运用第二种形态，给予轻处分、组织调整15953人次，占36.2%，同比增长5.2%；运用第三种形态，给予重处分、重大职务调整1974人次，占4.5%，同比增长0.8%；运用第四种形态，处理严重违纪违法涉嫌犯罪的党员干部888人次，占2%，同比增长4.1%，在此期间共有3475名党员干部主动向组织交代问题。[①] 从公开的数据中不难看出，目前大多数被调查人的违法违纪行为并未达到严重甚至需要移送检察机关审查起诉的程度，而是集中于“四种形态”的前三种形态。因此，二元化的分流模式起到的作用是对纪委监委日常办理案件的过滤，目的在于区分案件类型。案件经过分流、过滤，占较大比

① 数据来源：http://www.gzdis.gov.cn/xxgk/xxgkml/hyzl/201902/t20190221_2263728.html，2019年8月15日最后访问。

例的“前三种形态”案件必然会采取从快的“效率型”办案模式，以便集中人力、物力办理严重违纪违法涉嫌犯罪的案件。在这种情况下，为提高办案效率，若适用以刑事追诉为目标、以程序公正和人权保障为价值取向的刑事诉讼证明规则将导致案件办理的流畅性受阻。因此，以二元分流模式为理论根据构建专门适用于纪律处分案件的证明规则符合现下纪委监委办案的效率需求。

（三）二元处理模式下证明规则构建的基本原则

首先，构建监察程序纪律处罚案件证明规则应当以二元处理模式为理论基础，以监察机关自行处置的一般违法违纪案件为面向。纪律处分与移送检察机关提起审查起诉对应的是违纪行为、轻微违法尚不够刑事处罚的行为和严重违纪违法涉嫌刑事犯罪的行为，是监察机关分流处理案件的基本方法。相应的，本文所提出的构建适用于监察机关自行处理的纪律处分案件的证明规则应当以二元处置案件模式为基础，其面向仅限于违纪行为或轻微违法但尚不够刑事处罚的行为。必须认识到的是，以是否会受到刑事处罚为分界适用不同的证明规则的主要依据在于：监察机关办理监察对象违纪违法案件的基本理念是充分运用“四种形态”，对办理的案件“分而治之”，以快速高效的处理方式处理占比较大的轻微违法违纪行为，集中主要力量办理涉嫌严重违法犯罪的案件。以纪律处罚案件为面向构建证明规则，其对象是监察机关办理的大多数案件，因而在证明规则的具体构建过程中应当更多关注纪律处分案件与违法犯罪案件的特性。

其次，应当厘清纪律处分案件与严重违法违纪涉嫌刑事犯罪案件的界限。一是需要区分两者的本质差别，方便案件的分流；二是对两者区别对待适用证明规则的把握。于前者，前文已提到区别两种案件的基本方法，不再赘述，此处的重点在于对两者办案方式的把握。监察机关通过问题线索的受理主动或被动启动审查程序，问题线索比较严重的，案件监督管理部门认为可能需要初步核实或立案调查的，通常会将问题线索分派给负责审查调查的部门，[①] 承办部门会结合问题线索所涉及地区、部门、单位总体情况，综合分析，按照谈话、函询、初步核实、暂存待查、予以了结四种方式进行处置。若经过初步核实后查明存在职务违法或者职务犯罪的事实，需要追究法律责任，通过立案手续正式启动对监察对象的调查工作。立案后，监察机关主要负责人会根据被调查人情况、案件性质和复杂程度等，集体研究确定调查方案。[②] 笔者认为，在监委

---

① 龙在宇、黄孝光：《执纪监督防微杜渐》，载《廉政瞭望》2018 年第 5 期。

② 秦前红主编：《监察法学教程》，法律出版社 2019 年版，第 323 页。

集体研究确定调查方案时就是确定案件性质和办案方式的最佳时间，理由在于立案后案件大致轮廓已经显现，基本案情可以确定，针对违纪行为、轻微违法行为适用纪律处分程序证明规则，而若在后续调查过程中发现更严重违法行为需要追究刑事责任的，则可以报监委集体研究对案件转化为适用刑事诉讼程序的证明规则。

最后，应当体现以纪律处罚案件为面向构建的证明规则的特殊性。相较于三大诉讼程序的证明规则，构建监察程序中适用纪律处分程序的案件所适用的证明规则应当着重凸显其特殊性。具体而言，监察机关自行处置的案件与刑事案件具有根本上的不同，不需要过于严苛的证明规则来对具体的证明活动进行约束，相应的证明标准的确定和证明责任的分配也就应当有所区别。同时，应当注意的是，虽然监察机关自行处置的案件具备一定的特殊性，可能会在证明标准和证明责任上与刑事案件产生区别，如证明标准上略低于刑事案件，但在证明规则的构建上，要清楚认识到监察机关自行处置案件的本质特征，具体的规则设定上既要体现特殊性，不宜过于严格，也不应过于宽松。

二、证明对象的确定——纪律处分案件被调查人的违纪违法事实

在证据制度中，证明对象是首要的环节。只有先明确证明对象，才能进一步明确证明责任、证明标准以及如何进行证明；也只有明确了证明对象，取证、举证、质证和认证等证明活动才能有的放矢地进行。[①] 证据是诉讼程序的核心元素，在三大诉讼程序中，证据的重要性不言而喻，监察程序与刑事诉讼程序有相似之处，纪律处分案件的办理过程同样会经历收集证据、举示证据和审查判断证据的过程。以纪律处分案件为主线构建证明规则应当首先确定监察程序纪律处分案件的证明对象。

（一）监察案件纪律处分程序的证明对象与刑事诉讼证明对象的异同

关于刑事诉讼中证明对象的界定，有学者指出，是指诉讼参加人和法院运用证据加以证明的对案件的解决具有法律意义的事实；[②] 还有学者认为，诉讼过程中需要证明的案件事实，即凡是需要依靠证据加以确定的案件事实都是证明对象；[③] 但学界通说观点一般认为，证明对象是证明主体活动所指向的客体，一般是指证明主体必须用证据予以证明或者确认的案件事实，且证明对象

---

① 何家弘：《新编证据法学》，法律出版社2000年版，第282页。

② 江伟主编：《民事诉讼法学》，中国人民大学出版社2004年版，第171页。

③ 胡锡庆主编：《诉讼证明学》，中国法制出版社2002年版，第246页。

的范围是诉辩双方的诉讼主张[①]。综上基本可以初步得出案件事实是刑事诉讼中的证明对象，且范围限于诉辩双方的诉讼主张的结论。

在监察机关适用纪律处分程序办理案件时，实际上会与刑事诉讼面临一些相同的基础性问题：第一，无论是刑事诉讼程序还是监察案件的纪律处分程序，都需要依靠证据对已发生的案件事实展开逆向查证活动；证明的过程是由法律事实到证明事实的过程，即求真过程。由法律事实到证明事实属于求"真"的证明问题，其核心是确认相关事实是否存在。这个过程解决了事实的真实性问题。诉讼的过程和最终审判的依据是根据已查证属实的证据还原的案件事实。第二，刑事案件指向的是被追诉人是否实施犯罪行为，适用纪律处分的监察案件指向的是被调查人是否实施了违法违纪行为，二者都以"查明行为—确定性质—是否处罚"为基本要素构成案件事实。第三，在存在案件事实且需要依靠证据对已发生的案件事实展开逆向查证活动的情况下，监察机关要在查明案件事实的前提下对被调查人作出纪律处分，也即监察案件纪律处分程序的证明对象与刑事诉讼程序的证明对象都是案件事实。

存在共性的同时必然存在差异，刑事诉讼的证明对象与监察机关纪律处分证明对象之间的区别在于：首先，最基本的不同是适用纪律处分程序的案件的证明对象是被调查人是否存在违法违纪的行为，而刑事诉讼中需要查明的是被追诉人是否实施了犯罪，二者同为案件事实，但犯罪行为和违法违纪行为之间存在明显差别。其次，若进一步对证明对象的范围进行区分，刑事诉讼中的证明对象包括定罪事实和量刑事实，适用纪律处分程序的监察案件中被调查人虽然也面临监察机关对案件性质的界定和处以何种处罚，但本质上二者因规则的严谨程度和处罚结果的严厉程度不同而存在差异。

（二）监察程序纪律处分案件证明对象的特征

第一，证明对象是证明活动的开端，确定证明对象是纪律处分案件证明活动开展的前提和条件。一般违纪违法案件的处置程序与刑事诉讼程序有相似之处，其中较为关键和值得注意的是二者对案件的处置都需要展开对被调查人或被追诉人是否实施了违法违纪或犯罪行为的证明活动。在监察机关自行处置案件的程序中，证明活动的服务对象是案件的处置程序，案件处置程序的重心是证明活动。证明活动应当具备指向性，整个证明活动围绕证明对象进行是证明活动的基本运行模式，因此应当首先明确证明对象。

第二，证明对象决定证明责任的分配和证明标准的确定。如果说证明对象是证明活动的起始，那么证明责任的分配和证明标准的确定则决定了参与证明

---

① 鲁杰、曹福来：《论证明对象的范围是诉辩双方的诉讼主张》，载《政治与法律》2009 年第 1 期。

活动各方应当承担的证明要求。从证明活动在三大诉讼程序中的展开来看，以与监察机关自行处置案件程序相似的刑事诉讼程序为例，在确定证明对象为被追诉人是否实施了犯罪行为以后，原则上基本由控方承担证明被追诉人是否实施犯罪行为的责任，并需要达到“证据确实、充分”且“综合全案证据排除合理怀疑”的证明标准才能为作为事实认定者的法官提供一个清楚的案件事实作为裁判的依据。证明对象发生变化时证明责任和证明标准也会发生变化。再次以刑事诉讼程序举例，从现行法律规范来看，非法证据排除程序中证明对象是控方提出的证据合法性存疑，辩方要提出启动非法证据排除程序的动议，应当承担一定的证明责任，并达到一定的证明标准。这是典型的证明对象的转换导致的证明责任和证明标准的变化。在监察机关自行处置案件的程序中，证明对象一旦确定，被调查人和监察机关将围绕证明对象展开证明活动以为最终的处置提供依据，证明活动的运行必然产生证明责任和证明标准，具体如何分配和制定何种标准下文详细阐述。

第三，一般违纪违法案件的证明对象直接与监察机关处置案件的结果挂钩。如前所述，监察机关自行处置案件程序的证明活动以被调查人是否实施了一般违纪违法行为为证明对象，其最终目的是为监察机关处置案件提供依据。以案件处置为最终结果导向的一般违纪违法证明活动首先从程序的目标来看是查明被调查人到底是否实施了违法违纪行为，通过证明活动产生的结果决定是否对被调查人进行处罚。若从程序的具体运行来看，证明对象的确定启动了证明活动并决定了证明责任和证明标准，不管是证明责任的分配还是证明标准的设定都是为了能够在保证一般公正的基础上对证明对象证实或证伪，也就是说，一切证明活动都围绕证明对象是否成立进行。总的来说，证明对象不论是从程序的设定目的还是具体运行情况来看，都与监察机关处置案件的结果直接关联。

（三）监察程序纪律处分案件的具体证明对象

从证明对象的范围来看，适用纪律处分程序的监察案件的证明对象范围应当限于被调查人的违法违纪案件事实，在案件事实中又可细分为行为事实和影响处罚轻重的事实。监察机关在办理一般违纪违法案件时，应当查明行为事实和影响处罚轻重的事实，并根据这两种事实对被调查人予以处罚。

行为事实分为违纪行为和违法行为。违纪行为根据《党纪》可以分为违反政治纪律、违反组织纪律、违反廉洁纪律、违反群众纪律、违反工作纪律和违反生活纪律六种行为。违法行为根据《行政机关公务员处分条例》的相关规定是指行政机关及其公务员违反法律、法规、规章以及行政机关的决定和命令，应当承担纪律责任的行为。影响处罚轻重的事实主要包含《党纪》第三章关于“纪律处分运用规则”的一系列规定，其中第17条规定了何种行为可以从轻或减轻处罚，第19条则系关于应当从重和加重处罚的规定。①

进一步分析，对以行为事实为证明对象的证明应当有证据证明违法违纪行为的主体、主观方面、客体、客观方面。行为主体是指违法违纪行为的实施者或称行为人；主观方面也称主体主观上的过错，是指行为人对其实施的违法违纪行为及造成的后果所持的故意或过失的心理状态；违法违纪行为的客体是指受我国法律保护的，为违法违纪行为所侵害的社会关系；违法违纪行为的客观方面，是指法律规定的违法违纪行为在什么样的条件下实施，实施了何种行为，产生了何种结果。以影响处罚的行为为证明对象的前提是行为事实已经被充分的证据证明，进而才对是否需要对被调查人从重或从轻、减轻处罚进行证明。在对影响处罚的行为进行证明时，应当重点核实被调查人是否确实实施了可以从轻、减轻处罚或从重处罚的行为。

三、证明责任的分配——以双方共同承担为原则

证明责任是提供证据责任与说服责任的统一。所谓的提供证据责任是指“利用证据推进程序的责任”或“形式上的举证责任”；而说服责任是指负有证明责任的诉讼当事人应当承担运用证据对案件事实进行说明、论证，使事实裁判者形成对案件事实的确信的责任。② 这是证明责任在刑事诉讼中的基本定义，在监察机关自行处置案件的程序环境下，笔者认为证明责任可以被理解为被调查人或者监察机关调查人员为了使自己的主张成立所承担的提供和运用证据支持自己的主张以避免对己方不利的后果的责任。

（一）监察机关自行处置案件中参与证明活动的主体

刑事诉讼中有非常明确的控辩裁三方构造，所形成的是带有相当对抗性的诉讼程序特征。仔细比对刑事、民事、行政三种诉讼程序的具体规定，不难得出对抗性是诉讼程序基本特点的结论。在诉讼程序中，有互相对抗的诉讼两造，即刑事诉讼中的公诉人、被告人和辩护人，民事诉讼和行政诉讼中的原告和被告。在完整的诉讼机制下，两造有机会和平台同时参与证明活动，例如在刑事诉讼中辩护律师审前能享有取证权，在法官主持的庭审中享有质证权。而

---

① 以《党纪》中的相关规范为准的理由在于，第十二届全国人大常委会副委员长李建国同志于2018年3月13日在第十三届全国人民代表大会第一次会议上关于《中华人民共和国监察法（草案）》的说明中明确提到，我国80%的公务员和超过95%的领导干部是共产党员，这就决定了党内监督和国家监察具有高度的内在一致性，也就决定了实行党内监督和国家监察相统一的必然性。

② 卞建林主编：《刑事证明理论》，中国人民公安大学出版社2004年版，第177页。

在监察程序中并不存在如诉讼程序中带有对抗性色彩的诉讼两造，只存在调查人员和被调查人，最终被调查人如何处置取决于监察机关的集体决策。根据监察法的规定，具体的监察程序中监察机关调查人员被赋予调查、收集证据的权力，负责收集证据材料，虽然被调查人并未享有收集和调查证据的权利，同时也没有类似辩护律师的辅助人员提供帮助，但被调查人在参与证明活动的过程中无论是出于逃避惩罚或是自证清白的目的，都会自发地提供一些证据材料。因此，在检察机关自行处置案件程序中证明活动的参与主体有两类，一是调查人员，二是被调查人。调查人员拥有使用监察法规定的多种调查手段收集证据材料的权力，甚至包括暂时限制被调查人的人身、财产自由，是主动参与到证明活动中的，而相较之下，被调查人即便进行了举证，无论是出于逃避惩罚或辩解的目的，更倾向于被动参与其中。

具体到证明活动中，调查人员前期实施调查获取证据材料最终可能产生两种结果：一是被调查人未实施行为，程序终结；二是被调查人确实存在一般违法违纪行为，监察机关依法作出相应处置。换一个角度，作为被调查人，从人本身趋利避害的本质出发，确实实施了违法违纪的被调查人会尽可能想办法逃脱处罚，未实施行为的被调查人为早日结束程序可能会选择配合调查，尽快查清事实。因此，调查人员和被调查人都实施了证明行为，同时也承担了证明后果，进一步可以得出结论，无论是主动参与还是被动参与，调查人员和被调查人都实质性参与了证明活动，都是证明活动的参与主体。

（二）证明责任分配的一般原则

证明责任分配的基本原则肇始于罗马私法，其一般原则是提出肯定主张的人有证明责任，提出否定主张的人无证明责任。另外一个直接表达承担证明责任的法谚是“被告由于提出抗辩而成为原告”。[①] 刑事诉讼的一般理论认为，证明责任的分配与无罪推定原则密切相关。在学理和判例法中，无罪推定的基础性、共识性的含义就是关乎证明责任的分配。[②] 格兰维尔·威廉姆斯指出，无罪推定的真实含义就是控方应当承担被告人有罪的证明责任。[③] 史蒂芬认为，对犯罪的证明标准的要求内涵于无罪推定之中。如果犯罪是否被实施处于真伪不明的状态，那么，主张诉讼请求的一方应当以排除合理怀疑的证明标准

---

① 李昌盛：《积极抗辩事由的证明责任：误解与澄清》，载《法学研究》2016 年第 2 期。

② 易延友：《论无罪推定的含义与刑事诉讼法的完善》，载《政法论坛》2012 年第 1 期。

③ Glanville Williams, The Proof of Guilt: A Study of the English Criminal Trial, 2d ed. London: Stevens & Sons, p. 152 (1958).

举证以证明待证事实。[①] 证据法学巨擘威格摩尔指出，无罪推定的证据法功能在于两点：一是控方承担被告人有罪的证明责任，二是证明标准为排除合理怀疑。[②] 同时，他还指出，“无罪推定的‘正当程序要素’意在强调‘未证明为有罪，就视为无罪’，它解决的是审前阶段如何对待被告人的问题”。[③] 换言之，除了解决刑事追诉中的证明责任问题之外，无罪推定还需要解决被追诉人的审前处遇问题。[④]

在监察机关自行处置案件的程序中，证明责任的分配原则应当考量至少两个因素：一是程序价值的衡量；二是证明结果如何承担。效率和公平二者缺一不可，都是监察机关在处置案件过程中必须秉持的原则：缺乏效率会产生案件堆积，纪检监察机制运行不畅的后果，而缺乏基础的公平正义则会导致监察机关的公信力下降。从证明结果的视角来看，最终的证明结果除被调查人涉嫌犯罪，调查终结后移送公诉机关审查起诉之外，存在两种情况：要么被调查人被证实确实存在违法违纪行为，要么违纪违法行为无法被证明确系被调查人所为。两种情况都会直接导致程序终结。从监察机关的调查方法和职权范围来看，其在具体监察程序中明显处于较为强势的地位，被调查人没有被赋予收集证据的权利也无辅助人员如刑事诉讼中的辩护律师协助，所以被调查人无论是从心理上还是从生理上的处境相较而言处于劣势，这一点证明责任分配时应当予以考量。

综上所述，笔者认为，借鉴刑事诉讼程序证明责任分配的原则，监察机关自行处置案件程序中证明责任应当主要由调查人员承担，必要时由被调查人承担。

（三）证明责任的具体分配

确定了证明责任分配的原则后紧接着需要阐述的是监察机关自行处置案件程序中证明责任具体如何分配的问题。证明责任可以更细致地被划分为举证责任和说服责任，且不论何方承担举证责任，何方又承担说服责任，二者都是推动证明活动前进不可缺少的要素。监察机关实施调查行为的目的和证明活动的证明对象是查证被调查人是否实施了一般违法违纪行为，在此之中调查人员作为享有调查权的主体无疑应当承担更多的推动证明活动顺利进行的责任。因

① James Fitzjames Stephen, A Digest of the Law of Evidence, second edition reprint, ST. LouisF. H. ThomaandCompany, p. 115 (1879).

② John Henry Wigmore, Evidence in Tirals at CommonLaw, Peter Tillers Rev. Little Brown and Company, Boston, Toronto, 1983, Vo lIX, p. 530.

③ 易延友：《论无罪推定的含义与刑事诉讼法的完善》，载《政法论坛》2012 年第 1 期。

④ 李国华：《刑事诉讼中的无罪推定原则评述》，载《江苏警官学院学报》2019 年第 3 期。

此，笔者认为，在监察机关自行处置案件程序的证明活动中，调查人员应当承担证明被调查人实施了一般违纪违法行为、是否应当作出处罚的证明责任；但当被调查人提出不应作出处罚或从轻、减轻处罚的请求时，被调查人应当就其请求承担提出证据的责任。

细言之，对被调查人是否实施了一般违法违纪行为的证明活动由监察机关启动，其中监察机关调查人员是具体实施者，享有调查权，若让被动参与证明活动的被调查人承担主要的推进责任不符合基本的常理，被调查人也无义务自证其违纪违法行为，所以相应的调查人员在证明活动的进行过程中对被调查人是否实施了一般违法违纪行为应当承担推进责任这一点无可厚非。需要详细阐述的是被调查人在提出不应当或应当从轻、减轻处罚的请求时，承担提出证据责任的合理性和可操作性。

根据前文将监察机关自行处置案件的证明对象分为行为事实和影响处罚轻重事实的分类方式，被调查人需要对影响处罚轻重的事实承担举证责任，理由如下：第一，调查人员在调查过程中收集证据时可能带有倾向性。监察机关调查人员在办理案件的过程中主要起到的是查清被调查人是否实施违纪违法行为的作用，而调查收集证据需要依据线索，线索的来源可能是办案过程中获得也可能来自举报人的举报，这些线索都有一个共同点——指向被调查人实施了违纪违法行为，因此在调查过程中调查人员需要一一核实线索，因为不排除有举报人诬告、捏造线索的可能，这也就导致监察机关调查人员在调查过程中可能会带有倾向性。第二，在行为事实认定清楚的前提下由被调查人承担有关处罚轻重事实的举证责任有利于提高程序效率。当证明活动进行到需要证明有关处罚轻重的事实时，即意味着案件中的行为事实已经被证明成立，调查人员和被调查人对行为事实都无异议，在这种情况下，被调查人是否提出相关证据证明应当从轻、减轻甚至免除处罚，处罚结果会有较大的差别。而这种能够使被调查人从轻、减轻或免除处罚的证据，一般情况下调查人员在带有倾向性的收集调查证据的过程中几乎不可能采集，在行为事实清楚的情况下，由被调查人承担证明自己能够从轻、减轻甚至免除处罚的举证责任有利于提升程序效率。

四、证明标准的设定——特殊与严谨有机结合

“证明标准，是指法律规定的证明责任主体运用证据对待证事实加以证明

所要达到的要求或程度。"[①] 从理论上讲，证明标准实际上暗含了两个关键性的要素：客观性要素和主观性要素。客观性要素可以理解为证据要素，即对证据材料的种类、数量、形式等方面的要求；主观性要素是责任主体在对证据进行认识和判断是否达到诉讼相关法律所规定的证明标准。[②] 陈瑞华教授认为，为防止证明标准的过度客观化，在 2012 年刑事诉讼法修改时为客观化的证明标准加注了以"排除合理怀疑"为核心的主观性要素。[③] 简言之，客观标准是证据需要达到的能够将证明对象证明成立的客观上的形式标准，主观标准是指事实认定者对据以证明证明对象是否成立的证据内心确信的程度。从唯物主义方法论的角度来看，证明的主观标准和客观标准之间存在相互的能动作用，主观标准防止客观标准过于僵化，避免证明活动陷入格式化运行，客观标准防止事实裁判者主观意识边线，保障证明活动的基础客观。

（一）监察机关自行处置案件证明标准设定的目的

当完成对证明对象的确定和证明责任的分配后，承担证明责任的主体要将证明对象证明到何种程序成为下一步需要解决的问题。设定证明标准的目的是使事实认定者对已有证据所证明的案件事实在认定时有一个客观和自我衡量的标准。具体来说，无论是刑事诉讼中的法官或陪审团，都需要对证据所证明的事实进行认定，而认定的标准就是证明标准。如果说证明责任能够推进程序，那么证明标准就是衡量程序推进程度的标尺。以监察机关处置案件的程序决定是否对被调查人进行处罚以及处罚轻重需要以事实认定为依据。根据证明责任的不同，证明标准设定的目的也会产生区别。根据证明责任的划分，调查人员需要承担证明被调查人实施了一般违法违纪行为的证明责任，被调查人仅仅只在行为事实被证明成立后，认为存在可以从轻、减轻或者免除处罚情形的，对此承担举证责任。换句话说，根据证明责任的分配，可以设定两种不同的证明标准：一是在调查人员证明被调查人行为事实的情况下为其设定较为严格的证明标准；二是当被调查人承担证明自己可以被从轻、减轻或免除处罚的举证责

---

① 美国刑事诉讼教科书中所列的"九种证明标准"是：绝对确信（absolute certainty），任何法律目的都不要求绝对确信；排除合理怀疑（beyond reasonable doubt），刑事案件中的定罪标准；清楚可信（clear and convincing evidence），用于某些民事判决和在死刑案中驳回保释；优势证据（preponderance of evidence），作出民事判决和肯定刑事辩护；合理根据（probable cause），用于逮捕、搜查、扣押、起诉、取消假释等；合理相信（reasonable belief），用于盘查；合理怀疑（reasonable doubt），足以宣布无罪；怀疑（suspicion），用于启动侦查；无信息（no information），不可能启动任何法律程序。见 Rolando del Carmen：Criminal Procedure and Evidence，p. 22，HARCOURTBRACE JVANOVICH，INC。

② 杨宇冠：《论中国刑事诉讼定罪证明标准——以排除合理怀疑为视角》，载《浙江工商大学学报》2017 年第 5 期。

③ 陈瑞华：《刑事证据法的理论问题》，法律出版社 2017 年版，第 308 页。

任时，为其设定较为宽松的证明标准。在此可以明显地看出证明标准作为程序推进程度标尺的作用，承担证明责任的一方只有达到了证明标准才能圆满完成证明活动中的证明任务，如果达不到证明标准，证明对象不能被证明成立，即宣告证明任务失败，同时证明活动也随即终止。因此，证明标准设定的目的，既是为事实认定者提供客观和自我的衡量标准，也是程序推进程度衡量的标尺。

（二）监察机关自行处置案件证明标准设定的合理性依据

讨论证明标准设定的合理性依据本质上讨论的是证明标准运行环境与证明标准本身设定高低的契合度的问题。每一套程序都有适用于其话语体系的证明标准，刑事诉讼以“事实清楚、证据充分”为基本表现形式，民事诉讼则以“优势证据”为裁判者支持本方诉讼请求的根本标准。监察程序一分为二，一部分与刑事诉讼程序衔接，另一部分以一般违法违纪行为的处置为工作核心，抛开与刑事诉讼程序衔接的部分，监察程序处置案件必须经过一次事实认定，由于案件性质的不同，必然需要设定适于自身的证明标准。

监察法与刑法在惩治违纪、违法、犯罪行为上有相同的价值追求，同时也具备教育感化的功能。监察案件（除涉嫌刑事犯罪的外）具备了相当的特殊性，其与刑事案件在行为的严重程度和最终处置结果方面在本质上都有较大差异。刑法所规范的绝大部分是侵害公民人身财产和单位、集体以及国家利益的行为，除部分案件情节显著轻微不认为是犯罪以及具备能够免除刑事处罚情节的以外，刑事案件所涉及的行为都具有不可饶恕性，必须通过施以刑罚的方式教育感化罪犯以帮助其回归社会。监察案件处理的多数被调查人具备三种相同特征：一是确实实施了违纪违法行为，二是违纪违法行为显著轻微或行为较为严重但并未达到刑事犯罪标准；三是本人具有自动交代和主动退赃的情节。在这三种特征的共同作用下，由于本身案件性质并不严重，加之从宽处理的激励机制致使被调查人主动交代，提供调查人员尚未掌握的线索和证据材料，调查人员的工作压力相应减小。鉴于监察案件和刑事案件的差异性，坚持较高的证明标准并不符合监察程序和案件的特征，因此，应当建立符合监察程序价值和监察案件特征的证明标准。

（三）监察机关自行处置案件证明标准的设定

设定监察机关自行处置案件的证明标准需要把握一个基本原则：证明标准的设定要结合监察机关自行处置案件的特点，符合监察案件的内在机理，做到特殊与严谨的有机结合。所谓特殊，前文提到监察案件的处置特点是教育感化为主、惩罚为辅，其内在机理表现为重点惩治少数，改造可挽救的多数继续投入日常工作，因此监察案件在办理的过程中应当有轻重缓急之分。所谓严谨，监察案件的处置虽不似刑事案件的处理结果涉及犯罪人的人身、财产权益，但对于国家机关公务人员而言，若接受处分可能在后续的政治生涯中产生不小的负面影响，且监察案件的线索来源较多是捕风捉影，需要严谨对待。有鉴于此，若证明标准过高，可能导致案件难以办理完结、多数案件积压、程序运行不畅；若证明标准设定过低，又会使实施违纪违法行为的被调查人陷入不利处境。因而，监察案件的证明标准应当做到既特殊又严谨。

笔者认为，可以将监察机关自行处置案件的证明标准确定为调查人员应当将被调查人实施一般违法违纪行为证明到清晰可信。“清晰可信”的内在含义有两点：第一，“清晰”是指综合所有证据，对被调查人实施的一般违法违纪的行为有直接证据证明，基本能够还原当时的情况。第二，“可信”是据以作为处罚依据的证据与其指向的事实之间不存在矛盾，事实认定者或被调查人就其证明逻辑无法提出反对意见。之所以将“清晰可信”作为监察机关自行处理案件的证明标准，原因有三：首先，违纪违法案件的证据收集较为困难，从所有职务违法或职务犯罪案件的办理过程中能归纳出一个最共同的特点，即通过出卖国家权力换取经济利益的案件中，输送财物与收受财物的双方的相对行为，在发生时具有较高的隐秘性，因此证据的收集只依靠调查人员存在较大困难，证据体现为以双方的供述为主，以银行转账记录、日常消费记录以及来源不明的财物为辅。其次，被调查人收集的证据以违法违纪行为的相对双方的供述为主，直接证据即产生；作为实施违纪违法行为的共同行为人，只要双方的供述能够基本吻合，且有其他辅助性证据相印证，整个证据链就较为稳定。最后，一般来看，作为监察机关自行处置案件的被调查人，其行为并不会因涉嫌犯罪而受到刑事处罚，若自动投案或坦白并主动退赃，还可能得以从轻、减轻或免除处罚，因此其抵触性不会太强，能够主动配合调查提供证据，调查人员获取证据的难度相应会降低。

测谎结论在民事诉讼中的应用机理[*]

——基于事实认定的维度分析

包冰锋[**]　王　悦[***]

测谎，是经由科学仪器的协助，从被测者的生理反应以推知其心理状态的一种过程。[①] 测谎人员运用科学技术的相关原理，对测谎结果进行分析判断，从而形成测谎结论。事实上，测谎技术并非对语言本身进行检测，而是对被测试人心理变化而引起的生理反应进行测试。目前，测谎技术在刑事案件中应用较为广泛，其作用主要体现为三个方面：其一，缩小犯罪嫌疑人的范围、排除无辜；其二，攻破犯罪嫌疑人的心理防线；其三，识别伪证或伪供。[②] 随着测谎技术逐渐成熟，在民事司法实践中，其应用也逐渐展开。测谎技术在司法实务中的应用是无争议的，困扰司法实务人员的难题是：测谎人员应用测谎技术进行专业分析所得出的测谎结论，能否在民事诉讼中作为证据使用？若能作为民事证据，其法律属性为何？其证明力如何？上述问题若得不到解决，不仅对妥当处理案件带来消极影响，而且给民事证据法学理论留下空白，造成实践与理论脱节的现象。鉴于以上原因，本文以测谎技术在民事诉讼中的现状为起点，探究其在民事诉讼中的法律属性，结合民事诉讼证据原理分析测谎结论的证据能力及证明力，进而对民事审判中测谎结论的应用问题作出回应。

---

* 本文系2019年重庆市高等教育教学改革研究项目“民事一体化培养路径下鉴定式案例研习课程模式研究”（课题编号：192011）的阶段性成果。

** 西南政法大学法学院副教授，硕士生导师，法学博士。

*** 西南政法大学法学院硕士研究生。

① 汤维建：《新民事诉讼法适用疑难问题新释新解》，中国检察出版社2013年版，第56页。

② 徐立、王红：《测谎技术应用的法律问题分析及其规制——从测谎程序和测谎结论两个维度展开》，载《浙江警察学院学报》2017年第1期。

一、测谎结论在民事诉讼中的应用现状检视

随着新型案件的不断出现，测谎结论在民事诉讼中的应用越发普遍。当双方当事人均提出一定证据，但又不足以证明案件事实或反驳对方主张的事实时，测谎技术发挥其作用的空间相对较大。欲使测谎技术或测谎结论在民事诉讼中为发现案件真实发挥积极的作用，必须先对其立法、司法现状进行检视。

（一）立法现状

关于测谎技术的应用及测谎结论的法律地位问题，最高人民检察院在1999年下发的《关于CPS多道心理测试鉴定结论能否作为诉讼证据使用问题的批复》（以下简称《测谎批复》）中明确排除测谎结论作为证据使用，仅能辅助证据的审查、判断，即测谎结论仅能作“线索型”运用，不能作“证据型”运用。《刑事诉讼法》第150条规定，公安机关、人民检察院对特定类型案件，根据侦查犯罪的需要，可以采取技术侦查措施。有学者认为，测谎技术的应用属于技术侦查措施的一种，司法实务对测谎技术的应用于法有据。①

与此相对，民事诉讼领域对测谎技术的运用及测谎结论的定位并无明确规定。测谎结论在民事诉讼中能否作为证据使用，理论界和实务界均有探讨，但未形成共识。有学者认为，《测谎批复》作为最高人民检察院的司法解释，应当具有普遍效力，测谎结论在刑事领域不能作为证据使用，在民事领域，测谎结论亦不能作为证据使用，仅能对证据的审查、判断起辅助作用；② 有学者认为，测谎结论属于“有限采用”的证据，③ 即测谎结论可以作为间接证据，证明当事人或者证人陈述的真实性，不能直接证明一方当事人是否应当承担民事责任；④ 也有学者认为，民事立法并未明文禁止测谎结论作为证据使用，我国可以借鉴美国司法机关对测谎结论的可采性态度，⑤ 在肯定测谎结论作为证据的前提下，规范其运用⑥。

（二）司法现状

任何一项制度的长久运行，均离不开法律规定的支持，但在司法实务中，也不乏实践先行的现象。在司法实务中，涉及测谎的民事案件颇多，虽然民事

---

① 宋英辉：《刑事程序中的技术侦查研究》，载《法学研究》2000年第3期。

② 田心则：《民事诉讼中如何运用测谎结论》，载《检察日报》2006年5月15日第1版。

③ “有限采用”的证据是指言词或实物证据可以为某个限定的目标而被采纳为证据。

④ 何家弘：《测谎结论与证据的“有限采用规则”》，载《中国法学》2002年第2期。

⑤ 在美国，测谎结论能否作为证据，主要考察被测试人是否自愿，且对测谎结论的证据价值与测谎结论对陪审团带来的影响进行权衡。

⑥ 汤维建：《新民事诉讼法适用疑难问题新释新解》，中国检察出版社2013年版，第58页。

立法并未对测谎技术、测谎结论作明确规定，但在民事司法实务中，测谎技术、测谎结论已得到推广与应用。以逆向思维观之，虽然测谎技术已在民事诉讼领域有所应用，但是由于尚未获得明确的立法规定的支持，其在实践中也存有诸多问题。

其一，是否将当事人同意作为测谎的启动要件尚有疑问。在上海甲服饰有限公司（以下简称甲公司）与刘乙加工合同纠纷一案[①]中，上诉人甲公司在一审中不同意就甲公司的员工谢乙撕毁欠条及支票是否系因双方达成以质量损失抵销加工款这一事实进行测谎。二审法院认为，无证据证明系争产品存在质量问题，且无证据证明存在抵销合意，并结合上诉人不愿意进行测谎这一事实，判决驳回上诉、维持原判。[②] 由此可见，该法院认为，为了强化当事人的程序保障，在民事诉讼程序中应用测谎技术，需要经过当事人的同意。但是，实务界对于启动测谎程序须经过一方当事人同意还是双方当事人同意存在不同的认识，并且如果当事人不同意测谎，则法院能否据此形成不利于该当事人的心证判断，即不同意测谎是否会带来不利的消极影响，也有疑问。

其二，测谎结论定位不明致异议审查机制缺失。在王某与冯某某民间借贷纠纷一案[③]中，在一审进行测谎前双方当事人签订了《心理测试自愿书》，在二审过程中，上诉人王某对《心理生理测试报告》提出异议，申请重新测试。二审法院对王某的异议不予认可，但未说明理由，对其申请重新测试不予准许。后二审法院仍依据测谎结论，并结合当事人陈述、证人证言等，驳回上诉人王某的上诉，维持原判。[④] 根据最高人民法院《关于适用〈中华人民共和国民事诉讼法〉的解释》（以下简称《民诉解释》）第 104 条第 1 款的规定，法院应当围绕证据的合法性、关联性、真实性进行质证。但从上述案例可以看出，法院并未对测谎结论的真实性进行审查，对其合法性亦未作出说明，当事人对测谎结论的真实性、合法性提出异议时，法院未作出回应而直接根据或者结合测谎结论作出裁判。即使裁判文书未明确指出将测谎结论作为定案根据，但实则测谎结论亦对法官的心证产生了相当程度的影响。测谎结论是否属于证据，其证据属性如何，此等问题在民事司法实务中不甚明确。

---

① 参见（2012）沪二中民四（商）终字第 761 号民事判决书。

② 类似案例参见（2010）沪二中民一（民）终字第 2113 号民事判决书、（2006）淮审民一再终字第 0015 号民事判决书。

③ 参见（2016）苏 01 民终 4478 号民事判决书。

④ 类似案例参见（2016）沪 0107 民初 7247 号民事判决书、（2015）徐民终字第 05456 号民事判决书。

其三，申请测谎的时间并不明确。在朱某某与高某某民间借贷纠纷案[①]中，双方当事人在一审程序均未申请测谎，在二审程序中高某某申请对双方当事人进行测谎，在征求双方当事人意见后，法院予以准许。而耿某与李某民间借贷纠纷案[②]中，耿某在二审程序申请进行测谎，二审法院以在二审程序中申请测谎不符合举证时限的规定为由，驳回耿某的申请。由此可见，在司法实务中，对何时可以申请测谎并未形成一致的认识。申请测谎究竟有无时间限制？若有，该限制是否为一审举证时限？此等均为值得探讨的问题。

二、民事诉讼中测谎结论的法律属性析解

虽然民事诉讼法及相关司法解释未对测谎结论作明确规定，但其对查明案件事实从而解决纠纷有着不容忽视的积极作用。为了规范测谎结论的应用，应当首先对测谎结论的法律属性予以析解，进而赋予其在民事诉讼中的证据地位。

（一）测谎结论作为证据的必要性阐释

有学者认为，如果允许测谎结论作为证据使用，势必对法官的自由心证产生影响，而测谎结论的真实性又得不到保障，也无法对测谎结论进行检验，且测谎技术的运行程序未进行规范。因此，测谎结论不能作为证据使用，也不得用以审查、判断证据。[③] 笔者认为，上述论据不足以否定测谎结论的应用。测谎技术的科学性是测谎结论真实性的保障，且程序的不规范更不能成为否定测谎技术的缘由。事实上，测谎结论发挥的积极作用不容小觑。

近些年，在证据不足、案件事实无法认定的前提下，出现了法官以不符逻辑的理由进行裁判的情形，尤其是部分疑难、涉及社会道德评价的案件，引起社会广泛关注。例如，在许某某与王某某道路交通事故人身损害赔偿案[④]中，《交通事故痕迹鉴定意见书》载明：不能确定被告所开车辆与原告有接触，但也不能排除被告所开车辆与原告无接触。一审法院在没有其他证据证明案件事实的情况下，认为“即使双方未发生碰撞，原告系自己摔倒受伤，但被告在并道后发现原告时距离原告只有四五米，在此短距离内作为行人的原告突然发现被告车辆向其驶去必然会发生惊慌失措，其倒地定然会受到驶来车辆的影

① 参见（2015）常民终字第1684号民事判决书。

② 参见（2007）二中民终字第09618号民事判决书。

③ 吴丹红：《民事诉讼中的测谎——基于证据法角度的分析》，载《中外法学》2008年第6期。

④ 参见（2010）红民一初字第837号民事判决书。

响”,[①] 从而判决被告承担一定的责任。

在该起案件中，究竟谁在说谎，案件事实究竟为何，我们不得而知。试想，若类似裁判数量达到一定程度时，不仅会对司法权威造成强烈冲击，且会引发社会道德水准的下滑。在此类社会较为关注的案件中，测谎技术发挥作用的空间较大。为了还原案件真实情况及在社会舆论的压力之下，当事人同意进行测谎的可能性较大；无论测谎结论如何，裁判会更加接近客观真实，大众也能对法院裁判表示信服。

因案件事实真伪不明而适用证明责任作出的判决亦不占少数，但证明责任是一种“不得已而为之”的法律技术，只有在不得已的情形下才能适用。[②] 事实上，专业且具有职业道德的法官不会认为依据证明责任作出的判决是最理想的判决，也不会认为依据证明责任作出的判决会比查明真相作出的判决更容易得到当事人乃至一般民众的认同，因为依据证明责任作出的判决可能与案件真实不符，致使权利人的权益遭受侵害。[③] 故结合测谎结论和其他证据作出的裁判比依据证明责任作出的裁判更容易被接受。就司法实践而言，有当事人为了获得于己有利的证据而主动申请测谎，有当事人为了增加证据的可信度而申请测谎，也有当事人基于测谎而主动承认了案件事实。在获得测谎结论后，有当事人愿意接受调解或者与对方当事人达成和解协议，有当事人接受并信服法院的裁判而不提出上诉或者再审申请，也有当事人主动申请撤回起诉。从某种程度而言，测谎是一种在结果公正的理念下不断探寻接近事实真相的方法。[④]

（二）测谎结论的性质归属

在我国证据种类法定化的背景下，测谎结论的法律属性为何，实质为测谎结论属于何种证据。《民事诉讼法》第 63 条规定，证据有当事人陈述、书证、鉴定意见等八种，笔者认为测谎结论属于鉴定意见。鉴定意见，是指具有专门知识的人或者机构对诉讼中涉及的专门问题提出的自己意见。[⑤] 有学者认为，证据的特征是能够证明案件事实，而测谎结论是对被测试人生理、心理上反应

---

① 熊德中：《事实推定的实务探讨——从彭宇案到许云鹤案》，载《上海政法学院学报（法治论丛）》2012 年第 4 期。

② 依据证明责任法理，承担证明责任的当事人无法证明其主张的要件事实，则对其有利的实体法规范将无法被适用。若法官基于证明责任规则作出判决，也不过是在未能查明案件事实基础上的无奈之举。诉讼即使在表面上得以终结，但实际上诉讼解决纠纷的功能则大打折扣。具体参见包冰锋、郭星：《事案解明义务背景下摸索证明的边界探究》，载《福建江夏学院学报》2019 年第 3 期。

③ 霍海红：《论证明责任机制的限度》，载《当代法学》2008 年第 3 期。

④ 栗明：《民事诉讼测谎意见证据地位的实证考察与理论反思——以北大法宝 188 份民事判决书为分析样本》，载《河北法学》2018 年第 5 期。

⑤ 张卫平：《民事证据法》，法律出版社 2017 年版，第 77 页。

的记录，不能证明案件事实，故测谎结论不属于鉴定意见。[①] 其实不然，这是未对测谎结果与测谎结论作区分而形成的误区。测谎结果是被测试人生理、心理上的反应，而测谎结论是测谎人员对测谎结果进行分析、判断而形成的鉴定结论。测谎结果不同于测谎结论，测谎结果是客观存在的被测试人的心理、生理上的反应，而测谎结论包含测谎人员的主观判断。测谎结论能够证明当事人陈述、证人证言等的真伪，自然能够间接证明案件事实。虽然测谎结论并非绝对真实，但在审查、判断当事人陈述或证人证言时，测谎结论可以发挥一定的参考与辅助作用。

测谎结论是否属于鉴定意见，主要取决于测谎对象是否属于专门性问题。有学者认为，专门性问题必须是经过法律确认的问题，对未经法律确认的专门性问题作出的结论不属于鉴定意见，不能作为证据使用。[②] 笔者认为，专门性问题无须经过法律确认，且我国也不存在对专门性问题的法律确认。基于知识结构的偏向性，在诉讼中必然存在法官经由其日常生活经验无法分析判断的问题，法律不可能对专门性问题的范围予以明确。鉴定对象的确立只需要考虑鉴定对象是否为解决案件所须查明的事实，该对象是否必须依靠专门知识才能查明。[③] 测谎结论的基础是被测试人对案件相关问题进行回答时的心理反应而导致的生理上的变化，比如血压、心动周期与心率、呼吸、皮肤电阻等生理变化。此等生理变化并非通过肉眼可以观察，需要借助一定的仪器显现出来，再由测试人根据其专门知识对生理变化的数据进行分析判断，从而得出测谎结论。能够作为证据使用的是测试人的意见，而并非通过仪器得到的数据。基于上述理由，测谎结论应当归属于鉴定意见。

三、民事诉讼中测谎结论的证据能力证成

欲探析测谎结论在民事诉讼中的证据能力，应先对证据能力的内涵及判断标准予以明确。证据能力即某一证据资料能够作为认定案件事实基础的资格。实际上，证据能力的主要作用体现在对证据能否进入法庭审理程序进行过滤。但证据能力与证据属性不同，对证据能力的判断仅涉及证据的合法性与形式关联性，与证据的客观性无关。学界常见的一种观点认为，证据能力的判断即证据是否具备证据属性。[④] 然而，证据能力仅为证据是否具有定案资格，是诉讼

① 吴丹红：《民事诉讼中的测谎——基于证据法角度的分析》，载《中外法学》2008 年第 6 期。

② 张方、刘蕾：《试论鉴定对象之法律确认》，载《证据学论坛》2004 年第 1 期。

③ 邵劭：《测谎的法律性质探究》，载《南京大学法律评论》2014 年第 2 期。

④ 邵明：《正当程序中的实现真实——民事诉讼证明法理之现代阐释》，法律出版社 2009 年版，第 209 页。

外证据成为诉讼证据的最低限度要求。只要某一证据具备合法性及与案件有形式关联性，即为有证据能力的证据；若有证据能力的证据具有客观性及与案件有实质关联性，便可以成为定案证据。认为证据能力取决于证据是否具备“三性”，实际上是将证据与定案证据相混同。定案证据均为证据，但证据不一定为定案证据，只有具备客观性、合法性、关联性，且能够证明待证事实的证据，才能成为定案证据。对证据能力的判定无须证据具有客观性。

测谎结论有无证据能力，以审慎的逐案审查为基准，是法律与科学初步接触时较为稳妥的方法。[①] 亦即，测谎结论在民事诉讼中是否具有证据能力，并非所有测谎结论的共同属性。不能笼统地认为测谎结论有证据能力或无证据能力，而要根据个案情况予以判断。故对测谎结论在民事诉讼中证据能力的判定，须从测谎结论的合法性、与案件事实的形式关联性两方面，逐案进行。

（一）测谎结论的合法性

证据资料作为一种客观存在的物质载体，不需要审判人员进行价值判断，其本身不存在是否合法的问题。[②] 比如，淫秽光盘，画面是非法的，但仍然具有证据资格，不属于非法证据。测谎结论是否具有合法性，要从以下方面予以认定。

首先，测谎主体合法。主体合法分为两方面：其一，测试主体合法。测谎人员运用测谎仪进行测谎时，先对生理变化参数予以测试记录；后利用其专门知识，对测试结果予以分析判断而形成测谎结论。因此，测谎结论的可靠性有赖于测谎问题的设计以及对测谎过程的把控，测谎人员应当是具有专门知识且经验较为丰富的专业人士。目前，我国并未建立专门的测谎鉴定机构，测谎人员的资质不一，相关立法欠缺，故有必要予以完善。就此而言，我们可以借鉴国外的相关规定[③]，比如测谎人员的学历要求、测谎人员的专业要求、测谎人员须通过统一的选拔考试等。其二，被测试主体的合法。被测试主体应当是了解案情的完全民事行为能力人。对于不了解案情的人，或者无民事行为能力人、限制民事行为能力人进行测谎，均有可能对测谎结论的可靠性产生影响。此外，测谎须在被测试人身心正常及意识清楚的情况下进行，才能获得正常的反应，从而获得正常的生理反应记录。故但凡被测试人身心不健康或者意识不清，均不得对其进行测谎。比如，当被测试人患有先天性心脏病、窦性心律不

① 蔡兆诚：《测谎与证据法则》，载《全国律师》1997 年第 11 期。

② 张卫平：《民事证据法》，法律出版社 2017 年版，第 16 页。

③ 在日本，要求测谎人员至少是心理学硕士毕业，接受相当长的培训期和实习期后方可在法庭上提供证言；在美国，要求测谎人员具有大学毕业学历、至少 6 个月的合格培训和 5 年以上的测谎实习经验等。

齐或者醉酒、处于心理不适等状态时，均可能对测谎结论的可靠性造成影响，在此种状态下不宜进行测谎。另被测试人若于测试前服用药物，需要检测该药物是否影响被测试人的身心及意识。

其次，测谎程序启动合法。其一，申请测谎的时间符合规定。2015年《民诉解释》、2020年最高人民法院《关于民事诉讼证据的若干规定》（以下简称新《证据规定》）对举证期限的确定、逾期举证的后果等进行了较为细致的规定。根据新《证据规定》及《民诉解释》的规定，当事人应当在举证期限届满前提供证据，其他与提供证据相类似的申请举证的行为（如申请证据保全、申请证人出庭作证、申请鉴定、申请具有专门知识的人出庭等）也应在举证期限届满前提出。据上所论，测谎结论属于鉴定意见，故申请测谎的时间应当参照申请鉴定的时间，即在举证期限届满前提出申请。在二审中是否允许申请测谎，则须法官根据个案情形判断是否符合《民诉解释》关于二审举证的规定，即判断是否有新证据的存在。其二，被测试人同意测谎。对此，有学者认为，测谎前双方当事人应达成测谎契约。测谎契约的内容包括双方当事人同意测谎的意思表示、测谎结论的证据能力问题、测谎程序性事项、违约责任等。[①] 笔者认为，测谎经被测试人同意即可，无须双方当事人均同意；法院不得依职权启动测谎，未经被测试人同意而进行测谎，形成的测谎结论不具有证据能力。就测谎程序的启动而言，被测试人应当具有选择权，当事人拒绝测谎时，法院不得形成不利于该当事人的心证。[②] 因此，测谎经被测试人同意是测谎进行的前提条件。若未经被测试人同意，一方面，测谎结论可能因被测试人未予以配合而缺乏客观性；另一方面，基于对被测试人人身自由权、隐私权的考量，经其同意为测谎正当化、合法化的前提之一。就内容而言，事先无须对测谎结论的证据能力进行约定。被测试人或者案件当事人对测谎结论的合法性、真实性、关联性均可提出异议，但提出异议的当事人应对其异议进行举证。

再次，测谎结论的形式合法。证据的形式，是指法律对证据种类所作的规定和形式上的要求。因此，证据形式的合法，是指证据在种类上和形式上必须符合法律的要求。其一，证据种类的要求，即须符合法律规定的证据种类。在对测谎结论的法律属性进行探析时，已明确测谎结论应归属于鉴定意见。其二，证据形式的要求。法律仅对个别证据的形式作了明确要求，比如，提交

---

① 赵小军：《论测谎契约在我国民事诉讼中的应用及规制》，载《东方法学》2017年第2期。

② 美国及日本均规定了须经被测试人同意，否则不得进行测谎，若未经同意实施测谎，形成的测谎结论不具有证据能力。我国台湾地区虽然并未明文规定测谎须经被测试人同意，但在实务中，法官均对被测试人是否同意进行审查。具体参见骆宜安：《刑事鉴识学》，明文书局2003年版，第11页。

外文书证，应当附有中文译本。测谎结论均为书面形式，在形式上通常不会出现不合法的情形。但测谎结论不同于一般的鉴定意见，其除应当载明测试人员的资料外，也应载明测谎仪器的类型、品牌及规格，以供法院参考。测谎结论载明测谎仪器及其运作详情①，并保障仪器功能处于正常状态，是测谎的基本要求。若测谎仪器功能异常，则测谎技术的基础显然发生动摇，从而导致测谎结论无证据能力。

最后，质证程序合法。质证程序合法，是指测谎结论必须经过质证程序，才可以作为定案根据。测谎结论的质证内容包括两方面：其一，对测谎结论本身的真实性进行质证。在实践中，伪造、篡改测谎结论的情形极为少见，但也不能忽视对其本身的真实性进行质证。当对方当事人提出测谎结论本身不存在，是伪造或被篡改的，此时提出测谎结论的一方当事人应当对测谎结论本身的真实性进行举证。其二，对测谎结论内容的真实性进行质证。最为常见的情形是一方当事人提出于己有利的测谎结论以支持自己的事实主张，对方当事人通常会质疑测谎结论内容的真实性。亦即，即便测谎是在当事人同意的情况下进行的，其也会对测谎结论内容的真实性产生异议。当事人提出异议时，根据《民事诉讼法》第78条的规定，测试人员应当出庭接受质证。

（二）测谎结论的形式关联性

有学者将证据的关联性区分为证据能力的关联性与证明力的关联性，即形式关联性与实质关联性。② 证据能力的关联性具有确定证据调查范围的作用，其为一种抽象的关联性。亦即，证据能力的关联性与证明力的关联性，是在不同的诉讼阶段各自发挥作用。证据形式上的关联性应当由法律明确规定，但我国三大诉讼法均未对关联性予以明确规定，且关联性这一表述较为抽象，某一证据是否具备关联性，由法官依据自由心证进行判断。

从哲学的角度看，事物之间是普遍存有联系的，但这种事物普遍存在的联系并非此处所言的“关联性”，否则，所有的证据均与案件事实之间存有某种联系，证据的关联性便不再是证据具备证据能力的前提之一。测谎结论是否具备形式关联性，法官仅须从抽象的角度进行判断，仅要求测谎结论与案件事实存在某种最低限度的联系，即其有证明当事人陈述、证人证言真实与否的可能。此种关联是直接关联抑或间接关联与证明力有关，法官在判断测谎结论的

① 例如，测谎是对被测试人回答问题时的生理变化进行测试，因此测谎对环境的要求较高。测试环境必须安静，不受外界干扰，并避开人员经常走动的场所，以免被测试人在测谎进行中遭受外力介入而影响其身心及意识反应，故施测环境亦为测谎结论是否具备证据能力的重要考量因素，亦应当记载于测谎结论中。

② 陈朴生：《刑事证据法》，三民书局1985年版，第275页。

证据能力时，无须加以考虑。

四、民事诉讼中测谎结论的证明力剖释

在我国司法实务中，因测谎技术有其科学性，可靠性较强，法官不对测谎结论进行质证即将其作为定案根据，或是参考测谎结论作出裁判的情形较为常见。即使当事人提出异议，法官不作回应，而直接将其作为定案依据的情形也有出现。[①] 正是由于测谎结论形成有其科学基础，法官对测谎结论在民事诉讼中的证明力进行判断时，更加不能对其存有特殊规则，应当严格按照民事诉讼证据规则对其证明力进行审查。

（一）测谎结论证明力的审查要素

1. 测谎结论的客观性

证据的客观性是发现客观事实的有力保障，其有形式上的客观性与实质上的客观性之分。形式上的客观性，是指证据的载体或者证据本身必须是客观存在的，非臆想的；内容上的客观性，是指证据的内容是对客观事实的真实反映。内容的客观存在是证据客观性的实质内容。比如，某一陈述确为当事人作出，证人证言确为证人提供，那么该当事人陈述、证人证言的形式客观性不再存疑，但该当事人是否作虚假陈述、该证人是否作伪证等问题才是庭审调查的重点。因此，对证据客观性的要求包括形式和实质两方面，且实质客观性为考察的重点。当然，证据具有客观性并非意味着证据是纯粹客观的事物，而是人的主观认识与客观事物相互结合的产物。[②] 比如，证人证言是特定人主观上对客观存在的案件事实的感知。

测谎结论在民事诉讼中必须具备客观性，尤其是实质客观性，才有可能成为认定案件事实的依据。首先，测谎结论必须是对客观事实的反映。这强调测谎结论内容上的真实性。就测谎技术的科学性而言，测谎原理是测谎所涉及的问题会对被测试人形成一种心理刺激，心理刺激会产生生理反应并被测谎仪记录。[③] 如此进行的过程已经被无数科学实验和实践案例证明是正确的，已得到主流心理学的肯定。[④] 有学者提出质疑：不同人的心理素质不同会导致测谎不

---

① 栗明：《民事诉讼测谎意见证据地位的实证考察与理论反思——以北大法宝188份民事判决书为分析样本》，载《河北法学》2018年第5期。

② 何家弘：《证据的采用标准》，载《中国刑事法杂志》2000年第3期。

③ 邵劭：《测谎结论的证据能力研究》，法律出版社2016年版，第67—117页。

④ 潘军、李焰：《美国贝克斯特测谎系统在我国法庭科学中的应用》，载《心理学报》2001年第3期。

准确。[①] 其实，这是对测谎原理的误解。测谎是比较被测试人对不同问题的反应，测谎结论是通过比较同一被测试人对相关问题、对照问题的反应强度，确定其对案件相关事实有无特异反应及反应强度，进而判断其有无案件相关事实的记忆及记忆的程度。故被测试人的心理素质并不影响测谎的准确率。

2. 测谎结论的实质关联性

如前所述，关联性分为证据能力的关联性与证明力的关联性。证明力的关联性，是证据进入证据调查阶段后，其与案件事实存在的具体的联系，不具有实质关联性的证据不能成为认定案件事实的根据。关联性有强有弱、有大有小，司法证明活动受到诸多因素的影响，故证据的关联性须达到一定程度才可能成为认定案件事实的基础。测谎结论与民事诉讼案件事实有无关联性，需要根据个案的具体情况进行判断分析。测试人员对测谎相关问题的设计是紧扣案件事实的，其便与案件事实具有实质性关联。由于测谎结论的主要作用在于判断当事人陈述、证人证言的真伪，若该当事人陈述或证人证言与案件并无实质联系，法院应不允许对其进行测谎。基于此，法官可以从以下两方面对测谎结论是否具有关联性进行判断：第一，审查判断测谎结论在民事诉讼中能够证明何种案件事实，亦即关联性的实质性判断；第二，审查判断该测谎结论对案件事实的证明有无帮助，亦即关联性的证明性判断。[②]

（二）测谎结论证明力的判断

证据证明力的判断经历了由法定证据主义到自由心证主义的转变。法定证据主义的内涵为，法律根据证据形式的不同，预先对证据的证明力作出规定，法官在审理案件时必须据此作出判决，对证据不能进行自由取舍的制度。[③] 在法定证据主义下，证据的证明力并非由审理具体案件的法官结合案情予以判断，而是由立法者通过法律来评价；其判断标准并非结合具体的个案而定，而是通过抽象的规则统一规范。事实上，法定证据主义已将证据的形式与内容割裂，法官根据既定的标准对证据进行机械的评价。然而，社会现象千差万别，对证据证明力的判断不可能设计出统一的标准，经验法则的无限性和不确定性

---

① 武伯欣、张泽民：《测谎结论能否作为鉴定证据——关于中国心理测试技术研究应用及其现状的思考》，载《证据科学》2008 年第 5 期。

② 关联性的基本构成要素包括两个：证明性与实质性。证明性是指所提出的证据支持其欲证明的事实主张成立的倾向性，是依据逻辑或者经验而使欲证明的事实主张更为可能或更无可能的能力；实质性是指诉讼中所提出证据指向的事实争议属于案件实质性争议问题，即该争议的解决对于裁判具有重要影响。具体参见杨迎泽、赵培显：《证据关联性的逻辑结构及判断》，载《中国检察官》2017 年第 23 期。

③ 刘建华：《取证与维权》，湖北人民出版社 2016 年版，第 5—7 页。

决定了我们不可能把所有的经验法则均上升为具体的规则，往往需要法官结合具体案件，依据经验法则和逻辑规则对证据证明力进行判断。[①] 但是，有些经验法则背后具有一些共同的基本规律，随着人们经验的积累，立法者可以将这些经验法则蕴含的规则整理出来，使之成为看得见的规范。

虽然测谎结论的可靠性较强，但其通常不能单独证明案件事实，须与其他证据形成证据链，发挥对案件事实的证明作用。由此可知，测谎结论在民事诉讼中有无证明力及其证明力大小，主要交由法官根据心证评价。自由心证主义，是指法律对证据的证明力不预先作出规定，由法官依据证据调查的结果及综合全辩论意旨，遵循经验法则与逻辑规则，对证明力进行判断，进而形成内心确信以认定案件事实。[②] 我国民事诉讼立法或相关司法解释并未直接出现“自由心证”一词的表达，但是2002年《证据规定》第64条[③]应当被视为首次在借鉴现代自由心证主义[④]基本内容的基础上，结合我国民事诉讼立法和审判实践局面作出的规定。该规定符合证据审查判断的客观规律和审判实践的需要，并与大陆法系自由心证理论接轨并结合，经过十多年的实践检验，在稍作修改后移植入2015年《民诉法解释》第105条。[⑤] 2020年新《证据规定》第85条也将该条文予以保留。由此可见，我国民事诉讼程序在证据审查和事实认定领域初步建立起了自由心证主义。

具体到测谎结论而言，其证明力也须法官根据经验法则[⑥]和逻辑规则进行

---

① 张中：《论经验法则的认识误区与实践困境》，载《证据科学》2011年第2期。

② 姜世明：《证据评价论》，厦门大学出版社2017年版，第7页。

③ 《证据规定》第64条规定：“审判人员应当依照法定程序，全面、客观地审核证据，依据法律的规定，遵循法官职业道德，运用逻辑推理和日常生活经验，对证据有无证明力和证明力大小独立进行判断，并公开判断的理由和结果。”

④ 所谓现代的自由心证制度，即在传统的自由心证制度基础上附加了自由心证中的“自由”不是绝对自由的限制因素。其所谓的自由，只不过是指法官在进行评价时不受法定规则的束缚，绝不意味着法官可以随心所欲地加以判断，这种判断必须是合理的，并且也存在保证其合理性的内在制约。具体参见王亚新：《刑事诉讼中发现案件真相与抑制主观随意性的问题——关于自由心证原则历史和现状的比较法研究》，载《比较法研究》1993年第2期。

⑤ 沈德咏：《最高人民法院民事诉讼法司法解释理解与适用》，人民法院出版社2015年版，第350—352页。

⑥ 经验法则是指从日常生活经验获得的有关事物的性质、形态及因果关系的法则。经验法则大致分为三种类型：一是作为一般常识的单纯经验法则；二是属于专业性和学理性的经验法则。如关于年龄和平均寿命的简易生命表；三是利用表见证明获得的具有高度盖然性的经验法则。在经验法则中，属于一般常识性的经验法则不属于证明对象。就专业性和学理性的经验法则来说，由于人们不能期待法官对此有专业认识，所以应当成为证明对象。具体参见孙汉琦：《韩国民事诉讼法导论》，陈刚审译，中国法制出版社2010年版，第226页。

自由判断，但是此种自由判断并非法官的主观擅断，随心所欲。[①] 就此而言，自由心证主义并非强调绝对的“自由”，而在于对证据法定主义的否定。[②] 法官在就具体个案进行判断时应着重考量两方面的内容：其一，测谎结论是否真实可靠。例如，受测人签署的同意书中是否记载了同意实施测谎的意见及有权随时拒绝接受测谎；鉴定报告书关于受测人身心及意识的记载是否确实；施测人的资格及当天的状态是否足以胜任本次施测工作；施测过程中施测仪器的运作是否正常等。其二，从测谎结论推导出案件事实的说明能力、证实程度及可信程度。例如，可以审查施测人拟定的发问题组、发问方式、配题内容是否妥当。

只要测谎结论确实存在，并且能够在逻辑推论上对案件事实给予一定程度的疏明、解明或证成，就存有或大或小的证明力。至于证明力或证明价值的大小，仍然须交由法官根据个案情况，结合其他证据综合判断。证据就本身能否独立证明待证事实的存在与否，可分为主要证据和补强证据两种。主要证据是指可据以证明事实存在与否的独立证据，而补强证据是增强主要证据的证明力的证据。测谎结论无法如同血迹、DNA 比对等鉴定手段一般正确性几乎可以达到绝对客观，其可以信赖的程度不仅是依据具体个案而异，也因各个测谎人员的技术、判断的方法等而有所不同，正确性的担保仍有困难。因此，测谎结论所证明的对象为受测人外在陈述的真伪，性质上属于补强证据。当受测人未通过测谎时，在有其他相关证据的情形下，可以将测谎结论视为一种补强证据；在没有任何相关证据的情形下，测谎结论不得作为对其不利的唯一证据。当受测人通过测谎时，按照通过测谎的内在机理，视为受测人对于相关问题作了完全真实的陈述，如无其他相反证据或相反证据不足以推翻测谎结论的，应可将测谎结论作为对其有利的证据。

① 张卫平：《自由心证原则的再认识：制约与保障》，载《政法论丛》2017 年第 4 期。

② ［日］高桥宏志：《重点讲义民事诉讼法》，张卫平、许可译，法律出版社 2007 年版，第 35 页。

民事诉讼当事人证明权保障研究*

——以《关于民事诉讼证据的若干规定》为视角

陶 婷** 党智渊***

民事诉讼作为解决民事纠纷最重要的方式，其对民事纠纷的化解主要依赖于法官依法行使审判权，对民事纠纷进行居中裁判。法官对民事纠纷作出判决必须是建立在事实基础之上的，而法官了解过去发生的案件事实的最主要的渠道就是通过案件当事人的证明活动，因为只有亲身经历的当事人才是最了解案件事实也是最容易接触和获取与案件有关的证据材料的。从民事诉讼的启动而言，也离不开当事人的证明活动。民事诉讼当事人行使诉权向法院提起诉讼的同时，必须向法院提交符合起诉条件的相关证据材料。由此可见，民事诉讼过程始终伴随着当事人的证明活动，甚至可以说民事诉讼的进程实质上就是当事人就民事纠纷提供证据并相互质证从而使法官形成有利于自己的内心确信的证明活动。因此，证明对于民事诉讼的意义之重大。

民事诉讼必然伴随着当事人的证明活动，由于当事人依法享有启动民事诉讼的诉权，那么当事人也理应享有证明的权利，即当事人证明权。关于何为当事人证明权，当事人证明权究竟有着怎样的地位等问题，目前我国学界尚未得到公认的通说，且也未直接体现在民事诉讼相关法律法规中，故而对于如何保

---

* 本文为西南政法大学2019年度校级研究生教育教学改革研究项目“要件审判法与研究生诉讼思维能力的提升路径研究”（课题编号：yjg201903）的阶段性成果。

** 西南政法大学法学院讲师，法学博士。

*** 西南政法大学法学院硕士研究生。

障当事人证明权的行使也尚未有准确的答案。本文的目的是就诸如此类问题进行研究，探寻回答上述问题的方向，尽可能提出并完善保障当事人证明权的相关措施。

当事人证明权保障制度的完善不仅在实际方面具有重大意义，在理论方面也有着不可忽视的关键作用。当事人证明权保障从司法实践中着手，是当事人程序性权利的切实实现，确保了民事诉讼中当事人所经历的是正当程序，尽可能地使得司法公正得到实现。另外，由于当事人经受了正当的程序，其即能在民事诉讼中感到人格受到尊重、意见受到重视以及受到公平对待，增强了当事人对判决的接受程度。程序公正得到实现在很大程度上能够促成实体公正的实现，进而实现民事诉讼的终极目的，即公正的化解纠纷，维护当事人的合法权益。从我国民事诉讼理论体系着手，当事人证明权保障是对协同型诉讼模式理论构建的完善，在很大程度上巩固了当事人在民事诉讼中的主体地位，弱化了法院职权在诉讼中的干预作用。

一、民事诉讼当事人证明权的基础理论

证明权作为一个法律概念有着其特殊的含义，因此对当事人的证明权保障进行研究，首先必须要对证明权是什么这一问题进行回答，对此本文从证明权的概念以及性质和地位着手，明确证明权的实质，进而研究如何保障当事人的证明权。

（一）证明权的概念

关于证明权的含义，目前我国法律并未对此作出具体明确的规定，但是证明权作为民事诉讼中当事人的一项基本权利，是不容忽视的，并且应当大力保护。证明，即是诉讼中当事人提出证据证实其所主张的争议事实，以使法官形成有利于自己的自由心证的活动。我国目前正在构建协同型民事诉讼模式，要求最大限度地发挥法官和当事人的主观能动性，尊重当事人的辩论权和处分权，在此基础之上，民事诉讼证据的收集秉持着当事人收集为主，法院调取证据为辅的模式。故而民事诉讼的进行是以当事人的证明活动为依托的，若在证明活动中缺乏当事人的参与，法官依法审理民事纠纷时便难以获知清楚的案件事实。因此，在民事诉讼中当事人的证明活动必不可少，故当事人应当享有证明活动的权利。证明权即是当事人通过证明活动证明案件事实的权利。当事人在民事诉讼中的证明活动是包含收集证据、提出证据、申请法院调取证据以及在法庭审理过程中针对证据进行质证等一系列活动的总和，由此可推知，证明权是包含取证权、举证权、质证权等诸多权利的综

合性权利。[①]

（二）证明权的性质和地位

民事诉讼当事人行使诉权时，依据最高人民法院《关于民事诉讼证据的若干规定》（以下简称《民事诉讼证据规定》）第1条“原告向人民法院起诉或者被告提出反诉，应当附有符合起诉条件的相应的证据材料”，可知证明活动是当事人行使诉权必须为之的。故而应当认为当事人证明权归属于诉权，属于公民一项基本权利。证明权作为当事人的基本权利，是受到宪法所保障的，虽然宪法中并未明确规定当事人的证明权，但是这不能否认证明权作为一项基本权利，应当在宪法高度上得到法律的保障。[②]

民事诉讼的本质是由法官居中裁判，解决当事人之间民事纠纷的活动，遵循以事实为依据、法律为准绳的原则。对于案件事实的了解程度，唯有亲身经历的当事人最为熟悉，作为裁判者的法官对于案件事实的了解起始于事实发生之后，其对案件事实的了解程度依赖于证据所呈现的内容。而基于证明责任制度的存在，民事诉讼的证据主要由当事人提供，法院仅在当事人难以取得而主动申请法院调取证据或存在法定事项时进行证据收集。因此，作为裁判者的法官所了解的案件事实是通过当事人进行的一系列证明活动所形成的，要使民事诉讼得到公正、效率的判决，就必须保证当事人证明活动的顺利进行，即应当对当事人的证明权予以充分保护。证明权是当事人能够进行证明活动的基础，是确保当事人能够收集证据、提交证据并在民事诉讼进程中进行质证，从而促使法官形成有利于自己的自由心证的前提条件。民事诉讼作为解决民事纠纷的最后一道防线，其进程的顺利进行以及当事人所接受的公正判决的取得，都离不开当事人证明权在其中发挥的重要作用。当事人的证明权能够确保民事诉讼判决结果产生所依据的案件事实是当事人双方的证明活动所复现的案件事实，从而使得当事人更易接受民事纠纷的处理结果，进一步增强司法的公信力。

（三）证明权保障的价值与功能

证明权作为当事人的基本权利，对其进行保障具有独立的价值与功能，具体表现为：

第一，有利于增强当事人的诉讼主体地位。当事人的诉讼主体地位即要求诉讼过程的推进主要由当事人来完成，法院职权居于辅助地位。证明权保障从法律层面上赋予了当事人进行证明活动的权利，而当事人推动诉讼程序发展的

---

① 奚玮：《民事当事人证明权保障》，中国人民公安大学出版社2009年版，第7—12页。

② 奚玮：《民事当事人证明权保障》，中国人民公安大学出版社2009年版，第6—8页。

主要方式就是通过证明活动，因此保障证明权实质确保了当事人诉讼主体地位的实现，使得当事人能够切实影响诉讼的进程和结果。

第二，有利于增强裁判的正当性和可接受度。证明权得到充分保障意味着在诉讼过程中当事人完全发挥了其参与证明活动的能力，故而法院在当事人尽其所能地参与证明活动约束下所作出的判决是能够得到当事人信服的，同时，由于判决的作出建立在双方当事人未受干扰的证明活动基础之上，那么此份判决的正当性必然是有保证的。

第三，有利于提高诉讼效率。民事诉讼以解决民事纠纷为目的，而对纠纷的解决建立在对案件事实的了解之上，在民事诉讼中，作为居中裁判的法官，其作出的判决建立在案件事实清楚、适用法律正确的基础上。法官对案件事实的了解只能通过证据，而对案件事实最为了解的正是亲身经历的双方当事人，在此基础之上，保障证明权能够确保双方当事人的证明活动顺利进行，法官能够尽快形成对案件事实的心证，一定程度上加快了诉讼进程，从而提高诉讼效率。

二、我国民事诉讼当事人证明权保障的制度现状

（一）民事诉讼法中的规定

民事诉讼法作为我国民事诉讼程序方面的基本法，在民事诉讼领域发挥着纲领性的作用。我国民事诉讼法自起草以来经历了数次修改，修改方向一直是弱化法院对民事诉讼的强职权干预、增强当事人诉讼主体地位、发挥当事人在民事诉讼中的主导作用，证明权是其中的重要部分。虽然我国民事诉讼法并未直接涵盖证明权这一字眼，但是其对于证明权中所包含的各项子权利均有一定的规定。

首先，关于当事人的取证权，《民事诉讼法》在第 49 条纲领性地指出当事人享有取证权，“当事人有权委托代理人，提出回避申请，收集、提供证据，进行辩论，请求调解，提起上诉，申请执行”。同时，民事诉讼法在其他条文中对取证权进行了细化规定，例如在第 61 条中规定代理诉讼的律师和其他诉讼代理人有权调查收集证据，可以查阅本案有关材料。诉讼代理人在民事诉讼中代表当事人在授权范围内进行诉讼活动，本条确定诉讼代理人享有取证权实质上是对当事人取证权的补充，以保障当事人的取证权得到有效实现。此外，《民事诉讼法》第 64 条规定，当事人及其诉讼代理人因客观原因不能自行收集的证据，或者人民法院认为审理案件需要的证据，人民法院应当调查收集。作为对当事人取证权的完善，确定了法院职权介入取证活动的依据和条

件，从而使得当事人取证权体系进一步完善。①

其次，关于当事人的举证权，民事诉讼法也作了相关规定。第 65 条规定了举证期限的确定方式以及当事人逾期举证的后果，人民法院在确认举证期限时必须考虑当事人的主张和案件审理情况。此外，当事人难以在限定期限内进行举证的，也可以申请延长举证期限。这些规定使得当事人能够对举证期限施加一定的影响，进一步确保了当事人的举证权能够顺利行使。同时，对于当事人逾期举证的情形，明确规定了弹性的处理措施，避免了过于刚性的措施损害当事人的举证权，使得当事人的举证权得到更全面的保护。②

再次，关于当事人的质证权，《民事诉讼法》第 68 条规定，证据应当在法庭上出示，并由当事人互相质证。质证权的赋予是取证权和举证权的衔接，是当事人证明权的核心，保证了当事人的合法权利可以得到有效保障。

最后，关于证明妨害行为的规制，《民事诉讼法》在第 110 条中规定了对证明妨害行为的规制对象以及制裁措施，对实施本条所列出的证明妨害行为的行为人予以罚款、拘留的处罚，构成犯罪的，依法追究刑事责任。强有力的制裁措施可以有效预防证明妨害行为的频发，但是本条的规定仅局限于公法层面的制裁，对于私法层面并未作出相应规定。③

（二）《民事诉讼证据规定》中的规定

2019 年最高人民法院对《民事诉讼证据规定》作了较为全面的修改，此次修改在很大程度上加强了对当事人证明权的保障。

首先，关于当事人的取证权，《民事诉讼证据规定》主要是针对当事人申请法院调取证据所应具备的要件以及对法院调取的证据要求，第 20 条规定当事人申请法院调取证据的形式要件和期限要求，要求当事人必须在举证期限届满前提出书面申请。第 21—24 条分别规定了人民法院调取书证、物证、视听资料、电子数据以及可能需要鉴定的证据的限定条件，从而确保了法院调取证据的真实性，以更好地实现法院调取证据对当事人举证权的补充。第 25—29 条规定了证据保全申请的相关事项，对申请书具体内容作了规定，为当事人提供了具体的有针对性的指引。同时，针对诉前证据保全，《民事诉讼证据规定》还将利害关系人纳入了证据保全申请主体的范围。通过法院职权的介入有效预防了当事人因外在原因的干扰而陷入取证不能的困境之中，有效保障了当事人的取证权得到实现。

① 肖晗：《民事诉讼证明权研究》，知识产权出版社 2012 年版，第 38—43 页。

② 张卫平：《民事诉讼法修改和证据制度的完善》，载《苏州大学学报》2012 年第 3 期。

③ 毕玉谦：《关于创设民事诉讼证明妨碍制度的基本视野》，载《证据科学》2010 年第 5 期。

其次，关于当事人的举证权，《民事诉讼证据规定》第 10 条规定了当事人免于提供证据的事实种类，减少了当事人的举证负担，同时避免了因证明范围过窄而导致案件事实难以被充分揭示，进而影响案件的公正裁判。另外，2019 年修改后的《民事诉讼证据规定》降低了对生效仲裁裁决确认的事实提出反证的证明力要求，由先前的“足以推翻”降低为“足以反驳”，在较大程度上减轻了当事人的举证负担，从而使当事人可以更好地避免来自仲裁裁决确认的错误事实的损害。因为相较于诉讼程序，通过仲裁解决民事纠纷更重视效率，对当事人的程序保障相对较弱，所以仲裁裁决的预决效力较生效判决的预决效力而言可信度较低，故而降低排除仲裁裁决确认事实作为免证事实的要求可以有效保证当事人行使举证权的目的得到实现。第 11—19 条对当事人提供证据的相应要求作了明确规定，对当事人的举证活动发挥了良好的指引作用，保证了当事人举证活动的效率，进而提高了诉讼效率，节约诉讼成本。① 第 51—56 条规定了关于举证时限的确认、延长等事项，对举证期限作出了确定性与灵活性相结合的规定，在确保了诉讼效率的前提下尽可能地保障了当事人的举证权得到实现。第 86 条规定了提高和降低证明标准的情形，对于欺诈、胁迫、恶意串通以及口头遗嘱和赠与事实的证明，需要达到排除合理怀疑的标准，而对于诉讼保全、回避等程序性相关的事实，仅需要达到存在可能性较大的程度，对当事人进行举证活动所提供证据需要达到的程度作出了指引，从而更好地保障了当事人诉讼权利，推动了诉讼程序的进行。②

再次，关于当事人的质证权，《民事诉讼证据规定》第 60 条明确指出，当事人在审理前的准备阶段或者人民法院调查、询问过程中发表过质证意见的证据，视为质证过的证据。在有效避免当事人重复陈述造成诉讼迟延的同时，保证了当事人质证权的落实。第 61 条规定了对书证、物证、视听资料质证的要求，体现了原件、原物优先的原则，同时规定了特定条件下当事人可以提交复制件、复制品，避免了当事人因无法出示原件陷入为难境地。第 62 条规定了质证的程序，为当事人进行质证活动提供了明确的指引，保证质证活动依照法定程序有序进行，使得当事人的质证权得到实现。第 84 条规定了专家辅助人询问以及专家辅助人参与诉讼活动的范围，专家辅助人出庭协助当事人进行诉讼仅可就鉴定意见与专业问题发表意见。专家辅助人参与诉讼，协助当事人进行诉讼活动，弥补了当事人就案件涉及专业问题知识匮乏的不足，避免了当

---

① 最高人民法院民事审判第一庭：《最高人民法院新民事诉讼证据规定理解与适用》（上），人民法院出版社 2020 年版，第 147—163 页。

② 最高人民法院民事审判第一庭：《最高人民法院新民事诉讼证据规定理解与适用》（下），人民法院出版社 2020 年版，第 750—756 页。

事人因对相关内容不够了解而遭受不利益，保障了当事人质证权的落实，使得当事人的质证权切实得到实现。[①]

最后，关于证明妨害行为的规制，《民事诉讼证据规定》弥补了民事诉讼法仅规定了公法制裁措施的不足，在私法层面上规定了书证提出命令制度，其目的是弥补当事人调查收集证据手段的有限性，解决因证据偏在所导致的当事人举证困难的窘迫局面。第45—48条系统规定了较为完善的书证提出命令制度。其中，第45条明确了当事人申请书证提出命令的基本条件以及人民法院对申请审查的内容；第46条规定了法院对当事人书证提出命令的审查处理，确保双方平等享有发表意见的机会和进行辩论的权利；第47条对书证提出命令的客体范围进行了界定，明确了何种书证可以适用书证提出命令制度，同时也确认了我国对于文书提出义务的范围界定仍然属于限定主义，仅在特定情形下方可对文书持有人发出文书提出命令[②]；第48条明确规定了实施证明妨害行为的当事人所应承担的私法制裁，即"控制书证的当事人无正当理由拒不提交书证的，人民法院可以认定对方当事人所主张的书证内容为真实。相较于公法层面的制裁，私法层面的制裁无疑对证明妨害行为人更加具有威慑力，可以更有力地发挥法律的指引作用，避免证明妨害行为的频发，同时也是对证明妨害行为规制法律体系的完善，在公法和私法两个层面同时发挥作用。[③]

三、我国民事诉讼当事人行使证明权遇到的问题

（一）取证权方面

民事诉讼中，当事人取证权的行使往往会受到各种干扰：首先，掌握案件证据或了解案件事实的主体拒不履行或怠于履行协助义务，造成当事人取证不能或难以在举证期限内取得相关证据材料，使得当事人的取证权难以实现。在实践中较为常见的情形分别表现为证据在对方当事人或第三人掌握之中时，其往往为了自身利益而拒绝提供证据；证人由于种种原因拒绝出庭作证，甚至拒绝提供书面证言；负有协助义务的有关单位或组织拒不履行职责或怠于履行等。其次，取证主体滥用取证权，采取非法的取证行为或恶意作伪证，以谋取不正当的诉讼优势，损害对方当事人合法权益。最后，法院取证行为的无约束

---

① 最高人民法院民事审判第一庭：《最高人民法院新民事诉讼证据规定理解与适用》（下），人民法院出版社2020年版，第552—575页。

② 张卫平：《当事人文书提出义务的制度建构》，载《法学家》2017年第3期。

③ 最高人民法院民事审判第一庭：《最高人民法院新民事诉讼证据规定理解与适用》（上），人民法院出版社2020年版，第433—464页。

性。当事人申请法院调取证据难以得到法院认可，易被法院无正当理由拒绝；而法院依职权取证存在较大的自由性，法院容易扩大依职权取证的职权范围或怠于履行职权，不主动收集证据。[①]

（二）举证权方面

举证权在实践中所遭遇的困境主要包括以下内容：首先，当事人提供的证据由于各种原因被法院拒绝接受；其次，法院在工作过程中对证据材料未尽到保存职责，导致证据材料遗失或者存在徇私枉法情形，恶意毁损证据；最后，当事人的举证权在行使过程中经常受到举证时限的限制。

（三）质证权方面

我国民事诉讼正处于由过去的强职权主义模式向协同型诉讼模式转型的阶段，由于仍然存在较多的强职权主义作风，当事人的质证权在民事诉讼中的困境表现在以下方面：首先，法院无正当理由限制当事人出示证据和质证。其次，在法官居中裁判作出判决时，存在将未经当事人质证的证据直接作为裁判依据的情况。此类行为不仅在程序上侵犯当事人的质证权，并且在实体上也严重侵犯了当事人民事权利。最后，当事人的质证意见得不到尊重。在民事诉讼证明活动中，法官对证据的审查认证是建立在听取当事人针对证据材料提出质证意见之上的，这就要求法官必须充分尊重当事人的质证权、认真听取当事人的质证意见，在此基础之上结合当事人的辩论作出裁判。在实践中，由于法官在开庭前会对证据材料进行审查，往往不可避免地形成先入为主的印象，进而在庭审过程中容易忽视当事人的质证意见。

（四）证明妨碍行为

证明妨碍行为是指不负证明责任的一方当事人所实施的意图使得承担证明责任一方当事人陷入举证不能的困境的行为。在我国民事诉讼活动中，证明妨碍行为广泛存在，这些行为的存在严重阻挠了当事人证明权的行使。民事诉讼是法院居中裁判，双方当事人平等对抗，以解决纠纷为目的的活动，由于双方当事人处于对抗地位，故而在民事诉讼中，一方当事人为了自身利益而实施证明妨碍行为是不可避免的并且是广泛存在的，比如掌握证据材料拒不提供乃至恶意损毁证据等。[②]

---

① 奚玮：《民事当事人证明权保障》，中国政法大学2007年博士学位论文，第111—114页。

② 张卫平：《民事证据制度研究》，清华大学出版社2004年版，第285—286页。

四、民事诉讼当事人证明权保障的制度完善

（一）取证权保障的制度完善

取证权又名收集证据权，是指当事人在民事诉讼中依法享有的收集证据的权利，具体包括收集证据不受非法干扰、有权要求有关主体履行协助义务等权能。收集证据作为当事人证明活动的开端，其后的证明活动均是建立在收集证据的基础之上，故而保障取证权具有十分重大的意义。对于取证权保障的制度完善，应从以下几方面入手：

第一，明确相关主体的协助取证义务。在实践中，经常存在证据不在当事人手中保存，而是被了解案件事实的案外人掌握的情况，在此种情形下，当事人或其代理律师自行前去取证往往无法顺利获取证据，而由当事人申请法院调取证据却又面临着不满足法院调取证据条件的尴尬处境。应明确掌握案件有关证据材料的案外人负有协助取证义务，这种义务的设立可以在法律层面上为当事人或其代理律师的取证行为赋予正当性，同时也是对义务主体积极履行义务的督促，能够更加有效地确保当事人高效地收集证据。

第二，规范当事人及其代理律师的取证程序。一套规范完备的取证程序对于当事人取证权的有序运行和保障具有重要意义，设置完备的取证程序一方面可以指引当事人自主收集证据，一定程度上弥补当事人诉讼能力的不足，平衡双方当事人诉讼能力的差距；另一方面也可以对当事人取证权的行使发挥一定的规范作用，防止当事人滥用取证权损害第三人合法权益。

第三，完善非法证据排除规则。目前我国民事诉讼非法证据排除规则仅有概括性的规定，对于非法取证行为缺乏足够细化的定义。实践中，一方当事人的非法取证行为必然构成对另一方当事人证明权的侵害，因此有必要完善非法取证规则，消除当事人非法取证行为所谋取的诉讼优势。①

（二）举证权保障的制度完善

举证权即当事人将收集到的证据提交至法院，据此证明自己的主张和陈述的案件事实成立。举证权保障的核心是对举证时限的规定，而目前我国举证时限制度存在部分疏漏，需要进一步完善。

首先，明确确定举证时限的原则。对于举证时限的确定，应当综合考虑案件事实的复杂程度、当事人收集证据的能力以及民事诉讼效率等相关因素，严格遵循比例原则来确定适当的举证时限，既不至于让较短的举证时限致使当事

① 柯阳友：《证明权与当事人收集证据制度》，载《法学杂志》2007 年第 2 期。

人陷入举证不能的困境，也不因为过长的举证时限导致诉讼拖延，严重影响诉讼效率。

其次，确定目前我国民事诉讼两种举证时限的确认方法的优先级。我国民事诉讼现行法律制度规定了两种举证时限的确认方法，分别是当事人协商确定和法院直接指定，虽然规定当事人协商确定的举证期限需要由法院认可，但是不能据此认定法院指定举证时限的优先级高于当事人协商确定。若是法院在当事人协商确定举证时限后进行指定，那么由于当事人对举证时限享有一定的处分权，势必在一定程度上侵犯当事人的处分权。因此，应当遵循协同型诉讼模式的要求，尊重当事人的处分权，以法院发挥职权作为补充，即只有在当事人无法协商一致或未作协商时，才由法院发挥职能，指定举证时限。

最后，完善延期举证行为应承担的不利后果。对于延期举证行为，必须令行为人承担一定的不利后果，所有制度的运行都需要足够的制裁措施予以保障，否则制度的建构就缺乏落实的保证。

（三）质证权保障的制度完善

质证权即当事人所享有的针对对方当事人提出的证据的真实性、关联性、合法性进行质疑和就对方当事人对自己所提交证据的质疑进行辩驳的权利。对于质证权的保障主要是从质证的要素和程序以及法官在质证活动中应尽的职责三方面着手：

第一，明确质证的要素规范。民事诉讼活动中所呈现的证据包括当事人自行收集的证据、当事人申请法院调取的证据。法院依职权调取的证据，其中，当事人申请法院调取的证据视为当事人提交的证据，应当在质证环节一并进行质证。虽然法院依职权调取的证据不能被视为某一方当事人提交的证据，但依据民事诉讼处分权主义，当事人理应有权对此类证据进行质证，且未曾经当事人质证的证据，是不能用于证明案件事实的，若法院将未经当事人质证的证据用于证明案件事实，则构成对辩论原则的违反，同时也侵犯了双方当事人的质证权。综上，民事诉讼中所有的证据都应属于质证的客体。

第二，规范质证的程序。质证活动的有效性依赖于一套完备的质证程序，有序进行的质证活动才能高效地发挥质证的作用。规范质证程序，首先要确定质证的原则，当庭质证原则可以确保双方当事人的质证能够得到及时回应，同时也有助于法官通过双方当事人的质证活动进一步了解案件事实，形成自由心证；公开质证原则要求质证必须公之于众，这是公开审判原则的部分体现，能够确保公开审判原则的落实，便于公众对司法活动的监督。其次要明确质证的方式，基于协同型诉讼模式的基础，在质证活动中要充分遵循尊重当事人，同时发挥法官和当事人的主观能动性及作用的原则，即质证活动主要由双方当事人按照法定程序进行，法官仅在需要时发挥作用，推动质证活动的进行。①

第三，确定法官应尽的职责。法官担负着指挥诉讼进行的职责，在质证活动中亦是如此，需要在保持中立的立场下指挥质证活动的有序进行，同时在必要的情形下介入质证活动，保障质证活动顺利推进。必要的情形主要是指当事人由于诉讼能力的缺陷而无法正常进行质证时，此时就需要法官行使释明义务，以弥补当事人诉讼能力的不足，推动质证活动的发展。②

（四）证明妨碍排除规则的完善

首先，明确规制证明妨碍行为的正当性。依据诚实信用原则，诉讼过程中，所有诉讼参与人都需要本着诚实信用的理念参与诉讼，行使诉讼权利，履行诉讼义务。证明妨碍行为是一方当事人出于阻碍对方当事人举证行为实施的目的而采取的一定措施，此种行为显然是对诚实信用原则的违反，需要对其予以规制。③

其次，完善当事人取证、质证程序规范。程序公正能够保障实体公正的实现，完备且切实可行的程序能够有效保障当事人取证、举证的顺利进行，从而保证裁判结果的公正。同时，完备的程序使得当事人的取证、举证行为具有了可以贯彻落实的依据，避免了当事人取证、举证活动的混乱，能够在一定程度上节约司法资源，提高诉讼效率。

再次，扩大对证明妨碍行为的规制范围。目前我国民事诉讼相关法律规定，书证在对方当事人控制之下的，承担举证证明责任的当事人可以在举证期限届满前书面申请人民法院责令对方当事人提交；对方当事人无正当理由拒不提交的，人民法院可以认定申请人所主张的书证内容为真实。对于在民事诉讼实践中出现的多种证明妨碍行为都缺乏强有力的规制手段，使得当事人在权衡实施证明妨碍行为所承受的制裁与之所能谋取的利益后往往选择铤而走险，导致民事诉讼中证明妨碍行为层出不绝。

最后，对证明妨碍行为进行规制的目的是保护受到侵害的一方当事人的合法权益，但是不能据此忽视实施证明妨碍行为一方当事人的利益，所以必须设置一定的救济程序，避免因错误启动妨碍证明行为的调查程序而损害当事人的合法权益。

---

① 田平安：《民事诉讼法原理》，厦门大学出版社2015年版，第67—70页。

② 唐力：《司法公正实现之程序机制——以当事人诉讼权保障为侧重》，载《现代法学》2015年第4期。

③ 包冰锋：《民事诉讼证明妨碍制度的法理基础》，载《南通大学学报》2011年第2期。

《关于民事诉讼证据的若干规定》下电子数据真实性审查研究

杜玉琪*

一、问题的提出：完善电子数据真实性审查的必要性

诉讼证据的形态与社会发展紧密相关，“互联网 +”开启了证据法治建设的时代转型，[①] 民商事争议中的证据越来越多地以电子数据的形式呈现。电子数据是伴随案件发生，以二进制为逻辑起点，存在于网络空间内，以电子形态的数据来证明案件事实，不以人的意志转移而存在的事实。其中，真实性是审视证据是否可用的重要维度。电子数据从一种纯粹的客观存在到被认识了的应然客观，是电子数据以客观存在的实然为基础而实现的一种应然客观的符合。这种应然客观的实现是电子数据客观性的证实过程，是真实性审查判断的过程。[②] 借鉴陈瑞华教授关于“实物证据鉴真问题”的观点，电子数据的真实性审查既强调证据形式的真实性，也强调其内容的真实性。[③] 就电子数据而言，前者主要指向法庭出示的电子数据与电子数据原件一致；后者是指电子数据的内容如实记录了待证事实的情况，没有被伪造或篡改。

立法上，相较于法治发达国家，我国有关电子数据的规定仍处于起步阶段。2019 年最高人民检察院《关于民事诉讼证据的若干规定》修改（以下简称新《民事证据规定》）以前，有关电子数据的规定主要集中在刑事诉讼领域，民事诉讼中对电子数据的规定较少，多数集中在电子数据的收集取证上，有关真实性的审查缺乏系统可操作性的规定，仅散见于个别法条中。最高人民法院《关于互联网法院审理案件若干问题的规定》第 11 条规定了互联网法院

---

* 西南政法大学法学院刑事诉讼法学硕士研究生。

① 刘品新：《论大数据证据》，载《环球法律评论》2019 年第 1 期。

② 郭金霞：《电子数据鉴真规则解构》，载《政法论坛》2019 年第 3 期。

③ 陈瑞华：《实物证据的鉴真问题》，载《法学》2011 年第 5 期。

审理电子数据真实性的考量因素，《电子签名法》第13条规定了数据电文真实性的审查因素。新《民事证据规定》在以往规定的基础上，首次明确了微信、QQ、短信、邮箱等即时通信工具所产生的信息可以作为证据使用，完善了电子数据审查判断的规定，尤其是明确了真实性的判断标准。

实践中，电子数据是否具有真实性是审查判断的第一步，需要判断电子数据“目前状态”和“生成时状态”是否一致，也是争议最突出、最普遍的环节。例如，以复制件提供的电子数据是否与原件具有同等效力，电子数据的主体该如何确定，微博或微信上发布信息的人是否为本人，这些信息很容易被删除和修改，那么所呈现出来的电子数据的内容是否真实等，[①] 都给电子数据真实性的审查造成较大的困难。为了进一步探知新《民事证据规定》以前电子数据真实性判断的司法现状，笔者在中国裁判文书网上以“电子数据”为裁判理由关键词检索民事案件判决书，再排除命中结果中重复或无关的裁判文书，共获得涉及电子数据的民事案件判决书3559篇，经分析发现，从2012年民事诉讼法将电子数据增加为一种新的证据形式后，以著作权侵权、不当竞争和合同违约为重心，涉及电子数据审查的民事诉讼案件呈指数级递增。在电子数据真实性的判断上，有的案件法官认为电子数据“可修改性非常大”“内容可随意变更”等，判断标准较为模糊，真实性难以认定。[②] 另外，在上述检索到的民事判决书中，笔者选取了2019年裁判的判决书，按裁判日期顺序排列，选取了其中40篇民事判决书进行分析统计，有21篇民事判决书中显示案件一方当事人对另一方当事人提交的电子数据真实性提出质疑。由此也可以看出，电子数据的真实性对于涉诉双方也具有重要意义。

笔者认为，新《民事证据规定》对电子数据进行了分类扩充，并非对这一类别证据真实性的背书。电子数据真实性的判断是审判实践的重点和难点，电子数据运行环节复杂并且繁多，每个环节均需依靠系统或设备作为介质，不论哪个环节出现问题都将影响其真实性认定。电子数据的真实性审查受专业技术和诉讼时间的限制，全面审查所有影响电子数据真实性的因素是不可能的，这时就需要根据电子数据真实性的判断标准来鉴别。因此，只有梳理和明晰电子数据真实性判断的规则，才能突破真实性审查的瓶颈，更加凸显电子数据的作用。

---

① 熊志海、荣子喻：《民事诉讼中电子数据的真实性审查问题研究》，载《四川警察学院学报》2019年第6期。

② 参见（2013）叶民劳初字第1—7号民事判决书、（2012）浦民三（知）初字第331号民事判决书、（2003）鲁民三终字第190号民事判决书、（2008）湘高法民三终字第9号民事判决书等。

二、电子数据真实性审查的现存困局

（一）技术依赖性强

电子数据本身是现代科技，特别是信息网络技术发展的产物，不可避免地具有技术性色彩。[①] 电子数据的真实性审查高度依赖于计算机等电子设备，其生成、处理、传输、存储都不能独自进行，也不能以实物的方式所表现，通常都需要通过计算机系统和相应的电子设备，比如“计算机硬盘上的每一次擦写记录”。[②] 由于电子数据具有更强的科技依赖性，在司法实践中对电子数据的认定时，一般都需要高新技术和专业人员的参与。一方面，技术问题是法官所不擅长的领域，法官很难采用常规手段审查其内容真实性，加上法院不具备专门的真实性审查仪器，单靠法官难以对电子数据的真实性作出准确判断。另一方面，相较于新兴技术高速发展的特点，司法制度往往相对滞后，新《民事证据规定》出台以前，电子数据的判断规则模糊，没有一个确定的标准，与不断涌现的高科技电子数据形成强烈反差。

（二）法律判断性弱

电子数据的真实性审查需要突破纯技术的领域。法官是借助技术设备对电子数据进行真实性审查，但电子数据真实性的认定不是纯粹的技术层面的真实性，还需要确保法律上的真实性。法官应当根据记录手段、存储方式、呈现方式的可靠性综合评断，决定是否采信。实践中，有些法官看到当事人举证的电子数据就先入为主地认为其只需要技术鉴定，这种做法可能缺少了法律判断。因此，审判者要基于具体的案件情况，结合其他证据、高度盖然性的证明标准、验证主体的资质、验证的方式和证据的完整性等对电子数据真实性进行判断，[③] 不能简单地将电子数据真实性的审查视为技术问题，应当是基于法律规定上的技术判断，由法官依照民事证据规定的要求予以审查认定。

（三）易删改而难发现

电子数据相较于传统证据容易被删改，并且很难直观看出删改痕迹，成为影响电子数据真实性认定的最大障碍。书证的真实性判断只需判断其是否为原件，是否有篡改行为即可。与书证相比，对于如录音这类电子数据的真实性，则需要审查更多内容，不仅需审查其载体是否为原始载体，而且需要审查录音

---

① 喻海松：《刑事电子数据的规制路径与重点问题》，载《环球法律评论》2019 年第 1 期。

② Alan M. Gahtan , “Electronic Evidence”, the Thomson Professional Publishing, 1997, p. 7.

③ 袁纪辉：《电子数据真实性的系统验证——以电子存证的构造切入》，载《法大研究生》2019 年第 1 辑。

的原始性（是否经过翻录），同时需要审查录音的完整性（是否出现中断，是否存在剪辑），还需审查录音的可靠性（生成过程是否可靠）。在存储、传输、复制和输出过程中，某一环节的证据信息遭到破坏，无论是人为因素还是操作失误、设备故障、病毒侵袭等原因，都会导致电子数据真实性发生变化。加上电子数据本身具有的隐蔽性，篡改、毁灭电子数据极为方便、不易被察觉，也很难被识别。

（四）范围广而难度大

电子数据既包括产生于电子设备的原生电子数据证据，如手机短信、网络聊天记录、电子邮件、电子交易记录等，也包括“其他诉讼证据的电子化”后产生的衍生电子数据，如将书面合同拍照扫描发送到微信、QQ 或电子邮箱后产生的电子合同。新《民事证据规定》第 14 条规定，包括网页、博客、微博客等网络平台发布的信息，手机短信、电子邮件、即时通信（微信、QQ）、通讯群组等网络应用服务的通信信息，用户注册信息、身份认证信息、电子交易记录、通信记录、登录日志等记录类信息及文档、图片、音频、视频、数字证书、计算机程序等电子文件在内的，以数字化形式存储、处理、传输的能够证明案件事实的信息和电子文件，都属于电子数据。新《民事证据规定》在 2015 年《关于适用〈中华人民共和国民事诉讼法〉的解释》（以下简称民事诉讼法解释）的基础上，对电子数据的范围进行了全面扩充，这给其真实性判断增加了不小的难度。

三、电子数据真实性综合审查：形式与实质相结合的多元标准

（一）形式真实性的审查标准

1. “原件”与“视为原件”的审查

根据新《民事证据规定》的规定，电子数据的形式是以数字化形式存储、处理、传输的信息。电子数据形式真实性的判断主要是对电子数据原件的判断。电子数据的原件可以理解为“最初生成的电子数据及其首次固定所在的存储介质”。[①] 新《民事证据规定》第 15 条规定了当事人以电子数据作为证据的，应当提供原件。更重要的是，由于发达的科学技术使得区分原件和复制件变得较为复杂，即使区分清楚，最佳证据规则所追求的案件客观事实的制度期望似乎也无法达到，因此该条从电子数据的证据价值出发，明确了视为电子数据原件的情形，澄清了司法实践中对电子数据原件认识上的困惑，具有重要意

① 刘品新：《论电子证据的原件理论》，载《法律科学》2009 年第 5 期。

义。该条规定，电子数据的制作者制作的与原件一致的副本，如 QQ 用户注册信息，或者直接来源于电子数据的打印件，如公证打印的新浪邮箱中的电子邮件，或其他可以显示、识别的输出介质，如当庭勘验中的显示屏幕都可以视为电子数据原件。电子数据在生成、传输、存储的不同阶段都可能是信息的不断复制的过程，其表现的形式多为复制件。而很多时候电子数据的载体不便移动，提交原件或原始载体存在困难，如果仅因为在形式上表现为复制件而因此否定了此数据的可靠，显然失于偏颇。所以，关于电子数据是否真实的形式审查，不能简单地要求举证方提交电子数据原件，如果举证方提交的电子数据复制件是经过对原件的精确复制，那么，电子数据的复制件在形式上应当就是真实的。

2. 其他形式真实性审查标准

除了通过原件判断电子数据真实性以外，电子数据的特殊性决定了形式真实性的判断还要考虑电子数据的主体和取证程序是否真实。第一，网络平台发布的信息、网络通信信息和记录信息，由于其使用上的便捷性和先进性，账号所有者只要牢记自己的账号和密码，就可以不受时间、空间的限制，实现异地登录和使用。换言之，如果他人知道这个账号和密码，并通过简单的验证程序，也可以实现账号登录。但是由于电子数据传输的虚拟性和传输距离的遥远性，我们难以有效分辨信息输出方是否为账号主体本人，这就导致电子数据主体的分离和不真实性。因此，在对此类电子数据的真实性审查上，可以要求诉讼一方当事人提供证据信息时，必须同时提供发送该信息的电子设备，以便验证是否由电子设备使用者本人发送上述消息。若设备以及账号被盗用，可以要求电子设备运营商介入，发挥相应的证明作用。在此之前，可以要求电子数据提供者作出合理解释，从而验证电子数据主体的真实性与一致性。第二，将电子数据提交法庭时，必然存在将电子数据转化为书面形式的过程。对于文字性记录，应当审查该记录是否全面完整，是否被认为删减或更改。对于语音类记录，应当审查是否为原始的语音记录，语音转化成的文字是否准确记录语音的内容。对于视频记录，应当要求将该视频储存于 U 盘或光盘，以备查实。

（二）内容真实性的审查标准

根据新《民事证据规定》的规定，电子数据的实质是能够证明案件事实的信息。新《民事证据规定》对于电子数据实质真实性判断的方法和依据，赋予了审判人员自由裁量权，为审判人员对电子数据的采信认定提供指引。

1. 内容真实性的综合判断因素

新《民事证据规定》第 93 条第 1 款对司法实践中电子数据真实性审查判断这一难题进行了回应，强调人民法院在对电子数据审查时，应进行综合判断。具体而言：一是电子数据生成、存储、传输所依赖的计算机系统的硬件、软件环境是否完整、可靠。例如要审查发出或收到信息的存储位置是否出现变动，判断计算机硬件、软件是否出现了人为的干扰，如病毒的侵入或者是对设备内部代码的恶意篡改。[①] 二是电子数据的生成、存储、传输所依赖的计算机系统的硬件、软件环境是否处于正常运行状态，或者不处于正常运行状态时对电子数据的生成、存储、传输是否有影响。以电子邮件为例，在邮件的收发过程中，用户可以随意地修改、删除邮件。因此，在具体的案件中，判断邮件是否被改动、删除，电脑是否出现过异常或故障，就需要依靠专业技术人员通过收发件人的电脑恢复并借助网络服务提供商的数据记录了解到电子设备的运行状态。需要注意的是，若计算机系统的软硬件环境处于非实质性异常状态，仍可以确认电子数据的真实性。三是电子数据的生成、存储、传输所依赖的计算机系统的硬件、软件环境是否具备有效防止出错的监测、核查手段。四是电子数据是否被完整地保存、传输、提取，保存、传输、提取的方法是否可靠。电子数据的完整性审查标准实则属于真实性审查的内容之一。在利用即时通信技术实施犯罪的案件中，既要审查双方当时的对话或留言的内容，也要审查参与者的个人信息和系统环境信息，如 QQ 号、微信号、网名、上网账号、IP 地址信息提供即时通信服务的服务器信息及信息传递路径等。[②] 五是电子数据是否在正常的往来活动中形成和存储。"正常业务活动中形成的" 相对应的是当事人为了诉讼目的制作的电子数据，若两者冲突，应采信正常业务往来中的电子数据。六是保存、传输、提取电子数据的主体是否适当。如现在人们普遍使用的 QQ、微信等社交软件，当把聊天记录作为证据使用时，就要严格审查该聊天记录主体双方是否被伪造。对于手机短信、网络聊天记录，首先要求举证方对该份证据进行宣读，然后询问对方当事人短信、聊天记录内容是否属实。如果对方认可，法院就不需要审查。如果对方否认，法院应按照电子数据审查的一般方式进行：提取手机短信、微信等对应的手机号码，要求当庭拨打该号码或者其他已经确认真实性的证据等方式确定该号码的实际使用人；要求当事人出示原始载体，要求当事人把手机拿出来，当庭播放聊天记录。至于语音记录、视频记录，按照录音、录像，要么当庭播放，要么刻成光盘，并附文字说明，审查其原始保存载体及相关内容是否清晰、明确、完整。

司法实践中，尤其要注意在电子数据的运行过程中是否出现了人为的干扰，比如病毒的侵入或者是对设备内部代码的恶意篡改，如果发生篡改，也可

① 苏志甫：《知识产权诉讼中电子证据的审查与判断》，载《法律适用》2018 年第 3 期。

② 郭金霞：《电子数据鉴真规则解构》，载《政法论坛》2019 年第 3 期。

通过数据恢复来使其恢复原状，但相对于传统证据来说，电子数据的篡改具有隐蔽性和技术性，这导致其在审查判断上的要求更高，也更加专业、复杂，因此法官在进行审查判断时常常需要借助一定的专业技术人员和手段，只有这样才能使电子数据的审查判断过程及结果更加客观。[①] 对此，新《民事证据规定》第93条第2款也规定在人民法院认为有必要的，可以通过鉴定或者勘验等方法，审查判断电子数据的真实性。这一条款具有保底性，用以确保任何电子数据的真实性都可以得到确认。

2. 内容真实性的推定规则

由于某些电子数据的可编辑属性导致其证明力不高，新《民事证据规定》规定，存有疑点的电子数据不能单独作为认定案件事实的根据。为了增强对电子数据审查判断的可操作性，真实性推定是指根据该电子数据所赖以形成的设备及其系统程序是安全可靠的，进而推定该电子数据是真实可靠的。这种推定与电子数据形成的网络系统环境息息相关，在设备和系统安全可靠的前提下，它可以免除提出电子数据证据者证明其真实的证明责任。由当事人提交或者保管的于己不利的电子数据构成自认，由中立第三方平台提供或者确认的电子数据可信性强，在正常业务活动中形成或以档案管理方式保管的电子数据真实性强，人民法院可以确认其真实性。电子数据的内容经公证机关公证的，人民法院应当确认其真实性。上述情况如当事人提交的反驳证据无法动摇法官的心证基础，使电子数据的真实性处于真伪不明的状态，该电子数据真实的可能性较大，具有较高的证明力。

电子数据的另一真实性推定是书证提出命令制度。“书证提出命令”，即书证在对方当事人控制之下的，承担举证证明责任的当事人可以在举证期限届满前书面申请人民法院责令对方当事人提交。申请理由成立的，人民法院应当责令对方当事人提交，因提交书证所产生的费用，由申请人负担。对方当事人无正当理由拒不提交的，人民法院可以认定申请人所主张的书证内容为真实。[②] 新《民事证据规定》第99条规定了“关于书证的规定适用于视听资料、电子数据”。因此，根据新《民事证据规定》第45—48条的规定，若对待证实事实负有举证责任的当事人向人民法院申请控制电子数据证据的对方当事人提出电子数据，在明确电子数据的名称或者内容、需要以该电子数据证明的事实及事实的重要性、对方当事人控制该电子数据的根据以及应当提交该电子数

---

① 田海鑫：《看新〈民事证据规定〉如何对待电子数据证据》，载《人民法院报》2020年1月17日第2版。

② 参见2015年最高人民法院《关于适用〈中华人民共和国民事诉讼法〉的解释》第112条。

据的理由后，经人民法院审查理由成立的，控制电子数据的对方当事人应当提交电子数据。控制电子数据的当事人无正当理由拒不提交该证据的，人民法院可以认定对方当事人所主张的电子数据内容为真实。

四、电子数据真实性辅助审查：外部与内部的多维印证

民事案件的当事人都是平等主体，并且取证主体都有较强的自我利益倾向，由于电子数据的可篡改性较为明显，在这种情况下，审查电子数据是否真实的关键是电子数据有无其他证据相互印证。证据相互印证是指“两个以上的证据所包含的事实信息得到相互验证的状态”。[①] 这不仅是对证据数量的要求，也是对证据质量的要求，即必须借助于两个以上具有“独立信息源”的证据，使它们包含的事实信息环环相扣，共同指向同一犯罪事实。[②] 具体到电子数据真实性的审查，法官要审查案涉电子数据是否有其他相互印证的证据辅助审查，是否足以支撑电子数据的真实性，具体可以从电子数据外部的第三方机构、设备或第三人等印证证明和电子数据内部的技术痕迹或附属信息辅助印证。

（一）第三方机构设备和证人专家外部印证

电子数据通常可以在不同载体之间自由复制，且复制以后信息内容差异不大，因此，若在电子数据之外，有其他证据能够与电子数据复制件相互印证，则可以认定该电子数据的真实性。

首先，对涉及案件的关键电子数据，多以公证为补强和印证的手段。[③] 根据新《民事证据规定》第 10 条和第 94 条的规定，经过公证机关公证的电子数据内容属于相对免证事实，应当推定为真实。公证机构往往作为法定的被普遍承认的第三方对电子材料进行公证，只需对前端存证工具的可靠性进行背书，检查存证系统是否完好便可推定出存证数据是否真实，进而判断“电子数据”是否真实。法院审查电子数据的真实性时，只需审查公证机关证明取证过程的完整性，包括取证的时间、地点、制作过程、设备状态等情况，确证电子数据的真实性。[④]

其次，一份电子数据从发出到收到的过程必然经过不同电子设备，这些设备相互独立，能够保存传递过程的信息。以电子邮件为例，电子邮件从发件人

---

① 陈瑞华：《论证据相互印证规则》，载《法商研究》2012 年第 1 期。

② 刘品新：《印证与概率：电子证据的客观化采信》，载《环球法律评论》2017 年第 4 期。

③ 朱巍：《什么样的电子证据才能被法院采纳》，载《检察日报》2020 年 4 月 29 日第 7 版。

④ 袁纪辉：《电子数据真实性的系统验证——以电子存证的构造切入》，载《法大研究生》2019 年第 1 辑。

的电子邮箱发出，至少经过其邮件服务商的电脑、收件人的邮件服务商电脑或收件人的电脑四台电子设备，并留下足以印证的电子信息。法院审查电子数据的真实性时，只要能从上述四台设备中找到两个以上的电子数据，并且它们能与电子数据的内容相互印证且不存在矛盾，法官则可认定电子数据为真实。

最后，与传统证据的真实性审查一样，法院在确认电子数据真实性时，应当重点听取电子数据制作者、提取者、见证人的证言，或者通知网络服务提供者等专业人员对其电子数据的形成、传输、储存过程的真实可靠性出庭，协助解决电子数据问题或者提出意见。电子数据及其存在的环境具有很强的专业性、技术性，一方面法官不信任当事人自己可以对此提供合法有效的证明，另一方面法官自己对此也无法作出准确的分辨，因此，由证人提供证言或者专家出庭作证，对于法官审查电子数据的是否真实，在一定程度上起到补强和印证作用。

（二）独特特征和痕迹信息内部印证

“电子证据的产生、出现、变化都不是孤立的……是由若干元素组成的系统整体。”[①] 电子数据的产生过程伴随着在网络空间留下诸多的痕迹信息，这些信息存在于电子数据内部，需要借助专业技术或专业人员协助审查。

首先，对于联机空间的电子数据，如双方往来的邮件或互相联络的网上聊天，若电子数据存在电子签名[②]、可信时间戳[③]、哈希值校验[④]、区块链[⑤]等可固定和防篡改的独特特征，能够证明真实性的，法院应当确认其真实性。[⑥] 第三方机构以提供数据技术为核心，以可信时间戳技术、加密技术支撑，保障电子数据的不可篡改性。[⑦] 故法院在审查电子数据真实性时，应当重点观察该证据是否有第三方机构的技术数据印证，如果证据提供者所出示的电子数据已经进行了数字签名、由权威机构加盖时间戳、哈希值与原始电子数据的哈希值一

① 刘品新：《论电子证据的定案规则》，载《人民检察》2009年第6期。

② 电子签名是指能够在电子文件中识别各方当事人的真实身份，保证网络行为的安全性、真实性及不可抵赖性，并起到与传统签名同等作用的“签名”数据。

③ 可信时间戳是指由高度权威的授时机构负责授时形成的“签名”数据。

④ 哈希值校验是指对不同电子数据经由哈希算法生成哈希值，比对哈希值是否一致。

⑤ “区块链”是指由分布式计算机网络构成的去中心化的数据库，是一种由多方共同维护，使用密码学保证传输和访问安全，能够实现数据一致存储、防篡改、防抵赖的技术体系。

⑥ 参见《互联网法院审理规定》第11条第2款。

⑦ 林子英：《中立第三方平台提供的电子证据具有客观真实性》，载《人民法院报》2020年5月7日第7版。

致或通过了全国统一司法区块链平台存证[①]，就可以确定该电子数据没有发生改变，其真实性也得到了确认。另外，如果电子数据进行了特定的加密措施，通常可以保证电子数据在传输过程中不被人为篡改。在电子数据获取前就已经被加密的情形下，加密方法的特殊性可以用来识别电子数据的作者的身份。[②]

其次，对于单机空间的电子数据，如单机编辑的 Word 文档、Excel 文档、图片文件，在本机上会同步形成一些附属信息（如文档的创建时间、修改时间、访问时间、保存者、类型、格式等），还会同步留下一系列关联痕迹（如 Winows 系统的日志文件、休眠文件、页面文件、删除指针或数据存储规律等）。[③] 这些附属信息或关联痕迹存在于系统内部，从技术上讲是难以伪造的。因此，法官审查此类电子数据的真实性时，可依靠主文件与痕迹信息之间的印证来判断主文件本身的真实性。如果经过专业程序人员挖掘所得的痕迹信息存在多处无法印证的矛盾，则足以得出该电子数据主文件不真实的结论。

---

① 周强：《最高人民法院工作报告（全文实录）》，载 http：//www. court. gov. cn/zixun－xiangqing－231301. html，2020 年 5 月 26 日最后访问。

② 郭金霞：《电子数据鉴真规则解构》，载《政法论坛》2019 年第 3 期。

③ 刘品新：《印证与概率：电子证据的客观化采信》，载《环球法律评论》2017 年第 4 期。

《关于民事诉讼证据的若干规定》中证人作证的新变化

——兼论对刑事诉讼的借鉴意义

孙　越*

新修改的最高人民法院《关于民事诉讼证据的若干规定》（以下简称新《民事证据规定》）于2020年5月1日开始施行，这对于完善我国证据法体系具有重要的意义。在证人出庭作证方面，新《民事证据规定》扩充为12条，新增条款既有对最高人民法院《关于适用〈中华人民共和国民事诉讼法〉的解释》（以下简称《民诉法司法解释》）的贯彻，也有为解决司法实践困境而作出的新规定，这既完善了民事庭审中证人出庭的相关规定，也对解决刑事诉讼中证人出庭的某些问题有借鉴意义。

一、民事庭审中证人出庭作证的重要性

（一）证人出庭率低的原因

证人出庭率低一直是我国司法实践的老大难问题。笔者认为导致该现象有三个方面的原因：一是制度不完善；二是社会关系问题；三是法院态度过于消极。从制度上看，我国现有立法对证人享有的权利与负担的义务分配不平衡，打击了证人出庭作证的积极性。无论是民事诉讼法还是刑事诉讼法，均规定证人应当履行作证义务，但对证人应享有的相关权益的规定并不完善。例如，在保护证人不受打击报复、给予证人合理的经济补偿和一定情况下承认证人有不出庭不作证的权利等方面的制度很不健全。从社会关系方面来看，一方面，应该出庭的证人往往因法律意识淡薄、碍于情面或为明哲保身等而拒绝出庭作证；另一方面，社会生活中错综复杂的利害关系及报复或贿买证人的行为等严

* 西南政法大学法学院刑事诉讼法学硕士研究生。

重地妨害了证人出庭。从司法工作人员态度上看，有学者研究显示，证人出庭率不高的原因根本不在于证人不愿出庭或不能出庭，而是司法机关缺乏让证人出庭的积极性，[①] 特别是法官缺乏让证人出庭作证的积极性和主动性[②]。首先，法官能够依据书面证人证言作出判决，一般情况下证人不出庭也不影响其作出判决，让证人不出庭或少出庭是更优的选择。其次，法官担心证人出庭会带来庭审秩序紊乱、难以驾驭等风险，加之案多人少问题，若证人出庭导致“节外生枝”，会影响案件的审理进度，因此对证人出庭持消极甚至是抗拒态度。[③]

（二）民事证人出庭作证的重要性

1. 证人及证人证言

英美法系所指的证人包含通常意义上的证人和“专家证人”。只要了解案件情况、能正常表达自己所感知的事实，经过宣誓都可以成为一般证人，包括了解案件事实的当事人。[④] 英美法系的“专门证人”类似于我国的鉴定人。大陆法系国家关于证人的概念界定主流观点是：“证人是指法律上规定有出庭作证的义务，按时出庭作证，就自己所知的事实向法官进行陈述的第三人。”[⑤] 不同于英美法系国家，大陆法系国家的证人只包含感知案情的人，不需要具备专业知识，也不包括当事人。我国《民事诉讼法》第 72 条只规定凡是了解案情的个人和单位都有作证的义务，没有明确界定证人的概念，学界也未形成统一的意见，但各种意见存在两个共同点：其一，证人必须亲身经历案件事实，了解案件情况；其二，证人除了自己感知了案件情况，还必须向司法机关陈述自己所知晓的情况。

诉至法院的民事案件大多源于事实方面的争议，而在案件事实发生争执时，法院需要通过证据来确定案件事实，以此向当事人同时也向社会表明事实认定的正当性和可接受性。[⑥] 证人证言，是一种通过证人在法庭上陈述其所经历、感知的案件事实的方式发挥证明作用的证据类别，是民事诉讼中经常使用的证据手段，也是一种最让法官放心不下的证据，但证人证言又是在诉讼活动中运用得最为广泛的一种证据，尤其是在民事诉讼中，几乎每个案件事实的认

---

① 参见龙宗智：《司法改革与中国刑事证据制度的完善》，中国民主法制出版社 2016 年版，第 130 页。

② 参见黄伯青、伍天翼：《“需求侧”改革：刑事证人出庭作证实证分析》，载《法律适用》2017 年第 3 期。

③ 参见山东省高级人民法院课题组：《刑事案件证人、鉴定人出庭实证分析》，载《山东法官培训学院学报》2019 年第 3 期。

④ 李浩：《民事证据的再修订》，载《中外法学》2013 年第 1 期。

⑤ ［日］中村英郎：《新民事诉讼法讲义（中译本）》，陈刚、林剑峰、郭美松译，法律出版社 2001 年版，第 208 页。

⑥ 李浩：《民事证据的再修订》，载《中外法学》2013 年第 1 期。

定，都少不了证人证言，有的甚至全是靠证人证言来定案的。[①]

2. 证人出庭作证

要想使证人证言发挥作用，首要的也是最基础性的问题是要能够使证人出庭，这也是一些国家的法律把出庭规定为证人的首要义务的原因。[②] 关于证人出庭或者证人当庭作证的必要性，一是发现案件真实，二是确保审判的正当性。[③]

就发现案件事实真相方面看，以出庭的方式提供证言可以提高证据的可靠性并方便法官认证，从而能够提升一般证人证言本来就很有限的证明力。与物证、书证等更具客观性的证据相比，证人证言的可靠性即证明力更加依赖于特定个人观察认识、记忆表达的能力和真挚的态度，因而具有更多的不确定性或可操作性。[④] 让证人在公开的法庭上面向法官、双方当事人乃至一般公众口头陈述其证言并接受询问，相对于书面形式而言，对减少或除去这些不确定或可操作的因素会更加有利。

从确保审判正当性方面来看，由于对当事人举证责任的强调和法官依职权调查证据的范围逐步缩小，一方当事人提供书面的证人证言常常使法官和对方都无从核对判断其可靠性及证明力，于是证人出庭作证的必要就在技术层面上凸现出来。作为这种情形在价值取向上的背景，通过当事人双方围绕案件事实和证据的对抗而显现的“法律真实”作为证明目标，开始取代由法官调查发现的“绝对真实”，逐渐成为制度性的强势话语。与此紧密相关的，为当事人充分行使诉讼权利而提供程序保障的观念，也通过重新强调公开审判及直接言词等原则，成为证人应当出庭作证并接受当事人当庭质证这一主张的强有力根据。[⑤] 在这些制度基础上，证人出庭作证让法官有条件全面审查证人证言，避免书面证言易导致主观方面片面和擅断的缺陷，使得其保持中立地位形成自由心证。

（1）普通证人出庭作证

首先，审判公开原则要求，民事诉讼审判活动应当公开进行，其中包括证据公开及当庭质证。证人出庭使得法官可以见到证人本人、询问证人并根据证人当庭所作证言的语言流畅度、面部微表情等作一个综合的分析，以此判断证

① 柴发邦主编：《民事诉讼法学新编》，法律出版社1992年版，第209—210页。

② 参见刘家兴：《民事诉讼法教程》，北京大学出版社1982年版，第134页。

③ 参见华锋：《我国民事证人出庭作证制度的改革与完善》，载王利明主编：《中国民事证据的立法研究与应用》，人民法院出版社2000年版，第283—284页。

④ 王亚新：《对抗与判定——日本民事诉讼的基本机构》，清华大学出版社2002年版，第132页。

⑤ 王亚新：《民事诉讼中的证人出庭作证》，载《中外法学》2005年第2期。

言的可靠性。[①]

其次，证人出庭作证有利于诉讼各方，既保障了当事人的诉权，也提高了诉讼效率。从当事人来说，证人出庭是其诉权和对质权的重要保障。从法院来说，一方面，证人出庭作证有助于当事人充分行使程序和实体上的诉权，陈述自己的主张，反驳对方观点，基于此形成的审判结果更加容易被接受，进而减少上诉和再审程序的发生，节约了当事人诉讼成本并减少了国家司法资源的投入；另一方面，言词证据属于直接证据，在保障真实性的基础上使得案件事实更容易被查明，必然减少其他调查取证环节，避免重复劳动，从而降低调查取证的成本。

再次，在刑事诉讼中，基于侦查机关公权力的行使，即使没有证人证言也能形成一个完整的证据链。但在民事诉讼中，尤其是一些个人的经济纠纷，证人证言可能是案件最关键的证据。证人在庭前书写证言较为随意，不如出庭作证庄严，其作伪证的可能性较大；若证人到庭并签署宣读保证书，在法庭严肃、公正气氛渲染下，面对当事人、法官的询问时作伪证的可能性就小了许多。

最后，证人不出庭或只用一纸文书代替出庭，对诉讼非常不利。证人所提供的证言完全是根据亲身体验而作出，非他人所能代替。法官正确审理和判决案件的基本前提之一是对案件事实的准确把握，但是要准确查清一个过去发生的事实谈何容易。在当事人双方各执一词真假难辨时，对案件事实可能较为了解的证人证言以及其他能够证明案件事实的证据就成为法官作出判决的基本依据。证人不出庭或者仅提供书面证言，当对方主张证词虚假时无法当庭质证，在审理过程中发现需要进一步问清楚的问题时也无法过问，而其他人很难对证人证言存在的问题作出确切地说明，书面证言的可信性或证明力必然被影响或削弱，使得法官难以判断。

（2）鉴定人出庭作证

不同于英美法系国家，我国证人的范围不包含当事人和“专家证人”。从法律规定上说，鉴定意见是鉴定人对诉讼中的专业问题出具的专业意见，是独立的一种法定证据形式。作为运用自然科学技术解决诉讼难题的一种证据，鉴定意见在诉讼过程中的运用越来越普遍，甚至对案件起到决定性作用。新《民事证据规定》第 42 条第 2 款规定：“人民法院采信鉴定意见后准许鉴定人撤销的，应当责令其退还鉴定费用。”这意味着鉴定意见有被撤销的可能。如

---

① 胡夏冰：《为什么强制证人到庭作证——兼论完善我国证人作证制度的基本思路》，载《法学评论》2002 年第 2 期。

果法庭采信了专家证人出具的鉴定意见，并最终根据该鉴定意见作出了裁判，后鉴定意见被撤销，会影响裁判的既判力、公信力，进而司法公正权威。[①] 对此，笔者认为可以在终局性裁判作出前，通过要求鉴定人出庭作证，并在庭上接受询问、质证的方式来保障鉴定意见的真实性和准确性。当原被告、法官、第三人等在庭上认可鉴定意见后，因鉴定意见确有错误而被撤销的可能性便会大大降低。

（三）证人出庭作证制度的立法缺陷

1. 未规定强制证人出庭作证制度

我国民事诉讼中证人似乎非常接近于“当事人的证人”，这种状况与主流学说把证人证言视为超然于当事人而从属于法院的证据种类结构形成了鲜明的对照。笔者认为，在诉讼构造向当事人主义转型的背景下，适度地承认当事人拥有对包括证人证言在内的证据进行控制的权利很有必要。但是，从应然规范性要求来看，我国民事诉讼中的证人应定位为“国家的证人”。首先，我国诉讼构造更倾向于大陆职权主义模式，注重对实体真实的探究。证人是知晓案件真实情况的人，是法院查明案件事实真相的重要证据来源，具有不可代替性。其次，公民负有在诉讼中作证的义务。虽然民事诉讼解决的是平等主体之间的纠纷，但社会提供这种制度化的场所、程序以及中立的纠纷解决机制，相当于构建并维持一种公共的“基础设施”，在解决个体纠纷的基础上，发挥诱导社会新秩序的形成等持续的外部效应。在此意义上，公民在诉讼中出庭作证不仅具有帮助个案正义实现的作用，同时也为一种体现公共利益的制度建设及维系作出了应有的贡献。[②] 所以，在理念上将证人视为“法院的证人”更为可取，这为建立民事诉讼程序中的证人强制出庭制度创造了法理基础。

在我国诉讼构造体系下，法院有发现案件事实真相的职责。笔者认为，如证人出庭是对国家公法上的义务，应当出庭而又无正当理由拒绝出庭的证人理应受到法律上的制裁，以强制其出庭作证。若证人对查明案件事实有关键意义，仅规定不采信其证言的不利后果不能实现职权主义诉讼模式所追求的价值。

2. 缺乏证人的正当免证权

在规定强制证人出庭作证制度的前提下，还应规定证人的正当拒绝作证权。我国刑事诉讼中，辩护律师一定条件下可对其知晓的当事人的犯罪事实保

① 参见朱晋峰：《再论司法鉴定基本问题——兼评〈关于民事诉讼证据的若干规定〉有关条款》，载《证据科学》2020 年第 2 期。

② 参见王亚新、陈杭平：《证人出庭作证的一个分析框架》，载《中外法学》2005 年第 1 期。

守秘密。而在民事诉讼法律制度中，证人只有在具有客观方面原因，确实无法出庭作证时，法院才会免除其出庭作证义务。《民诉法司法解释》列举了证人不用出庭作证的情形；新《民事证据规定》增加了双方当事人同意证人以其他方式作证并经人民法院准许的，证人可以不出庭作证的情况。笔者认为该规定仅免除了证人出庭作证的义务，而未免除其应当作证的义务。“作证豁免权”的核心内容在于一个证人可依法对已掌握的有关涉及案情的事实不予陈述，拒绝法庭对其进行的调查询问以及提供有关的证据材料。

我国民事制度中没有充分考虑到证人不便出庭作证的主观层面的因素。证人基于主观原因不愿意出庭作证的情形主要包括两种：一是由于一方当事人和证人存在某些关系而不便于出庭作证，如近亲属关系，同住亲友关系等。当证人和当事人存在关系亲密时，证人往往不愿意出庭作不利于当事人的证言，如果这时候为了查清案件事实，依然强制证人出庭作证，无疑是不合情理的，证人作伪证的可能性也较大。二是证人在从事自己的职业时获知了当事人与案件有关的事实，但是由于职业保密要求，证人考虑工作的实际情况，不愿意出庭作证去违反自己的职业道德。在这两种情况下，不免除证人的作证义务带来的危害后果远高于案件待证事实无法查清的损失。

笔者认为，应当视情况免除证人出庭作证的义务，并在特殊情况下赋予特定主体作证豁免权。如前文所述，若一方当事人与证人之间存在比较亲密的关系，但不属于夫妻、父母、子女关系时，直接免除其作证义务并不合理，强制其出庭作证也不符合常情，在这种情况下应当允许其采用其他方式作证。立法还应规定一定条件下的作证豁免权。其一，证人有权就有关公务秘密的问题拒绝回答。其二，如果证人提供证言，有可能使自己或自己的亲属受牵连以致受刑事追究或被判有罪时，就可以免除该证人提供证言的义务。其三，证人与当事人之间是夫妻、父母、子女关系时，证人可不就获知的对方的信息作证或作不利于对方的陈述。其四，证人可基于职务上或业务上的保密义务而享有的作证豁免权。

3. 证人作伪证情节严重的无法追究刑事责任

新《民事证据规定》第 78 条第 2 款规定，证人故意作虚假陈述，人民法院应当根据情节，依照《民事诉讼法》第 111 条的规定，对行为人进行处罚。《民事诉讼法》第 111 条和《民诉法司法解释》规定，法官发现证人作伪证的，可以对其所作证言不采纳，情节严重的，法官可以依法给予证人罚款或拘留的处罚，构成刑事犯罪的，按其触犯的相关罪名追究刑事责任。但是以何种罪名追究刑事责任没有明确。按照行为性质，与民事伪证行为联系最大的是伪证罪。伪证罪仅适用于刑事诉讼中的伪证行为，并且刑法上的伪证罪并非单位犯罪。立法上形成了民事伪证主体刑事责任缺失的局面，《刑法》中没有应对民事伪证行为的其他罪名，民事立法关于民事伪证行为的刑事责任规定，在与《刑法》的衔接上还需要进一步完善。

二、新《民事证据规定》中关于证人（包括鉴定人、有专门知识的人）出庭规则的十三大变化

2015 年出台的《民诉法司法解释》进一步贯彻落实了诚实信用原则，增加了证人出庭作证签署保证书制度、创新了证人出庭作证的方式，弥补了关于单位作证程序的法律空白，完善了证人作证费用给付途径、证人出庭作证程序等。然而，《民诉法司法解释》并没有很好地解决证人出庭作证积极性不高及作伪证等问题，并且在证人的正当权利保护、违反保证书内容的惩罚措施、如何解决证人出庭经济问题等方面存在空白。[①] 新《民事证据规定》对申请证人出庭的程序、证人需要出庭的情况、证人出庭的保障、证人不出庭的后果、证人出庭后的作证方式、证言真实性保障及其庭前证言的效力等事项进行了明确。

（一）明确规定“证人无正当理由未出庭，证言不得作为定案的根据”

新《民事证据规定》第 68 条第 3 款明确规定：“无正当理由未出庭的证人以书面等方式提供的证言，不得作为认定案件事实的根据。”

证人出庭作证并非机械地认为凡是证人均必须出庭作证。禁止使用证人庭前陈述作为一项民事诉讼原则，是现代法治诉讼的基本要求。但是，诉讼活动具有复杂性，司法资源也有限，若严格地适用直接言词原则或反对传闻原则会导致很多有价值的证据不能进入庭审，所以在判断证人证言是否被采纳时，应当着重审查其不出庭的理由是否正当。

（二）明确规定“证人作证时不得宣读书面材料”

新《民事证据规定》第 72 条对原《民事证据规定》第 57 条进行了修改，原 57 条仅规定：“出庭作证的证人应当客观陈述其亲身感知的事实”，并未排除以宣读书面材料的方式作证。修改后的第 72 条明确规定：“证人作证前不得旁听法庭审理，作证时不得以宣读事先准备的书面材料的方式陈述证言。”笔者认为，这能促使证人根据自己的真实回忆陈述证言并回答当事人及法官的质证和询问。

---

① 参见闫进：《新〈民事诉讼法解释〉背景下的证人出庭作证制度分析》，兰州大学 2016 年硕士学位论文。

（三）申请证人出庭的截止日期变更为举证期限届满前

新《民事证据规定》第 69 条第 1 款对原《民事证据规定》第 54 条关于申请证人出庭作证期限进行了调整：“当事人申请证人出庭作证的，应当在举证期限届满前向人民法院提交申请书。”新《民事证据规定》与《民诉法司法解释》第 171 条保持一致，不再要求提前 10 日，只要当事人在举证期限届满之前向法院提出申请，就是符合规定的。

同时，新《民事证据规定》对举证的期限也进行了修改。原《民事证据规定》第 33 条规定“由人民法院指定举证期限的，指定的期限不得少于三十日”，修改后的第 51 条区分了一审、二审中法院指定举证期限的天数，向《民诉法司法解释》看齐：“人民法院指定举证期限的，适用第一审普通程序审理的案件不得少于十五日，当事人提供新的证据的第二审案件不得少于十日。”

在司法实践中，当事人寻找证人一般耗时较长，即使找到证人，也可能需花费大量时间去说服证人出庭作证。延长申请证人出庭作证的时间，便于当事人有更多的时间寻找证人以及说服证人出庭作证，有利于保障后续庭审活动的顺利进行和案件事实的查明。

（四）规定“法院应当要求证人出庭作证”

《民诉法司法解释》第 117 条规定：“当事人申请证人出庭作证的，应当在举证期限届满前提出。符合本解释第九十六条第一款规定情形的，人民法院可以依职权通知证人出庭作证。未经人民法院通知，证人不得出庭作证，但双方当事人同意并经人民法院准许的除外。”单就该解释来看，除了法定情况由法院依职权通知证人出庭外，证人出庭以当事人申请为前提。且对证人出庭需经法院通知或准许，貌似将证人出庭作为例外。新《民事证据规定》第 68 条明确要求人民法院应当要求证人出庭作证，接受审判人员和当事人的询问。证人出庭作证不再是一项宣示性义务，而是由法院督促实现的义务。

（五）明确当事人申请证人出庭的申请书的内容

新《民事证据规定》施行前，申请证人出庭作证申请书应当包含的内容在民事诉讼法、《民诉法司法解释》、原《民事证据规定》中均未提及。由于没有具体规定，导致司法实践中申请书的内容及格式均未统一。新《民事证据规定》第 69 条第 2 款明确规定：“申请书应当载明证人的姓名、职业、住所、联系方式，作证的主要内容，作证内容与待证事实的关联性，以及证人出庭作证的必要性。”

（六）明确证人存在法定可不出庭情形时作证的方式

《民事诉讼法》第 73 条规定了，经人民法院通知，证人应当出庭作证。有法定情形的，经人民法院许可，可以通过书面证言、视听传输技术或者视听资料等方式作证。原《民事证据规定》第 56 条对民事诉讼法规定的法定情形进行了细化，同时明确了存在法定情况需经法院许可。新《民事证据规定》第 76 条新增："证人确有困难不能出庭作证，申请以书面证言、视听传输技术或者视听资料等方式作证的，应当向人民法院提交申请书。申请书中应当载明不能出庭的具体原因。"新《民事证据规定》还丰富了证人出庭作证的方式，第 68 条第 1 款规定："证人在审理前的准备阶段或者人民法院调查、询问等双方当事人在场时陈述证言的，视为出庭作证。"即只要在法院主持下，证人在双方当事人面前陈述证言的都可视为出庭作证。证人在没有法定不出庭情形时，也可采用灵活的方式作证。第 68 条第 2 款规定："双方当事人同意证人以其他方式作证并经人民法院准许的，证人可以不出庭作证。"

（七）明确规定法庭允许证人出庭后应当告知双方当事人

原《民事证据规定》第 54 条第 2 款规定："人民法院对当事人的申请予以准许的，应当在开庭审理前通知证人出庭作证，并告知其应当如实作证及作伪证的法律后果。"若诉讼一方对对方申请证人出庭的情况完全不知情，则会影响庭前准备的质量，也难以对证人充分质证，进而影响法院对案件事实的查明。新《民事证据规定》第 70 条第 1 款规定："人民法院准许证人出庭作证申请的，应当向证人送达通知书并告知双方当事人。"这对防止证据突袭有重要意义。第 83 条规定，法院准许当事人申请有专门知识人出庭作证的，应当通知双方当事人。新规还明确了告知证人通知书应当包含的内容，即通知书中应当载明证人作证的时间、地点，作证的事项、要求以及作伪证的法律后果等内容。这使得证人对相关情况有比较全面的了解，能按时出庭作证，对需要作证的内容以及如实作证的义务有更加清晰的认识。

（八）明确一般情况下证人作证应签署和宣读保证书

《民诉司法解释》第 119 条中规定，人民法院在证人出庭作证前应当告知其如实作证的义务以及作伪证的法律后果，并责令其签署保证书；证人签署保证书适用关于当事人签署保证书的规定。新《民事证据规定》第 77 条进一步规定："证人经人民法院准许，以书面证言方式作证的，应当签署保证书；以视听传输技术或者视听资料方式作证的，应当签署保证书并宣读保证书的内容。"笔者认为这一规定有两个方面的作用：一是证人作证前签署并宣读保证书可以增强作证行为的神圣性和庄严性，通过宣读让证人更清楚地感受到其作证行为必然伴随一定的法律后果。二是要求证人对接下来的行为进行诚信承诺，加强心理震慑力，防止证人作伪证。虽然该制度并不能完全消除证人作伪证的行为，但有利于增强证人的法律意识，完善证人出庭作证程序。

（九）明确证人虚假陈述应承担的法律责任

《民事诉讼法》第111条规定了妨害司法的行为，其中没有指明证人作虚假陈述的情形，若在司法实践中出现证人作虚假陈述的情况，一般将这种行为归于“伪造证据”的范畴。新《民事证据规定》第78条第2款规定：“证人故意作虚假陈述，诉讼参与人或者其他人以暴力、威胁、贿买等方法妨碍证人作证，或者在证人作证后以侮辱、诽谤、诬陷、恐吓、殴打等方式对证人打击报复的，人民法院应当根据情节，依照民事诉讼法第一百一十一条的规定，对行为人进行处罚。”明确将“证人虚假陈述、妨碍证人作证、对证人打击报复”三类违法行为归入《民事诉讼法》第111条的处罚范围中，对于维护诉讼秩序，保障证人如实作证有重要意义。

（十）明确规定干扰、引诱证人陈述应如何处置

实践中，当对方当事人或律师采取不当的方式询问证人时，提出异议或请求法官予以制止缺乏法律依据。新《民事证据规定》第73条规定：“当事人及其法定代理人、诉讼代理人或者旁听人员干扰证人陈述的，人民法院应当及时制止，必要时可以依照民事诉讼法第一百一十条的规定进行处罚。”第78条第1款规定：“当事人及其诉讼代理人对证人的询问与待证事实无关，或者存在威胁、侮辱证人或不适当引导等情形的，审判人员应当及时制止。必要时可以依照民事诉讼法第一百一十一条的规定进行处罚。”根据新规，不仅禁止“威胁、侮辱”证人，还禁止“不适当引导”证人，若出现这种情况法院应及时制止，对方也可提出异议，要求法院依法制止。另外，新《民事证据规定》还要求证人连续陈述，当事人、律师、旁听人员均不得干扰。该规定的意义主要是两方面：其一，防止律师与证人串通，提前约定暗号，控制证人发言；其二，保障证人思路不被打断，最大程度地将记忆中的事实情况通过言辞或其他方式表达出来。①

笔者认为，无论是民事庭审还是刑事庭审都应增设对法庭决定提出异议的制度。主要内容包括：其一，控辩双方或当事人双方可以对法庭关于人证调查的决定提出异议；其二，为维护法庭权威，保证庭审效率，异议只能以法庭决定违反法律和司法解释规范为由提出，不能以法庭决定不当为由提出异议；其

① 参见魏思年：《最高法新规：证人出庭规则的十大变化》，载 https://mp.weixin.qq.com/s/CzYbjegaj6mPBghyUDoCtQ，2020年6月26日最后访问。

三，对法庭决定的异议限于一次，法庭应对异议进行审议并作出决定。

（十一）明确证人可以预先支取出庭费用

证人经济困难，无法先行垫付出庭费是证人出庭亟待解决的问题之一。《民诉法司法解释》弥补了民事诉讼法未明确规定对证人出庭作证费用的补偿标准之不足，规定了申请方或法院需先行垫付出庭作证费用，以及费用包含的范围和计算标准，这为证人预先支取相关费用创造了条件。因此，新《民事证据规定》第75条规定，“证人有困难需要预先支取出庭作证费用的，人民法院可以根据证人的申请在出庭作证前支付”，一定程度上解决了证人因经济困难而影响出庭作证积极性的问题。

（十二）明确有专门知识的人可参与的庭审活动

有专门知识的人出庭既可以对鉴定意见质证，也可以对鉴定意见发表自己独立的意见，既可以视为质证专家，也可视为对专业问题提供证言的人，具有双重身份。虽然《民诉司法解释》第122条第2款规定，具有专门知识的人在法庭上就专业问题提出的意见，视为当事人的陈述，但其身份并不是当事人，不能参与整个庭审；其也不同于普通证人，在就自己知晓问题作证完毕后即可退庭。新《民事证据规定》进一步明确，有专门知识的人不得参与对鉴定意见质证或者就专业问题发表意见之外的法庭审理活动。

（十三）明确鉴定人在接受委托时即需承诺保证出庭作证

新《民事证据规定》对司法鉴定的相关问题作了详细说明，新增了鉴定人在鉴定开始之前签署承诺书的制度。第33条第1款规定：“鉴定开始之前，人民法院应当要求鉴定人签署承诺书。承诺书中应当载明鉴定人保证客观、公正、诚实地进行鉴定，保证出庭作证，如作虚假鉴定应当承担法律责任等内容。”由此可见，鉴定人接受委托后，只要有出庭的需求，就必须出庭作证。对某些专业问题进行鉴定费时费力，重新鉴定必然会导致诉讼拖延，浪费司法资源。这一规定有利于降低因鉴定人无正当理由拒不出庭作证而导致鉴定意见不得作为定案根据的概率。

三、新《民事证据规定》对刑事诉讼的启示

推进以审判为中心的诉讼制度改革是当前刑事诉讼制度发展的一项重要任务，其中的核心之一是证人出庭作证问题。没有证人出庭的刑事审判无法真正实现庭审实质化，也无法实现以审判为中心。刑事诉讼中关于证人出庭作证的详细规定集中体现最高人民法院《关于适用〈中华人民共和国刑事诉讼法〉的解释》（以下简称《高法解释》）与《人民法院办理刑事案件第一审普通程

序法庭调查规程（试行）》（以下简称《法庭调查规程》）中，《法庭调查规程》是对《高法解释》的进一步修改和完善，但依然存在一些问题，新《民事证据规定》的出台对刑事诉讼证人出庭制度的完善有所启示。

（一）证人出庭作证应摆脱书面材料的束缚

新《民事证据规定》第 72 条："证人作证前不得旁听法庭审理，作证时不得以宣读事先准备的书面材料的方式陈述证言。"这一规定的立法精神在于摆脱书面材料的束缚，贯彻直接言词原则，使证人在庭上凭借自己的记忆直接作证，接受双方当事人及法官的质证和询问。但是，新《民事证据规定》第 63 条第 2 款依然规定："当事人的陈述与此前陈述不一致的，人民法院应当责令其说明理由，并结合当事人的诉讼能力、证据和案件具体情况进行审查认定。"该规定意味着法官在审查案件时依然未摆脱书面材料的束缚，直接言词的要求仅及于证人作证，刑事诉讼中也存在这个问题。

虽然《高法解释》《法庭调查规程》明确了对庭前证言一般不再出示、宣读，但当证人的当庭证言与庭前证言存在矛盾时，需要证人作出合理解释。也就是说，即使证人出庭，法官在庭上依然会以其庭前证言为依据对当庭证言进行审查判断，除非证人对其改变证言的行为作出合理解释，且与其他证据相互印证，不然证人当庭证言照样不得作为定案的根据。新《民事证据规定》明确出庭证人不得宣读事先准备的书面成材料，而刑事诉讼中未规定证人在庭上陈述证言的方式。

庭审实质化改革要求"事实证据调查在法庭"，核心是法庭调查方式的直接化、言词化。具体而言，所有的证据除非法律规定的情形，都要以一种原始的证据形式提出在法庭上，从而消除法官与证据材料之间的隔阂，保证法官从当庭的言词举证、质证的方式来形成对案件事实的内心确信。① 因此，立法需明确规定，若证人出庭，其庭前证言不再具有证据能力，只能作为相互印证的参考依据。法官应以经过当庭询问和质证的证言为定案依据。

（二）无正当理由拒不出庭作证的证人的庭前证言不得作为定案根据

新《民事证据规定》明确规定："无正当理由未出庭的证人以书面等方式提供的证言，不得作为认定案件事实的根据。"立法明确否定了这种庭前证言的证据能力。我国诉讼程序并不要求所有证人出庭作证，仅经双方当事人申请且确有必要，法院会通知证人出庭。在这种情况下，证人证言对案件认定一般具有关键作用，若证人无不出庭的正当理由且不具有免证特权，其证言的真实

① 参见汪海燕：《论刑事庭审实质化》，载《中国社会科学》2015 年第 2 期。

性难以保证。这种传闻证据一旦被提交法庭，就使得那些亲自感知案件事实的人避开了交叉询问程序，也剥夺了对方进行反询问的机会。①

《高法解释》第78条规定："经人民法院通知，证人没有正当理由拒绝出庭或者出庭后拒绝作证，法庭对其证言的真实性无法确认的，该证人证言不得作为定案的根据。"可见，在刑事诉讼中并没有完全否定无正当理由拒不出庭作证的证人庭前证言的效力。是否将不出庭证人的证言笔录予以排除，关键要看该证人所作的证言笔录是否具有真实性，法院对于此类证言笔录，相信其真实可靠的，仍然可以采纳作为定案根据。

确保证言的真实性并不是证人出庭的唯一价值，督促证人履行出庭义务也是保障辩方质证权的途径。在刑事诉讼中，证人的庭前证言一般是控方收集的，即使书面证言所反映的部分是真实的，但可能并未体现出有利于被告人的情节。在刑事律师庭前调查取证权难以实现的情况下，律师可能仅在庭上有机会接触到证人。

在我国的司法实践中，民事诉讼证人出庭作证的情况远远好于刑事诉讼，根本原因就是民事诉讼法规定了不出庭作证的证人证言无效。所以，刑事立法应明确规定，在证人应当出庭而无正当理由拒不出庭时，无论证言是否真实，均不得作为定案根据。

（三）应以证人出庭作证为原则

新《民事证据规定》对证人出庭的态度有突破，要求"人民法院应当要求证人出庭作证"，无论实践中证人出庭率如何，至少体现了"以证人出庭为原则"的立法精神。而在刑事诉讼中，证人证言"对定罪量刑有重大影响"的，人民法院才应当通知其出庭。

有观点认为，确保所有的证人都出庭存在很大难度，也没有必要，刑事诉讼最迫切的需要是确保关键证人能够出庭，这是解决我国长期以来证人出庭难问题的一种应对策略，或者说是迁就司法实践的一种应对策略。② 在现有条件下，以关键证人必须出庭为刑事庭审的最低限度要求有一定的积极意义，即有利于保障重大疑难案件中被告人的质证权，提高裁判的准确性。然而，法律制度及其功能形态为社会中各种因素所规定所塑造，同时法律也在不断作用于并影响着社会本身的变迁或重构。因此，以证人不出庭为原则的立法需及时修改完善，可借鉴新《民事证据规定》，首先转变法官对证人出庭的态度，尽可能

---

① 陈瑞华：《新间接审理主义——"庭审中心主义改革"的主要障碍》，载《中外法学》2016年第4期。

② 参见郎胜主编：《〈中华人民共和国刑事诉讼法〉修改与适用》，新华出版社2012年版。

排除法官抗拒证人出庭作证的现象发生。对“人民法院认为证人有必要出庭作证”的解读应当从直接原则出发，对不属于直接原则例外的，都应属于有必要出庭作证的情形。

（四）应为有专门知识的人出庭作证设置专门的程序

新《民事证据规定》第84条专门规定了有专门知识的人可参与的庭审活动，一定程度上正视了有专门知识的人的双重身份，进而与普通证人区分开来。有专门知识的人作为质证专家需要对鉴定意见进行提问与询问，作为专家证人，可以对专业性问题发表独立的意见。在我国司法实践中，证人要隔离庭审信息，作证完毕后就应退庭，若有专门知识的人出庭适用关于证人、鉴定人出庭的规定，与其双重身份不适应。在刑事诉讼程序中，依然未为有专门知识的人设置特殊的出庭程序。

为解决操作规范性问题，庭审规程应当依据刑事诉讼法和司法实践需要作出具体规定。首先，应当确认，有专门知识的人出庭具有对鉴定意见进行质证，以及对案件的专业性问题独立发表专家意见的双重职能，出庭专家可以仅履行某一职能，也可以兼行两种职能。其次，应当明确其出庭调查程序。有专门知识的人出庭发表专家意见，亦需在法庭上进一步澄清并予检验，因此无论其具体角色和诉讼功能如何，均应允许对其进行发问，发问方式，应参照适用询问证人的规定。最后，可以规定履行双重职能的有专门知识的人作证完毕后可不退庭。在司法实践中，包括普通证人、被害人、侦查人员、鉴定人、有专门知识的人，作证后一般让其退庭，再由控辩双方发表质证意见。对于在专业性或技术上有权威的专门知识的人，控辩意见不至于对其形成强烈的精神刺激。[①] 再者，他们具有的专业能力，使得其可以对质证意见表露出的某些疑问作进一步的解释，在此情况下合议庭可允许有专门知识的人不退庭。

与有专门知识的人出庭作证相类似，被害人在刑事诉讼中也具有双重身份。被害人可以作为证人参与庭审，还拥有当事人的身份，享有参与完整庭审的权利。所以被害人出庭作证不能适用普通证人出庭作证的规定，应当对被害人单纯作为作证人员出庭，以及同时以诉讼当事人身份出庭两种情况分别作出规制。前一种情况比较单纯，直接适用证人作证前在指定地点等候，不得与他人谈论案情，不得旁听庭审的普通证人出庭作证程序。后一种情况则相对复杂。如果不允许其旁听庭审，将损害其当事人诉讼权利；但如允许旁听庭审，又会因庭审证据信息对其作证形成干扰，妨碍证言的真实可靠性。龙宗智教授提出：基于被害人两种冲突的身份，可以设计一种在对被告人进行发问时，被

---

① 参见龙宗智：《刑事庭审人证调查规则的完善》，载《当代法学》2018年第1期。

害人暂时回避的制度；被害人可依法参加法庭开头的程序，在宣读起诉书后，调查被告人之前，安排其暂时离开法庭；如果被害人有诉讼代理人，其代理人留在法庭，代理其行使当事人权利；在被告人调查结束后，再让被害人回到法庭，首先陈述案件事实，接受控辩双方及法庭发问；然后可安排被害人与被告人对案件事实中重要的分歧陈述进行对质，包括允许双方互相发问；此种证据调查程序结束后，被害人再作为当事人参与全部诉讼程序。[①] 这样的程序设计充分考虑了被害人基于不同的身份享有的权利和承担的义务，有利于解决特殊主体出庭作证的难题。遗憾的是，为有专门知识的人、被害人设置独立的作证程序依然停留在理论讨论阶段，希望刑事立法能学习新《民事证据规定》的进步之处，完善刑事证人出庭作证的程序。

① 参见龙宗智：《刑事庭审人证调查规则的完善》，载《当代法学》2018 年第 1 期。

论《关于民事诉讼证据的若干规定》对举证时限制度的修改

何林玥*

2001年最高人民法院颁布了《关于民事诉讼证据的若干规定》，以司法解释的形式首次对举证时限制度进行了规定，并经2008年最高人民法院《关于适用〈民事诉讼证据的若干规定〉中有关举证时限规定的通知》（以下简称《举证时限规定通知》）、2012年民事诉讼法、2015年最高人民法院《关于适用〈中华人民共和国民事诉讼法〉的解释》的补充和完善，逐渐形成了举证时限制度的体系。2019年最高人民法院《关于修改〈关于民事诉讼证据的若干规定〉的决定》依照民事诉讼法的规定，在最高人民法院《关于适用〈中华人民共和国民事诉讼法〉的解释》（以下简称《民诉法解释》）的基础上，根据审判实践的需要，对旧规进行了完善和补充，新规第49条至第59条对举证时限制度与证据交换进行了规定。本次关于举证时限制度修改最大的亮点在于删除了旧规中逾期举证绝对失权的规定，将与之密切联系的"新的证据"予以删除并修改了举证时限，统一了法律尺度。

一、新规对举证时限制度修改的动因

（一）基于司法公正和诉讼效率的考量

举证时限制度设计的初衷在于提高诉讼效率，然而逾期举证导致证据失权的法律后果又可能会导致案件的实体公正受到严重冲击。因此改变以往严格的证据失权的做法是必然。2019年修改后的《关于民事诉讼证据的若干规定》（以下简称新规）吸收了民事诉讼法和2015年《民诉法解释》对证据失权制度的规定，明确删除了旧规第34条规定的"当事人在举证期限内不提交证据

* 西南政法大学刑事诉讼法专业研究生。

的，视为放弃举证权利，除对方当事人同意外，法院对当事人逾期提交的证据，不组织质证”。同时，修改了一审不得少于30日的举证期限的规定，延续《民诉法解释》，将一审普通程序的举证期限缩短为不得少于15日，规定第二审案件提供新证据的举证期限不得少于10日，确定了简易程序和小额诉讼程序的举证期限，与其灵活高效的立法初衷相一致。

一方面，新规将对逾期证据是否失权的判定权交给了审判人员，由审判人员在相应的时间内根据证据的内容和当事人出现逾期行为的主客观原因作出认定，对与案件基本事实有关的证据加以采纳，以保证准确认定案件事实，做到以事实为依据、以法律为准绳，从而作出正确的裁判，减少对司法公正的损害。另一方面，缩短当事人的举证最低期限，对于加快案件审理、节约司法资源具有重要意义，为了避免当事人滥用诉讼策略，实施证据突袭，获取不正当的诉讼利益和诉讼地位，强制当事人在规定的时限内提交相关证据，从而给予当事人一定的程序震慑，使其积极举证，保证程序的连续性，进而提高诉讼效率。

（二）基于程序公正与实体公正的考量

在2001年旧规严格的证据失权制度下，有的当事人由于缺乏证据意识以及对法律规定的模糊认知，没有在规定的时间内提交证据而使得该证据不能进入诉讼，从而导致当事人败诉，造成结果上不公正。尽管严格适用法律规定保证了程序的公正，但对于社会大众来说，实体上的不公正让人无法接受。在民事诉讼过程中，一般的做法是“谁主张，谁举证”，举证时限制度作为程序正义的载体，规定了双方当事人举证的规则，尽可能使双方当事人的攻击和防御达到均衡，其要求举证方当事人在一定的期限内提交全部证据，同时获悉对方的主张，以保证案件按照法律规定的程序有序进行。我们要坚持程序公正，诉讼结果的公正是实体公正最为主要的表现，而证据失权规则在追求诉讼效率，彰显程序正义的同时，为结果正义设置了障碍，妨碍了实体公正的实现，尤其是当与诉讼结果紧密相连的关键性证据被排除时，实体公正将会不复存在。[①]

确保当事人的实体权利，保证了实体公正，缓和了程序公正与实体公正的冲突，新规基于此对制度本身进行了修改。法官对当事人逾期提供的证据，不再一律采用失权制裁，而是根据不同情形，采用多元化的不利法律后果。但举证时限制度设立的目的在于惩罚当事人故意或重大过失地拖延诉讼，而不是限制当事人举证。对于逾期证据，虽然采纳会有碍程序正义的实现，但是考虑到排除将会导致案件事实认定不清，如果不能发现案件真相，那么程序再怎么体

---

① 王玲：《从法定证据失权到酌定证据失权的嬗变》，载《河北法学》2014年第4期。

现正义，也不过是一个空壳，所以新规删除了逾期证据绝对失权的规定，在遵守一般性原则的基础上设置了例外情形，以保证程序正义和实体正义都能较好地实现。这种相对宽松的失权措施大大削减了过去严格失权制度对实体公正造成的冲击，同时立法上采用多元化的处理方式，对于符合例外情形需要排除失权效果的逾期证据进入诉讼提供了法律上的肯定和支持。新规在充分发挥程序保障的功能的同时，通过实体公正与程序公正的平衡，使诉讼结果更加接近正义。

（三）对立法和司法进行统一

新规关于举证时限与证据交换的规定共有 11 条，其中保留旧规未作修改的有 2 条，修改的有 6 条，新增条文 3 条。看似变动很大，但很多规定和做法已在 2012 年民事诉讼法和 2015 年《民诉法解释》以及司法实践中有规定和实施，新规很大程度上只是作了整理性规定，将旧规中与之不同的内容进行修改，并针对两部规范中未涉及但在实践中存在的问题进行了增补，为司法实践提供可供操作的规定。

二、新规修改举证时限制度的意义

（一）理论意义

修改《关于民事诉讼证据的若干规定》是贯彻党的十八届四中全会精神，推进以审判为中心的诉讼制度改革、全面贯彻证据裁判规则的重要举措；是贯彻落实民事诉讼法，推动民事审判程序规范化的重要内容；是回应新时代人民群众的司法需求、满足人民法院审判实践需要的重要措施。新规的出台，完善了民事证据规则，能够更好地促进民事诉讼证据采信的准确性和规范化，更有利于实现司法审判工作“事实认定符合客观真相，办案结果符合实体公正、办案过程符合程序公正”的目标；能更好地落实民事诉讼法的立法精神，促进民事审判证据调查、审核、采信乃至民事诉讼程序操作的规范化；通过进一步完善民事证据规则及相关规定，能够更好地保障当事人的诉讼权利，促进司法公正，统一裁判尺度，提高司法公信力。①

就举证时限制度而言，新规的相关规定在理论上具有两方面的意义。第一，从当事人的角度出发，新规对当事人逾期提出证据的行为在程序上表现出了极大的善意。在逾期举证的法律后果上，新规延续了《民诉法解释》中有关逾期举证后果规定的精神，进一步弱化了逾期举证的“证据失权”规则，

① 江必新：《关于理解和适用新民事证据规定的几个问题》，载《人民法院报》2020 年 1 月 9 日。

在判断证据是否采纳时，法院仅考虑是否存在客观原因及证据是否与案件事实有关。在集中审理的框架下，法院运用诉讼指挥权，对当事人阐明诉讼义务，在双方当事人行为规范具体化、行为责任明确化之后，为其提供出示证据材料和表明主张的机会，保障其诉讼主体的地位。新规赋予了法官根据案件具体情况，对当事人增加、变更诉讼请求或提出反诉的举证期限自由裁量的权力，对于反驳证据和补强证据的举证期限，允许法院酌情确定等例外规定，使举证期限显得更为灵活，避免了机械适用法定期限而损害当事人诉讼权利的情形，既保障了当事人合法权利的行使，也使得诉讼程序利益得到最大化的发挥。第二，从法院的角度出发，新规保证了在事实上求真的底线。即使司法机关的判案过程公正、合理，但是普通民众不能直观地从判决结果中体会到其公正、合理性，对案件的判决就会产生怀疑进而影响司法公正的权威性，要使民众信服司法审判，法官必须保证案件审理程序的基础上保证结果的最大公正性。个案中一方当事人都会基于个体本位，对审判的结果不一定能够感到满意，如果法院依照严格的证据失权规定将当事人逾期提供的证据排除从而导致其败诉，这样的结果更不能让败诉方当事人接受，所作出的判决也不能让社会大众信服，法院也没有做到“以事实为准绳”的要求。“诉讼就是在桌上摊开牌，诉讼并非一场战争，也不是一场游戏，诉讼的目的旨在实现对当事人之间真正的公平和公正。”① 为了达到这一目标，新规要求对当事人因故意或重大过失逾期提交的证据，只要其与案件基本事实有重大联系，法院也应当采纳，以保证案件真相的发现。这是立法者在权衡程序正义与实体正义之后所作出的选择，是对采纳逾期证据所带来的利益与所造成的损害之间的权衡，对举证时限制度的发展起到了推进作用。

（二）实践意义

从司法实践角度看，证据是确定案件事实的基础，是民事诉讼的核心，证据是否被采纳直接关系到当事人的诉讼主张能否得到法院的支持。2001 年创设的举证时限制度给逾期证据进入诉讼审理环节设置了屏障，而 2012 年民事诉讼法对举证时限制度进行的相应完善为法院处理逾期证据提供了新的规则，但在其他相关配套制度缺失的情况下，与其说是对举证时限制度的灵活处理，不如说是对适用该制度的主动规避，使得举证时限制度在实践中没有任何适用的余地。法院如何正确理解举证时限制度的内涵并积极运用现有规则提高我国民事审判质量、实现司法公正与诉讼效率的平衡成为一个问题。基于此，新规对逾期举证的法律后果采用分层次的处理方法，将失权结果与逾期行为的关联

① 张卫平：《民事诉讼基本结构》，中国检察出版社 2002 年版，第 78 页。

性逐步弱化，对《民事诉讼法》第 65 条第 2 款规定的“当事人在该期限内提供证据确有困难的情形”作出具体规定，增加了对逾期举证行为罚款所应当考虑的当事人的主观过错、导致诉讼延迟的情况、诉讼标的金额等因素。这些宽松灵活的处理方式，总结了过去十余年司法实践中的经验教训。新规既是对旧规的修改，也是对民事诉讼法及《民诉法解释》的完善、补充，是对民事诉讼法有关举证时限制度的规定在审判实践中如何适用的进一步解释，对民事审判实践意义重大、影响深远。

三、关于新规修改内容的评述

（一）新规修改的内容

1. 举证期限的确定

新规第 50 条、第 52 条规定了举证期限的起算点、确定方式，不同审理程序下举证期限的确定以及不受举证期限约束的例外情形。其分别由旧规第 33 条第 1 款和第 33 条第 2 款、第 3 款修改形成，系对《民事诉讼法》第 65 条、《民诉法解释》第 99 条、第 266 条、第 277 条以及《举证时限规定通知》第 1 条内容的整理、归纳。

根据新规第 50 条，人民法院应当在审理前的准备阶段向当事人送达举证通知书。举证通知书的内容应当载明举证责任的分配原则和要求、可以向人民法院申请调查收集证据的情形、人民法院根据案件情况指定的举证期限以及逾期提供证据的法律后果等内容。法院通过向双方当事人发送举证通知书以指导当事人举证和告知当事人举证期限。此次新规将举证期限的确定时间由“人民法院受理诉讼的阶段”修改为“审理前的准备阶段”，缩短了法院指定期限情况下的举证期限，顺应立法修改的新要求，使得举证期限起算点的确定更加灵活。

为了更贴合个案中程序正义与实体正义的平衡，新规对不同的审理程序分别作出了规定，统一了法定举证期限，消除了过往法律冲突。法院指定举证期限的情况下，新规在一审、二审程序上与《民诉法解释》保持一致。在简易程序的举证期限上，《民诉法解释》第 161 条规定，简易程序案件应当在立案 3 个月内审结。司法实践中，当简易程序中当事人未能协商确认举证期限时，若适用普通程序的最低举证期限往往会给法官后续审理进度带来不小的压力。面对这一现状，新规第 51 条第 2 款明确适用简易程序审理的案件举证时限不得超过 15 日，与简易程序灵活高效的立法初衷相一致。另外，新规对小额诉讼程序的举证期限进行了补充，规定适用小额诉讼程序的案件的举证期限一般不得超过 7 日。2001 年旧规未规定不受举证期限约束的除外情形，《举证时限规定通知》中对于反驳证据允许人民法院酌情指定举证期限。新规延续了该通知的基本思路，同时增加了补强证据允许人民法院酌情指定举证期限的规定。一般认为，举证期限针对主要证据发挥作用，补强证据作为佐证，不受举证期限的限制。因此，当事人要求对主要证据在来源、形式上的瑕疵予以补强的，人民法院可以酌情确定举证期限。

我国对当事人举证的期限进行了规定，并明确了当事人不在规定时间内提出证据的法律后果，但是没有对当事人的答辩要求作出充分的规定，答辩权既是一项程序性权利，也是一项程序义务，然而在我国的诉讼程序中，当事人可以享有答辩权，却不需要承担答辩义务，案件的审理不会因当事人放弃答辩而终止。被告在答辩期间不提交答辩状，对原告实施诉讼突袭，不符合程序正义的要求，造成时间浪费和诉讼迟延，同时将产生诉讼成本和审判成本的攀升，不符合诉讼经济的要求，也影响审判效率。① 《民事诉讼法》第 125 条第 2 款的规定使得第 1 款中对于被告应当答辩的规定并没有实际作用，被告是否进行答辩完全出于其自愿。如果被告方不进行答辩的，在案件庭审前法院就难以将案件的争议焦点进行充分的整理归纳，会导致案件审理的迟延，如此一来举证时限制度将不能充分发挥其功能。

2. 当事人主张与人民法院不一致的处理

根据 2001 年旧规第 35 条，诉讼过程中当事人主张的法律关系性质或者民事行为效力与人民法院根据案件事实作出的认定不一致的，人民法院应当告知当事人可以变更诉讼请求，当事人变更诉讼请求的，人民法院应当重新指定举证期限。新规第 53 条规定作出如下修改：第一，删除了当事人主张的法律关系性质或者民事行为效力与人民法院根据案件事实作出的认定不一致时，人民法院应当告知当事人变更诉讼请求的规定；第二，明确人民法院应当将涉及法律关系性质或者民事行为效力的问题作为焦点问题进行审理；第三，增加了法律关系性质对裁判理由及结果没有影响，或者需要列为争议焦点的上述内容已经当事人充分辩论的，人民法院可以直接就相关问题进行认定和处理的除外情形；第四，当事人根据法庭审理情况变更诉讼请求后，不再要求人民法院必须重新指定举证期限，而是允许人民法院根据案件具体情况自由裁量。

当事人主张的法律关系性质或者民事行为效力与法院认定不一致，当事人根据法庭审理情况变更诉讼请求的，本条规定不再要求人民法院必须重新指定举证期限，而是赋予人民法院确定举证期限的裁量权。这是因为当事人对其主

---

① 程春华：《试论建立我国民事诉讼答辩失权制度》，载张卫平主编：《司法改革论评》（第四辑），中国法制出版社 2002 年版，第 346 页。

张的法律关系性质或者民事行为的效力进行变更，虽发生了诉讼请求质的变化，但案件事实并不一定发生变化，不一定需要新的事实和证据，或者提供新的证据不一定需要与原举证期限相当的时间。在这种情况下为避免无谓的诉讼消耗，提高诉讼效率，本条规定修改为人民法院可以根据案件的具体情况重新指定举证期限，是否重新指定以及具体期限的确定应结合当事人的举证能力，综合考虑拟收集调取新证据的必要性、难易程度等因素，由人民法院视情形决定。

3. 举证期限的延长

新规第54条是在《民诉法解释》第100条、旧规第36条以及《举证时限规定通知》第6条内容的基础上进行整合形成的，是关于举证期限延长的操作性规定。举证期限在性质上属可变期间，可以由当事人向人民法院申请延长，举证期限的延长不仅要满足当事人在举证期限内提交证据材料确有困难的实质要件，还应当满足一定的形式要件和程序性规定。本条关于举证期限延长的操作性规定，主要包括以下四个方面的内容：第一，当事人的申请应当在举证期限届满前以书面方式提出；第二，举证期限的延长以当事人申请为原则，法院不依职权确定期间的延长，但是否延长举证期限，具体延长的期限如何，以及举证期限延长的次数，应经人民法院审查确定，人民法院对当事人延期举证申请的审查，除应审查当事人的延期举证申请是否在举证期限内以书面形式提出外，重点应围绕当事人的申请理由是否符合《民事诉讼法》第65条规定的在举证期限内提交证据确有困难的情形；第三，人民法院经审查认为申请理由成立的，可以根据具体情况，适当延长举证期限，强调“适当延长”主要目的在于保障诉讼在合理期间内进行，避免诉讼迟延，因此法院一般只能合理延长举证期限；第四，无论人民法院是否准许当事人的申请，均应通知当事人，在准许延长举证期限的情况下，不仅应通知申请人，还应同时通知其他当事人。

举证期限延长后，当事人在延长的举证期限内提供证据仍有困难的，能否再次申请延长举证期限，法律没有作出规定。虽然审判实践中多次申请延长举证期限的情况极为少见，是否准许延长举证期限也由审理案件的人民法院根据具体情况灵活掌握，看似没必要限定延长举证期限的次数，但是举证时限是民事诉讼程序的一部分，既然是程序，自然应当受到限制，没有延长次数的限制，不符合程序法制的精神，也不符合正当性原则，为贯彻“法律不保护权利上的睡眠者”的法律理念，避免举证期限的规定被架空，应当进行一定的限制规定。

4. 证据交换问题

新规第56条由旧规第38条修改、完善形成，是关于证据交换时间的确定、证据交换与举证期限关系的规定。证据交换是指在人民法院的组织下，当事人将各自持有的证据与对方进行交换，是审前程序的中心。2001 年旧规对证据交换作了具体规定，2012 年民事诉讼法修改时增加了第 133 条规定，将证据交换作为庭前会议的一项重要内容，从而确立了证据交换在民事诉讼基本法上的地位。本条是对旧规第 38 条的承继，目的是发挥证据交换在整理证据、归纳争点，提高审判质量和效力方面的积极作用。证据交换有利于实现公平诉讼，提高审判质量和审判效率，同时也有利于实现审判的集中化，节省司法资源。

新规删除了关于证据交换的次数的限制，主要是因实践中案件情况差别较大，重大、疑难和案情特别复杂的案件，证据纷杂，事实查明难，允许多次证据交换是必然的。而对于事实清楚争议不大的案件，一般通过一次证据交换就完成了。至于是多次交换还是一次交换，由法官根据案件事实和证据交换的情况自行决定，不再作强制性的规定，这是尊重法官自由裁量权的实事求是的规定。

证据交换一般在庭前会议中进行，虽然 2015 年《民诉法解释》确立了庭前会议制度，但在司法实践中，庭前会议的实施情况不理想，司法工作人员对庭前会议的评价也褒贬不一。支持者认为庭前会议是个很好的庭前程序，可以理清双方的证据，减轻正式庭审阶段的任务；反对者认为庭前会议相当于一次提前开庭，要花费一定的人力、物力、财力，在法院现有人手不足的情况下，召开庭前会议会增加法官的额外负担。笔者以“庭前会议”“民事案件”为关键词在中国裁判文书网进行搜索，找到 670 条相关案件信息，其中基层人民法院和中级人民法院适用居多，共占 580 起。2015 年的案件数量为 10 起，适用数量最多的年份为 2019 年，共 218 起。可以看到庭前会议作为审前程序的一部分在我国司法实践适用中还是存有一席之地，但由于对庭前会议的适用范围、程序的启动以及会议的主持者、召开次数等问题没有详细的规定，使得庭前会议的实施效果不佳，增加了当事人逾期提交证据的可能性。证据交换主要对当事人提出的证据进行交换。司法实践中，一些法院习惯于证据交换的范围多以书证为主，而鉴定意见、证人证言、电子数据等则往往采取“一步到庭”的方式，这限制了证据交换的功能，也不利于案件的审理。

（二）新规增加的内容

1. 举证期限内提供证据确有困难的认定

新规第 52 条规定“当事人在举证期限提供证据存在客观障碍，属于民事诉讼法第六十五条第二款规定的‘当事人在该期限内提供证据确有困难’的情形”，是对《民事诉讼法》第 65 条第 2 款的解释，体现了对举证时限制度中法官自由裁量权一定程度的限制，其目的是充分保障当事人的诉讼权利。本条第2款对法官判断“确有困难”作出了指引性规定，即对是否存在客观困难，应根据举证能力、不能提供证据的原因等案件具体情况综合判断。同时创设性规定“必要时，可以听取对方当事人的意见”，主要目的是尊重对方当事人的程序权利，避免法官误判，防止当事人借举证期限的延长拖延诉讼，维护对方当事人的时限利益。

但何为“客观障碍”法律并未作具体规定，人们在实践中存在不同的看法，一般认为“客观障碍”是指自然灾害等不可抗力的因素，但也有人认为应当包含当事人无法自行取证的情况。这就使得“客观原因”“客观障碍”等的判断标准存在不确定的因素，完全由法官自由裁量。而且在判断是否与案件基本事实相关时，法官必然要对证据材料进行一定的审查判断，经过审查后发现与案件基本事实无关又将其排除的做法，花费了法官与当事人的时间和精力，与举证时限制度设立的目的相冲突。

2. 特殊情形下举证期限的确定

新规第55条新增了特殊情形下举证期限的确定，对关于诉讼中存在特殊情形时如何确定举证期限作出了可供操作的规定，具体的特殊情形如下。

第一，根据以往的法律规定，举证期限存在可依申请延期的规定，但没有依法中止的制度设计，新规增加了当事人提出管辖权异议为举证期限的中止事由。第55条第1项规定“当事人依照民事诉讼法第一百二十七条规定提出管辖权异议的，举证期限中止，自驳回管辖权异议的裁定生效之日起恢复计算”。此项规定是在《举证时限规定通知》第3条将管辖权异议认定为举证期限的中断事由的基础上，结合《民诉法解释》的规定和审判实践的需要进行的调整，对当事人提出管辖权异议时的举证期限计算方式作出了规定。无论是将管辖权异议理解为举证期间的中断事由还是中止事由，其共同点都是为了将法院审理管辖权异议的期间不计算入当事人的举证期间内，以保障诉讼期间能够被有效利用。

管辖权异议产生举证期限中止的效力，这意味着如果经审查受诉法院有管辖权的，驳回管辖权异议的裁定的生效之日即举证期限的中止事由消灭之时，举证期限应当恢复计算，而不是重新计算。之所以将管辖权异议从举证期限的中断事由调整为中止事由，是考虑到当事人滥用管辖权异议拖延诉讼的情况非常普遍，而管辖权异议审理期间较长，对管辖权异议的审理并不会影响当事人收集、提供有关实体正义的证据。因此，新规的修改有利于一定程度上消除管辖权异议对诉讼的拖延，也不影响当事人提供证据的权利。

第二，新规在延续《举证时限规定通知》第5条的基础上，增加了无独立请求权的第三人参加诉讼时的举证期限确定方式，即由法院酌情确定无独立请求权的第三人的举证期限："追加当事人、有独立请求权的第三人参加诉讼或者无独立请求权的第三人经人民法院通知参加诉讼的，人民法院应当依照本规定第五十一条的规定为新参加诉讼的当事人确定举证期限，该举证期限适用于其他当事人。"和当事人、有独立请求权的第三人相比，无独立请求权的第三人对原被告争议的诉讼标的没有独立请求权，但对案件处理结果有法律上的利害关系。在诉讼中，无独立请求权的第三人有权参加诉讼，了解案件的事实理由；庭审中无独立请求权的第三人可以提交证据、参加法庭辩论，且在法院判决其承担民事责任的，无独立请求权的第三人有权提起上诉。所以有必要增设无独立请求权的第三人参诉时举证期限的确定方式。

第三，新规第 55 条第 3 项规定，"发回重审的案件，第一审人民法院可以结合案件具体情况和发回重审的原因，酌情确定举证期限"。重审意味着案件按照第一审程序重新进行审理，所以其举证期限也应当重新确定。对于因原判决认定事实不清而发回重审的案件，当事人在重审程序中往往会补充举证，补充的证据可能是证明新的事实的证据，也可能是补强证据，当事人在重审中举证的困难程度也可能与第一次审理时有所不同，此时赋予法官依据案件具体情况和发回重审的原因酌情确定举证期限，更为灵活务实。对于因违反法定程序发回重审的案件，《举证时限规定通知》第 9 条规定了两种方式：一是人民法院在征求当事人的意见后，可以不再指定举证期限或者酌情指定举证期限；二是案件因遗漏当事人被发回重审的，按照《举证时限规定通知》第 5 条处理。新规对违反法定程序发回重审的案件的举证期限未再区分情况作细化规定，而是交由法官依据相关规定裁量确定。

第四，新规赋予法官根据案件具体情况，对当事人增加、变更诉讼请求或提出反诉的举证期限自由裁量的权力。由于诉讼请求的增加、变更对举证期限变化的影响存在个案差异，不宜作统一要求，为了便于法官根据个案情形灵活确定举证期限、提高诉讼效率，新规赋予法官根据案件具体情况重新确定举证期限的裁量权。反诉本质上是一个独立的诉，反诉中的当事人享有与本诉中的当事人同等的诉讼权利、负有同等的诉讼义务，故反诉的举证期限应独立于本诉的举证期限。因反诉的诉讼标的、待证事实与本诉不同，人民法院应依法重新确定反诉的举证期限。如果人民法院不重新计算反诉的举证期限，则必然影响反诉中当事人举证活动的进行和诉讼权利的行使。

第五，新规第 55 条第 5 项增加了规定公告送达案件的举证期限起算点。公告送达是一种拟制的送达，不需要受送达人签收，公告期满之日即发生送达的法律效果，公告期满之日即视为送达日期。对于公告送达案件受理通知书、应诉通知书、开庭传票的案件，在公告送达的送达日期确定后，案件当事人才能实施举证活动，故本条第5项规定公告送达的案件，从公告期届满之次日开始计算举证期限。

3. 逾期举证罚款数额的确定

《民诉法解释》虽然规定了对当事人的处罚措施，但没有细化法官应当采取的不同处理方法和态度，也没有明确训诫和罚款的数额，在其对逾期举证后果规定的背景下，新规第59条新增了逾期举证罚款责任的有关内容，明确了法院确定罚款数额时的考量因素，即法院对当事人的罚款应当结合当事人逾期提供证据的主观过错程度、导致诉讼延迟的情况、诉讼标的金额等因素，确定罚款数额。对普通人来说，可能不理解“证据失权”的含义，但具有一般常识的人都能理解训诫和罚款的含义，通过明确相关的考量因素，可以使当事人权衡利弊后在规定的期限内提出证据，也能减少审判中罚款标准不一的情况，避免司法实务的混乱。

对于逾期举证行为，法律对于逾期举证人和逾期证据的处理由轻到重分为言辞警告、费用制裁、证据失权，但是司法实践中很难同时满足证据失权的两个条件，对于逾期提供的证据一般采取采纳行为，只是对当事人予以训诫或者罚款。所以，即使当事人故意所为以求达到使对方当事人受到出其不意的打击，法官也只能对其进行程度轻微的训诫或者罚款，这种处罚相较于当事人“证据突袭”所可能获得的胜诉、对对方当事人权利的侵害或者造成庭审拖延、降低庭审效率等不良后果来说，实属轻微，这种做法无异于放任当事人逾期举证拖延诉讼。为了保证案件得到正确认定，采纳与案件有关联性的证据可以理解，但是为了保护其他当事人的合法利益以及降低诉讼成本，就十分有必要加大对逾期举证当事人的处罚力度。

（三）新规删除的内容

新规修改的一大亮点在于删除了原来关于逾期举证绝对失权的规定。其实在2012年民事诉讼法和2015年《民诉法解释》出台后，逾期举证绝对失权的规定实际上就已经被废除，新规将其删掉，并删除与之紧密联系的旧规第41条至第46条有关“新的证据”的规定，是顺应证据失权和举证时限制度的现实要求，也充分体现了民事诉讼程序中追求公正与效率同在、程序正义与实体正义均有的理念。

对当事人逾期举证的，应适用《民事诉讼法》第65条、《民诉法解释》第101—102条和新规第52条的规定，具体有以下五种情况。第一，当事人逾期提交证据，但因客观原因引起的，视为没有逾期。第二，当事人逾期提交证据，虽然没有客观原因，但对方当事人对逾期提交的证据不提出异议，表明了对方当事人在程序上对逾期提交证据当事人的宽容，同样视为没有逾期。第三，当事人逾期提交证据，不是因故意或者重大过失导致的，法院同样应当采纳，只是对当事人予以训诫。训诫处理较轻微，只是记录到庭审笔录里，对当事人以及当事人逾期提交的证据没有实质性的影响。第四，当事人逾期提交证据，是由于故意或重大过失导致的，但只要这些证据与案件基本事实相关联，不采纳这些证据就可能导致对案件基本事实认定出现偏差，基于实体公正的考虑，法院还是会采纳这些证据，只是对当事人予以训诫或者罚款。第五，当事人逾期提交证据，是由于故意或重大过失导致的，而且这些证据与案件基本事实无关，不采纳这些证据不足以导致对案件基本事实认定错误，法院对这些逾期提交的证据就不予采纳，这些证据就失权了。

根据法律规定，法官在处理逾期提交的证据时，应当从当事人自身的主观角度出发，审查其是否有故意或重大过失的主观错误，当事人确有主观错误的，可以要求其作出充分合理的解释，所以法官的法律素养和水平在很大程度上决定了逾期证据的采纳标准。从《民诉法解释》来看，法律对举证时限制度的态度是以不失权为原则，对证据失权规定了较为严格的适用条件。

四、完善我国举证时限制度的进一步构想

（一）明确法官裁量标准

一般情况下，当事人逾期提交证据，法官或者对方当事人会要求其说明理由，根据其理由来判断当事人主观上是否存在过错，是否存在法律规定的“客观原因”，以及提交的证据是否与案件基本事实相关，这些都由法官自由裁量。应当给法官的自由裁量权设置限度，在保证法官权力行使的同时划定一定的范围，以列举加兜底的形式规定可能出现的具体情况，要求法官严格依照法律规定来进行判断。

（二）建立答辩失权制度

答辩失权制度的建立有利于双方诉讼争议焦点的凸显。首先，应当明确当事人的答辩义务，要求被告收到原告方起诉状时，必须进行答辩。将答辩作为当事人的一种诉讼义务在法律中明确规定，以确保其履行。其次，应当明确答辩的时间、形式与内容。可结合现有的规定，要求被告应当在收到原告起诉状副本之日起 15 日内提交书面答辩状。对于因特殊原因无法提交答辩状的，可以适当放宽，允许当事人先以口头方式提出，经书记员记录在案后，再补充书面答辩材料。明确答辩内容要根据原告方的主张有针对性地进行，对于否认的事实必须阐述理由，如果答辩中对于原告方的部分主张没有进行说明，并且经

询问后仍不答辩的视为对原告主张的自认。最后，规定违反强制答辩规定的法律后果。当事人未在规定的时间内进行答辩的将丧失答辩权，如果有特殊原因可以向法官说明理由，由法官结合实际情况进行判断，理由成立的准许其在重新规定的时间内提出答辩，理由不成立的则不能提出答辩。同时为了保护被告的权利，应当在此基础之上设立相应的救济制度，即对不应诉判决的异议制度，若被告认为法院作出的不应诉判决程序有误或认为其未答辩理由正当的，可据此向法院提出异议，要求撤销不应诉判决，恢复对案件的正常审理。[①]

（三）完善庭前准备程序

完善我国民事诉讼中的审前准备程序，首先，应当从办案人员出发，强化办案人员的责任意识与程序意识，通过细化责任的方式督促办案人员注重审前程序。其次，完善审前准备程序需要规范证据交换程序。对于一般案件来说，庭前证据交换制度并无明显的效率优势，因此将庭前证据交换与庭审中的证据交换严格区分开来没有实际意义，但是对于复杂疑难的案件来说，在庭前组织证据交换是十分有必要的，法官可以基于案件的复杂性，在受理之初不直接确定举证期限，而应指定第一次证据交换的时间或者第一次庭前会议的时间，尽早启动证据交换程序。在庭前会议的次数和间隔时间上可以借鉴英美法系国家的审前会议，避免过长的庭前准备时间与审限制度发生冲突；或者可以借鉴行政诉讼司法实践中行政预备庭的做法。如此经过庭前准备程序之后，真正进入到审判阶段时就会减少诉讼延期、诉讼中止情形的出现，使在庭前会议中花费的时间在庭审阶段得以弥补，保证诉讼效率，同时也较好地兼顾了公正。

（四）加大对逾期举证行为的处罚力度

对于逾期举证的当事人，立法设置了训诫和罚款措施，但是这种程度较轻的处罚对于当事人浪费的司法资源和损害的对方当事人的权利来说是明显不对等的。

将这两种措施和其他手段结合起来使用。例如在训诫的同时将当事人的诉讼不良行为记入个人司法诚信档案，在罚款的同时增加赔偿、承担诉讼费用等方法，使双方当事人的诉讼利益更加均衡。对于多次故意逾期举证的当事人，训诫和罚款已经起不到任何效果时，可以增加拘留手段，迫使其改变故意逾期举证的心态，但是在适用时应明确规定具体情形，防止滥用。

（五）将诉讼迟延作为评价逾期证据的标准

根据上文所述，当事人逾期提交的证据基本都与案件事实有关，仅凭这一

① 王琦:《答辩失权制度在我国的构建》，载《贵州社会科学》2011 年第 3 期。

点就很难将其提供的证据作失权处理。笔者认为，可以借鉴大陆法系的做法来完善该制度。对逾期证据判定失权，必须存在诉讼迟延后果。如果不存在诉讼迟延的情形，即使提供证据超过了法定的期限，但对诉讼不产生影响，没有不利后果的发生，那么惩罚或制裁措施就没有实质意义。

民事诉讼程序的出发点和落脚点都是为了实现诉讼公正和维护当事人的实体权利，举证时限制度是现代民事诉讼的重要组成部分，该制度在我国的确立和发展符合民事诉讼的历史发展趋势，也是推动我国民事程序改革和建立当事人主义诉讼模式的重要组成部分，必须继续坚持并完善该制度。在立法上明确举证时限制度的价值和适用情况，同时完善相关诉讼制度，培养公民的程序意识，与我国的司法改革目标相结合，让举证时效制度在我国的民事诉讼中真正发挥其功效。

《关于民事诉讼证据的若干规定》中自认规则的修改对律师执业的影响与应对

吴郑钰*

民事诉讼的自认，是指在诉讼过程中，一方当事人承认不利于自己的事实为真实，或不予反驳，或对他方当事人的诉讼请求予以认可的意思表示。总的来说，“自认”就是在诉讼过程中对自己不利事实的承认。2019 年修改的最高人民法院《关于民事诉讼证据的若干规定》（以下简称新《民事证据规定》）第 3 条第 1 款明确规定，在诉讼过程中，一方当事人陈述的于己不利的事实，或者对于己不利的事实明确表示承认的，另一方当事人无须举证证明。这是民事诉讼自认在法律文件中的具体表现。自认是民事审判活动中当事人行使处分权的具体表现，具有免除对方举证责任的效力。自认有许多种分类，在民事诉讼法学理论上，一般将自认分为诉讼自认和诉讼外自认、完全自认与限制自认、明示自认与默示自认、当事人的自认与代理人的自认等。自认规则作为民事证据中非常重要的组成部分，在证据规定中占有相当重要的篇幅。新《民事证据规定》共计 100 条，在体例和结构上延续了旧规。包括六个部分：“当事人举证”“人民法院调查收集证据”“举证时限和证据交换”“质证”“证据的审核认定”和“其他”。其中保留未修改条文仅 11 条，修改条文 41 条，新增条文 47 条。新规对于自认规则的修改幅度大，亮点多，将以往司法实践中出现的问题进行补正，其中部分规定是全新规定，对民事案件审判提出了新挑战，也对律师执业有着很深的影响。

* 西南政法大学法学院刑事诉讼法学硕士研究生。

一、自认规则在民事诉讼中的发展

（一）新《民事证据规定》之前的自认制度

1982 年试行的民事诉讼法将当事人陈述规定为证据的一种，但并未详细、具体地区分民事诉讼当事人陈述的具体类别，也没有规定民事诉讼当事人陈述的法律后果，更没有明确规定民事诉讼当事人陈述包括当事人承认对法院事实判断的拘束力。当事人的陈述仅仅被作为法院调查案件事实的一种手段，并仅仅将其作为案件的一种证据。① 可以说，1982 年民事诉讼法中并没有民事诉讼自认制度的影子。

1991 年《民事诉讼法》第 71 条仍然将民事诉讼当事人对案件事实的承认规定为当事人陈述的一种。我国民事诉讼自认制度初步确立的标志是 1992 年《关于适用〈中华人民共和国民事诉讼法〉若干问题的意见》，其中第 75 条第 1 项明确了民事诉讼自认有免除举证方当事人举证责任的效力。② 但此规定所认可的民事诉讼自认的对象为案件事实和诉讼请求，并未区分民事诉讼自认与认诺，也没有区分诉讼自认与诉讼外自认，而是概括地规定其法律效力，存在明显的立法缺陷。

2001 年最高人民法院《关于民事诉讼证据的若干规定》（以下简称《证据规定》）首次全面规定了民事诉讼自认制度。首先，明确规定了民事诉讼自认的适用范围。第 8 条第 1 款规定，民事诉讼中的诉讼自认仅仅是指民事诉讼的一方当事人对于他方当事人主张的案件事实的承认。同时，并非所有的民事案件都能适用民事诉讼自认制度。其次，明确规定了民事诉讼自认的形式为明示方式。同时，《证据规定》还进一步认可了默示的诉讼自认，即非以明示方式作出的诉讼自认。最后，初步对民事诉讼自认的主体予以明确。除此之外，《证据规定》第 8 条第 3 款还对诉讼代理人的民事诉讼自认予以明确。2015 年最高人民法院《关于适用〈中华人民共和国民事诉讼法〉的解释》（以下简称《民诉法解释》）再次确认了民事诉讼中当事人自认的法律效力，增加了关于国家利益、社会公共利益等需要由法院职权调查的事项的除外规定。

---

① 1982 年《民事诉讼法（试行）》第 62 条规定："人民法院对当事人的陈述，应当结合本案的其他证据，审查确定能否作为认定事实的根据。当事人拒绝陈述的，不影响人民法院根据证据确定对案件事实的认定。"

② 1992 年最高人民法院《关于适用〈中华人民共和国民事诉讼法〉若干问题的意见》第 75 条规定："下列事实，当事人无需举证：（1）一方当事人对另一方当事人陈述的案件事实和提出的诉讼请求，明确表示承认的……"

（二）新《民事证据规定》对自认制度的修改

新《民事证据规定》对自认的修订集中在第3条至第9条中，表现在六个方面：

第一，扩大了自认的适用范围。诉讼上的自认，应当是发生在民事诉讼过程之中的，自认的作出时间，可以是庭审之前的准备阶段，也可以是在庭审过程中作出，因此对于“诉讼过程中”应做广义理解。[①] 新《民事证据规定》规定，在证据交换、询问、调查过程中，或者在起诉状、答辩状、代理词等书面材料中，当事人明确承认于己不利的事实的，均可以认定为自认。将《民诉法解释》第92条中的“法庭审理中”作了扩大解释，将证据交换、询问、调查过程中的自认涵盖在内，自认的范围扩展至诉讼中出现的书面材料。关于“起诉状、答辩状、代理词”的书面材料与《民诉法解释》的规定一致。

第二，重修了“拟制自认”的规定。在诉讼中，不是所有的自认方都会明确表示出内心意愿，在表示自认时既可以是积极的作为方式也可以是消极的不作为方式。如若存在诉讼代理人的情形，那么外在表示形式可以是由自认方本人作出，或是由其诉讼代理人在授权范围内作出。[②] 新《民事证据规定》第4条规定的拟制自认是在《证据规定》第8条第2款的基础上修改而来。其规定：当事人对另一方当事人主张的于己不利的事实，既不承认也不否认的，经审判人员说明后，仍不明确肯定或否定的，视为对该事实的承认。这一规定将规制当事人在诉讼过程中以沉默或者不置可否等形式逃避举证的行为，将有利于案件事实的查明，提高审判效率。因此，在庭审中，对于法官说明并询问的不利于己的事实，如果回答得模棱两可或者不置可否，将有可能被法官视为自认的行为，承担不利后果。同时，该条降低了审判人员的说明义务，将《证据规定》中“充分说明”的“充分”删除，主要是为了保持审判人员在审判中的中立地位。此外，拟制自认必须在诉讼过程中作出，对于当事人在诉讼过程之外的消极沉默，不产生免除当事人举证责任的效力。诉讼代理人的自认必须以明示的方式作出，“拟制自认”不适用于诉讼代理人自认。

第三，强化了诉讼代理人对自认的效力，扩展了自认主体的范围。新《民事证据规定》首次规定一般授权代理人所作的陈述可以被认为是自认，但授权委托书明确排除的事项除外。应注意的是，当事人在场对诉讼代理人的自

---

① 参见张卫平：《诉讼构架与程式——民事诉讼的法理分析》，清华大学出版社2000年版，第421—424页。

② 沈德咏主编：《最高人民法院民事诉讼法司法解释理解与适用》，人民法院出版社2015年版，第318页。

认明确否认的，不视为自认。即代理人和本人同时到场的，那么对于自认问题应以本人的陈述为准，因为一方面本人最清楚案件的事实情况，另一方面代理人的权限来源于本人，当然不应超出本人的意思。

第四，新增自认的例外规定。新《民事证据规定》第 8 条是新增条文，规定：最高人民法院《民诉法解释》第 96 条第 1 款规定的事实，不适用有关自认的规定。《民诉法解释》第 96 条第 1 款的规定包括以下情况：涉及可能损害国家利益、社会公共利益的；涉及身份关系的；涉及公益诉讼的；当事人有恶意串通损害他人合法权益可能的；涉及依照职权追加当事人、中止诉讼、终结诉讼、回避等程序性事项的。此外，如果自认的事实与已经查明的事实不符的，法院不予确认。有的观点认为新《民事证据规定》实施后身份关系也可以自认，这属于解读错误。虽然新规将旧规的身份关系不得自认的条款删除，但相关规定包含在本条里面。身份关系涉及人的基本权利，本身具有社会公共利益的属性，需公权力介入加以保障。

第五，首次明确规定了共同诉讼中的自认规则。有学者认为，在共同诉讼中的自认，不属于适格的自认，欠缺自认的构成要件。[①] 我国以往的法律和司法解释中也没有规定共同诉讼的自认，因共同诉讼属于实践中常见的诉讼形态，因此，本次修订区分不同的共同诉讼类型发生不同的自认结果。还应注意对共同诉讼的对方当事人自认效力的认定。由于对方当事人自认的事实在整体上有利于共同诉讼人，只要其他共同诉讼人不反对，就可以推定对全体共同诉讼人免除举证责任。

第六，修改当事人撤销自认的条件。这主要从撤销的时间、条件、结果进行规定，体现在新《民事证据规定》第 9 条。对于当事人因胁迫或者重大误解作出的自认，新《民事证据规定》不再要求当事人举证证明撤销自认的内容“与事实不符”，只要（实际上仍然需要证明）是受胁迫或重大误解情况下作出的自认就可以。值得注意的是，新《民事证据规定》将“撤回自认”改为“撤销自认”，意在强调撤销自认处分是当事人的实体权利，更加精准。在程序上，新《民事证据规定》第 9 条第 2 款规定，人民法院准予撤销自认的，应当以口头或书面的形式作出裁定。

二、新修改的自认规则对律师执业的影响与应对

在民事诉讼中，自认属于当事人处分实体权利的行为，与当事人的利益密切相关。新《民事证据规定》对于自认规则作了较大幅度的修改，相关规定

① 叶自强：《民事证据研究》，中国社会科学出版社 2007 年版，第 68 页。

也更加完善。律师作为民事诉讼的重要参加者，自认规则的修改使其执业势必会受到影响，在代理案件时必须更加全面地理解自认制度，应避免因不当自认给当事人造成损失，防范民事索赔、行政处罚与行业处分，甚至涉嫌刑事犯罪的执业风险。

从民事诉讼自认的概念中可以得出民事自认行为是一种于己不利的诉讼行为，言外之意就是会对作出民事诉讼自认的一方当事人产生不利的法律后果。[①] 新《民事证据规定》出台后，律师在代理案件过程中要格外注意新修规定。新《民事证据规定》第 3 条规定，在起诉状、答辩状、代理词中的内容构成自认；第 5 条规定，除授权委托书明确排除的事项外，诉讼代理人的自认视为当事人的自认。审判实务中适用上述情形并不少见，比如当事人对某合同上印章的真假没有作出明确回应，庭审中代理律师称对合同上的署名是不是其当事人签署的无法确认且庭后核实也未回复等。这些情形下，在法官询问后还不明确回应的，就有被适用该拟制自认规则的法律风险。而且律师参加证据交换、法庭调查和法庭辩论过程中的发言，提交代理词中可能涉及的案件事实，都可能作为法院认定事实的依据。如果在诉讼活动过程中发言不慎或者陈述的事实未经当事人确认，或者事前当事人有口头确认但事后当事人否认，一旦诉讼结果不理想，就可能给诉讼代理人带来执业风险。

另外，根据《民诉法解释》第 107 条的规定，在诉讼中，当事人为达成调解协议或者和解协议作出妥协而认可的事实，不得在后续的诉讼中作为对其不利的根据，但法律另有规定或者当事人均同意的除外。这是对调解、和解程序中自认的规定。虽然法律规定这种自认不能在后续的诉讼中作为对自认方不利的根据，但这种自认势必会影响法官对事实的内心确认。因此，调解、和解程序中，律师和诉讼代理人对自认问题也应注意。

由于新《民事证据规定》中对于自认的要求从当事人自己延伸到了诉讼代理人，这要求当事人和诉讼代理人之间的沟通必须顺畅。在诉讼中，代理律师要及时地与委托人沟通，有义务充分披露自认行为可能导致的法律后果并告知法律程序的严肃性，提醒委托人不能任性地出尔反尔，更不能反复无常。自认权的扩大在给律师执业者更大压力的同时，也要求他们对案件事实和细节有更加清晰的把控。

律师在执业过程中涉及自认制度的适用时需要注意以下几点：

第一，向法院明示诉讼代理人不构成自认的情形。

新《民事证据规定》第 2 条第 3 款中扩大了“诉讼过程”的范围，将证

① 张卫平：《诉讼构架与程式——民事诉讼的法理分析》，清华大学出版社 2000 年版，第 413 页。

据交换、询问、调查过程，或者在起诉状、答辩状、代理词等书面材料中，当事人明确承认于己不利的事实的，也构成自认。随着诉讼代理人自认效力的扩大化，诉讼代理人在庭审中的执业风险也随之加大。虽然可以通过“授权委托书明确排除的事项”来降低风险，但是由于很多事项是否不利于当事人随着诉讼进程的发展不断发生变化，所以实际操作难度较大，这就增加了律师在代理案件时对部分事项是否构成自认的把握难度。因此，律师在代理案件时，要通过强化当事人授权，以向法院明示的方式排除可能构成代当事人自认的情形。除此之外，在民事审判实践工作中，法官也应当从当事人的角度出发，把握好释明权的广度和宽度，从法律的角度对当事人进行合法而又合理的引导，从而保障司法进程中的整体与部分公正①。

很多律师在和当事人签订委托代理合同的时候往往会忽视风险告知书的重要性。风险告知书看似帮助当事人知悉诉讼风险，实际恰恰能帮助律师规避自身的执业的风险。在风险告知书中告知该案件的相关风险，提示委托人对其陈述案情、提交证据的真实性负责，要向委托人充分披露自认的风险。同时可以申明：鉴于案件事实系委托人亲身经历，为帮助法院查明事实，要求委托人一同参加诉讼，特别是在证据交换与庭审时。若代理律师对事实部分表述不当的，委托人有义务当场指正，否则后果将由委托人承担等。

授权委托书是律师能够代表委托人从事相关诉讼活动的基础，但很多律师在这一点上并没有重视起来，认为只是一个格式文本，简单地填写一个“一般代理”或“特别代理”就对此置之不理了，这是一个很大的风险，特别是在新《民事证据规定》出台后，可能会招致不必要的职业风险。对于一般授权，建议在授权委托书中增加条款：当事人与诉讼代理人陈述不一致的，以当事人陈述为准；在诉讼过程中（包括但不限于证据交换、询问、调查过程，或者在起诉状、答辩状、代理词等书面材料中），对于对当事人不利的事项，诉讼代理人无权认可。对于特别授权，建议在授权委托书中对授权事项进行相应的限制。

此外，可以在委托代理合同中约定权利义务事项，例如“鉴于案件事实是当事人亲历，对于代理人表述不当的，当事人有义务指正，否则后果由当事人承担”。

第二，加强与当事人的沟通，向当事人充分披露自认的风险。

此次新《民事证据规定》的修改，给律师和当事人都提出了新的要求。律师代理案件时，要充分加强与当事人的沟通。对于己方当事人不利的事实，

① 陈裕琨：《最高人民法院司法观点集成》，人民法院出版社 2014 年版，第 184—189 页。

代理律师应尽量拒绝回答，或者与当事人沟通之后回答，或者当场连线当事人交由当事人回答，以免因自身过失危害到当事人的合法权益。在诉讼过程中，代理律师应当严格把控所提交的书面材料，尤其是答辩状、起诉状、代理意见等，应确保不存在对于己不利的事实作出的自认的词汇。在案件代理过程中，要及时、充分地与当事人沟通，充分披露自认行为可能导致的法律后果并告知其程序严肃性，不能视为儿戏。同时律师在开庭前要充分做好诉讼预案，准备好相应的证据材料，以便在庭上作出有利于当事人的调整。

第三，强化对法官询问回应的准确性。

对方当事人对于提出的于己不利的事实主张，在法官询问过程中，如果对法官询问的事项不置可否或者回答得含糊其辞、模棱两可，可能被法官视为自认。在庭审陈述、证据质证环节要充分留意法官的表述、询问，表达需要更加诚信和精准，不能“打太极”或作模棱两可表述，无法确认其真实性的可以直接否认；在法庭上三缄其口，尤其是对于自己不利的事实不置可否，可能导致严重的法律后果。因此，为避免陷入推定自认的陷阱，律师对于难以确定真实性的事项，尤其是对己方不利的事项应当直接否认，或者在授权委托书中增加“除外事项”来对“自认风险”进行规避。

律师在充分利用证据规则，尽最大努力维护当事人合法权益的同时，应当更加关注新规则带来的新风险。当事人自认不仅是当事人的诉讼权利，更是当事人对实体性权利的处分，甚至直接关乎诉讼的成败。律师只有充分理解并运用自认制度，才能更好地为当事人代言，更好地平衡当事人处分权行使和人民法院发现真实的需要。

反思与探索：我国书证提出命令制度发展的路径调适

——基于新民事证据规则的思考

李缘依*

引言

在民事诉讼中，书证作为被广泛运用的证据之一，成为法院在庭审中查明案件事实以解决当事人纠纷、维护合法权益的重要依据。大陆法系民事诉讼基于民事纠纷的私益属性，对私权是绝对尊重，即赋予当事人收集证据以证明案件事实从而实现自己诉讼请求的权利与义务。① 与之对应，形成"谁主张，谁举证"等举证责任分配原则。随着社会经济的发展，由于诉讼双方地位不平等，出现现代型诉讼模式中证据偏在的情形，导致处于弱势地位的当事人不能顺利履行举证义务，面临败诉风险。为应对证据偏在的情况，大陆法系国家普遍设立书证提出命令制度，规定当举证责任人所需要的文书被对方当事人或者第三人掌握时，举证方可以申请法院发出书证提出命令，责令对方当事人或者第三人交出证据，对方当事人或者第三人无正当理由拒不交出的，承担不利的法律后果。我国并未在立法中明确赋予书证提出命令制度法律地位，仅仅在2015年最高人民法院《关于适用〈中华人民共和国民事诉讼法〉的解释》（以下简称《民诉法解释》）第112条中就书证提出命令制度作了原则性规定。2020年5月1日生效的最高人民法院《关于民事诉讼证据的若干规定》（以下简称《证据规定》）在第45—48条中，进一步细化了申请书的内容、申请书证范围、法院的审查义务以及违反书证提出命令的内容不利推定和证明妨害的事实推定后果。

---

* 西南政法大学法学院刑事诉讼法学硕士研究生。

① 曹建军：《论书证收集程序的现实困境与模式选择》，载《证据科学》2019年第5期。

《证据规定》搭建了我国书证提出命令制度的基本框架，有利于推进民事诉讼制度的发展。首先，书证提出命令制度成为当事人收集证据的有利渠道。我国目前已有举证责任倒置、降低证明责任、规定证明妨碍等应对当事人收集证据难的困境。[①] 但是随着我国经济的快速发展，现代型诉讼模式兴起，在环境侵权纠纷、医疗纠纷、知识产权等纠纷中，证据偏在情况更加严重。书证提出命令制度的设立正是应对证据偏在的一剂良方，强调法官与当事人以及当事人之间在收集证据方面积极主动协同，共同推进诉讼进程。其次，书证提出命令制度有利于保障当事人的合法权益。设立书证提出命令制度有助于提升处于弱势一方的当事人的主体地位，缓解负有证明责任的当事人在特殊情况下的举证困难。最后，书证提出命令制度有利于法官在庭审中形成自由心证。书证提出命令制度使对案件事实具有举足轻重意义的证据得以进入庭审，法官以事实为依据、以法律为准绳，听取双方举证质证，贯彻直接言词原则，在接近案件真实的基础上进行判决，使整个诉讼过程达到公正平等的要求。相较于德国、日本的书证提出命令制度均以相似的条件控制与过程控制维持此制度的合法边界的情况[②]，我国《证据规定》多以列举的方式规定义务范围，对除外事由及审查程序未作过多规定，无法有效控制合法边界，在实践中依然操作性不强。本文结合国外较成熟的书证提出命令制度的优点，与本土实践相结合，分析《证据规定》中书证提出命令制度短板，并提出书证提出命令制度在我国的发展路径，旨在诉讼活动中实现当事人武器平等、减少案件真伪不明的情况，使法官接近实体真实，定分止争。

一、书证提出命令制度的理论基础

（一）协同主义诉讼模式的理念更新

协同主义诉讼模式是有别于当事人主义模式及职权主义模式的第三种诉讼模式，由奥地利学者弗朗茨克莱因创设，主张法官对诉讼进行主动干预。[③] 在协同主义诉讼模式中，强调法官与当事人之间以及双方当事人之间相互协作，共同推进诉讼。法官与当事人发挥积极作用，当事人在对抗的同时还需要积极合作与协同。英美法系协同主义注重因当事人控制诉讼程序带来诉讼迟延问题，而大陆法系的协同主义强调避免因当事人在诉讼技巧、财力等方面的差异

---

① 吴泽勇：《不负证明责任当事人的事案解明义务》，载《中外法学》2018 年第 5 期。

② 曹志勋：《书证收集裁判模式比较与本土改造》，载《现代法学》2011 年第 5 期。

③ 杨婷：《论协同主义诉讼模式在刑事诉讼中的导入》，载《法学评论》2017 年第 2 期。

带来诉讼结果的不公正。[①] 我国《民事诉讼法》第 64 条和第 67 条规定了当事人及其诉讼代理人因客观原因不能自行收集证据可向法院申请调查证据，人民法院有权向有关单位和个人调查取证，有关单位和个人不得拒绝。从中可以看出我国已有协同主义诉讼模式的色彩，强调法官与当事人的合作调查取证。但是当事人与当事人之间的协作却没有在民事诉讼法中明文规定，虽然举证人可以向法院申请调查取证，但是法院也要综合全案对收集证据的必要性进行审查来决定是否可以帮助其收集，审查理由往往是证据被国家部门保存以及涉及商业秘密、国家秘密等导致双方无法互相配合协力。而人民法院认为应自行取证的案件类型只能是涉及损害国家利益或社会利益、身份关系、公益诉讼以及当事人可能恶意串通损害他人合法权益的情况。书证提出命令制度的出现更新了协同主义诉讼模式的理念，强调双方当事人以及第三人的合作调查取证，法院始终处于中立地位。为了防止法院过度干涉诉讼双方的取证过程，应使双方当事人及第三人在举证一方确实走投无路的情况下进行积极配合，而不能放任双方在辩论主义原则的影响下进行不公平的对抗，法院只是充当桥梁的作用。可见，协同主义诉讼模式建立在对辩论主义的否定与批判的基础上，是对辩论主义的修正。[②]

（二）证据协力义务理论

证据协力义务是指不负举证责任的当事人以及第三人协助法院进行证据调查应尽的公法上的义务，是为了举证人更好地收集证据，法院公正裁判而设立的义务。证据协力义务包括勘验协力义务、证人义务、鉴定义务、当事人受讯义务、文书提出义务等形态，从广义上看，还包括不为证明妨害行为之义务。[③] 若违反此义务，当事人以及第三人会面临公法上的制裁，此时分情况而论：如果是当事人违反此义务，那么法院可以推定举证人所提出的证据为真；如果是第三人违反此义务，由于第三人与案件的裁判结果不存在过多利害关系，那么法院只能对第三人处以罚款、拘留等。第三人如果有正当理由，证明此证据是用于己用或是商业秘密，公开提出会损害人伦道德或者商业价值，经过法院审查，可免除第三人的协力义务。证据协力义务是在现代型诉讼模式兴起的背景下出现的，当事人双方对证据材料的收集能力上具有较大差异，无法实现真正意义上的武器平等。但在我国学术界，很少有人系统地研究证据协力

---

① 王福华：《民事诉讼协同主义：在理想和现实之间》，载《现代法学》2006 年第 6 期。

② 张珉：《协同主义诉讼模式的法理分析——兼谈法制现代话语中我国民事诉讼模式的新选择》，南京师范大学 2005 年博士学位论文。

③ 占善刚：《证据协力义务之比较法研究——以大陆法系民事诉讼为中心》，武汉大学 2009 年博士学位论文。

义务，虽然我国立法对当事人以及第三人的证据协力义务进行直接或者间接的规定，但并未规定证据协力义务的范围以及违反此义务的法律后果。[①] 作为证据协力义务之一，当事人或第三人如果违反文书提出义务，法院可以推定书证内容的真实以及书证所证明的事实真实。通过对当事人及第三人进行证据协力义务的规定，可以扩大证据收集渠道，使双方当事人在公平公正的前提下，利用各种证据规则展开防御攻击。同时，有利于法官在充分的证据基础上，客观形成自由心证，准确查明事实，合理公正地判决。

二、《证据规定》中书证提出命令制度的现状与缺陷

（一）《证据规定》中的书证提出命令制度

我国民事诉讼制度受苏联以及社会转型滞后的影响，诉讼体制还处于转型过程中，保留了较强色彩的职权干预的体制特征。[②] 随着社会经济的发展，案件类型多样化，诉讼纠纷越来越复杂，当事人之间的地位可能处于严重不平衡的状态，强职权主义的诉讼模式已经无法取得诉讼中的公平公正。在此背景下，2015 年《民诉法解释》第 112 条与第 113 条首次规定了书证提出命令制度的内涵，以及对方当事人无正当理由拒不提交的，人民法院可以认定申请人所主张的书证内容为真实。虽然该规定明确了书证提出命令制度的证据不利推定原则，但内容过于简单，赋予法院极大的自由裁量权，导致实践中操作混乱。

2020 年《证据规定》作了进一步的细化，于第 45 条规定："当事人根据《最高人民法院关于适用〈中华人民共和国民事诉讼法〉的解释》第一百一十二条的规定申请人民法院责令对方当事人提交书证的，申请书应当载明所申请提交的书证名称或者内容、需要以该书证证明的事实及事实的重要性、对方当事人控制该书证的根据以及应当提交该书证的理由。对方当事人否认控制书证的，人民法院应当根据法律规定、习惯等因素，结合案件的事实、证据，对于书证是否在对方当事人控制之下的事实作出综合判断。"该条在《民诉法解释》的基础上进一步明确了申请书应所罗列的内容，规定了申请人对书证与案件的关联性、书证所证明事实的重要性以及对处于对方当事人控制状态的证明责任。在第 45 条的基础上，第 46 条明确了人民法院对提交书证的审查义务，规定在审查过程中应当听取对方当事人的意见，必要时可以要求双方当事人提供证据、进行辩论；当事人申请理由成立的，法院以裁定形式责令对方当

① 高天：《民事诉讼中证据协力义务研究》，西南政法大学 2015 年硕士学位论文。

② 张卫平：《我国民事诉讼法理论的体系建构》，载《法商研究》2018 年第 5 期。

事人提交书证。在书证具体类型方面，《证据规定》第 47 条以列举的方式规定以下几个类型：一是控制书证的当事人在诉讼中曾经引用过的书证。鉴于书证内容已经在诉讼中被引用过，那么可以推定当事人对此并没有保密的义务，举证人就有权利要求其提供此书证。二是为对方当事人的利益制作的书证。此书证与当事人有利害关系，一定程度上可以证明当事人享有的权利以及制作该书证的目的。三是对方当事人依照法律规定有权查阅、获取的书证。四是账簿、记账原始凭证。涉及商事纠纷时，经济往来记录对查明案件事实就十分重要。该条第 5 款为兜底条款，但此条兜底条款设立目的并非拓宽书证类型，而是赋予人民法院就以上四项书证审查更广泛的自主权。可以看出，我国当事人书证提出义务还没有一般化，范围较狭窄，我国书证制度也并没有规定除外事由，只表示涉及国家秘密、商业秘密、当事人或第三人的隐私，或者存在法律规定应当保密的情形的，提交后不得公开质证。在违反书证申请命令后果方面，《证据规定》同时规定了书证内容推定真实与当事人主张事实真实两种情况。第 48 条并未对《民诉法解释》规定的书证内容推定真实部分进行修改，并且新增规定控制书证的当事人存在《民诉法解释》第 113 条规定情形的证明妨碍情形的，人民法院可以认定对方当事人主张以该书证证明的事实为真实。

（二）《证据规定》中书证提出命令制度的内在缺陷

1. 书证提出命令制度的义务主体范围缺陷

根据《证据规定》第 45 条的规定，当事人只能向法院申请对方当事人提出书证。当所需书证被对方当事人掌握时，举证责任人可以根据立法规定向法院申请书证提出命令，法院结合案件事实证据，审查申请是否符合条件。而在现实中书证持有人不仅是当事人，还可能是第三人。但法律并没有将第三人纳入义务主体，当第三人持有一方当事人所需要的书证时，当事人只能通过两种方式收集证据，一是向法院申请调查取证，二是申请律师调查令。当事人向法院申请调查取证时，根据《民事诉讼法》第 64 条的规定，当事人及其诉讼代理人因客观原因不能自行收集的证据，或人民法院认为审理案件所需要的证据，人民法院应当调查收集。但实践中将不能自行收集的证据类型多限制在由国家部门保存、涉及国家商业秘密或者个人隐私的证据，并且向法院申请调查取证的条件十分严格，并不能保证一定能申请成功。如果书证被第三人持有，举证人不能按照书证提出命令制度像法院申请责令当事人提交，向法院申请调查取证往往成功率也不高，此时就会出现举证受阻的情形，不利于当事人维护自己的合法权益。

当事人若采取申请律师调查令的方式，申请代理律师向案外的单位或者个人进行证据调查，当书证掌握在第三人手中时，通过律师调查的可操作性不高。在实践中，民事调查令制度交由代理律师进行，法官必须监督和管理每一份民事调查令在申请审查签发到执行、回收、规定的每一个环节，同时需要随时应对被调查人的电话核实，耗时费力。并且只有申请人一方参加民事调查令，法院可能片面听取申请方的意见，对被调查一方而言，权利无法得到有效保障。[①] 所以当书证掌握在第三人手中时，负有举证责任的当事人无法保障取证的顺利进行。而法律也并没有规定第三人拒不提交书证的法律后果，如果此书证对案件事实有着举足轻重的意义，第三人妨碍取证或者以书证不被自己持有为由拒不交出，法律上也无强制性的制裁措施。

2. 书证提出命令制度的客体范围缺陷

我国《证据规定》第 47 条以罗列的方式明确了书证提出义务的四种情形，但是此适用范围相对于实践中千姿百态的纠纷则显得过于狭窄。通过限制式的方法规定书证提出命令制度的适用范围不利于应对实践中所出现的情况，如证明法律关系的文书以及与案件有关联的制作者所制作的书证都没有被列举。如果将适用范围一般化，法官就拥有更多的自由裁量权，若在书证提出命令制度建立之初就将提出范围扩大到一般化，可能导致对双方当事人收集证据过程的过多的干预，难免会对我国本来就不够成熟的辩论主义造成冲击。

在书证特定化程度上，《证据规定》第 45 条规定书证申请人负有书证特定化的义务，申请人所提交的申请书中应当载明的书证名称或者内容、需要以该书证证明的事实、事实的重要性以及对方当事人控制该书证的根据和应当提交该书证的理由。此条规定囊括范围看似较广，但实际上没有分具体情况讨论。当申请人只知道书证名称而不知道具体内容时，根据此规定，当事人还需证明该书证所证事实的重要性以及提出的合理理由。但在当事人连书证具体内容都不知晓的前提下，对书证所证事实的重要性的证明效果可能会大打折扣。而当事人在无法提出直接证据的情况下，是否可以通过其他的事实证据间接证明，没有明确规定。在现实中，处于弱势地位的当事人在某些情况确实无法介入书证的形成过程，对书证的具体内容无从知晓。最高人民法院《关于审理劳动争议案件适用法律若干问题的解释（三）》第 9 条规定，劳动者主张加班费的，应当就加班事实的存在承担举证责任。但劳动者有证据证明用人单位掌握加班事实存在的证据，用人单位不提供的，由用人单位承担不利后果。换言之，如果当事人无法证明对方当事人持有某一证据作为使用前提，那么就无法

① 曹建军：《论民事调查令的实践基础与规范理性》，载《法学家》2019 年第 3 期。

适用证明妨碍制度。[①] 如果将书证特定化的责任标准规定较高，是否会让本就举证渠道不畅的当事人处于更加劣势的地位，如果将其证明责任降低，当事人可能会完全依赖书证提出命令制度，从而将举证责任转移给对方当事人，可能会对对方当事人的合法权益造成损害。我国立法应当在书证特定化的标准上灵活规定，以应对实践中的不同情况。

3. 书证提出命令制度的除外事由与法律后果缺陷

我国书证提出命令制度的除外事由没有以列举的方式详尽规定，仅仅在《证据规定》中明确涉及国家秘密、商业秘密、当事人或第三人的隐私的证据被提交后不得公开质证。大陆法系的国家通常将涉及职务秘密的文书、专门文书制作人为自己的利益制作的文书、技术秘密商业秘密个人隐私等文书作为申请的例外。[②] 如果不设立书证提出命令制度除外事由，那么当事人可能无限制地扩大自己申请的范围，除造成法院司法资源的浪费外，还可能损害对方当事人的合法权益。如果对方当事人所持文书为公务秘密，被强制提出就会面临国家秘密被公开的风险，对国家利益、公共利益造成不利影响；如果书证类型属于商业秘密和技术秘密，被强制公开会减损其知识产权的价值，书证持有人会因为该技术的曝光而难以顺利活动；如果书证类型属于个人隐私，比如日记、备忘录，将此公之于众可能影响当事人和其利害关系人的私人关系；如果书证关系到近亲属关系，被公开可能会破坏家庭稳定，危害伦理道德关系。以上的除外事由在我国法律中还没有体现，国家秘密、商业秘密及个人隐私虽然不得公开质证，但是其依然可以被申请进入审查程序，根据《证据规定》第 46 条，人民法院对当事人提交书证的申请进行审查时，应当听取对方当事人的意见，必要时可以要求双方当事人提供证据、进行辩论。如果不设置专门的除外事由的审查程序，任何属于不应公开的书证都可能在庭前阶段经过双方当事人的辩论。如果法官根据经验逻辑法则认定此书证对裁判结果无实质性影响，将免除对方当事人或者第三人的提出义务，但是由于双方辩论的行为，商业秘密、国家秘密、个人隐私都可能受到泄露的风险。法院只有直接审查书证的具体内容并且与对方当事人进行沟通，才能正确、全面地判断申请是否符合条件，应以何种程序进行审查，以及举证责任人是否可以介入审查程序。

当对方当事人或者第三人拒不提出证据时，《证据规定》中有推定书证内容真实以及推定事实真实两种不同的法律后果。控制书证的当事人无正当理由

① 曹建军：《论书证收集程序的现实困境与模式选择》，载《证据科学》2019 年第 5 期。

② 占善刚：《证据协力义务之比较法研究——以大陆法系民事诉讼为中心》，武汉大学 2009 年博士学位论文。

拒不提交书证的，人民法院可以认定对方当事人所主张的书证内容为真实。控制书证的当事人存在妨碍证明情况的，人民法院可以认定对方当事人主张以该书证证明的事实为真实。在实践中，法律对当事人是否属于无正当理由，以及是否属于以妨碍目的而拒绝提交证据，没有明确的界定。张卫平教授认为，申请人要求对方当事人提出该文书是认为自己提出的实施主张可以通过该文书得到证明，这一事实显然对持有文书的当事人是不利的，故持有文书的当事人通常不愿意提出，甚至销毁遗弃，所以在当事人不履行提出义务时，应当认定申请人主张的事实为真实，而非认定文书内容为真实。[①] 我国应对法律后果进一步改善，以更充分地保障当事人的合法权益。

三、《证据规定》中书证提出命令制度的改进路径

（一）明确书证提出命令制度的适用范围

1. 拓宽书证提出义务的主体范围

根据民事诉讼中的"证据协力义务"法理，各诉讼主体在证据收集的过程中具有协力的义务，不负举证责任的当事人以及第三人在对方当事人、法院、代理律师向其收集证据时，都有义务如实提供相关证据。此证据协力义务一般被视为公法性质上的义务，并不因为持有人拥有的物权排他性而免除。有学者认为，第三人因为不是纠纷的当事人，也不想享有裁判上的利益，其所负事实解明责任较当事人为轻，故第三人证据协力义务范围较当事人的证据协力范围小，如果当事人拒不提出，应予以罚款而不能推定其所持书证内容真实。[②] 持相反观点的学者认为，出于公法上维护司法秩序，发现案件真实的要求，不应将向第三人要求出证据以新的诉讼程序进行，如果第三人的证据经过审查与案件事实有着密切联系，法院有权强制第三人提出证据。[③] 笔者认为，在我国证据收集制度还不完善的前提下，应加强证据收集的协作模式发展，将第三人纳入书证提出义务主体范围。如果第三人无正当理由拒不提出，法律可以裁定处以罚款；若此书证对案情事实有重大影响，法院可以强制其交出；若第三人的书证涉及个人隐私、商业秘密与国家秘密时，法院在审查此书证的时候应该采取秘密的形式，诉讼双方当事人原则上不应介入审查程序；第三人如果认为书证申请提出命令不当，可以向法院提出抗告。

---

① 张卫平：《当事人文书义务提出义务的制度构建》，载《法学家》2017 年第 3 期。

② 占善刚：《证据协力义务之比较法研究——以大陆法系民事诉讼为中心》，武汉大学 2009 年博士学位论文。

③ 包冰锋：《民事诉讼证明妨碍制度研究》，西南政法大学 2011 年博士学位论文。

2. 明确书证提出命令制度的客体适用范围

正如张卫平教授指出的，我国尚处于职权主义向当事人主义转型过程中，当事人主义要求的诉讼体制如辩论主义还没有在我国充分确立，所以我国不应该将书证提出义务一般化处理。[①] 我国应该结合实践，在最新《证据规定》所列举的书证类型的基础上，继续添加证明法律关系等与案件事实相关的文书类型以应对实践中纷繁复杂的纠纷类型。

《证据规定》虽然说明了书证特定化的程度，但是没有考虑如果举证责任人确实没有参与书证的制作过程，此时对举证责任人要求过高的证明责任是否有违平等原则之嫌的问题。而如前文所述，在实践中往往因为举证责任人无法将书证的具体内容详细提出，导致法院认定其不符合申请书证提出的条件，认为举证责任人无法就书证的重要性作出说明，从而认定书证与案件并无较强关联性。我国可以借鉴日本对书证特定化程度的规定。日本《民事诉讼法》第220条规定了文书特定程序，即当事人若无法对文书作出详细说明，可用其他事项代替文书的标示或者旨趣。值得注意的是，举证责任人对任何文书的提出仍需证明此文书提出的必要性，避免举证者利用申请文书提出命令从而将自己的证明责任转移给对方当事人。[②] 所以在书证特定化程度上，我国应灵活规定，如果举证责任人对文书不了解，不能明确提供具体内容，法院可以对其难度进行审查，确有困难的，可以减轻证明对象特定化的程度，但是基础的内容比如书证的名称、与案件有关的理由以及持有人的基本信息不能免除，以防止举证责任人滥用申请书证提出命令制度，将自己的举证责任转移给对方，造成诉讼中的不公平。

（二）完善除外事由及配套运行程序

一方面，立法应该在《证据规定》第47条的基础之上明确除外事由，可以以列举方式，将涉及公务员职务秘密且有损害公共利益可能的文书、供持有人利用的文书、内容涉及刑事诉讼案件或者记录少年保护案件的文书以及涉及近亲属关系的文书罗列出来。除了规定涉及除外事由的文书不得进行质证，还应当规定具体的秘密审查程序，以免因不当曝光损害其商业价值、人伦价值。在涉及近亲属关系上的文书上，我国应当借鉴日本的规定，把对证人的免证事由运用到书证提出命令制度中，例如涉及近亲属关系的文书资料不得强制提出。通过此种将书证提出类型以列举加例外的规定方式，使当事人对法律规定

---

① 张卫平：《当事人文书义务提出义务的制度构建》，载《法学家》2017年第3期。

② 参见［日］三木浩一：《文书提出命令申请与审查程序——以日本民事诉讼为视角》，张慧敏译，载《中山大学法律评论》2013年第1辑。

有预期的可能性，了解何时以何种理由提出书证提出命令的申请，及时维护自己的合法权益。

另一方面，在书证提出申请的审查上，首先，书证提出命令申请书可以是书面或者口头形式。实践中有部分当事人文化水平较低，无法将书证提出申请书具体详尽地写出。法律可以规定书写与口述两种方式，必要时可以让律师代笔。其次，对于涉及秘密内容的书证审查，我国可以借鉴日本的暗室程序（In camera）的程序。暗室程序是指在审查除外事由时，裁判所可以命令文书持有人提出该文书，但是任何人不得要求此文书开示，持有人提出文书后，裁判所认为必要时，也可以由其暂时保管该文书，申请人不得阅览此文书并且对其发表意见。因为除外事由对外影响国家关系、外交政策，对内关系到社会秩序和公共安全，具有高度的重要性和政策性，因此，裁判所的裁量应当主要依赖于公务机关的意见陈述，裁量空间仅为该意见是否出在合理性范围内。[①] 我国法律应专门设置非公开的审查程序，原则上只能允许书证持有人一方参与审查，整个过程不得对外公布，如果确实需要申请方与书证持有一方进行对质，那么可以让申请方加入不公开审查程序，进入前应当签署保密的保证书，如果当事人违反保密的承诺，将受到刑事处罚。最后，应当对法官的权力进行限制，赋予双方当事人提出复议的权利，减少枉法裁判的现象发生。

（三）加强书证提出命令制度的司法适用

首先，可以在民事诉讼法中对书证提出命令制度作出具体规定，赋予其更强的司法权威，并通过总结实践经验，不断完善。其次，有关部门应当加强对书证提出命令制度的宣传，普及相关法律制度，加强对司法工作人员的培训，进一步提高司法队伍履行职责能力，使其能够正确处理民事诉讼活动中的证据偏在情况。同时，在审查过程中给予当事人正确的法律指导与法律帮助，保障其合法权益。

① 赵清：《日本民事诉讼证据制度及对中国的启示》，载《河北法学》2018 年第 5 期。

●实证研究

鉴定意见审查判断的实证研究

吴国章*

长期以来，我国法律实务人员对鉴定意见的审查，多限于鉴定资质和鉴定文书的形式审查，对于鉴定的规范依据、鉴定步骤和鉴定方法等专业性问题，鉴于自身的非专业化而有意回避，导致对鉴定的审查判断未能实现实质化。2020年5月27日，司法部颁布《关于进一步规范和完善司法鉴定人出庭作证活动的指导意见》，强化了鉴定人出庭作证的义务和职责，以引导法律实务人员加强对鉴定意见的实质性审查。为了实现对鉴定意见的实质性审查，本文从实践经验出发，试图梳理并提出一些行之有效的审查方法。

一、鉴定意见审查判断的规范分析

（一）鉴定意见的审查要点与处理

1. “14点”审查规则

最高人民法院《关于适用〈中华人民共和国刑事诉讼法〉的解释》（以下简称“最高法院司法解释”）第84条规定了对鉴定意见应当进行着重审查的10种情形，实际上包含了对鉴定意见进行审查的14个要点，笔者称之为鉴定意见的“14点”审查规则，具体见表1所列。对于前述审查要点，有学者总结了“六性”（相关性、必要性、可靠性、合规性、充分性、适格性）审查

* 福建壶兰律师事务所主任。

法、[①]“五性”（相关性、必要性、适格性、排除性、可靠性）审查法、[②]“三性”（有效性、可靠性、相关性）审查法等。[③] 但是鉴定意见本身所固有的复杂性是任何理论上审查方法所无法覆盖的，实践中对鉴定意见的审查标准最终必须落实到表1所列的要点。

表1　鉴定意见审查的“14点”规则

序号	审查要点	序号	审查要点
1	鉴定机构是否有法定资质	8	方法是否符合规范要求
2	鉴定人是否有法定资质	9	鉴定程序是否符合规定
3	是否存在鉴定人回避情形	10	鉴定过程是否规范要求
4	检材来源、取得、保管、送检是否符合法律规定	11	鉴定是否加盖司法鉴定专用章并由鉴定人签名
5	检材与提取笔录、扣押清单记载内容是否相符	12	鉴定意见与案件待证事实有无关联
6	检材是否充足、可靠	13	鉴定意见与其他证据有无矛盾
7	鉴定意见形式要件是否完备	14	是否告知当事人鉴定意见

2. “15点”排除规则

“最高法院司法解释”第85条规定了有关鉴定意见“不得作为定案的根据”的9种情形，实际上包含了“15点”具体情形，笔者称之为鉴定意见的“15点”排除规则，见表2所示。

表2　鉴定意见的“15点”排除规则

序号	审查要点	序号	审查要点
1	鉴定机构不具备法定资质	9	鉴定对象与检材、样本不一致
2	鉴定事项超出业务范围	10	鉴定程序违反规定
3	鉴定事项超出技术条件	11	鉴定过程不符合规范要求
4	鉴定人不具备法定资质	12	鉴定方法不符合规范要求
5	鉴定人不具有专业技术或职称	13	鉴定文书缺少签名、盖章
6	鉴定人违反回避规定	14	鉴定意见与待证事实无关联
7	送检材料、样本来源不明	15	违反法律规定的其他情形
8	检材、样本受污染不具备鉴定条件		

① 樊崇义、吴光升：《鉴定意见的审查与运用规则》，载《中国刑事法杂志》2017年第6期。

② 刘晓丹：《科学证据可采性规则研究》，载《证据科学》2012年第1期。

③ 张南宁：《科学证据可采性标准的认识论反思与重构》，载《法学研究》2010年第1期。

证据法学者的实证研究表明，任何鉴定意见如果存在“15 点”排除规则之一的，则极有可能造成冤假错案。有学者对 137 起刑事错案进行统计后发现，错判原因涉及鉴定的，共有 44 件，占比达 32%。① 在陈永生教授研究的 20 个冤案中，涉及或应当涉及鉴定意见的有 15 个，占比高达 75%。② 有学者将 54 起刑事错案作为样本进行了统计，发现因鉴定意见相关问题催生的错案有 30 起，占总案件数量的 55.6%。如果将这些鉴定意见中存在的问题与“15 点”排除规则进行比较，则问题集中在其中第 7—13 点的排除规则上，如表 3 所示。③

表 3　刑事错案中鉴定意见存在的主要问题统计

原因	案件数量	占比（以存在问题的 30 件为基数）
相关物证应提取而未提取	2	6.7%
物证提取、保管、使用不当	5	16.7%
应作而未作 DNA、指纹等鉴定	14	46.7%
误将种属认定当作同一认定	8	26.7%
鉴定意见错误	6	20%
与其他证据无法相互印证	7	23.3%

（二）鉴定意见排除规则的性质

陈瑞华教授认为，我国非法证据排除规则有三种模式：强制性的排除、自由裁量的排除和可补正的排除。④ 按陈瑞华教授的观点，表 2 所列的鉴定意见因为违背了“技术性较强的程序和方法或者违反了特定的鉴定标准”“就可能被视为非法证据”，所适用的排除规则属于强制性的非法证据排除规则。⑤ 在司法实务场域，适用“15 点”排除规则的鉴定意见也往往被视为“非法证据”。比如，《检察日报》刊登的《湖北黄梅：从源头上扫除非法证据》一文就将存疑的鉴定意见视为非法证据；⑥ 贾治辉、孔令勇撰写的《非

① 刘品新主编：《刑事错案的原因与对策》，中国法制出版社 2009 年版，第 223 页。

② 陈永生：《刑事冤案研究》，北京大学出版社 2018 年版，第 16—18 页。

③ 徐月笛：《论物证鉴定意见的合法性——从刑事错案和规范分析两个视角》，载《证据科学》2016 年第 4 期。

④ 陈瑞华：《非法证据排除规则的中国模式》，载《中国法学》2010 年第 6 期。

⑤ 陈瑞华：《鉴定意见的审查判断问题》，载《中国司法鉴定》2011 年第 5 期。

⑥ 郭清君、蒋长顺：《湖北黄梅：从源头上扫除非法证据》，载《检察日报》2015 年 4 月 15 日。

法鉴定意见排除规则研究》,[①] 徐月笛撰写的《论物证鉴定意见的合法性——从刑事错案和规范分析两个视角》,[②] 都主张适用非法证据排除规则排除“非法鉴定意见”。

但是，将适用“15点”排除规则的鉴定意见视为“非法证据”，明显违背了“非法证据”的渊源语境，也不符合我国法律对“非法证据”所作的规范界定。不得作为定案根据的鉴定意见并非属于“非法证据”。从体系解释角度看，“最高法院司法解释”和“两高三部”《关于办理死刑案件审查判断证据若干问题的规定》中有大量的“不得作为定案的根据”的证据排除模式，使得“定案根据”成为我国“证据审查规范体系中的一个重要话语标志”，也作为“一系列证据审查规范的规范后果”。[③] 因此，“不得作为定案的根据”的排除模式是一种区别于非法证据排除规则的证据排除规则，其调整的对象是真实性、关联性存在问题的证据，笔者将此类证据归纳统称为“风险证据”，其所适用的排除规则可以称为“风险证据排除规则”，在立法体例上表达为“不得作为定案的根据”。综合考察我国证据法律规范可见，我国适用排除规则予以排除的证据有三种形态：非法证据、风险证据和瑕疵证据。证据排除规则也有相应的三种形态：非法证据排除规则、风险证据排除规则和瑕疵证据排除规则（可补正的排除规则）。

“15点”排除规则属于风险证据排除规则，是一种强制性的排除规则，不属于可补正或作出合理解释的“可补正的排除规则”，即不允许鉴定人对鉴定意见进行“补正或作出合理解释”。实务中人民法院因为鉴定意见中的检材与样本的来源存在问题而要求侦查机关进行补正或合理解释，仅是针对实物证据要求“补正或作出合理解释”，而不是要求对鉴定意见进行补正或作出合理解释。比如，在王维喜强奸案件中的DNA鉴定意见，法官仅要求控方就被害人的内裤来源进行补正或合理解释，而没有要求鉴定人对鉴定意见本身进行补正或合理解释。[④]

（三）鉴定意见排除规则的实践运用

笔者之所以主张将“15点”排除规则在理论上建构为“风险证据排除规则”，而不主张将其视为非法证据排除规则，除了基于非法证据排除规则的基础理论考量外，还基于实务的需要。我们知道，适用非法证据排除规则排除争

---

① 贾治辉、孔令勇：《非法鉴定意见排除规则研究》，载《铁道警察学院学报》2014年第4期。

② 徐月笛：《论物证鉴定意见的合法性——从刑事错案和规范分析两个视角》，载《证据科学》2016年第4期。

③ 吴洪淇：《证据法的理论面孔》，法律出版社2018年版，第41页。

④ 详见最高人民法院第763号刑事指导案例——王维喜强奸案。

议证据，对辩方而言因受制于多种因素而致实证效果甚微，比如首先要受到申请排除非法证据的期限的约束，其次辩方应当就申请排除非法证据提供线索或材料，最后还要经过证据合法性调查的“程序中的程序”。总之，排除的程序杂，耗时长，难度大，成效小。而如果适用“风险证据排除规则”排除鉴定意见中的“风险证据”，可以直接进行排除，既没有时限的约束，也没有特别程序的束缚，尤其是辩方无须提供“线索或材料”，可以更有效地实现排除目的。不仅是鉴定意见，其实对于其他“风险证据”甚至包括非法证据，同样可以根据“最高法院司法解释”的规定而直接适用“风险证据排除规则”进行排除。

二、鉴定资质的“四重审查法”

（一）鉴定资质的四种样态

综合目前对专业性问题的“鉴定”现状看，专业性问题鉴定涉及的不仅是司法鉴定机构的鉴定，还涉及司法机关鉴定、行政机关鉴定和检验机构鉴定等“鉴定”，而且在实务中后三者样态的占比并不低于司法鉴定机构的鉴定，但在理论研究或实务中并未得到足够的重视。

1. 鉴定机构的鉴定

2015 年全国人大常委会《关于司法鉴定管理问题的决定》（以下简称《决定》）确立了鉴定人和鉴定机构登记管理制度，其中第 4 条和第 5 条分别对鉴定人和鉴定机构的资质要求作了具体的规定。鉴定人和鉴定机构只有具备该等法定条件的，才有进行司法鉴定的资质。

2. 司法机关的鉴定

在确立鉴定人和鉴定机构登记管理制度的同时，《决定》第 7 条的规定则保留了侦查机关的司法鉴定权，但侦查机关设立的鉴定机构的鉴定范围也受到了一定的限制。在公安机关立案侦查的刑事案件中，大部分是由公安机关内设的鉴定部门进行鉴定的，比如伤情鉴定、毒品成分鉴定、淫秽物品鉴定、赌博机鉴定和邪教宣传品鉴定等。

3. 行政机关的鉴定

法律规范对某些专业性问题特别规定由相关行政主管部门鉴定、鉴别的，则只能由相关行政机关作出鉴定，司法鉴定机构和司法机关均无鉴定的资质，最为常见的就是价格认证中心对案涉物品价格的鉴定。笔者通过检索部分规范性文件，列举了部分由行政机关作出鉴定的鉴定事项和规范依据，具体见表 4。如果表 4 中所列专业性问题不是由相应的行政机关作出鉴定的，则可以鉴定单位不具备鉴定资质而予以排除。

表 4　由行政机关鉴定的专业性问题与规范依据

序号	鉴定事项	鉴定部门	规范名称
1	是否属于国家秘密与密级	省级以上保密部门	关于审理为境外窃取、刺探、收买、非法提供国家秘密、情报案件具体应用法律若干问题的解释
2	宣传品出版、发行的合法性	新闻出版主管部门	关于办理暴力恐怖和宗教极端刑事案件适用法律若干问题的解释
3	安全事故的原因、损失和责任	政府职能部门	关于进一步加强危害生产安全刑事案件审判工作的意见
4	是否属于假药劣药	药品监督管理部门	关于办理危害药品安全刑事案件适用法律若干问题的解释
5	是否属于假冒伪劣烟草	烟草产品质量检验机构	关于办理假冒伪劣烟草制品等刑事案件适用法律问题座谈会纪要
6	走私案件中偷逃应缴税额的核定	海关	关于办理走私刑事案件适用法律若干问题的意见
7	非法证券活动的违法性质	证券主管部门	关于整治非法证券活动有关问题的通知
8	非法集资的违法性质	金融机构主管部门	关于非法集资刑事案件性质认定问题的通知
9	是否属于国家事务、国防建设、尖端科学领域的计算机信息系统	省级以上计算机信息系统安全保护管理部门	关于办理危害计算机信息系统安全刑事案件应用法律若干问题的解释
10	是否属于“伪基站”“黑广播”	省级无线电管理机构	关于办理扰乱无线电通讯管理秩序等刑事案件适用法律若干问题的解释

续表

序号	鉴定事项	鉴定部门	规范名称
11	“黑广播”的功率、覆盖范围	省级广播电视主管部门	关于办理扰乱无线电通讯管理秩序等刑事案件适用法律若干问题的解释
12	“黑广播”是否干扰导航、通信	省级航空、铁路、船舶等主管部门	同上
13	珍贵、濒危野生动物制品价值	野生动物保护主管部门	关于审理破坏野生动物资源刑事案件具体应用法律若干问题的解释
14	珍贵、濒危水生野生动物	渔业行政主管部门	关于审理发生在我国管辖海域相关案件若干问题的规定（二）
15	矿产品价值	省级以上国土资源、水行政、海洋等主管部门	关于办理非法采矿、破坏性采矿刑事案件适用法律若干问题的解释
16	是否属于破坏性开采方法	省级以上国土资源主管部门	同上

4. 检验机构的鉴定

“最高法院司法解释”第 87 条规定：“对案件中的专门性问题需要鉴定，但没有法定司法鉴定机构，或者法律、司法解释规定可以进行检验的，可以指派、聘请有专门知识的人进行检验，检验报告可以作为定罪量刑的参考。”该规定是检验检测机构具备司法鉴定资格的直接依据。但是，检验检测机构必须具备相应的资质，否则不具有司法鉴定的资格。2015 年 8 月 1 日施行的《检验检测机构资质认定管理办法》第 3 条规定，“检验检测机构从事下列活动，应当取得资质认证认定：（一）为司法机关作出的裁决出具具有证明作用的数据、结果的……”所以，如果某检验机构未获得资质认定而从事司法鉴定的，其出具的检验报告因为不具备资质而应予排除。

笔者检索了部分司法解释，其中一些直接规定案涉专门性问题由检验机构进行鉴别的内容如表 5 所示。

表 5　由检验机构鉴别的专业性问题与规范依据

序号	鉴定事项	鉴定部门	司法解释名称
1	油气的质量与标准	公安机关指定的机构	关于办理盗窃油气、破坏油气设备等刑事案件适用法律若干问题的意见
2	伪劣产品	产品质量检验机构	关于办理生产、销售伪劣产品刑事案件具体应用法律若干问题的解释
3	假药、劣药	药品检验机构	关于办理危害药品安全刑事案件适用法律若干问题的解释

（二）鉴定资质的“四重审查法”

在司法实践中，法律实务人员对鉴定机构的资质进行审查时，几乎仅限于对鉴定机构和鉴定人资质的“双重审查”。但是，《决定》第 5 条对鉴定机构资质的要求其实隐藏了另外一种资质条件。该条款第 3 项规定，“有在业务范围内进行司法鉴定所必需的依法通过计量认证或者实验室认可的检测实验室”。这是某些鉴定机构获得司法鉴定资质之前必须获得的基础资质。如果不具备此项基础资质，即使具有司法鉴定资质，但仍无权对特定事项进行司法鉴定。另外，对于鉴定人资质的审查，也不仅仅限于《决定》第 4 条所列举的资质条件，因为在某些特定的鉴定事项中，规范性文件对鉴定人的资质会作出特别的规定。所以，在审查鉴定机构和鉴定人的资质时，应当运用“四重审查法”进行审查。比如，有些司法鉴定机构持有的《司法鉴定许可证》记载的业务范围包括“海事物证司法鉴定”，但根据《海域使用面积测量规范》（HY070—2003）第 4. 5. 1 和 4. 5. 2 条的规定，承担海域使用测量任务的单位，应取得国家海洋行政主管部门颁发的《海域使用测量资质证书》，测量人员应具有相应的专业测量知识，并经国家海洋行政主管部门或其委托单位组织培训、考核，考核合格后方能持证上岗。如果该鉴定机构并未获得《海域使用测量资质证书》，相关鉴定人也没有相应的专业测量知识，其从事的包括测量海域面积在内的“海事物证司法鉴定”因不具备鉴定资质而应予排除。显然，以传统的“双重审查法”进行资质审查，是无法排除该鉴定意见的。

三、检材与样本的“三分法审查”

（一）“三分法”的具体内容

检材与样本是司法鉴定工作的对象，也是鉴定意见得以形成的基础材料。不论是理论界还是实务界，均深刻认识到“检材、样本的来源、质量直接决定着鉴定意见的科学性和可靠性”，因此必须从以下几方面审查检材：“检材（样本）的发现、提取、处理、固定和保管方式是否科学，检材提取的部位是否准确，检材在储存、运输过程中是否遭到污染、破坏，检材有无变形、伪装、损失，检材的性状、数量、质量是否符合检验要求，检材是否反映了客体的特性”。①但是，法律实务人员所熟知的实物证据的提取程序或流程，一般仅限于刑事诉讼法及有关司法解释等的规定，对于某些专业性较强的检材与样本的取得程序问题，知之甚少，因而无法对其科学性、可靠性作出有效的评价。这是法律实务人员针对鉴定意见普遍面临的困境。比如，在念斌案件中，涉及毒物理化检验等专业的鉴定意见，“检、控双方分别聘请的多名有专门知识的人对有关的结论性意见，也存在严重分歧”，②对于不具备专业知识的普通法律实务人员而言，则更是无法理解和把握。

为了突破这种困境，笔者结合实践经验，将对检材、样本来源与质量的审查方法总结为“三分法”：首先，将检材、样本区分为普通、特定和特殊的三种形态。所谓普通的检材、样本是指实务人员可以运用常识和生活经验就可以对其作出有效审查判断的实物证据。所谓特定检材、样本，是指其提取程序和流程由刑事诉讼法律规范作了特别规定的实物证据，法律实务人员可以根据相关特别规定进行审查，比如毒品和电子数据。所谓特殊检材、样本是指那些需要运用专业性科学知识对其作出有效审查的实物证据，比如血液 DAN、毛发 DNA 检验等。其次，适用不同的“审查方法”。对于普通检材、样本来源与质量的审查，可以运用生活常识和经验法则进行审查，简称为“普通法”的审查方法。比如，对提取作案刀具的合法性、可靠性的审查，可以运用“最高法院司法解释”中蕴含生活常识和经验的审查规则进行审查。对于特定检材、样本来源与质量的审查，则应当适用与其相对应的刑事诉讼规范性文件所特别规定的程序或流程，简称为“特定法”的审查方法。比如，对毒品的提取与送检的合法性进行审查，应当适用《办理毒品犯罪案件毒品提取、扣押、称

① 刘静坤：《证据审查规则与分析方法》，法律出版社 2018 年版，第 168 页。

② 刘旌：《念斌案为何拖了 8 年？福建高院称专业毒物鉴定分歧严重》，载《澎湃新闻》2014 年 8 月 25 日。

量、取样和送检程序若干问题的规定》中的特别规定。对于特殊检材与样本的审查，应当运用专业性很强的国家标准、行业标准、技术规范和技术方法的有关规定进行审查，简称为“特殊法”的审查方法。

[**案例1　念斌投毒案**]① 在念斌案件中，案涉毒物理化检验报告涉及的专业性技术标准、技术规范包括：《中毒案件采取检材规则》（GA/T193—1998）、《中毒案件检材包装、储存、运送及送检规则》（GA/T194—1998）、《法医学尸体解剖》（GA/T147—1996）、《法医病理学检材的提取、固定、包装及送检方法》（GA/T148—1996）、《中毒尸体检验规范》（GA/T167—1997）、《法医临床检验规范》（SF/ZJD0103003—2011）、《刑事技术微量物证理化检验第7部分：气相色谱-质谱法》（GB/T19267.7—2003）。这些技术标准、规范对检材、样本的来源与质量均作了特殊的规定。

对检材、样本来源与质量作“三分法”的审查，类似于将审查方法根据审查标准、难易程度进行类型化处理，为法律实务人员审查判断鉴定意见提高了一个高效的路径。首先，“三分法”有利于指引审查方向。法律实务人员可以根据常识和经验将案涉的鉴定意见进行归类，并根据归类后的审查方法进行审查，做到审查方向明确、思路清晰。其次，有利于强化审查力度。当法律实务人员面对的是“特定型”和“特殊型”鉴定意见时，无须回避专业性难题，可以根据相应的审查方法找寻相应的审查规范依据，以规范依据反向检验鉴定意见，不断拓展审查的深度和广度，直至实现全面审查。最后，有利于提高审查效果。通过对“特殊法”审查方法相对应的规范依据进行研究、把握，非专业的法律实务人员也可以充分理解特殊型的鉴定意见。

（二）“三分法”的具体操作

1. “普通法”的操作

“普通法”审查方法的规范依据是刑事诉讼法以及相关司法解释的规定。此方面规范的内容较为原则性和普遍性，适用于较为常见的普通的实物证据的鉴定。相关规范依据如表6所示。

表6　“普通法”的规范依据

序号	规范名称
1	“最高法院司法解释”
2	公安机关办理刑事案件程序规定

① 福建省高级人民法院（2012）闽刑终字第10号刑事附带民事判决书。

续表

序号	规范名称
3	关于办理死刑案件审查判断证据若干问题的规定
4	公安机关刑事案件现场勘验检查规则
5	公安部刑事技术鉴定规则
6	公安机关鉴定规则
7	人民检察院文件检验工作细则（试行）

“普通法”的审查内容主要是检材、样本来源是否明确，检材与鉴定对象是否具有同一性。这些审查内容可以通过勘验检查笔录、提取笔录以及鉴定意见中注明的检材、样本、鉴定对象具体特征，直接作出判断。

［案例2　缪某某故意杀人案］①在该案的毛发DNA鉴定中，毛发样本提取系“被害人头面部，发长6厘米，色泽棕红”，但没有相应提取笔录或物证登记表。而2004年6月7日辽公刑技（DNA）〔2004〕423号鉴定书记载的送检“样本”是1根毛发、长约8厘米，没有记载颜色。同时，送检毛发的“检材”也没有提取笔录或物证登记表，且“检材”颜色存在矛盾之处，2004年10月8日辽公刑技（DNA）〔2004〕423－1号鉴定书记载送检的3根毛发有1根为棕色，与公安机关送检的疑似毛发颜色均为黑色的记载相互矛盾。根据经验法则和生活常识，可以判断这些检材与样本的来源不明，且鉴定对象与检材、样本的同一性也无法确定，鉴定意见应予排除。

2.“特定法”的操作

“特定法”的规范依据是有关司法解释和刑事诉讼规范性文件，如表7所示。在这些规范性文件中，最高司法机关对某些物证的提取、扣押、取样和送检程序作了特别的规定，在审查鉴定意见时，应当依照其特别规定进行审查。

表7　“特定法”的规范依据

序号	规范名称
1	办理毒品犯罪案件毒品提取、扣押、称量、取样和送检程序若干问题的规定
2	关于办理刑事案件收集提取和审查判断电子数据若干问题的规定
3	公安机关办理刑事案件电子数据取证规则
4	电子数据法庭科学鉴定通用方法（GA/T976—2012）
5	关于办理网络犯罪案件适用刑事诉讼程序若干问题的意见

①　福建省高级人民法院（2017）闽刑再4号刑事附带民事判决书。

“特定法”以“普通法”审查模式为基础，另行考虑有关规范性文件的特别规定。因此，“特定法”的审查模式并不存在专业性难题，而且就目前有关规范性文件来看，涉及“特定法”审查模式的实物证据仅有毒品和电子数据两种，规范依据相对简单，只要严格依照规范性文件所规定的程序进行，对检材来源与质量的审查并非难事。比如，在毒品犯罪案件中，对毒品的扣押、提取、称量和取样，必须遵循“现场规则”，如果违背“现场规则”，则可能导致检材与鉴定对象的同一性存疑。

3. “特殊法”的操作

与“普通法”和“特定法”相比较，“特殊法”的“特殊性”在于，其规范依据不是刑事诉讼规范性文件，而是国家标准、行业标准或技术规范与技术方法，这些规范依据涉及的技术性问题是“法律专业”以外的自然科学的专业问题。这些规范依据可以分为四大类：国家标准、行业标准、司法鉴定技术规范和技术方法。其中，行业标准可以细分为公共安全行业标准、林业行业标准、地质矿产行业标准、土地管理行业标准等。这些规范依据涉及法医病理、法医临床、法医精神病、法医物证等法医类鉴定，涉及文书、痕迹和微量的物证类鉴定，涉及数字声像资料的声像资料鉴定，也有涉及污染物性质、生态环境损害性质等的环境损害司法鉴定。为了详尽说明“特殊法”的规范依据，笔者通过列举了部分较为常用的规范依据，如表 8 所示。

表 8 “特殊法”的规范依据

序号	规范名称
1	中毒案件采取检材规则（GA/T193—1998）
2	中毒案件检材包装、运送及送检规则（GA/T194—1998）
3	中毒案件检材中毒鼠强的气相色谱定性及定量分析方法（GA/T205—1999）等共 8 部
4	中毒尸体检验规范（GA/T167—1997）
5	法医学物证检材的提取、保存与送检（GA/T169—1997）
6	法医学尸体解剖（GA/T147—1996）
7	法医临床检验规范（SF/ZJD0103003—2011）
8	法医病理学物证检材的提取、固定、包装及送检方法（GA/T148—1996）
9	刑事技术微量物证的理化检验（GB/T19267.1—2008）等共 12 部
10	声像资料鉴定通用规范（SF/ZJD0300001—2010）
11	数字声像资料提取与固定技术规范（SF/ZJD0300002—2018）

续表

序号	规范名称
12	野生动物及其产品的物种鉴定规范（LY/T2501—2015）
13	车辆驾驶人员血液、呼气酒精含量阈值与检验（GB19522—2010）
14	火灾技术鉴定物证提取方法（GB/T20162—2006）
15	建设用砂（GB/T14684—2011）
16	岩矿鉴定技术规范（DZ/T0275. 1—2015）至（DZ/T0275. 5—2015）共 5 部

实际应用中，首先，要清楚“特殊法”的特殊之处。在面对某些专业性的鉴定意见时，比如毒物的理化检验报告，我们必须先明白这些鉴定意见的特殊性表现在哪里，从哪些规范依据中可以探寻其特殊之处。只有把握其特殊性，才能探索出解决这些特殊性的特殊审查方法。其次，搜索出鉴定意见所依据或相对应的规范依据，解读、研究规范依据对检材提取主体以及检材提取、扣押、取样、称量、包装、保管及保管期限、移送、检验及检验期限等程序的具体规定，而后将这些规定与案件中检材形成、移送过程进行比对，整理出不相吻合之处。比如，在非法采矿案件中，对案涉海砂是否达到“建设用砂”标准的鉴定中，国家标准《建设用砂》第 7. 1. 1 规定了须抽取不少于 8 份的等量样品，第 7. 1. 2 条规定了每个单项试验的最少取样质量。如果鉴定过程中未能严格遵循取样方法和数量的规定，则可能因检材瑕疵和程序违规而导致鉴定意见被排除。

四、鉴定规范的“四步法”审查

如果检材与样本是鉴定的基础，规范依据则是鉴定的核心。规范依据是鉴定人作出鉴定意见的准绳，也是法律实务人员审查鉴定意见的标尺。鉴定意见所依据的技术标准或技术规范，囊括了从检材取得到鉴定意见形成的所有程序和方法，只有充分把握规范依据，才能对鉴定意见提出有效的审查意见。司法实务中，似乎多数法律实务人员并不在意规范依据，以致对鉴定意见的审查仅停留在形式要件上，而无法深入对核心技术的挖掘。笔者结合实践经验认为，对规范依据的审查可以遵循“四步法”的审查方法。

（一）第一步：审查有无规范依据

《司法鉴定程序通则》第 23 条规定：“司法鉴定人进行鉴定，应当依下列顺序遵守和采用该专业领域的技术标准、技术规范和技术方法：（一）国家标准；（二）行业标准和技术规范；（三）该专业领域多数专家认可的技术方法。”该规定表明，不论是“普通法”“特定法”还是“特殊法”的审查方法，鉴定意见的形成都必须以技术标准、技术规范和技术方法为标尺，否则该鉴定意见不能满足科学性、可靠性的基本要求。司法部《司法鉴定文书规范》第7条第5项“检验过程”也规定，司法鉴定文书应“写明鉴定的实施过程和科学依据，包括检材处理、鉴定程序、所用技术方法、技术标准和技术规范等内容”。可见，规范依据是鉴定文书的重要组成部分，法律实务人员可以直接通过检查鉴定文书来判断该鉴定意见是否有相应的规范依据。如果鉴定意见没有注明规范依据，则不能排除检材处理、鉴定程序和鉴定方法违反规范依据，应当予以排除。在司法实务中，不少鉴定意见并没有注明规范依据，但是并没有引起足够的重视。

[案例3　林某某走私珍贵、濒危动物制品案]①　在该案中，某海关缉私局于2017年11月委托福建某司法鉴定中心对案件涉及的“一批动物制品物种等问题”进行司法鉴定。鉴定机构在鉴定意见书中列举了“鉴定依据”：

（1）鉴定聘请书；

（2）Africa's Animal Kingdom，PRC Publish Ltd，2000；

（3）侯森林、周用武编著：《野生动物识别与鉴定》，中国人民公安大学出版社2004年版；

（4）万自明：《野生动植物执法》，中国林业出版社2004年版；

（5）《国家重点保护野生动物名录》；

（6）《濒危野生动植物国际贸易公约》附录（CITES附录中文版）；

（7）林业部《关于核准部分濒危野生动物为国家重点保护野生动物的通知》。

该鉴定意见所引用的规范依据，并非技术标准或技术规范，而是某些专家的观点。我们知道，只有在相关专业问题没有国家标准、行业标准、技术规范约束的情况下，才可以采用该领域多数专家认可的技术方法。但是，对于野生动物物种的鉴定，早在2011年就有了行业标准《野生动物及其产品的物种鉴定规范》（LY/T2501—2015），而本案的鉴定人却舍近求远，甚至引用了外文资料，明显了违反了鉴定规范要求。

（二）第二步：审查规范依据是否正确

鉴定规范适用的正确性问题，主要体现为两个方面：第一，适用规范依据是否遵循“优先原则”，即有国家标准的应优先适用国家标准，无国家标准的才适用行业标准，再无行业标准的才适用技术规范，若无技术规范的，才适用技术方法。第二，所使用的规范依据是否存在新旧替换问题。技术标准和技术

① 福建省莆田市中级人民法院（2018）闽03刑初29号刑事判决书。

规范会不断更新，但鉴定人或许因为思维习惯而往往忽略了规范的新旧更替问题，导致在鉴定意见中继续适用被废止的旧的规范依据。比如，国家标准《刑事技术微量物证的理化检验（共12部分）》原有2003年的标准于2009年被新标准代替；司法部颁布的《血液中乙醇的测定——顶空气相色谱法》（SF/ZJD0107001—2016）实际上也被《生物样品血液、尿液中乙醇、甲醇、正丙醇、乙醛、丙酮、异丙酮和正丁醇的顶空——气相色谱检验方法》（GA/T1073—2013）所替代，因为后者是国家标准《车辆驾驶人员血液、呼气酒精含量阈值与检验》（GB19522—2010）所规定的强制执行的酒精含量检验方法。

[案例4 罗某某非法采矿案][①] 检测单位在对案中涉及的萤石矿的品位进行鉴定时，适用的规范依据是由国家地质局于1993年颁布的行业标准《非金属矿分析规程》（DZG93—05）。但是对于萤石矿的品位鉴定，我国于2018年6月1日施行了国家标准，即《萤石氟化钙含量的测定——EDTA滴定法和蒸馏-电位滴定法》（GBT5195.1—2017），该标准规定了萤石矿品位鉴定的两种方法，即EDTA滴定法（测定范围为溶质与溶液的比例≥60%）和蒸馏-电位滴定法（测定范围≥90%）。显然，检测单位适用规范依据时没有遵循“优先原则”。

（三）第三步：审查技术方法有无依据

当专业性问题没有国家标准、行业标准和技术规范可遵循的情况下，鉴定人则可能运用技术方法进行鉴定，此种情况下必须审查技术方法的成熟性。如果该技术方法并未获得该技术领域多数专家的认可，或其效力明确为规范性法律文件所否定，则不能作为鉴定依据。比如测谎仪测试技术，“还没有被同行专家普遍接受，其技术方法的科学可靠性也还没有得到充分的验证”，[②] 属于“试用期”的科学证据，该技术方法不能作为鉴定依据。最高人民检察院在1999年《关于CPS多道心理测试鉴定结论能否作为诉讼证据使用问题的批复》中也明确表示测谎技术仅可以用于帮助审查、判断证据，而不能作为证据使用。

[案例5 杜培武杀人案][③] 杜培武被锁定为犯罪嫌疑人后，警方对其进行了连续10天的审讯，但案情却没有多大进展。杜培武被带到昆明市中级人民法院进行CPS心理测试。所谓专家对杜培武进行了测试，他们出了若干组题目要杜培武回答，内容与案件事实有密切关系。杜培武据实作了回答，但测谎

---

① 福建省莆田市城厢区人民法院（2019）闽0302刑初979号刑事判决书。

② 何家弘：《亡者归来——刑事司法十大误区》，北京大学出版社2014年版，第73页。

③ 江国华主编：《错案追踪2000—2003》，中国政法大学出版社2016年版，第34页。

仅在一些问题上却认为杜培武所说的均为谎言。据此，办案人员确信杜培武为杀人凶手，就加强了审讯力度，通过刑讯逼供迫使杜培武认罪。

（四）第四步：审查规范依据是否存在冲突

作为鉴定依据的规范性文件，因制定立体不同，难免存在矛盾与冲突，适用不同的规范依据往往决定着能否定罪的根本性问题。比如，对于何为“伪劣”烟草产品，“两高”司法解释与国家烟草专卖局的规定存在明显的冲突。“两高”在《关于办理生产、销售伪劣商品刑事案件具体应用法律若干问题的解释》中对“伪劣产品”从实质性条件方面进行了界定，即是否符合质量标准或是否存在以次充好；如果符合质量标准或不存在以次充好情形的，则不属于伪劣产品。而国家烟草专卖局颁布的《烟草产品鉴别检验规程》第6.3条却规定，有下列情形之一的，即判定为伪劣卷烟：（1）掺杂掺假的；（2）“三无产品”或无任何产品质量信息标识的；（3）已认定为假冒注册商标且手工包装的；（4）国家有关法律、法规明令禁止生产的；（5）使用废旧原辅材料制作的；（6）非法自创品牌或无任何包装标识及烟支标识的；（7）其他国家法律、法规中明确为伪劣或足以判定为伪劣的。这些规定有的是从实质性条件界定伪劣卷烟的，有的却是从形式性要件界定的，即只要形式上不符合真品卷烟要求的，就可以判定为伪劣卷烟。以形式性要件为界定标准明显不符合刑法定罪的基本逻辑。司法实践中涉及对烟草产品是否属于伪劣卷烟进行鉴别检验时，鉴别检验部门均是以国家烟草专卖局的规范性文件为鉴定依据。笔者认为，国家烟草专卖局的规定仅可作为行政执法依据，而在确定能否定罪以及如何定罪时，则应当以“两高”解释规定的为准。

五、鉴定方法的审查判断

鉴定方法是鉴定意见具有科学性和可靠性的保障，鉴定方法的偏差，会酿成“失之毫厘，谬以千里”的错案后果。对于法律实务人员而言，鉴定方法往往是最难以突破的专业性“瓶颈”，似乎不可逾越。其实，只要对鉴定方法的审查模式加以梳理，仍然可以抽象出一定的规则，这些规则可以帮助法律实务人员直面鉴定方法，把握和破解鉴定方法，实现对鉴定方法的有效审查。对鉴定方法的审查主要包括鉴定方法的审查路径和鉴定方法的审查内容。笔者结合实践经验将审查路径归纳为“四法”，即“自我研判法”“专家咨询法”“专家论证法”和“专家出庭法”；将审查内容归纳为对鉴定方法正当性和有效性的审查，对有效性的审查可以适用“三性比较法”，即是同一性还是种属性，是排除性还是锁定性，是表面性还是实质性。

（一）鉴定方法的审查路径

1. 自我研判法

自我研判法是审查鉴定方法可靠性的基础方法。尽管鉴定方法具有极强的专业性，但是法律实务人员通过研读鉴定规范依据之后，仍然可以对大部分鉴定方法的正当性作出有效的评价，只有少数的专业性问题需要借助专家证人。自我研判法要求审查人员不仅要全面检索规范依据，而且要彻底查阅、研究规范依据的内容，然后对鉴定意见中检材的取得、固定、取样、称量、移送程序、鉴定程序、鉴定方法、分析过程及得出意见的整个流程、操作与规范依据进行比较分析，提出审查意见。比如，在前述罗某某非法采矿案件中，笔者检索到了与萤石矿矿种、品位、储量等鉴定事项有关的规范依据多达 13 部。如果能够全面了解、把握该 13 部规范依据，则完全可以实现有效的自我研判。

2. 专家咨询法

专家咨询法是自我研判法的重要辅助方法。法律实务人员在审查鉴定方法等专业性问题时，对一些专业术语、实验图谱、统计分析及其他专业资料等无法作透彻和正确的理解，必须借助于专家的咨询意见答疑解惑，才能顺利解决专业性问题。这一方法在实践中已为控辩审三方充分运用，“快播案件”、念斌投毒案件典型地体现了该方法在实践中的操作运行。

3. 专家论证法

如果通过专家咨询后仍无法通过自己的审查提供令人信服的审查意见，或者鉴定意见涉及较为复杂、疑难的专业性问题，通过邀请专家组对鉴定意见所依据的规范、鉴定程序、检材与样本的取得、鉴定方法等进行逐一论证，或肯定或否定，并提供论证意见，供法庭在审查判断时作为参考，这一过程即为“专家论证法”。专家论证法具有科学性、权威性和可靠性，与原鉴定意见会形成较强的对抗性，足以影响法庭作出排除鉴定意见、启动重新鉴定的决定。在念斌案件中，辩方就邀请了香港毒物专家莫景权和内地毒物专家张继宗等 8 位专家共同出具了一份《北京香港两地专家关于念斌投毒案理化检验报告的意见》，专家组论证认为，“现场物证的检验结论，应该皆为未发现氟乙酸盐，本案件并没有任何证据支持氟乙酸盐曾被使用过”。[①]

4. 专家出庭法

专家出庭法包括两种情形，即鉴定人出庭作证和专家辅助人出庭作证。鉴定人出庭作证不仅是贯彻“直接言词审理原则”的需要，也是对法律实务人员就鉴定意见答疑解惑的主要有效途径。在现代诉讼程序中，鉴定人出庭作证

---

① 陈薇：《念斌案辩护律师团：法治的胜利》，载《中国新闻周刊》2015 年第 6 期。

将成为常态化的鉴定意见审查模式。专家辅助人出庭作证有利于实现对鉴定意见审查判断的实质化，避免对鉴定意见的审查判断流于形式，防范冤假错案和实现司法公正。在念斌投毒案件无罪判决前的庭审活动中，就案涉的鉴定意见，先后有“2名证人和7人次鉴定人出庭作证，13人次侦查人员出庭说明情况，9名专业人员出庭就理化检验报告和鉴定意见提出意见”,[①] 是前所未有的专家出庭作证“阵容”。

（二）鉴定方法的审查内容

1. 审查鉴定方法的正当性

对某一专业性问题的鉴定，鉴定规范往往规定了多种鉴定方法，每一种鉴定方法都有其特定的相对应的适用条件，适用不同的鉴定方法必然形成不同的鉴定意见。因此，对于鉴定方法，首先应当审查其正当性，即在多种鉴定方法相比较之下，鉴定意见所引用的鉴定方法是否最符合案件实际情况和鉴定对象，是否最具正当性。比如，国家标准《房地产评估规范》（GB/T50291—2015）规定了市场比较法、收益法、成本法、假设开发法和基准地价修正法等五种房地产估算估价方法。其中，市场比较法是主要的估价方法，只要有条件选用的均应当选用；收益法适用于收益性房地产的估价；假设开发法适用于具有投资开发或再开发潜力的房地产估价；在无市场依据或市场依据不充分而不宜采用市场比较法、收益法、假设开发法进行估价的情况下，才可采用成本法作为主要估价法。但是，司法实务中，鉴定人鉴于各种因素，有时并非严格遵循鉴定方法的适用规则，难免造成鉴定意见出现偏差。

[案例6　林某某组织、领导黑社会性质组织案][②] 在该案中，笔者作为辩护律师对案涉的两份房地产评估报告质证认为：在第283号估价报告中，对案件涉及的房产适用的是比较法和收益法，但在技术报告中却未附有用于比较的具体类似实例。在第99号估价报告中，适用的是单一的比较法或收益法，明显违背了《房地产估价规范》关于应当选用两种以上估价方法的规定。

2. 审查鉴定方法的有效性

这里的有效性是指运用本次鉴定方法所形成的鉴定意见是否可以达到举证方的证明目的。如果能够达到举证方的证明目的，则该鉴定方法是有效的；如果不能达到举证方的证明目的，则鉴定方法及鉴定意见是无效的，不得作为定案根据。法律实务人员可以从以下几个方面来审查鉴定方法的有效性。

① 刘旌：《念斌案为何拖了8年？福建高院称专业毒物鉴定分歧严重》，载《澎湃新闻》2014年8月23日。

② 福建省仙游县（2019）闽0322刑初525号刑事判决书。

第一，是同一性鉴定还是种属性鉴定。有些鉴定方法只能解决种属问题，而无法解决同一性问题，如果不对该鉴定方法的有效性进行分析，则可能将种属性鉴定混淆为同一性鉴定，并因此酿成错案。比如在DNA技术中，DNA指纹图技术（RELPs）和STR技术可以用于同一性鉴定，而mtDNA技术（母系遗传基因）和Y-DNA技术（父系遗传基因）则属于种属鉴定。① 但实务中的非专业人士往往基于对DNA技术的有限认知，而认为只要是DNA技术，解决的都是同一性问题。比如在缪某某案件中，② 鉴定人对现场提取的毛发与死者毛发样本所做的是mtDNA检验，而不是DNA的STR检验或RELPs检验，鉴定意见只能证明将毛发遗留在现场的人与死者属于同一母系，而不能证明就是死者本人。

第二，是排除性鉴定还是锁定性鉴定。血型鉴定、足迹鉴定、鞋印鉴定都属于排除性鉴定，即如果鉴定意见与犯罪嫌疑人的样本不相吻合，则可以排除犯嫌疑人作案可能。比如，现场鞋印与被告人鞋码即便一致，也不能证明该鞋印必定是被告人所留；但如果不一致，则可以直接排除被告人作案的可能。司法实务中经常将排除性鉴定方法作为确定性鉴定方法，因此造成的冤案不乏其例。比如在滕兴善杀人案件中，广州中山医科大学法医物证鉴定中心经检验认定"作案"斧头把上附着的毛发的血型与死者的血型同为A型，侦查人员就据此认定该斧头把上有被害人的毛发。③

第三，是表面性鉴定还是实质性鉴定。表面性鉴定是指通过目测、吸闻、抚摸等方式，从物证的外观、颜色、材质、气味等外在要素对物证性质、种类所作的鉴别。实质性鉴定是从生物化学、生化和分子生物学角度对物证的本质构成所作的检验。表面性鉴定囿于环境、光线、视角、鉴定人经验等特定因素的影响，往往不具有可靠性，而实质性鉴定则相对具有科学性和可靠性。比如，在陈某某非法出售珍贵、濒危野生动物制品案件中，④ 案件涉及的象牙经过三次鉴定，前两次运用宏观形态学方法鉴定为现生象牙，后一次运用生物化学方法鉴定为不是象牙。在"高仿"盛行的年代，运用宏观形态学等表面性鉴定方法，根本无法保障鉴定意见的可靠性。

---

① 王志刚：《DNA证据的应用与规制》，知识产权出版社2015年版，第3—6页。

② 福建省高级人民法院（2017）闽刑再4号刑事附带民事判决书。

③ 何家弘：《亡者归来——刑事司法十大误区》，北京大学出版社2014年版，第68页。

④ 福建省仙游县人民检察院仙检林刑不诉（2014）1002号不起诉决定书。

诱惑侦查所获证据在刑事审判中的运用情况实证研究

——以毒品案件为视角

徐　婵*

诱惑侦查是指侦查人员或者特情人员隐匿身份，设下圈套或者提供机会，诱使犯罪嫌疑人实施犯罪行为并将其拘捕的侦查措施。[①] 我国同其他一些国家一样，倾向于根据被侦查对象事前有无犯罪意图，将诱惑侦查措施划分为“机会提供型”和“犯意诱发型”两种。[②]随着社会经济的快速发展，毒品犯罪形势也越发严峻，日渐成为社会不安定的主要诱因。[③] 由于毒品犯罪越来越隐蔽，采用普通的侦查措施已无法有效侦查取证，但启用诱惑侦查措施后，公安机关可以快速侦破案件，其打击各类毒品犯罪的效果显著。正是因为诱惑侦查具有如此重要的作用，2012 年刑事诉讼法首次对诱惑侦查作了规定，并在 2018 年刑事诉讼法中继续沿用该规定。[④]

2018 年《刑事诉讼法》第 153 条认可了“机会提供型”诱惑侦查的合法

* 西南政法大学法学院 2017 级硕士研究生。

① 孙长永主编：《刑事诉讼法学》（第四版），法律出版社 2019 年版，第 283 页。

② “机会提供型”诱惑侦查是指被诱惑者在侦查人员或特情人员实施诱惑行为之前已经存在一定的犯意，诱惑行为只是为其提供了有利于实施犯罪的客观机会或条件。这种诱惑侦查措施被理论界和实务界普遍认可。“犯意诱发型”诱惑侦查是指被诱惑者本没有犯罪意图，但由于侦查人员的积极引诱，致使其产生犯罪意图，并进而实施了犯罪行为。此种侦查行为的正当性及所获证据的合法性饱受质疑。参见杨志刚：《诱惑侦查研究》，中国法制出版社 2008 年版，第 10—11 页。

③ 《2018 年中国毒品形势报告》，载中国禁毒网 2019 年 6 月 17 日，http：//www.nncc626.com/2019－06/17/c_1210161797.htm，2019 年 10 月 1 日访问。

④ 2018 年《刑事诉讼法》第 153 条（2012 年《刑事诉讼法》第 151 条）规定：“为了查明案情，在必要的时候，经公安机关负责人决定，可以由有关人员隐匿其身份实施侦查。但是，不得诱使他人犯罪，不得采用可能危害公共安全或者发生重大人身危险的方法。”

性，同时规定禁止诱人犯罪，从而排除了“犯意诱发型”诱惑侦查，即禁止该种侦查手段的使用；第 154 条还规定诱惑侦查所获材料在审判活动中无须转化便可具备证据资格；[①] 以上这些规定是立法和实践的一大进步。但是，我国刑事诉讼法对诱惑侦查的规定过于模糊，对其启用条件、批准程序、证据采信标准和非法证据排除范围等问题都未予明确；2008 年《全国部分法院审理毒品犯罪案件工作座谈会纪要》（以下简称《纪要》）中有关“犯意引诱”“双套引诱”和“数量引诱”的相关规定[②]又与现行《刑事诉讼法》第 153 条排除“犯意诱发型”诱惑侦查的规定存在冲突。诱惑侦查所获证据是否具有证据资格是由该种侦查措施是否具备合法性要件决定的。换言之，如果诱惑侦查手段合法，则由此获得的证据具备证据资格；反之，需要视该手段的违法程度来审查所获证据的证据资格。[③]

诱惑侦查在我国侦查实务中被大量使用，但我国法律对其规定却极为粗疏，加之其诱惑性与欺骗性兼具的特质，理论界对其态度始终莫衷一是，进而使得司法实务中诱惑侦查所获证据在毒品案件中的运用存在很多问题和争议。如何充分发挥该制度的优势让诱惑侦查所获证据在刑事审判中得以规范运用，这一问题值得我们思考。基于此，本文拟以诱惑侦查所获证据在毒品案件审判中的运用情况为研究对象，对毒品案件中诱惑侦查所获证据的运用存在的问题进行分析，进而提出相应的对策。

一、毒品案件审判中诱惑侦查证据运用的情况考察

任何一项法律制度在实践中的运用效果可能都与立法初衷存在出入，诱惑

---

① 2018 年《刑事诉讼法》第 154 条规定：“依照本节规定采取侦查措施收集的材料在刑事诉讼中可以作为证据使用。如果使用该证据可能危及有关人员的人身安全，或者可能产生其他严重后果的……可以由审判人员在庭外对证据进行核实。”

② 2008 年《全国部分法院审理毒品犯罪案件工作座谈会纪要》第 6 条规定：“……行为人本没有实施毒品犯罪的主观意图，而是在特情诱惑和促成下形成犯意，进而实施毒品犯罪的，属于‘犯意引诱’。对因‘犯意引诱’实施毒品犯罪的被告人，根据罪刑相适应原则，应当依法从轻处罚……行为人在特情既为其安排上线，又提供下线的双重引诱，即‘双套引诱’下实施毒品犯罪的，处刑时可予以更大幅度的从宽处罚或者依法免予刑事处罚……对因‘数量引诱’实施毒品犯罪的被告人，应当依法从轻处罚……”

③ 例如，在“机会提供型”诱惑侦查中，无论在法理上还是在规范层面，该侦查手段是合法的，但由于在后续取证过程中，侦查人员收集实物证据（如毒品）时严重违反法定程序（如查获毒品时未及时封存、录音录像，也未让犯罪嫌疑人签字），此时可能因“严重影响司法公正”而否定该证据的证据能力。参见万毅：《违法诱惑侦查所获证据之证据能力研究》，载《法律科学（西北政法大学学报）》2010 年第 4 期。

侦查制度也不例外。关于诱惑侦查所获证据的证据能力，我国法律没有明确，理论上又存有争议，实践中能否正确运用该类证据，不得不令人担忧。为此，笔者以毒品犯罪案件为视角，对我国刑事审判中诱惑侦查所获证据的具体运用情况进行了调查。现将调研样本及调研结果作如下简要报告：

（一）调研样本

笔者选择地处西南一隅的C市作为调研地区。C市是我国内陆经济发达城市之一，南靠贵州，西接四川，也是西南地区各省水陆交通的枢纽，因其特殊的地理位置、较为复杂的人口结构以及巨大的毒品消费市场，使得该市成为毒品犯罪频发、高发之地。在2019年2月至5月期间，笔者在C市某中级人民法院进行调研。之所以选择该法院作为调研对象，一方面是因为该法院办理的毒品案件数量多，法官的审判经验丰富，可以提供很多经典案例；另一方面是因为该法院是笔者的实习单位，可以利用实习之便充分地调研。

笔者在实习过程中，将毒品案件作为研究重点，最终确定以C市某中级人民法院2013年1月1日至2019年5月31日审结的涉及诱惑侦查的毒品案件作为研究样本，结合阅卷、访谈、问卷调查等多种方式进行调研，揭示诱惑侦查所获证据在刑事审判中的实然状况。

（二）调研结果

在调研期间，笔者主要从该法院审理的涉及诱惑侦查证据的毒品案件情况、法官对诱惑侦查类型的界分态度、法官认定诱惑侦查合法的主要依据、诱惑侦查证据的质证情况、被告方提出诱惑侦查合法性抗辩及法官采纳的情况、非法证据排除情况六个方面对我国刑事审判中诱惑侦查所获证据的具体运用情况进行了调查。实务调研的结果如下：

1. 涉及诱惑侦查证据的毒品案件情况

笔者通过调研得知，2013年1月1日至2019年5月31日期间，C市某中级人民法院审结的毒品案件共2409件，各年度毒品犯罪案件的结案情况见图1。图1显示，尽管我国对毒品犯罪采取严打政策，但是毒品犯罪数量仍然呈逐年增长之势，已成为当前的主要犯罪类型。

笔者通过查阅案卷材料和访谈发现，在上述已经审结的毒品犯罪案件中，绝大多数均涉及诱惑侦查收集证据的问题，尽管各年度情况不完全相同。（具体见表1）

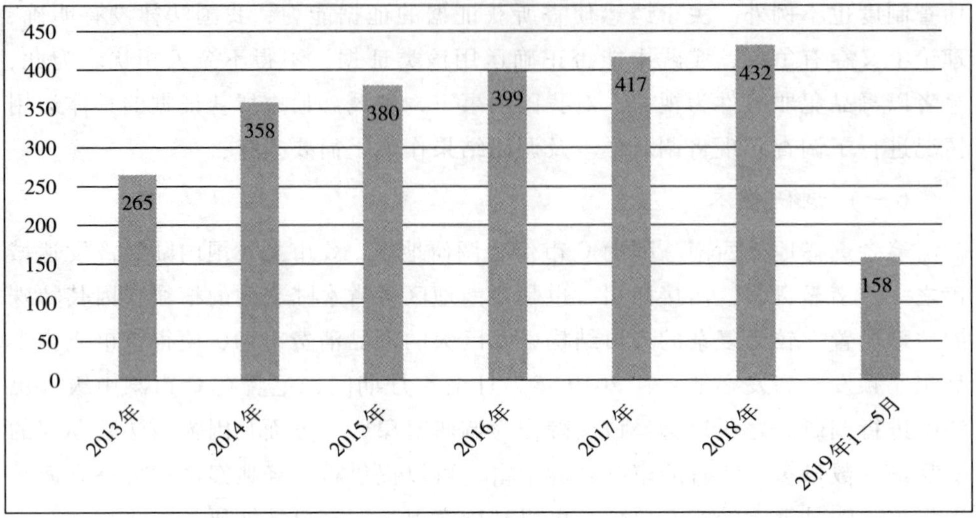

图1　C市某中级人民法院2013—2019年5月审结毒品案件数①

表1　C市某中级人民法院审结毒品案件相关情况②

年份	审结毒品案件数（件）	涉及诱惑侦查证据的毒品案件数（件）	涉及诱惑侦查证据的毒品案件数占毒品案件比例
2013	265	230	86.79%
2014	358	315	87.99%
2015	380	340	89.47%
2016	399	351	87.97%
2017	417	376	90.17%
2018	432	387	89.58%
2019	158	137	86.71%
合计	2409	2136	88.67%

① 数据来源于《C市某中级人民法院毒品犯罪案件审判情况报告（2013—2015）》《C市某中级人民法院毒品犯罪案件审判情况报告（2016—2018）》。由于该法院尚未出具2019年毒品案件审判情况报告，因此2019年1—5月的毒品案件数是笔者通过法院电子系统中的结案情况进行粗略统计得出，可能不完全准确。

② 2019年数据仅为1—5月的毒品案件数。

从表1的数据可知，该法院审结的涉及诱惑侦查的毒品案件数量比例很大，最低的年份为86.71%，最高的年份达到90.17%，合计平均占全部毒品案件数的88.67%。C市某中级人民法院刑庭法官坦言，涉及诱惑侦查证据的毒品犯罪案件的比例之所以如此高，主要原因在于诱惑侦查手段是毒品案件最常用的侦查方法，特别是在零包贩毒案件中，诱惑侦查不仅能够提高刑事案件的侦破效率，而且能降低侦查成本，在有限的人力、物力制约下达到迅速破案、打击犯罪和拘捕犯罪嫌疑人的目的。

2. 毒品案件中法官对诱惑侦查类型的界分态度

随着2012年《刑事诉讼法》第151条的出台，理论界和实务界普遍认可了“机会提供型”诱惑侦查的正当性和合法性，但是大多数学者对“犯意诱发型”诱惑侦查的正当性与合法性仍然持否定之态。为了解实务中审判人员对其审理的毒品案件中所涉及的诱惑侦查类型的区分态度，笔者采取问卷调查的方式进行了调研，40份问卷的结果见图2。

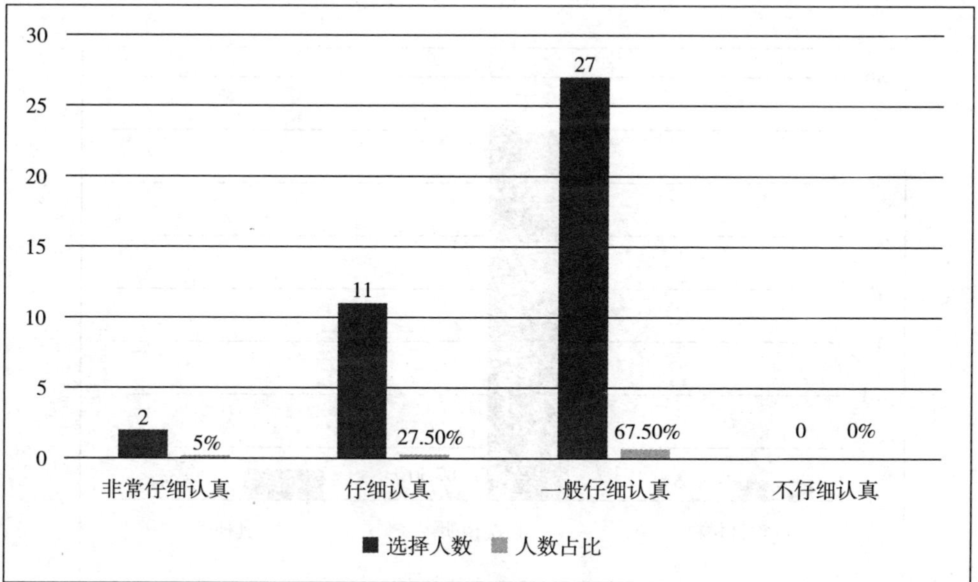

图2　法官对诱惑侦查两大类型的界分态度

根据图2可知，在C市某中级人民法院的刑事审判实务中，很多法官对毒品案件中所涉诱惑侦查类型的区分态度较为消极。持“非常仔细认真”的工作态度去审查并界分案件使用的诱惑侦查类型的法官很少，持“仔细认真”的工作态度去审查和界分诱惑侦查类型的法官也不多。有27位法官认为，只要尽到一般的审查义务即可。笔者通过与选择“一般仔细认真”选项的其中几位法官访谈获知，虽然法官知道在实践中公安机关为了侦破毒品犯罪案件会大量使用诱惑侦查措施，其对“机会提供型”诱惑侦查和“犯意诱发型”诱惑侦查合法性的态度亦很明确，但是在案件审理过程中不会过于“执着”界分两者。原因主要在于：一方面，在很多毒品犯罪案件中，侦查主体对被告人实施的是“犯意诱发型”侦查行为还是“机会提供型”侦查行为，对法官而言，确实难以准确区分。另一方面，有些涉毒数量较少的案件没有区分两者的实质必要。在实务中，公安机关频繁使用诱惑侦查手段侦破零包贩毒案件，在这种情形下，被告人贩卖毒品数量较少，涉案金额不大，法定刑较轻，“犯意引诱”“机会引诱”等情形未被发现而导致对被告人不利的风险也很低。

3. 毒品案件中法官认定诱惑侦查合法的依据

诱惑侦查合法是经由该侦查手段所收集的证据具有证据资格的前提条件，因此了解实践中审判人员认定诱惑侦查合法的依据必不可少。对此，笔者同样采取了问卷调查的方式进行调研，反馈的结果具体如下：

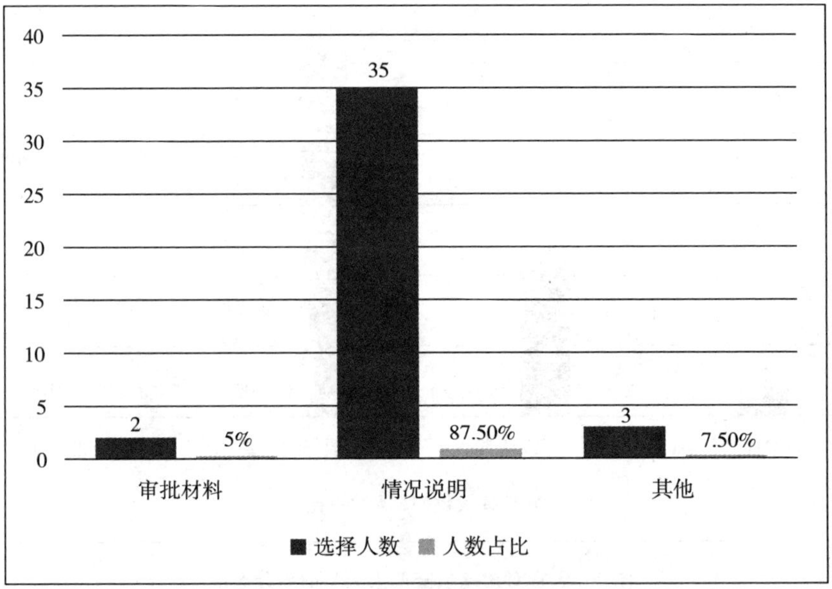

图 3　法官认定诱惑侦查合法的依据①

① 图 3 中的“情况说明”是指公安机关启动诱惑侦查措施侦查案件，在案件侦查终结进入审判阶段时，由公安机关出具的、代替诱惑侦查审批材料放在相关案件卷宗中一并移送给法院的一种说明材料。

从图3中可以看出，在当前的刑事司法实务中，法官审查诱惑侦查合法性时过度“依赖”公安机关出具的“情况说明”。在40份调查问卷中，选择以“情况说明”作为认定诱惑侦查合法之依据的法官有35人，占总调查人数的87.5%。而诱惑侦查的审批材料作为记录诱惑侦查的启动依据、审批程序、侦查主体、被侦查对象、实施时间等关键信息的文件，却“罕见”地成为法官在审理毒品案件过程中认定诱惑侦查合法与否的依据。C市某中级人民法院刑庭的法官表示，在绝大多数毒品案件中，公安机关不会随案移送与诱惑侦查有关的审批材料。有法官曾经发文通知公安机关相关侦查部门将审批材料移送至法院以满足审查侦查行为合法性的需要，但是侦查机关以保护侦查秘密等为由拒绝移送。被告人的辩护律师在阅卷时，由于无法查阅侦查机关针对其当事人采取诱惑侦查手段的相关审批材料而表示强烈不满，并诉称公安机关提供的“情况说明”不应当成为法官认定诱惑侦查合法的决定性依据。像这种法官以公安机关移送的“情况说明”为依据认定诱惑侦查合法的情况，在我国其他地区也比较常见。①

4. 毒品案件诱惑侦查证据的质证情况

由于该法院2013—2019年审理的毒品案件数量较多，笔者以每个年度审结的涉及诱惑侦查证据的毒品案件为总体，采取系统抽样②的方式分别从2013—2018年各抽取20个样本、从2019年抽取10个样本，合计130个样本进行考察。

首先，公安机关是否对被告人设下了“侦查陷阱”是公诉方和辩护方在庭审过程中激烈争议的主要焦点。③ 笔者通过查阅法庭记录和电子文书发现，面对辩方提出公安机关对被告人设置“侦查陷阱”的质疑，在辩方未能出示相关证据或线索令法官认定诱惑侦查行为违法的情形下，法官通常根据公安机关提供的“情况说明”等来认定不存在辩方所主张的“陷阱”。在笔者选取的130个样本中，有32个案件，被告方在法庭上提出了侦查机关引诱被告人实施毒品犯罪的质疑，但是法官在这32份判决书或者裁定书中的最

---

① 如谭某、李某走私、贩卖、运输、制造毒品案，详见贵州省贵阳市中级人民法院（2016）黔刑初第140号刑事判决书，载中国裁判文书网2018年7月13日，http：//wenshu. court. gov. cn/website/wenshu/181107ANFZ0BXSK4/index. html? docId = 9f2ebcbd1fbc4f2e9107a91b0171ca40，2019年10月20日访问。

② 系统抽样也称等距抽样，是从对象总体中等距离选取样本的一种抽样方法。采用该方法，首先要计算选样间距，选样间距 = 总体规模/样本规模，确定选样起点，然后根据间距顺序选取样本。笔者将案件按照结案日期排序后，根据选样间距来抽取样本，这样使得抽出的样本相对客观、具有代表性。

③ 此前已有人提出这一观点，具体参见栗明、陈吉利：《论诱惑侦查之证据的运用》，载《法制与社会》2009年第12期。

终表述却惊人地相似，大多为：对于辩护律师（或被告人）提出公安机关对被告人存在“犯意引诱”（有些案件为“双套引诱”）情形的主张，结合公安机关出示的“情况说明”“到案经过”和本案其他证据材料，本院审查后认为公安机关不存在辩护律师（或被告人）所称的非法诱惑侦查行为。”笔者在调研时发现，在公安机关破获的毒品案件中，差不多每一个案件均或多或少存在一两份甚至多份这样的“说明材料”。此外，笔者还翻阅了一些涉及诱惑侦查的毒品案件的卷宗材料，在公安机关全案移送的案卷中，诱惑侦查的启动和审批材料“不见踪影”，在文书卷中，笔者看到的只有立案决定书、逮捕证等法律文书。

其次，实施诱惑行为的侦查人员极少出庭作证或说明情况。在上述32个样本中，笔者并未发现在庭审时有侦查人员作证或者说明情况的情形存在。为了更加深入了解诱惑侦查案件中侦查人员出庭作证的实践情况，笔者向该法院刑庭的法官发放了40份关于“侦查人员出庭作证情况”的问卷，收回有效问卷39份。调查结果如下：

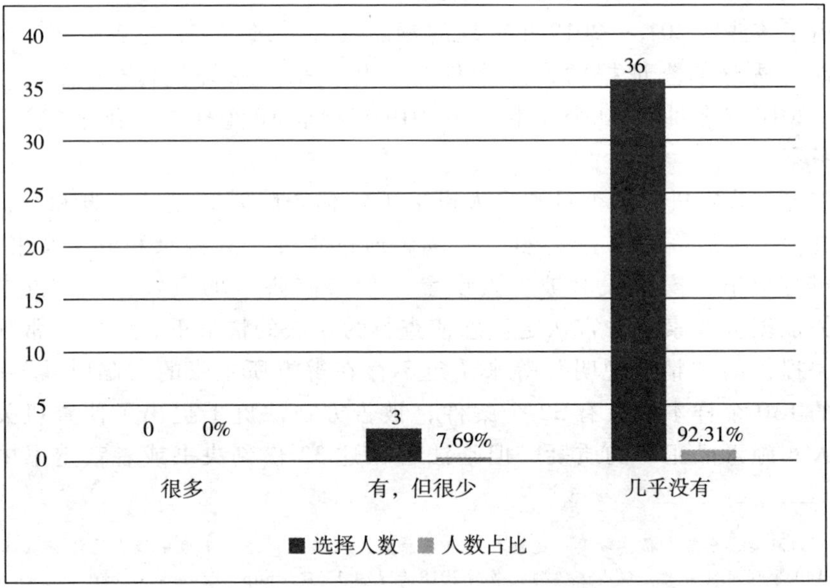

图4　侦查人员出庭作证情况

从图4中的数据可以看出，在2012年和2018年刑事诉讼法均明确规定，当检控方不能证明己方收集的证据合法时，侦查人员负有亲自到庭说明情况的义务的司法背景下，[①] 在审判实务中侦查人员几乎不会到庭就相关案件予以说明，更遑论接受辩护方的质询了。

最后，有时候法官根据具体个案的特殊情况，会在庭外核实诱惑侦查所获的证据。

[案例1][②] 胡某系吸毒人员，其为配合C市C区公安机关抓获贩毒者肖某，故意打电话向肖某购买白粉。事后肖某与温某商量，决定共同做这笔买卖。2013年2月25日上午，胡某约肖某、温某见面查看了白粉样品，并表示很满意，双方达成了口头协议：肖某和温某以每克230元的价格卖60克白粉给胡某，交易总价格为13800元。2013年2月26日11时许，正当肖某和温某以13800元的价格向胡某交易白粉时，民警随即捕获两名犯罪嫌疑人并查获所交易的毒品，并且在查获的毒品中全部检查出含有海洛因的成分。

在此案中，被告人肖某和温某在法庭上承认了自己贩卖毒品的事实，但是同时提出抗辩，称其是因受到公安机关和胡某的引诱才贩卖毒品的。两位被告人的辩护律师也指出，被告人虽有吸毒史，但以前从未实施过毒品犯罪，且被告人均为未成年人，这一次肖某和温某之所以会贩毒是因为侦查机关指使特情胡某多次诱惑所致，请求法院认定公安机关的侦查行为违法，排除所获证据。面对辩方的抗辩，公诉人表示公安机关不存在非法引诱情形，庭后将向法庭移送一组“内部材料”（即情况说明）。随后，辩护律师立即提出异议：未经法庭质证的材料不得作为证据使用，故提请法庭不予接受公安机关移送的“内部材料”。

依据2018年《刑事诉讼法》第154条之规定可知，如果当庭调查核实证据可能会对相关人员的人身安全造成威胁或者导致其他严重后果的，可以由法官在庭外核实相关证据。在该案中，为了查明案件事实，以便对公安机关是否对肖某、温某实施了“犯意引诱”形成内心确信，合议庭法官决定采用庭外核实方式，亲自前往公安机关核实。合议庭之所以采取庭外核实方式，主要原因如下：第一，因为本案涉案毒品数量较大，诱惑侦查的方式及其所获证据对被告人的定罪量刑有重大影响；第二，公诉人欲移送的“情况说明”未经法庭质证，且辩方强烈抗议；第三，两位被告人均为未成年人，亦无犯罪前科。本案承办法官经过与公安机关、检察院多番协调沟通后，与公诉人办理相关手续一起到公安机关

---

① 2018年《刑事诉讼法》第59条（即2012年《刑事诉讼法》第57条）规定：“在对证据收集的合法性进行法庭调查的过程中，人民检察院应当对证据收集的合法性加以证明。现有证据材料不能证明证据收集的合法性的，人民检察院可以提请人民法院通知有关侦查人员或者其他人员出庭说明情况；人民法院可以通知有关侦查人员或者其他人员出庭说明情况。有关侦查人员或者其他人员也可以要求出庭说明情况。经人民法院通知，有关人员应当出庭。”

② 2013年C市某中级人民法院刑一庭一审案件。该案例不在笔者抽取的32个样本中。

侦查部门审查了公安机关采取诱惑侦查措施的审批文件，审查采取诱惑侦查措施的时间与相关证据和文书记录的内容是否印证，询问了特情人员胡某实施诱惑侦查的过程，同时听取了公安机关所作的说明，最终法官认定本案不存在“犯意引诱”情形，所获证据合法有效，随即将结果通知辩护律师。

笔者认为，在本案中，虽然法官亲自前往公安机关核实诱惑侦查所获证据，但由于没有辩方参与，这样的庭外核实未免过于“形式化”，与直接采用侦查机关的“情况说明”认定诱惑侦查及其证据合法无异，明显剥夺了辩方的质证权，将被告人置于不利境地。

5. 被告方提出诱惑侦查证据合法性抗辩及法官采纳情况

首先，目前在我国毒品犯罪案件中，被告方就诱惑侦查所获证据的合法性提出抗辩的情况较少。40 份问卷调查的结果如下：

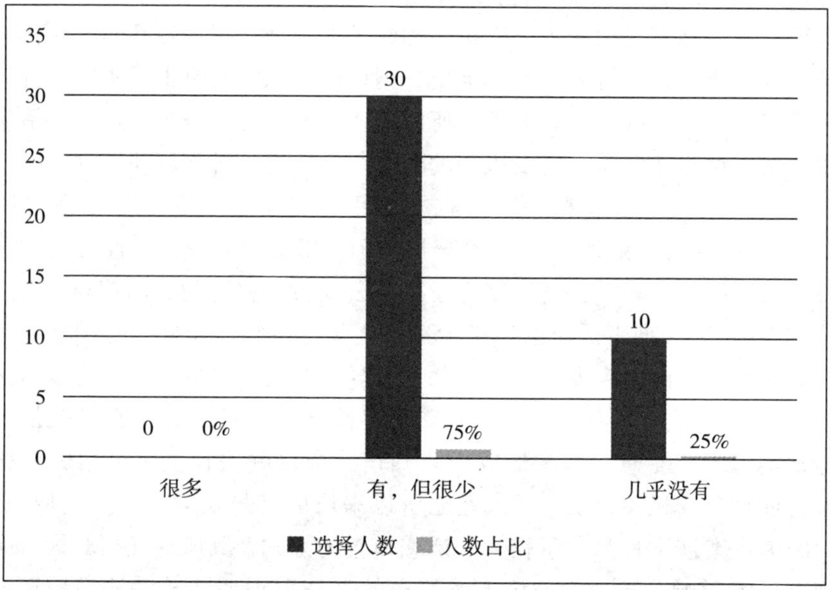

图 5　被告方对诱惑侦查证据提出合法性抗辩的情况统计

笔者通过与该法院刑庭法官访谈得知，之所以会出现上述图 5 的情况，主要基于以下两点：一是在被告人被羁押期间，司法人员经常会“教育”被告人。在审查起诉阶段，检察官在看守所对被告人进行讯问之前，通常都会先对犯罪嫌疑人进行法治教育，引导犯罪嫌疑人据实交代犯罪情节，“正所谓‘坦白从宽’，只要你态度好，老老实实交代，就可以争取从轻判刑。”在审判阶段，法官去看守所讯问被告人时，也会先对其进行法治教育。毒品犯罪案件的被告人大多文化水平不高，在经过检察官、法官的几番“教育”后，为争取从宽处理，一般都会放弃诱惑侦查和相关证据的合法性抗辩。二是辩方没有证据或者无法提供实质性线索“证明”侦查机关存在违法诱惑行为和非法取证行为，因此法官不会采纳被告方的抗辩，这在很大程度上挫伤了辩方提出抗辩的积极性。

其次，即使被告方提出诱惑侦查及所获证据的合法性抗辩，法官也极少采纳。在笔者抽取的130个样本中，有32个毒品案件的被告人提出了合法性抗辩，但没有一例被采纳。该法院刑庭一位资深法官也表示，其从业近20年，在其审理的涉及诱惑侦查的毒品案件中，被告人或其辩护律师提出诱惑侦查及证据合法性抗辩的案件有20%左右，但最终采纳被告方的抗辩、认定公安机关存在引诱情形的，只有1例，即王某贩毒一案①。在该案中，2014年3月21日晚上，购毒人李某（女，24岁）通过探探（一个网上交友软件）联系到被告人王某，并主动、反复向王某提出购买500元毒品的要求，王某于是答应了。5天后，王某用探探联系李某约定在C市T区某网吧交易。当二人在网吧交易完毕时，侦查人员当场将王某抓获，并查获毒品和500元毒资。经查，李某系公安机关的特情，而王某此前并无吸毒、贩毒经历。王某的辩护律师指出，王某的行为不具有贩卖毒品的动机和故意，其只是为了博取李某的好感，想与李某进一步发展成为男女朋友而满足其要求，并且王某是以略高于购买价的价格将毒品卖给李某，获利极少，同时提出侦查机关对王某存在“犯意引诱”行为，请求法院对王某宣告缓刑。最后，法官经审理认定公安机关对被告人王某实施了引诱行为，因此对王某从宽处理，判处缓刑。

笔者以“诱惑侦查”“毒品犯罪”为关键词，查阅中国裁判文书网发现，在被告方提出抗辩的毒品案件中，极少存在诱惑侦查行为和所获证据被认定违法的情形，绝大多数案件的判决书或裁定书中的表述或是“法院经审理查明，公安机关在本案侦查过程中不存在‘犯意引诱’或‘数量引诱’等行为”，②或是“对于被告方提出本案侦查机关存在‘犯意引诱’的主张，一审法院已经酌情从轻处罚，原判决并无不当”。③

---

① 2014年C市中级人民法院刑一庭二审案件。

② 例如张某、莫某走私、贩卖、运输、制造毒品案，详见广西壮族自治区桂林市中级人民法院（2014）桂市刑初第51号刑事判决书，载中国裁判文书网2015年11月9日，http://wenshu.court.gov.cn/website/wenshu/181107ANFZ0BXSK4/index.html? docId=7656a85bda6d4610b33b1d0266583a13，2019年10月20日访问。

③ 例如邓某、田某贩卖毒品案，详见甘肃省庆阳市中级人民法院（2014）庆中刑终第87号刑事裁定书，载中国裁判文书网2014年8月6日，http://wenshu.court.gov.cn/website/wenshu/181107ANFZ0BXSK4/index.html? docId=aa46b7c6dbad4602a4dcb6c31b4f1f43，2019年10月20日访问。

6. 毒品案件中诱惑侦查证据的非法证据排除情况

我国于2010年首次确立了非法证据排除规则，之后又陆续出台了多部法律和相关文件进一步充实、完善这些规则，[①] 但是该规则目前在我国涉及诱惑侦查证据的毒品案件中的运用收效甚微。如前文所述，对于侦查人员采用诱惑侦查手段所获的证据，被告方提出合法性抗辩后，法官经审查，通常会认定公安机关对被告人实施的侦查行为并无不当之处，程序合法，于是裁定不予排除相关证据。虽然我国刑事诉讼法规定被告人和其辩护人有权向人民法院申请排除非法证据，但实际上在案件审理过程中，尤其是涉及诱惑侦查的毒品犯罪案件中，“依申请”排除非法证据似乎并未起到实质性作用。在前文被告方提出诱惑侦查抗辩的32个毒品案件中，有19个案件的被告人提出其受到了侦查机关的“犯意引诱”，要求排除所获证据；有4个案件的被告人提出因侦查机关对其进行“数量引诱”而实施了额外数量的毒品犯罪，要求排除超出部分毒品的相应证据；余下9个案件的被告人声称其受到了公安机关的“双套引诱”，要求排除全部证据，宣告无罪。在申请排除非法证据的这32个案件中，只有1个案件的承办法官作出了排除的决定，但是排除的理由并非因为认定公安机关的诱惑侦查违法，而是因为后续取证程序不合法。

[案例2][②] 靳某是毒品犯罪的惯犯，为了抓捕靳某，公安机关于2014年5月4日决定采取诱惑侦查措施。经过近一个月的精心布局，公安民警终于在2014年6月2日凌晨在交易现场将靳某抓获。当时正值凌晨2点20分左右，且下着大雨，民警在搜查毒品、毒资等证据时很仓促，其中有一部分毒品未当着靳某的面搜查、封存，未经其签字，也没有录音录像，更没有其他见证人在场。[③] 事后，靳某称该部分毒品不是自己的，公诉方也没有充分的证据能够证明该部分毒品确为被告人所有，因此，法官依法排除了与该部

---

① 具体参见2018年《刑事诉讼法》第56条、2017年《关于办理刑事案件严格排除非法证据若干问题的规定》第1条与第7条、2018年《人民法院办理刑事案件排除非法证据规程（试行）》第1条和第3条。

② 2014年C市某中级人民法院刑一庭一审案件。

③ 2016年《公安机关缴获毒品管理规定》第12条规定：“对办理毒品案件过程中发现的毒品，办案人员应当及时固定、提取，依法予以扣押、收缴。办案人员应当在缴获毒品的现场对毒品及其包装物进行封装，并及时完成称量、取样、送检等工作；确因客观原因无法在现场实施封装的，应当经办案部门负责人批准。”2014年C市高级人民法院、人民检察院和公安局印发的《毒品收缴、封存、称量、检材提取及送检工作规定》第二章第1条规定，查获毒品后，应当在查获现场对毒品进行封存；多处收缴，无论是否同一包装或者形态的，均应当独立分别进行封存；对毒品封存，应当在犯罪嫌疑人或毒品持有人（被搜查人）在场（无主毒品除外），并有见证人的情形下进行。第3条规定，封存毒品（毒品包装物）全过程应当拍照和录音录像固定，封存主要过程应当制作清晰照片连同录音录像资料随案移送。

分毒品相关的证据。

根据以上调研结果可知，法官纯粹因诱惑侦查不合法而排除证据适用的情形几乎为零。为了探究这种情况在其他地方是否也存在，笔者以“毒品案件”“诱惑侦查”和“非法证据排除”为关键词在中国裁判文书网上筛选出30份含有辩方以公安机关对被告人实施了非法引诱行为为由申请排除证据内容的裁判文书。笔者仔细查阅发现：有27个案件，法院认为侦查机关不存在非法诱惑侦查行为，不予排除相应的证据；有3个案件，法院经审理查明，认定被告人是在侦查人员（含特情人员）[①] 诱惑下进而实施毒品犯罪，但是仍然采用了公安机关使用诱惑侦查手段所收集的证据，仅是依法对被告人从轻处罚。[②] 虽然实践中也有法院因存在“犯意引诱”而判决宣告被告人无罪的情形（如甘肃省荆某某被控运输毒品宣告无罪案），[③] 但这样的情形很少。

为了确定笔者的上述调查结果是否较为真实地反映了我国毒品犯罪案件中非法诱惑侦查所获证据的排除现状，笔者向C市某中级人民法院刑庭的法官、法官助理以及C市某检察院侦查监督部门的检察官、检察官助理共发放了60份[④]关于“两种类型的诱惑侦查方式所获证据的证据能力”问题[⑤]的调查问卷，并全部有效收回。反馈结果显示，针对“犯意诱发型”诱惑侦查，有49个人选择了“反对”选项，并表示其不具有正当性，有11个人支持此种侦查手段。但在投反对票的49个人中，有45个人表示若不存在其他导致证据无效的情形，一般认为所获的证据具有证据资格，只有4个人表示会排除证据。其中，2个人认为仅需排除言词证据，2个人主张排除全部证据。而针对“机会提供型”诱惑侦查，有51个人表示支持，只有9个人持反对意见。在持反对意见的9个人当中，有8个人认为无须排除所获证据，1个人主张排除言词证据，无人认为应当排除实物证据。针对诱惑侦查证据的证据资格问题，“犯意

① 为了语言的简洁和写作的方便，除了特别指出外，下文所称“侦查人员”均包括特情人员。

② 典型案例如白某、马某贩卖毒品案，详见青海省西宁市中级人民法院（2014）宁刑初第19号刑事判决书，载中国裁判文书网2014年6月24日，http://wenshu.court.gov.cn/website/wenshu/181107ANFZ0BXSK4/index.html? docId=388a6aeee67449a889054cc8039dce93，2019年10月22日访问。

③ 具体参见荆某某运输毒品案，详见甘肃省定西地区中级人民法院（2002）定中刑初第11号刑事判决书，载北大法宝，http://www.pkulaw.cn/case/pfnl_a25051f3312b07f336e1a2891c005d418d1a9cbac2129d2abdfb.html? keywords=%E8%8D%86%E7%88%B1%E5%9B%BD%E8%BF%90%E8%BE%93%E6%AF%92%E5%93%81%E6%A1%88&match=Exact，2019年12月1日访问。

④ 本次问卷调查的对象有法官24人、法官助理12人、检察官16人、检察官助理8人。

⑤ 根据“机会提供型”诱惑侦查和“犯意诱发型”诱惑侦查的含义，纯“犯意引诱”和“双套引诱”应当属于“犯意诱发型”诱惑侦查的范畴；至于“数量引诱”，笔者认为应纳入“机会提供型”诱惑侦查的范畴，持有该观点的还有沈玉忠等人。参见沈玉忠：《诱惑侦查获得证据证明能力之探讨》，载《贵州大学学报》2006年第5期。

诱发型”诱惑侦查所获证据的支持率只有18.33%，“机会提供型”诱惑侦查所获证据的支持率高达85%，即认可后者证据资格的人数远远多于认可前者证据资格的人数，但是主张排除证据的人数却相差无几。

二、毒品案件审判中诱惑侦查证据运用存在的问题分析

诱惑侦查证据不是孤立存在的，先要采取该侦查手段取证，而后才有指控被告人犯罪的证据。因此，诱惑侦查措施合法与否，即该措施的启动标准、审批程序、实施过程等是否合法，均会影响所获证据的效力；诱惑侦查证据的证据能力、证明责任等是否明确，举证、质证程序是否规范，也会直接影响该类证据的有效适用。鉴于此，笔者在本部分重点讨论我国毒品案件审判中诱惑侦查证据的运用存在的主要问题，并进一步分析导致这些问题的原因。

（一）依“情况说明”认定诱惑侦查合法存在争议

在公安机关大多不移送诱惑侦查审批材料的实务背景下，法官在审理诱惑侦查案件时，通常以公安机关出具的含有诱惑侦查的启动、批准等概括性信息的“情况说明”来认定诱惑侦查的合法性。虽然法官在审查诱惑侦查的合法性时，可能也会结合被告人的自身情况综合考量，例如有无毒品犯罪前科、是否有吸毒史等，但是有犯罪前科和吸毒史并不能增强侦查机关采取的诱惑侦查一定合法的可信度。

“情况说明”作为审判人员审查诱惑侦查是否合法的决定性依据存有争议，主要原因如下：首先，现行《刑事诉讼法》第153条关于诱惑侦查措施启动条件的规定粗略，① 相关司法解释和规范性文件也没有明确规定诱惑侦查的使用情形、审批程序和依据以及违法后果等一系列重要的问题，这就使得各地公安机关通常在启用诱惑侦查手段时做法不一，进而在实践中产生了随意启动该侦查措施的情况。尤其是在一些使用特情采取诱惑侦查措施的毒品案件中，侦查机关在审查他们提供的线索时不甚严格、细致，反而倾向于听信他们的“片面之词”，以至于贻误案件侦查，引诱无辜之人走上不可挽回的犯罪道路。② 其次，有关诱惑侦查的审批材料不随案移送给法院，辩护律师更无法查阅这些审批材料以便针对该侦查措施的合法性和正当性进行有效辩护。当案件审判涉及诱惑侦查合法性的争议时，法官无法进行有效的审查，只能依据公安

---

① 2018年《刑事诉讼法》第153条规定：“为了查明案情，在必要的时候，经公安机关负责人决定，可以由有关人员隐匿其身份实施侦查。但是，不得诱使他人犯罪，不得采用可能危害公共安全或者发生重大人身危险的方法……”

② 孙长永主编：《侦查程序与人权保障：中国侦查程序的改革和完善》，中国法制出版社2009年版，第387页。

机关出具的“情况说明”等材料，即通过对这些材料进行形式审查来代替对该侦查行为合法与否的实质审查，这使得法官无法准确获知诱惑侦查措施的启动时间、适用情况、审批程序和因此而可能产生的风险等关键信息，进而无法正确认定诱惑侦查的审批程序是否合法，也在一定程度上加大了法官审查认定侦查机关实施的诱惑侦查究竟属于何种诱惑侦查类型的难度。[①] 此外，辩护律师全面了解案卷材料（包括公安机关应当移送而通常未移送的有关诱惑侦查的审批材料）是其进行有效辩护的重要前提，辩护律师对案件相关信息了解的范围以及程度均会直接影响其在法庭上的辩护策略和效果。公安机关不移送相关审批材料，相当于“剥夺”了辩护律师对该部分材料的阅卷权，不给他们在诱惑侦查的合法性问题上依法进行辩护的“余地”。最后，“情况说明”的出具者是公安机关，公安机关多少会将公正的“天平”向己方倾斜。因此，该类“情况说明”的可信性和证明力均相对较低。在此情形下，法官又根据“情况说明”径直认定诱惑侦查合法，对被告人而言，有失公平、公正。

（二）诱惑侦查证据质证形式化

首先，在法庭质证环节，面对辩方提出侦查人员引诱被告人实施毒品犯罪，要求法庭审查后不予采纳诱惑侦查所获证据的主张，法官除了依据“情况说明”外，通常也会因被告方未能出示相关证据或线索“证实”或者令法官认定诱惑侦查行为违法而驳回辩方的请求，采纳检察官举示的诱惑侦查证据，即被告方有关诱惑侦查证据合法性的抗辩被法官采纳的概率很低。

其次，能够在引诱和证据的合法性问题上作出解释的侦查人员不出庭作证或者说明情况并接受控告方和辩护方的交叉询问，以排除对非法诱惑侦查所获证据的合理怀疑。在程序上对诱惑侦查证据的合法性予以审查以保障被追诉人的质证权是公正审判的必然要求。毒品案件的证据比较单一，通常只有被告人的供述、查获的毒品、毒资以及交易双方的通话记录、微信记录等，在侦查人员不出庭作证导致有些合理怀疑未排除的情况下，法官依旧会依据这些证据对被告人定罪量刑。实践中，为保护侦查人员的特殊身份不被暴露，实施诱惑行为的侦查人员通常不出庭作证，[②] 但是从公正审判和人权保障的角度来说，保护侦查人员的人身安全不足以构成其不到法庭作证或者作

① 意即侦查主体实施的诱惑侦查行为是属于“犯意诱发型”诱惑侦查还是“机会提供型”诱惑侦查。

② 笔者在实习期间，曾与C市某中级人民法院刑一庭的4位法官就侦查人员出庭作证的问题交流过，4位法官均坦言，在其审理的涉及诱惑侦查的毒品案件中，到目前为止还从未有侦查人员出庭作证的情况。

出解释的充分、正当的事由。[①]

最后，诱惑侦查证据的庭外核实没有辩方参与。鉴于使用诱惑侦查手段取证是极为隐秘的，出于人身保护和信息保密的考虑，对于某些诱惑侦查证据，法官一般不会在法庭上对其进行公开质证，而是根据实际情况选择庭外核实。但是在庭外核实时，承办法官有可能会因其事先知晓了案件情况从而过早形成"内心确信"，以至于难以不带任何偏见地、公平地审查诱惑侦查所获取的证据，[②] 没有辩护律师对违法或者瑕疵的证据提出质疑，法官可能不加区分地采信这些证据，由此可能导致对被告人的定罪量刑出现偏差甚至错误。笔者已知的唯一一例庭外核实诱惑侦查证据合法性的案子，在核实过程中，没有辩方律师参加，法官单方进行庭外核实后，认为该案不存在"犯意引诱"情形，进而采纳了相关证据。

三、规范毒品案件审判中诱惑侦查证据运用的对策

（一）规范启用诱惑侦查和移送审批材料

诱惑侦查的启用和审批合法与否将直接影响所获证据的证据资格。针对实践中诱惑侦查措施易被滥用而审判人员又主要依据公安机关出具的"情况说明"等材料来认定诱惑侦查合法性的问题，我国应从该措施的启动标准、批准程序、移送审批材料以及救济措施等方面完善相关立法。

1. 明确启动标准

为了改变司法实务中诱惑侦查的启动过于随意的现状，我国立法应当明确该类侦查措施的启动标准。笔者认为，诱惑侦查的启动至少应当具备两个要件：一是必须具有采取诱惑侦查措施的必要性，二是必须达到合理怀疑的证据标准。"必要性"是指基于某些犯罪的特征，采用普通侦查手段很难甚至无法收集指证被告人犯罪的证据，不得已才启用诱惑侦查。[③] 比如一些具有高度隐蔽性的犯罪，如零包贩毒案件、贿赂犯罪案件，通常犯罪嫌疑人是在一对一的隐秘状态下完成犯罪交易，外界很难知悉犯罪消息；[④] 又如具有高度组织化程度的犯罪，如大型毒品犯罪案件，集团内部往往分工明确，犯罪嫌疑人大多心

---

① C市某中级人民法院刑庭法官曾坦言，有时候为了案件审理的需要，即使法院依申请或者依职权通知相关侦查人员出庭说明情况，公安机关通常也会以保护侦查人员人身安全或防止侦查机密泄露等理由推托。

② 姚丹：《论诱惑侦查所获证据的证据能力》，湘潭大学2016年硕士学位论文。

③ 金星：《诱惑侦查论》，法律出版社2009年版，第188—189页。

④ 孙长永主编：《侦查程序与人权保障：中国侦查程序的改革和完善》，中国法制出版社2009年版，第419页。

思缜密，行事极为小心，采用一般的侦查手段很难侦破案件、获取证据。“合理怀疑”是指侦查机关必须有证据表明犯罪嫌疑人准备、正在或者已经实施犯罪行为，如事先已持有冰毒、海洛因等毒品、正在联络买家等。

2. 严格规范审批程序，随案移送审批材料

为防止诱惑侦查在实践中被滥用，杜绝“先诱惑侦查、后申请批准”的乱象，严格的审批程序必不可少。笔者认为，应当至少包括三个程序：第一，案件承办人应当向公安机关负责人提出书面申请，并制作诱惑侦查报告和计划书，阐明案件的具体情况以及采取诱惑侦查措施的合理依据，并且明确采取诱惑侦查手段的时间、地点、对象等具体问题，评估启用该侦查手段的风险情况，再交由相关负责人审批。[①] 第二，相关负责人收到书面申请后，应当仔细审查诱惑侦查措施的实施主体、被侦查对象、时间和地点以及相关证据等内容，判断启用该手段的合法性、必要性。审查后，如果确有必要启动该措施，相关负责人应当批准。第三，公安机关应当将审批材料交给同级检察机关备案。如果检察机关收到审批材料后，认为公安机关拟采取的诱惑侦查措施不符合启动标准，或者前述审批程序违法，有权对诱惑侦查之启动提出纠正意见，公安机关应当进行合理解释与说明；如果解释或者说明的理由不成立，检察机关应当提请上级公安机关予以纠正。

为了进一步消除实践中法官依据“情况说明”来认定诱惑侦查行为合法的争议，诱惑侦查的审批材料应当随案移送。当适用诱惑侦查措施的案件进入审判阶段时，公安机关应当将与该案件相关的所有证据材料（包括诱惑侦查措施的审批材料）一并移送至法院。因为这些审批材料中记录了诱惑侦查采取的时间、适用的对象、实施的地点等细节信息，有助于法官在案件审理过程中查明事实真相，更加准确地审查诱惑侦查的合法性以及判断所获证据能否作为定案根据。同时，辩护律师也能充分行使阅卷权，通过查阅审批材料更好地制定辩护策略，在法庭上与控方就诱惑侦查的合法性问题进行充分的“较量”。公安机关不得以保护侦查机密和其他信息为由拒绝和推托移送，也不得代之移送“情况说明”。

3. 完善救济措施

法律在规定一项程序时，还应同时规定公民的救济途径和程序违法所应承担的后果，为该程序的执行“保驾护航”。[②] 基于此，为保障诱惑侦查的前述规定能够得以有效执行，同时维护犯罪嫌疑人的合法权益，救济措施具体可从

---

① 张卓群：《毒品犯罪诱惑侦查实证研究》，西南政法大学2015年硕士学位论文。

② 王彬：《冲突与平衡：诱惑侦查与人权保障的法律分析》，载《河北法学》2006年第5期。

以下三个方面着手：

一是赋予被侦查对象因受到违法诱惑侦查而受侵害时享有申请国家赔偿的权利。若公安机关采取违法的诱惑侦查手段侵害了犯罪嫌疑人的心理和身体健康，该犯罪嫌疑人有权要求批准实施诱惑侦查的机关予以赔偿。[①] 若同级检察机关在审查公安机关提交给其备案的诱惑侦查审批材料时，怠于履行职责导致未发现拟采取的诱惑侦查措施不符合启动标准，或者未发现公安机关的审批程序违法，而未予制止或纠正违法侦查行为从而造成被诱惑者受损害的，则该检察机关也应承担赔偿责任。

二是追究违法诱惑侦查行为实施者的行政责任和刑事责任。如果侦查人员未经批准即采取诱惑侦查手段的，或者对被侦查对象实施了"犯意引诱"等超出法律规定限度的侦查行为并造成损害的，则应对该侦查人员予以行政处罚，情节严重的，还应当追究其刑事责任。其中，对于"犯意诱发型"诱惑侦查，侦查人员主动引诱或鼓动原本没有犯意之人滋生犯罪意图进而实施犯罪，其与刑法上的教唆犯并无实质区别，该侦查人员的行为实际构成犯罪，所以应当根据其造成的后果追究其刑事责任。[②] 只有救济，没有惩罚，无法从源头上遏制公安机关的违法诱惑侦查行为。

三是专设针对公安机关拒不移送诱惑侦查审批材料的救济途径。当公安机关拒不移送审批材料时，被告人及其辩护律师有权向检察院提出提请移送的申请，检察院应当受理该申请并通知公安机关移送相关审批材料；经通知后，公安机关仍不移送的，检察院应当提请上级公安机关责令移送。为了案件审理的需要，法院认为公安机关应当移送诱惑侦查审批材料而未移送的，有权向公安机关提出纠正意见，公安机关接到纠正意见后，应当移送。

（二）完善诱惑侦查证据当庭举证、质证规则

1. 明确举证责任及证明标准

应当由检察院承担证明诱惑侦查正当、合法的举证责任，并适用"排除合理怀疑"的证明标准。关于承担诱惑侦查合法性之证明责任的主体问题，英美法系和大陆法系国家均有类似规定。[③] 例如，在英美法系国家，是通过设立"警察圈套"这一抗辩事由的方式，并且证明至"排除合理怀疑"的程度来处理违法诱惑侦查的程序后果问题。[④] 在德国、日本等大陆法系国家，则主要是

---

① 姚丹：《论诱惑侦查所获证据的证据能力》，湘潭大学2016年硕士学位论文。

② 魏东：《教唆犯研究》，中国人民公安大学出版社2002年版，第187—188页。

③ 万毅：《违法诱惑侦查所获证据之证据能力研究》，载《法律科学（西北政法大学学报）》2010年第4期。

④ 黄朝义：《刑事诉讼法》，一品文化出版社2006年版，第274页。

运用非法证据排除规则来处理因违法诱惑侦查而产生的程序后果问题，由检察官就诱惑侦查证据的合法性举证。[①]我国有学者认为，如果被告人在刑事审判中诉称其受到了公安机关的非法诱惑，应当由公诉方举证证明诱惑侦查行为正当、合法，由于诱惑侦查行为合法与否将会直接影响对被告人的定罪与量刑，因此公诉方在举证时，理应达至“排除合理怀疑”的证明标准。[②]

理由主要在于：第一，在诱惑侦查的实施过程中，侦查人员通常占据着主导地位，相对于被告方而言，其更清楚应该去何处获取证据、获取何种证据以证明其侦查行为的合法性。[③] 第二，与强势的公权力机关相比，毫无疑问被告方在绝大多数情况下处于弱势地位，又因诱惑侦查行为本身具有隐秘性，其很难获知该侦查措施的实施细节与经过，因此对被告方而言，要提出有力的证据材料来证明该侦查行为违法确有很大的难度。因此，由检控方负担诱惑侦查手段合法的证明责任，显然更加公平、合理。此外，依据现行《刑事诉讼法》第 59 条第 1 款之规定，由控方承担诱惑侦查证据合法的证明责任，也有诉讼法上的依据。该侦查行为是否合法直接关涉被告人是否构成犯罪以及有无刑事责任，理应规定公诉人的举证必须达到“排除合理怀疑”的标准。由于诱惑侦查行为具有隐蔽性，被告方能出示的、证明该行为违法的证据极为有限，因此其仅需向法官出示可以证明侦查主体违法侦查或者违法取证的初步证据或者线索即可。

2. 以法庭质证为原则，以庭外核实为例外

完善当庭举证、质证规则的一个基本原则就是要尽可能地使诱惑侦查证据在法庭上接受辩方质证，而后由审判人员依法决定是否作为对被告人定罪量刑的依据。换言之，这类证据的客观性、关联性以及合法性能够在法庭调查中认定的，尽量不适用庭外核实程序。

首先，应当明确诱惑侦查证据当庭举证、质证的适用情形。法官在审理毒品犯罪案件时，对于某些不会暴露特情人员身份、泄露诱惑侦查机密或者国家机密等内容的证据，可以准予在庭审时举证、质证。例如，在诱惑侦查案件中，侦查人员使用监听手段收集了被告人的手机语音、通话等证据材料，如果其内容只关涉被告人联系“买家”交易毒品，[④] 那么这些证据可以当庭举证、

---

① 黄朝义：《刑事诉讼法》，一品文化出版社 2006 年版，第 449 页。

② 万毅：《违法诱惑侦查所获证据之证据能力研究》，载《法律科学（西北政法大学学报）》2010 年第 4 期。

③ 姚丹：《论诱惑侦查所获证据的证据能力》，湘潭大学 2016 年硕士学位论文。

④ 翟财德：《技术侦查证据在审判中的运用情况实证研究——以毒品案件为视角》，西南政法大学 2018 年硕士学位论文。

质证。法官确认其证据资格和证明力后，可以作为案件公正裁判的依据。具体哪些诱惑侦查证据可以当庭出示并经质证，需要审判人员结合前述泄密、威胁人身安全等不利情形和案件的具体情况综合判断。

其次，需要明确庭外核实的适用条件和参与人员。笔者认为，满足下列条件之一的，法庭对于诱惑侦查证据的审查可以采用庭外核实方式：（1）采取不暴露实施诱惑行为的侦查人员或特情人员的相关信息、外貌等措施后，当庭质证仍然可能威胁有关人员的人身安全或者泄露国家机密的。（2）当庭质证本案的诱惑侦查证据可能对其他案件产生不利影响的。比如，某一个正在审理中的毒品案件，其诱惑侦查证据的内容对其他犯罪案件的侦破有影响，那么此时该证据不宜直接当庭举证、质证，[①] 审判人员可依职权启动庭外核实方式，在法庭外对相关证据的"三性"问题予以调查核实，如此既不会妨碍庭审的继续进行，也不会造成其他不利后果。（3）采取当庭质证方式可能导致其他严重后果的。

庭外核实的参与者理当包括控、辩、审三方。虽然我国相关规范性文件对技术侦查证据的庭外核实作了具体规定，在庭外核实该类证据时，法庭可以召集控、辩双方共同参加，并要求履行保密义务，[②] 但是笔者认为该规定适用的对象范围可以扩大至诱惑侦查证据。换言之，为了维护辩方的诉讼权利、更好地查明案件事实，有关诱惑侦查证据庭外核实的参与人员除了法官和公诉人外，还应当包括辩护律师。如果辩护律师接到法院关于庭外核实证据的通知，但表示没有时间或者不方便到场时，法院应当视情形另行确定庭外核实的时间。总之，法官作为中立的裁判者，必须确保控、辩双方都有机会平等参与庭外核实，使辩方能够对相关证据进行质证，并且有权知悉庭外核实的结果，防止这种证据核实方式演变为审判者行政化、单方化的调查行为。庭外调查方式只是改变了核实刑事证据的场所，所以仍应当坚持刑事诉讼的三方构造，增强控审分离和控辩平等对抗的力度，以保证被告方获得充分的程序参与权和实质性的质证权。[③]

① 翟财德：《技术侦查证据在审判中的运用情况实证研究——以毒品案件为视角》，西南政法大学2018年硕士学位论文。

② 2018年《人民法院办理刑事案件第一审普通程序法庭调查规程（试行）》第36条规定："采用技术侦查措施收集的证据，应当当庭出示。当庭出示、辨认、质证可能危及有关人员的人身安全，或者可能产生其他严重后果的，应当采取不暴露有关人员身份、不公开技术侦查措施和方法等保护措施。法庭决定在庭外对技术侦查证据进行核实的，可以召集公诉人和辩护律师到场，在场人员应当在保密承诺书上签名，并履行保密义务。"

③ 王贞会：《技术侦查证据庭外核实程序之完善》，载《河南社会科学》2018年第2期。

3. 构建侦查人员出庭作证制度

实施引诱行为的侦查人员是诱惑侦查案件的主导者，其全程“参与”了犯罪，对证明诱惑侦查行为及其所获证据的合法性具有关键作用。因此，构建侦查人员出庭作证制度，十分必要。依笔者之见，可从以下三个方面来构建该制度。

首先，确立侦查人员的证人地位。虽然刑事诉讼法已经明确规定侦查人员负有到庭说明有关情况的义务，但并未将其纳入证人范围。根据刑事诉讼法的相关规定，证人资格应当包括两个要件：一是了解或知晓案情，二是能够分辨是非并且能正确或者较为准确地表达。在绝大多数情形下，实施诱惑行为的侦查人员均心智健全、头脑清醒、精神正常，并且其几乎从始至终“参与”了犯罪活动，具有证人的适格性和不可替代性，即具备证人的资格。当被告方和公诉方在法庭质证环节对诱惑侦查及其所获证据的合法性问题争议不休、僵持不下时，如果侦查人员不出庭作证，法官很难认定犯罪事实，相关的证据问题也无法得到正确的处理。因此，应当将实施诱惑行为的侦查人员纳入证人的范畴，要求其履行出庭作证之义务，并事先签署保证书。

其次，建立交叉询问规则。交叉询问虽是英美法系国家的审判制度及证据规则，但值得我国借鉴。在英、美等国，实施诱惑行为的侦查人员作为公诉方的证人出庭作证，就相关问题接受控、辩双方的交叉询问。①控、辩双方对案件的破获经过、证据的来源、真实性或者取证的合法性等存有争议的，侦查人员出庭后，经审判长许可，应当先由提请通知该侦查人员出庭的一方就争议点对其进行发问，发问完毕后，对方经许可也可以发问。侦查人员作为诱惑侦查措施的实施主体，可谓亲历了案件发生的全过程。无论是从查明案件真相还是从保障被告人合法权益出发，在庭审过程中让被告方和检控方以言辞方式对侦查人员进行交叉询问，能够帮助审判人员判断侦查行为及其证据的合法性，作出公正的裁判。

最后，采用多元化方式加大对到庭作证的侦查人员的保护力度。侦查人员通过潜入犯罪集团或者采取隐蔽方式侦查取证，揭发被侦查对象的犯罪行为，一旦案件侦破，被告人极可能打击报复该侦查人员。如果侦查人员出庭作证，很可能泄露其秘密身份，从而使其自身和家人的安全受到威胁，所以很有必要加强对其作证的特殊保护。在其出庭作证时，审判人员应当采取不公开证人姓名、外貌、住址等信息的方法进行法庭调查。比如，在庭审时采取密室听证的方式，或者设置屏风用以遮挡，同时采用电子技术对其真实声音作出变声处

① 刘阳：《“诱惑侦查”人员出庭作证问题研究》，载《湖南公安高等专科学校学报》2010 年第 3 期。

理；或者通过视频通话、虚拟人物头像的方式，让侦查人员在法庭外一个安全的隔间参与作证。[①]

（三）构建诱惑侦查证据认证规则

1. 诱惑侦查合法性的界定方法

在公诉方承担证明责任并出示证据证明诱惑侦查行为的合法性之后，法官应采用“因果关系法”[②]对“机会提供型”诱惑侦查和“犯意诱发型”诱惑侦查从以下三个方面进行审查区分：

第一，被告人的犯意何时产生。换言之，被告人的犯意是因诱惑侦查行为引发而萌生，还是事先已存在。由于犯意具有很强的主观性，除非被告人承认其犯罪意图，否则其犯意通常很难为他人所知悉。我国法官可以借鉴美国法院总结的被告人有无犯意的十项判断标准[③]，同时结合被告人持有的毒品数量是否显然超过了供其自身吸食的数量、持有毒品的时间长短等因素进行客观、综合的评价。[④]一旦可以证实被告人确实存在上述事实，法官便可判定该被告人在公安机关采取诱惑侦查措施之前已经存有犯罪意图；反之，其事前不具有犯意。

第二，侦查人员的诱惑行为是否过度。换言之，侦查主体实施的引诱行为是否超出了一般理性人可承受的范围。通常来说，拥有普通意志力的人是可以抵抗“机会提供型”诱惑侦查的诱惑力度的，在这种情形下，被告人的犯罪行为与侦查主体的诱惑行为之间不存在必然的因果联系；相反，一般理性人很难抗拒“犯意诱发型”诱惑侦查的诱惑，被告人的犯罪行为和侦查主体的引诱行为之间往往存在必然的因果联系。对此，审判人员需要结合案件的具体情

---

① 翟财德：《技术侦查证据在审判中的运用情况实证研究——以毒品案件为视角》，西南政法大学2018年硕士学位论文。

② “因果关系法”是指以因果关系为核心的综合审查方法，即法院在审判之时，须综合审查侦查行为的客观方面与被引诱对象的主观方面是否存在因果关系，意即侦查人员的设诱行为是否引起了被引诱人的犯意进而使其实施了犯罪行为。参见杨志刚：《诱惑侦查研究》，中国法制出版社2008年版，第174—175页。

③ 该十项标准为：（1）被告人对其面临的诱惑行为是否积极地准备并作出回应；（2）被告人在从事不法行为时所处的客观环境；（3）在侦查人员向被告人作出实施某种犯罪的劝说之前，被告人的心理状态；（4）被告人是否持续实施了与其被指控犯罪相似的行为；（5）被告人是否对被指控的犯罪事先做好了充分的准备；（6）被告人的品格；（7）被告人与侦查人员在协商时的行为；（8）被告人是否在其他场合拒绝过类似行为；（9）被指控的犯罪行为的性质；（10）侦查人员诱惑行为的强制性程度与被告的犯罪背景。参见万毅：《违法诱惑侦查所获证据之证据能力研究》，载《法律科学（西北政法大学学报）》2010年第4期。

④ 石魏、佘亚宇：《纵某贩卖毒品案：诱惑侦查合法性之认定及此措施下毒品犯罪行为的界定》，载《中国检察官》2015年第10期。

况去判断公安机关引诱行为的合理性。[①]

第三，因果关系判断及程序合法性审查。如果诱惑侦查行为与被引诱人的主观犯意之间确实存有因果关联，审判人员应当认定该侦查行为违法。如果前述两者不存在因果关系，但实施诱惑侦查的程序违法（如未经公安机关负责人审批，即擅自启用诱惑侦查措施），也应认定诱惑侦查违法。反之，诱惑侦查合法。“因果关系法”可以通过对相关因素的综合考察，依据经验法则和伦理法则，厘清犯罪发生的因果联系，据此认定诱惑侦查行为合法与否，在司法实践中具有较强的可操作性。[②]

2. 非法证据排除规则在诱惑侦查案件中的运用

随着法治的发展和对人权的日益重视，我国确立并逐步完善了非法证据排除规则。使用诱惑侦查手段获得的证据是否具有证据能力，也应根据非法证据排除规则进行审查。具体建议如下：

第一，采用绝对排除和相对排除相结合原则，言词证据绝对排除，实物证据相对排除。因诱惑侦查本身具有诱导性和欺骗性，通过此种手段收集的言词证据很容易掺杂侦查人员个人的主观因素，故这些证据的“三性”可能受到很大影响，很难体现被侦查对象的真实想法。[③] 相比之下，实物证据更具客观性，主观因素对其影响通常较小。因此，对于违法的诱惑侦查证据，我国应当在诱惑侦查“两分法”[④] 的基础上同时区别言词证据与实物证据，再据此分别确定具体的排除规则更加合理。具体言之，即绝对排除经由违法诱惑侦查收集的言词证据，酌量排除经其收集的实物证据（即区别对待）。如果特定的实物证据系经由“犯意诱发型”侦查行为违法收集而来，则一般应当“弃而不用”；而倘若实物证据是通过“机会提供型”侦查行为取得，则由法官结合案件具体情况综合评判予以处理。如果取证人员违反法律规定（如查封、称量、提取毒品的程序不符合规定），从而使得所收集的实物证据可能对司法公正有严重影响，法官可以给予公诉方补正或作出合理解释的机会，若其无法补正或者合理解释，法官应当排除该实物证据。

第二，排除本案全部证据。违法诱惑侦查所获得的证据一般包括两部分，一是由侦查人员在诱惑侦查过程中收集而来，二是在侦查结束时或之后取得。

---

① 石魏、余亚宇：《纵某贩卖毒品案：诱惑侦查合法性之认定及此措施下毒品犯罪行为的界定》，载《中国检察官》2015 年第 10 期。

② 杨志刚：《诱惑侦查研究》，中国法制出版社 2008 年版，第 186 页。

③ 苏漫那：《我国诱惑侦查所获证据的证据能力研究》，载《湖北警官学院学报》2014 年第 9 期。

④ “两分法”即诱惑侦查的通行分类，将诱惑侦查认为“犯意诱发型”和“机会提供型”两种。参见何雷：《域外诱惑侦查理论研究》，中国人民公安大学出版社 2013 年版，第 18—19 页。

如果仅排除侦查人员在实施违法诱惑侦查期间直接收集的证据，却对侦查结束后的取证行为所获的证据持认可之态，恐怕很难抑制、阻却侦查机关违法侦查之动机。[①] 由于后续的取证活动本系在违法诱惑侦查行为基础之上实施，后续取证行为实际上是之前诱惑侦查行为的延续，两者不宜割裂开来分别评价，所以排除的范围应当是采取非法的诱惑侦查手段所收集的全案证据，意即既包括通过违法的诱惑侦查手段直接取得的证据，也包括之后取证所获的证据。

第三，本案证据排除，他案证据不排除。在某些犯罪案件中，侦查人员通过实施诱惑侦查行为诱使被诱惑者实施了犯罪，但被诱惑者却是因为另犯他罪被抓获、被起诉。在此种情形下，是否需要排除此时获取的证明被告人犯他罪的证据呢？笔者认为不应排除，因为任何规则在某个领域的运用均是有限的，非法证据排除规则在诱惑侦查案件中的运用也不例外，应当仅排除与违法的诱惑侦查行为具有因果关联的证据，而绝不能随意扩大其效力范围。[②] 很明显，侦查主体原先实施的非法引诱行为与被诱惑者最后实施的他罪之间并不存在因果联系，诱惑行为并未达到侦查主体预想的效果，被诱惑者是另起犯意进而实施了其他犯罪。此时，被诱惑者的行为已然成立他罪，侦查人员所收集的相关证据也理应作为他案证据处理。因此，针对违法诱惑侦查所获的证据，其排除的范围只限于与本案有关的证据。

案件经过审理后，如若审判人员认定诱惑侦查手段违法，其应当依照前述排除规则排除经由该侦查行为所获得的证据，再依据剩余证据依法对被告人定罪量刑。[③]

3. 修改《纪要》相关规定，使之与刑事诉讼法的规定相衔接

笔者认为，可从以下两个方面予以修改：

一是关于使用特情引诱手段破获毒品案件时被告人的定罪问题。首先，被告人因特情人员的“犯意引诱”或者“双套引诱”而实施毒品犯罪，公安机关进而侦破案件获得的本案证据，不能作为对被告人定罪的依据。因为诱惑侦查的目的是发现并抓获犯罪者，而非“制造”犯罪人，这也符合《刑事诉讼法》第153条之规定和刑事司法理念。其次，如果公安机关在使用特情引诱手段破获某一案件过程中，获得了被告人此前其他犯罪的证据，该证据可以用作被告人犯他罪的定罪依据。但是，即使被告人承认他在此之前有过毒品犯罪情

---

① 苏漫那：《我国诱惑侦查所获证据的证据能力研究》，载《湖北警官学院学报》2014年第9期。

② 万毅：《违法诱惑侦查所获证据之证据能力研究》，载《法律科学（西北政法大学学报）》2010年第4期。

③ 万毅：《违法诱惑侦查所获证据之证据能力研究》，载《法律科学（西北政法大学学报）》2010年第4期。

形，如果仅有被告人的供述和该次破获案件时获取的他案证据，而两者之间无法印证且没有其他证据印证，那么该证据也不能作为对被告人定罪的依据。最后，如果侦查机关在对被告人实施特情引诱之前已掌握了此被告人实施毒品犯罪的部分证据，但是被告人在逃，为了抓获该被告人，侦查机关可以将特情引诱作为拘捕的手段。[①]

二是关于侦查机关使用“数量引诱”手段侦破毒品案件时对被告人的量刑问题。“数量引诱”[②] 本身也不具有合法性，因此被告人仅需对其最初犯意下的行为承担刑事后果，而无须对其犯意扩大的部分承担刑事责任，法官也不应完全依照2008年《纪要》中的规定简单地在全部毒品数量的基础上对被告人依法从轻处罚。[③] 否则，这既违反了我国刑法中的罪责刑相适应原则，也对被告人不公，更无法有效遏制“数量引诱”手段在侦查实践中的频繁使用。

① 郑帆：《毒品犯罪中的特情引诱与法律规制》，载《法制与社会》2016年第1期。

② “数量引诱”是指行为人原本只有实施数量较小的毒品犯罪的故意，但在特情人员的引诱下实施了较大数量的毒品犯罪。参见王昕、李进庄：《毒品犯罪案件中特情引诱的法律规制》，载《中国检察官》2011年第12期。

③ 2008年《全国部分法院审理毒品犯罪案件工作座谈会纪要》第6条规定：“……对因‘数量引诱’实施毒品犯罪的被告人，应当依法从轻处罚，即使毒品数量超过实际掌握的死刑数量标准，一般也不判处死刑立即执行……”

民事诉讼中电子数据真实性认证实证研究

周宇婷*

随着现代信息技术的发展与智能手机的普及，互联网逐渐融入社会公众的日常生活，电子数据越发频繁地出现在诉讼当中。2012 年民事诉讼法将电子数据规定为一种独立的证据形式，2015 年最高人民法院《关于适用〈中华人民共和国民事诉讼法〉的解释》以不完全列举的方式，将电子数据表述为"通过电子邮件、电子数据交换、网上聊天记录、博客、微博客、手机短信、电子签名、域名等形成或存储在电子介质中的信息"。2020 年最高人民法院《关于民事诉讼证据的若干规定》（以下简称新《民事证据规定》）对电子数据的范围作出比较详细的规定，进一步明确了当事人提供和人民法院调查收集、保全电子数据的要求以及电子数据审查判断规则，完善了电子数据证据规则体系。由于电子数据自身的特性以及存储方式的依附性，数据信息失真风险较大，增加了电子数据真实性审查的难度，本文采用实证研究的方法，以 227 份民事裁判文书为样本，对电子数据在民事诉讼中的运用情况及存在问题展开深入探讨并提出相应的解决对策，以期优化电子数据的审查认证程序，充分发挥电子数据的证据价值。

一、实证考察：基于 227 份民事裁判文书的全面检视

为了更加直观地了解民事审判实务中电子数据的运行现状，笔者通过北大法宝与威科先行法律数据库，以"民事""一审""判决书""重庆市""2019 年"为全文关键词，以"电子数据"进行精确检索，共获得 232 份裁判文

---

* 西南政法大学法学院 2018 级硕士研究生。

书。[①] 进一步排除其中重复、无关的案例，最终得到227例有效样本，以此作为实证分析的基础。

（一）民事诉讼中电子数据的举证情况概述

1. 电子数据的来源

证据的收集与存储过程是否符合相关规范是法官进行真实性审查的首要因素，电子数据来源的可靠程度直接影响法官对证据同一性与完整性[②]的判断。如表1所示，由当事人自行提交电子数据的案件占所有统计样本的97.8%，仅有5宗案件由第三方平台作为第三人参与诉讼提供证据[③]。随着证据意识逐渐增强，人们开始有预见性地对可能灭失且在未来可能发生纠纷争议的电子数据进行保存，正如实证样本中的民间借贷与侵害作品信息网络传播权纠纷案件，[④] 当事人采取截屏、拍照等方式便可以轻松完成证据的固定与提取。

表1　电子数据来源情况　　单位：件

当事人自行提交	第三方平台提供	共计
222	5	227

2. 电子数据的类型

电子数据以“0”和“1”的二进制数字形式生发于虚拟空间，人们必须借助某种载体将数据转化为物理空间可感知的存在，才能解读其记载的证据事实。新《民事证据规定》以列举的方式细化了电子数据的具体形式，丰富了可作为电子数据证据的信息或文件范围，笔者据此对样本案例所涉电子数据进行归类整理。实证数据表明，民事诉讼中电子文件类数据最为常见，占比高达82%；系统内部信息与网络平台发布的信息分布差异不大，分别为6%与7%。值得一提的是，手机短信、微信聊天记录、电子邮件等日常通信信息的适用率远不及预期，占5%。

（二）民事诉讼中电子数据的认证结果分析

1. 真实性认证的具体情况及理由

电子数据作为新兴的证据类型，虽然有其特殊性，但还是具有作为证据所

---

① 本次研究取样时间截至2020年4月30日，包含216件普通民事纠纷案件与16件知识产权纠纷案件。

② “同一性”是指电子数据在固定、提取、存储、移送等环节保持不变，具有同一性与完整性的电子数据可以被认定为具有真实性。

③ 参见重庆市渝中区人民法院（2019）渝0103民初8836号民事判决书。

④ 参见重庆市第五中级人民法院（2019）渝05民初522号民事判决书。

特有的最基本的属性——真实性,[①] 法官应当从其生成、提取、存储和传输等方面进行审查核实。结合收集到的裁判文书，笔者提炼出4种电子数据的认证理由（见表2）。首先，实证样本中存在大量当事人以网络点击形式于网络借贷居间平台在线签订借款协议的案件，双方在合同中明确约定了“电子协议”“电子签章”“交易流水记录”等电子数据的证据效力,[②] 法院审查后便以“系本人真实意思表示并有效签订的合同，且该笔借款真实发生”为由确认其真实性,[③] 笔者将该类理由称为“当事人事前确认”。其次，举证方多选择“可信时间戳”[④] 或“易保全”系统进行证据保全，以证明电子数据取证的合法性和内容的完整性，增强法官的内心确信。[⑤] 第三方机构普遍具有中立地位和技术条件，在无相反证据反驳的情况下，法院可以直接确认来自此平台的电子数据。最后，公证后的电子数据的真实性认证更具优势，一般情况下法官会径行采信。[⑥] 需要注意的是，有部分案件未详细说理，甚至用套话一带而过。

表2　法院予以确认说理情况统计　　单位：件

法院予以确认的理由	数量
当事人事前确认	178
由记录和保存电子数据的中立第三方平台提供或确认，无相反证据反驳	21
经法定程序公证	11
说理不清，认证笼统	8

统计结果反映，227件样本案例中仅有9宗案件的电子数据未获法院认可

① 谢登科：《论电子数据的鉴真问题——基于典型案例的实证分析》，载《国家检察官学院学报》2017年第5期。

② 参见重庆市渝中区人民法院（2019）渝0103民初22883号民事判决书。

③ 参见重庆市渝中区人民法院（2019）渝0103民初12181号民事判决书。

④ “可信时间戳”是具有法律效力的电子凭证，可以确定电子文件在什么时间已存在，保证在数据电文在申请时间戳后未做过任何修改。可信时间戳一旦提交成功，一切对时间戳改变的行为都是不可行并且容易被发现的。参见何姗：《基于权威时间戳的电子数据固定方法研究》，载《计算机光盘软件与应用》2013年第19期。

⑤ 参见重庆自由贸易试验区人民法院（2019）渝0192民初10747号、重庆市第五中级人民法院（2019）渝05民初231号民事判决书。

⑥ 《民事诉讼法》第69条规定，经过法定程序公证证明的法律事实和文书，人民法院应当作为认定事实的根据，但有相反证据足以推翻公证证明的除外。《公证法》第36条规定，经公证的民事法律行为、有法律意义的事实和文书，应当作为认定事实的根据，但有相反证据足以推翻该项公证的除外。

（见表3），原因分别为：第一，未提供原始载体。通信信息类电子数据易被局部篡改，导致内容失真，因此举证方负有提供原始载体的责任，若未能提供，则应承担举证不能的法律后果。① 第二，无原件核对。从证据的出处看，电子数据证据本身是原生证据，打印件却是派生证据。在单纯提供打印件的情况下，举证方远不能证明该打印件就是电子数据最初生成的形态。② 第三，来源不明的证据很难判断其是否存在伪造的情况，应严格排除。此外，无法确定主体身份、不能反映生成信息等可靠性存疑的电子数据往往也不宜作为认定案件事实的依据。

表3　法院不予采信说理情况统计　单位：件

法院不予采信的理由	数量
未提供原始载体	2
无原件核对	1
无签字或印章，无法核实来源	2
证据内容的完整性与存储方法的可靠性存疑	4

2. 真实性认证的影响因素及程度

总体看来，法官对民事诉讼中举示的电子数据多持包容采纳的态度，不采纳的情况占比极低。为进一步考察电子数据真实性认证的影响因素及程度，需要结合证据的来源与类型展开分析。

表4　电子数据来源对真实性认证的影响　单位：件

证据来源	予以确认	不予采信
当事人自行收集并提交	186	9
经证据保全公证后由当事人提交	27	0
第三方平台提供	5	0

证据来源方面，当事人参与得越少，电子数据被采纳的可能性就越大。如表4所示，不予采信的电子数据都由“当事人自行收集并提交”，而法官无一例外地确认了“经保全公证后由当事人提交”或是“第三方平台提供”的电子数据。当事人缺乏提取与存储电子数据的专业知识，且与诉讼结果有着切身利害关系，由当事人自行收集提交的证据清洁性与客观性不足。例如，中国建

① 参见重庆市万州区人民法院（2018）渝0101民初7156号民事判决书。

② 李学军、朱梦妮：《电子数据认证问题实证研究》，载《北京社会科学》2014年第9期。

设银行股份有限公司重庆杨家坪支行与周某某金融借款合同纠纷一案中，即便电子数据形成于原告单方系统，可信度也不及中立的第三方平台，需经公证及专门的监管部门补强后方能肯定其证明力。证据类型方面，篡改、伪造风险低且能够直观反映案件事实的电子数据更受法官青睐（见表5）。

表5　电子数据类型对真实性认证的影响　　单位：件

证据类型	予以确认	不予采信
通信信息	5	6
电子文件	183	2
系统内部信息	13	1
网络平台发布的信息	17	0

二、原因探寻：真实性认证中现存问题的深层剖析

电子数据是存储于电子介质中的信息资料，对于这种新型证据形态，办案人员需要结合相关技术就其生成、存储、传输过程开展真实性核查，传统证据的认定规则无法满足电子数据的特性，电子数据技术无限性与法律有限性的冲突不断凸显，[①] 电子数据的运用问题是司法必须直面的燃眉之急。

（一）审查标准：认证规则的笼统失范

身处信息化时代，人们日常产生的信息逐渐电子化、数据化，司法审判活动也越发依赖于电子数据的运用，法官长期面临着电子数据的认证难题。立法是电子数据真实性认证这一动态化过程运行的基础，尽管我国三大诉讼法都已明确电子数据的证据地位，但专门性的审查规范却相对滞后，没有阐明电子数据的采信标准。笔者通过实证研究发现，民事诉讼中法官审查认证电子数据的要素存在差异，主观性强，即便是类型相同、举证情况相似的电子数据也会出现迥异的处理结果。以通信信息类证据为例，法官鉴别发（收）件人的身份时，有时会依据仅有的线索展开推导以核实账号使用者的身份，有时却要求举证方提供证据证明；[②] 在确认账号使用者系本案当事人后，有的法官直接予以采信，而有的却以信息内容本身不完整、没有证据证明其具有保持内容完整性

① 参见毋爱斌：《电子数据真实性如何认定》，载《人民法院报》2014年7月3日第2版。

② 参见重庆市合川区人民法院（2019）渝0117民初9535号、（2019）渝0117民初1469号民事判决书。

方法的可靠性为由不予采信[①]。法官在认证过程中表现出的任意性，究其原因在于我国缺乏审查电子数据的指引性准则。目前，民事诉讼法与司法解释仅对电子数据的含义作了概括性规定，新《民事证据规定》也只笼统列举了判断真实性的影响因素，故法官难以开展针对性的审查。因此，亟须从立法上分类型、分环节地细化审查规则，以指导电子数据的真实性认证活动。

（二）审查主体：电子科技的专业缺陷

法官对证据的审查判断往往影响着案件事实的认定和裁判结果的走向，电子数据所具备的技术性导致法官在专业性问题的判断上力不从心。根据民事诉讼法及相关规定，经过法定程序公证或第三方机构保全的电子数据，人民法院可以确认其真实性，但对方当事人也可提出相反证据加以推翻。实践中不乏对数据保全主体资质提出质疑的案例，如北京全景视觉网络科技股份有限公司与重庆娱派科技有限公司侵害作品信息网络传播权纠纷一案中，原告全景公司举示了易保全公司出具的电子数据取证证书，拟证明侵权事实，被告娱派公司认为易保全公司"未获得国家许可的电子认证许可证书，其出具的取证证书不具备法律效力"，法院的认证理由则较为模糊，提出作为第三方机构的易保全公司"是否获得电子认证许可证书，属于行政管理法规调整的范畴，不能直接以此否定存证平台的资质以及存证平台存证的合法性、真实性"，被告也"未提供反驳证据予以证明"。[②] 可以看出，保全、公证后的电子数据的被认可度较高，实际上是因为诉讼相对人未能提出有效的反对意见而致构成自认，法官认为没有进一步审查的必要。[③] 在我国民事诉讼中，公证书的证据效力显然高于其他类型的证据，法官据此作出相应的认证结果无可厚非。但需要注意的是，公证只是将电子数据固定在公证时的时点上，而当事人要证明的却是案件事实发生时的电子数据状态。公证并未能解决案件事实发生时与公证之间的时段内电子数据是否存在变化的问题，公证后的电子数据与当事人所要证明的案件事实之间的联系并未因公证而变得更加清晰可靠。[④] 同理，中立的第三方存证平台或保全机构在技术能力、运营投入、系统稳定性等方面存在差异，对电子数据真实性的实际保障效果也有待查证。由此可见，法官在审查电子数据的过程中，过度依赖保全与公证技术，关注机构资质却忽视证据内容，致使电子数据审查形式化。

---

① 参见重庆市长寿区人民法院（2018）渝0115民初7090号、重庆市万州区人民法院（2019）渝0101民初675号民事判决书。

② 参见重庆市第五中级人民法院（2019）渝05民初212号民事判决书。

③ 参见熊志海、李嘉斌：《论电子数据保全之司法应用》，载《重庆社会科学》2020年第1期。

④ 冀宗儒、钮杨：《论民事诉讼中电子数据的运用规则》，载《证据科学》2016年第4期。

（三）审查客体：最佳证据的适用障碍

证据法的认识论领域被一个宽泛的“最佳证据”原则所统摄，当诉讼的一方当事人本应提交最佳证据，但提供了认识论上的劣质证据时，法庭可以排除该证据。[①] 为了准确认定案件事实，各国普遍要求当事人在诉讼中提交原始文件，以降低证据失真风险。对传统证据而言，直接来源于案件事实或原始出处的证据材料即为原件，按照这一标准，电子数据原件理当是指最初生成的电子数据及其首先固定所在的各种存储介质，除此之外，据此转换而来的任何电子数据均属于复制件。[②] 实务中，当事人提供证据的形式取决于提取证据原件或移动原始载体时的难易程度，若裁判者一味固守传统原件规则，排除大量电子数据，显然不利于查明案件事实。有别于传统证据，电子数据自产生之日起便在系统或介质内部开启了多次、多量、多存储位置的复制过程，且电子数据的原件与复制件在表现形式上相差无几，法官与当事人均难以准确定义所举材料的性质与出处。严格来讲，诉讼中常见的电子文件、通信信息并非直接载于原始载体之上的初始数据，而是经过了可视性转化的复制件，要求法官机械地区分电子数据的原件与复制件，遵循“与原件核对”的真实性审查方式并没有实际意义，必须创新性地确立电子数据原件判断标准，以克服传统最佳证据规则对电子数据的适用障碍。

三、运行优化：电子数据真实性认证的完善路径

在取证、举证、质证、认证这四个司法证明的基本环节中，认证无疑是最关键的一环，取证、举证、质证都是为认证服务的。离开认证这个环节，司法证明就成了一句空话，司法证明的任务就无法完成。[③] 优化民事诉讼中电子数据的运行情况，首先要结合电子数据的具体类型细化审查标准，把握电子数据的特性，探讨如何在现有法律体系下补充相应的规则，以期为法官的审查认证工作提供便利，充分发挥电子数据的证据价值。

（一）构建区块链存证技术下的司法信任机制

习近平总书记在主持中共中央政治局第十八次集体学习时指出，要抓住区块链技术融合、功能拓展、产业细分的契机，发挥区块链在促进数据共享、优化业务流程、降低运营成本、提升协同效率、建设可信体系等方面的作用。要

---

① 参见［美］亚历克斯·斯坦：《证据法的根基》，樊传明、郑飞译，中国人民大学出版社 2018 年版，第 264—269 页。

② 刘品新：《论电子证据的原件理论》，载《法律科学》2009 年第 5 期。

③ 何家弘主编：《刑事审判认证指南》，法律出版社 2002 年版，第 1 页。

探索利用区块链数据共享模式，实现政务数据跨部门、跨区域共同维护和利用，促进业务协同办理。[①] 电子数据的技术特性导致其司法应用存在无法回避的难题，电子数据的真实性认证有赖于充足的技术支持，去中心化的区块链存证平台能够实现数据信息的自我鉴真、传递与管理，弥补法官在专业知识方面的不足，排除外来因素的干扰，提高办案质量与效率，最大程度地发挥电子数据的证据作用。在区块链技术证据化应用实践的推动下，最高人民法院印发《关于互联网法院审理案件若干问题的规定》[②]，认可了区块链的存证功能，肯定了所载数据的证据效力。截至 2019 年 6 月，已有杭州互联网法院主打的"司法区块链""区块链智能合约司法应用"，北京互联网法院打造的"天平链"，广州互联网法院推出的包括司法区块链、可信电子证据平台、司法信用共治平台"一链两平台"的"网通法链"智慧信用生态系统；此外，吉林、山东、天津、河南、四川等 12 个省（市）的法院均已上线了区块链电子证据平台，[③] 可见，当前区块链的司法应用已经取得了积极成效。

电子数据的生成、传输、存储离不开稳定可靠的载体，一旦系统出现漏洞，电子数据的真实性将无从查证。不同于传统的人工信用评价体系，区块链并无信用评价和信用验证机构，而是采用分布式账簿来确保区块数据的不可变性和数据的透明性，从而建立以技术作为背书的信用评价体系。[④] 具体而言，区块链作为一种分布式数据库技术，联合司法机关、公证处、电信运营商以及适用率高、公信力强的企业设置存证链条上的节点，电子数据在各区块间的每一次传输都有节点保存了记录。区块链存证平台通过"数据库—数据库"的点对点信息传输极大地降低了数据被篡改的可能，实现了全节点实时监控，全流程真实可信，保证了电子数据的真实性，同时也使法院同当事人、网络服务提供商之间的数据对接、电子数据举证和交换更加便利。

（二）设置拟制原件的附属信息说明规则

电子数据需要具有一定程度的原始性，但这并不要求一定需原件出示，[⑤] 为充分发挥电子数据的证据作用，必须突破最佳证据规则的历史局限性，不能将"原件"作为判断最佳证据的唯一标准，我国可借鉴国外经验进行变通性

---

① http：//www.gov.cn/xinwen/2019－10/25/content_5444957.htm，2020 年 5 月 25 日访问。

② 最高人民法院《关于互联网法院审理案件若干问题的规定》第 11 条第 2 款规定："当事人提交的电子数据，通过电子签名、可信时间戳、哈希值校验、区块链等证据收集、固定和防篡改的技术手段或者通过电子取证存证平台认证，能够证明其真实性的，互联网法院应当确认。"

③ 参见最高人民法院编：《中国法院的互联网司法》，人民法院出版社 2019 年版，第 5 页。

④ 孙占利：《运用区块链推进智慧法院建设研究》，载《法律适用》2020 年第 1 期。

⑤ 周新：《刑事电子证据认证规范之研究》，载《法学评论》2017 年第 6 期。

规定，将符合一定条件的电子数据输出文件视为原件，这将大大提高诉讼的效率和电子数据的应用前景。从《电子签名法》第5条的规定可以看出，我国电子数据的原件范围已经有扩大趋势，新《民事证据规定》第15条更是将原件范围扩大至拟制意义上的原始证据，正式将电子数据的复制件纳入原件的范畴。

“拟制原件说”没有固守自然原件的概念，而是立足于从法律意义上解决电子数据的原件问题；它不强求当事人举出那些潜在的电子化数据，而是许可提交电子记录的精确打印输出物。[①] 传统最佳证据规则之所以排除适用证据复制件，主要是因为传统证据的载体在复制转换的过程中发生了变化，而电子数据本就难以确定原始载体，在无外界干扰的情况下能够实现精确复制，其复制件具有与原件相同的证明价值。因此，对于电子数据应审查其是否具备原本性，不应考虑其是原件还是复制件，只要该数据形态保留了最初生成时的全部信息的确定状态即可。[②] 任何电子数据都不是孤立存在的，虚拟空间里每一个数据的复制改动都有相应的记录，附属信息[③]理应是审查拟制原件真实性的关注重点。虽然附属信息不能直接用于证明案件主要事实，但其作为“证据的证据”，对电子数据起到了良好的说明作用。庭审中，当事人必然将电子数据与介质载体一体化提交给法庭，裁判者通过提取、比较拟制原件的数据信息与系统留痕的附属信息，能够在相互印证的证据链条内认证电子数据的真实性。

（三）强化鉴定人、专家辅助人的技术支持

我国民事诉讼法及其相关规定早已明确，当事人可以就案件事实所涉及的专门性问题向人民法院申请鉴定或申请通知有专门知识的人出庭，但缺乏检验电子数据所需的专业化规范，对民事诉讼案件中电子数据的认证工作产生了一定的影响。电子数据及其系统环境的复杂性为法庭质证和认证环节提出了更高的要求，证据公证与保全仅从形式上确保电子数据未被篡改，为了保证此类证据的实质真实性，需要专业人士以其自身的专业知识、技能和经验从数据内部关系进行分析，并得出相关意见供法官判断。司法实践中，一些鉴定机构对电子数据类证据的系统鉴定工作了解较少，出具的鉴定意见书准确性不足。鉴定电子数据需要兼具鉴定资质与计算机网络技术的专家，也需要能够进行数据恢复与设备修复的场所，应当将电子数据交由专门的电子数据鉴定机构，从而为

---

① 刘品新：《论电子证据的原件理论》，载《法律科学》2009年第5期。

② 参见张宇：《论电子数据证据的真实性认定》，载《中国社会科学院研究生院学报》2016年第3期。

③ 附属信息是指电子数据在生成、传输、处理过程中的各类系统信息，包含系统日志、操作记录、痕迹信息等，通过对这些信息的审查，可以对数据的位置、时间、是否进行过删改操作进行确认。

认定案件事实提供可靠的依据。此外，电子数据专家辅助人的意见应与鉴定意见具有同等效力。现行立法意图通过“有专门知识的人”填补鉴定人制度的缺漏，对专家辅助人的诉讼地位规定模糊，将专家辅助人提出的专业性意见视为当事人陈述。笔者认为，该规定忽视了专家辅助人的专业水平，低估了专家意见之于电子数据审查的作用，法官需要综合来自多方的多角度的专业性意见作出认证结论。

电子数据真实性的审查与认定是一个多因素互动的过程，绝不仅仅只是一个技术层面的问题，更加重要的是建立法律对于证据真实性认定的原则和标准，为技术认定提供指导和约束，并在知识与技术变更的条件下，保证法律判断内在的一致性。① 同时，必须借助新技术，健全配套措施，进一步完善电子数据的规范化认证。

① 龙卫球、裴炜：《电子证据概念与审查认定规则的构建研究》，载《北京航空航天大学学报》2016年第2期。

日本自白排除规则的发展及其借鉴

林偶之*

日本排除非法言词证据的做法兼具英美法系与大陆法系的特征，一是"二战"后以美国法为模版采用了以"自愿性"为核心的自白排除规则；二是在立法上保留了大陆法系的通常做法，列举常见的、严重的非法取证行为，强制推定取证违法。三是实践中对于不属于列举范围的非法取证行为交由法官根据"综合判断"标准进行自由裁量。我国自2010年"两个证据规定"出台以来，非法言词证据的排除一直是非法证据排除制度的核心内容。从排除范式来看，我国采用了列举常见的、严重的非法取证行为的做法。这种排除方法针对性和操作性较强，但无法穷尽实践中所有严重侵害被追诉人权利的非法取证行为。不少学者呼吁在我国确立自愿性排除标准，允许法官在个案中根据自愿性标准作出综合判断。这种改良进路趋向于建立类似于日本的排除范式。为此，本文将力求整体呈现"自愿性"规则在日本的确立与演化历程，考察该自愿性规则的实践面向与裁判员参审后自愿性审查程序与证明方式的变化，以期为完善我国非法言词证据排除规则提供参考。

一、日本自白排除规则中"自愿性"规则的确立与演化历程

20世纪20年代，美国最高法院开始在判例中运用"公正审判"的原则排除那些虽然真实却是通过不正当手段获得的自白。在随后的几十年里，自愿性逐渐取代真实可靠性成为美国自白排除规则的法理基础。"二战"后，日本继

* 西南政法大学刑事诉讼法学专业博士研究生。

受美国法的同时，也接受了自愿性原则，制定了在当时看来相当严格的自白排除规则。《日本国宪法》第 36 条明文规定“绝对严禁拷问”；第 38 条第 1 款赋予任何人不得被强迫自证其罪特权；同条第 2 款规定受强制、拷问或者胁迫而作出的自白以及经过不当长期羁押、拘禁后获得的自白，不得作为证据，首次在立法上明确限制自白的证据能力。1948 年日本《刑事诉讼法》第 319 条第 1 款在宪法基础上进一步规定：“其他自愿性值得怀疑的自白，不得作为证据。”

然而，在刑事司法实务中，自白的证据价值依然受到普遍推崇。日本实务界认为，“如果认为在以新宪法为基础的法律体系中，自白的证据价值已经下降，在搜查上的价值也被削减的话，那就大错特错了。削减自白价值的前提是自白以外的证据必须充分、确实，作为收集这些证据的方法，自白在侦查中的作用反而更加突出。”[①] “无论如何，讯问犯罪嫌疑人依旧是侦查的中心……在侦查中讯问犯罪嫌疑人定然是侦查手段之王……任何轻视讯问犯罪嫌疑人的诉讼理论都是伪善的，非现实的。”[②] 这种重视自白的情感不仅存在于实务中，学界也不乏赞同者。学界主要从道义论与国民性角度反对排除自白，认为“在日本，讯问犯罪嫌疑人并非是对抗的，而是侦查人员与犯罪嫌疑人之间的情感交流。促使犯罪嫌疑人悔悟，在侦查人员面前悔罪，能够恢复道义。这是向犯罪嫌疑人倾诉国民感情的必要过程。因此，限制侦查机关讯问犯罪嫌疑人，是违背国民感情的”。[③]

受刑事诉讼传统的影响，日本立法上确立的自愿性原则在当时的司法实务中并未得到认可。如何平衡作为舶来品的自白排除规则与本国诉讼传统的激烈价值冲突，和如何缩小立法与实践之间的巨大差距，是日本自白排除规则在发展过程中不断克服的两大难题。从学理角度考察，日本对自白排除规则的基础法理进行了充分的本土解构，逐渐形成了独具本国特色的理论体系。

（一）第一次转型：由真实可靠性转向自愿性

日本实务界在较长一段时期内以虚假排除说作为排除特定自白的基础性和根本性原理，排除自白仅仅是基于自白不具有真实可靠性。关于如何判断自白的真实可靠性，实务界存在两种代表性做法。一是考察自白内容的真实可靠性，内容存疑是排除的依据，但在特定情形下自白的证据能力可以恢复。例如，事后查

---

① 秦野章「自白について」警察学論集 12 巻 11 号（1959 年）1 頁。

② 出射義夫「任意捜査の限界」佐伯千仭＝団藤重光編『総合判例研究叢書刑事訴訟法（二）』（有斐閣，1957 年）13—14 頁。

③ 土本武司『犯罪捜査』（弘文堂，1978 年）35 頁。

明自愿性存疑的自白和其他真实可靠的证据的内容一致的，或根据自愿性存疑的自白进行搜查并发现隐蔽性事实时，恢复该自白的证据能力。[①] 二是考虑获得自白时的各种情况，拷问、胁迫等情况下导致虚假供述的盖然性较高，从而应当排除自白。[②] 另外，基于对被追诉人基本人权的尊重，少数派观点持人权拥护说，主张自白排除规则旨在保障被追诉人以"沉默权"为核心的基本人权，凡是通过侵害被追诉人自由陈述权获取的自白，均应当排除。[③]

虚假排除说和人权拥护说分属于查明真相与保障人权的两端，针锋相对，但两种学说均存在显著的弊端。按照虚假排除说的立场，即使是受强制、拷问或者胁迫而作出的自白，如果其内容真实，就丧失了排除的依据。这显然混淆了自白的证据能力与证明力之间的界限，可能导致证明力判断前置，架空了自白排除规则。即便也有观点从获得自白时的各种情况进行考虑，关注了讯问手段与被追诉人供述心理之间的关系，但如果不事先判断自白内容的真伪，则无法判断讯问时的情况对被追诉人供述心理的具体影响，结果对自白真实性的评价还是触及了自白的具体内容。从人权维护说的立场来看，排除自白的依据是宪法保护的沉默权受到侵害，这可能导致通过侵害沉默权以外的其他侵害人权手段获得的自白未能有效排除。[④] 而且，和虚伪排除说一样，自白是否排除取决于被追诉人供述的自由在多大程度上被剥夺，这是一种事实判断，需要审查当时的具体情况、侵犯事实是否足以导致虚假供述或者压制被追诉人的意志自由等主观心理状态，判断极为困难。[⑤]

随后，有学者注意到上述两种学说都关注被追诉人的供述心理，与其供述的自愿性相关联，进而主张将两者进行折中混合，形成了新的学说观点——任意性说。任意性说的提出标志着日本的自白排除规则开始向真实可靠性原则和人权保障原则相结合的混合法理基础阶段过渡。从这时候起，自愿性原则逐渐受到重视，成为法院采纳或排除自白的依据。

自愿性的内涵，任意性说的首创者江家义男认为，需要从保障人权和排除虚假两个方面进行理解。人权拥护说的基础并非仅指保障被追诉人的自由陈述

---

① 藤岩睦郎「自白」団藤重光編『法律実務講座刑事編第 8 巻』（有斐閣，1956 年）1792—1813 頁参照。

② 栗本一夫「自白」日本刑法学会『刑事法講座第 6 巻』（有斐閣，1953 年）1166 頁以下参照。

③ 横井大三『新刑事訴訟法逐条解説Ⅲ』（司法研究所，1949 年）95 頁；鴨良弼『刑事証拠法』（日本評論社，1962 年）206 頁。

④ 安原浩「任意性論の再構築」村井編『刑事司法改革と刑事訴訟法（下）』（日本評論社，2007 年）771 頁参照。

⑤ 岩下雅充 = 亀井源太郎 = 公文孝佳 = 中島宏 = 辻本典央 = 大野正博 = 平山真理編『刑事訴訟法教室』（法律文化社，2013 年）215 頁参照。

权，而是要更多地关注审判的公正性，尤其是需要体现《日本国宪法》第31条以下关于正当程序的要求。同时，能够作为证据使用的自白还必须具有证明力。在某些情况下获得的自白即使没有侵犯人权，但因为缺乏真实性，也应当排除。例如，通过许诺不起诉所获得的自白虽然未侵犯人权但可能导致虚假供述，也应当排除。这与未经交叉询问的供述，因其真实性无法得到保障，原则上应当排除的性质是相类似的。① 任意性说的提出有利于日本摆脱传统的真实可靠性基础，也可以防止过分强调人权保障导致发现真实的目标落空。但虚伪排除说和人权维护说的基础原理不同，两者能够结合的根据是什么，任意性说在这一问题上含糊不清成为该说被批判的主要原因。②

任意性说提出以后，理论界的研究重点转向在判断自白的自愿性时，应当更加重视排除虚假还是应当更加重视保障人权，并形成了三种代表性观点：主流观点认为，很难仅凭“人权”的价值要素比“真实性”强就把人权作为判断的基础，排除自白的基准重点应该放在排除虚假自白。③ 第二种观点认为，《日本国宪法》第38条第3款规定“仅有被告人自白的，不得定罪”，自白是否真实可靠，还需要其他证据补强，因此，没有必要过于重视自白本身的真实可靠性，应将虚假排除说放在补充位置。④ 第三种观点主张应该给“自白的自愿性”下一个专门的定义，并划定一个明确的范畴，而并非只是在虚伪排除说和人权维护说的范围内讨论。任意性说的核心是被追诉人的供述意志是自由的，供述是否自由应从结果和行为之间的因果关系进行判断。⑤

（二）第二次转型：由“一元说”转向“二元说”

探知被追诉人作出自白时是否处于“自愿”，需要对所有与自白相关的事实进行查明并评估，这种建立在探知被追诉人心理状况基础上的“综合判断”标准在实践中较难操作。20世纪60年代开始，美国联邦最高法院的认定标准发生显著变化，开始关注外部的程序违法性。在1966年Miranda v. Arizona案⑥中，美国联邦最高法院依据宪法第五修正案的反对自我归罪特权，创立了米兰达规则，使得对监禁情形下口供自愿性的判断更加客观和易于判断。深受美国法影响的日本也经历了类似的演化历程。在美国，米兰达规则并没有排除自愿

---

① 江家義男『刑事証拠法の基礎理論［訂正版］』（有斐閣、1952年）32頁以下。

② 鈴木茂嗣『続・刑事訴訟の基本構造（下）』（成文堂，1997年）521頁。

③ 青柳文雄『五訂刑事訴訟法通論（下）』（立花書房、1976年）307頁。

④ 高田卓爾『刑事訴訟法［二訂版］』（青林書院新社、1984年）217頁。

⑤ 平場安治「自白の任意性」佐伯千仭＝団藤重光編『総合判例研究叢書刑事訴訟法（一）』（有斐閣、1957年）11頁。

⑥ Miranda v. Arizona（384 U. S. 436，86 S. Ct. 1602，16 L. Ed. 2d 694（1966）.

性。米兰达规则只适用于拘禁讯问所获得的自白，对于非拘禁环境下讯问所获得的自白的可采性的判断，依然适用传统的自愿性规则，由法官根据个案进行“综合判断”。田宫裕教授最先在日本倡导采用程序违法性标准。与美国不同，田宫教授主张排除自白的依据应由“自愿性”彻底转向“程序的违法性”，认为自白排除规则的唯一立法依据是《日本国宪法》第31条规定的正当程序，同法第36条“绝对禁止拷问”和第38条关于自白排除规则的具体要求应当被理解为要求实现正当程序的注意规定。① 田宫裕教授提出的“违法排除说”扩大了自白排除规则的适用范围，将以往主观浓厚的自愿性标准可以结合外在的程序违法性标准加以判断，排除基准更加客观、明确，确保了正当程序和自白排除规则的实效性。② 但是，该说在日本也存在很大争议。反对理由主要有：其一，宪法和刑事诉讼法明文规定自白法则的排除对象是不具有任意性的自白，该说与条文原意不符。③ 其二，获得自白的程序是否合法，仍需结合供述自由是否被侵害进行判断，因而同样无法摆脱对被追诉人心理状态的探究。其三，削弱了单独设置自白排除规则的意义。其四，否定自白的自愿性所必须达到的违法程度语焉不详。其五，在获得自白的程序没有违法的情形下，即便供述自愿性存疑，也不得不肯定该自白的证据能力。④

针对田宫理论严重脱离自愿性原则以及违法性判断标准模糊问题，铃木茂嗣教授提出，“只有采取与强制、拷问、胁迫、不当拘禁程度相当的违法方式获得的自白才应当被排除，例如侵害了被追诉人获得律师帮助的权利”。⑤ 铃木教授强调自白排除规则具有区别于违法收集证据排除规则的意义，即必须以自愿性作为理论基础，通过违法程序获取的自白也只有达到损害供述自愿性的程度时才会排除。松尾浩也教授则是将排除原理的分为应当排除、一般排除、可以排除三个层次：一是宪法层面禁止采用强制、拷问、胁迫、不当拘留的手段获取自白，通过与这类手段程度相当的重大违法行为所获得的自白，应当绝对排除；二是刑事诉讼法层面还规定了“其他任意性值得怀疑的自白，不得作为证据”，这类情形包括许诺、欺诈、压迫、诱导、疲劳审讯等可能妨碍被追诉人供述意志自由的行为，如果查明或者不能排除存在诱供可能性时，一般应当排除；三是可能导致非自愿性自白的讯问，在

① 田宫裕『捜查の構造』（有斐閣，1971年）193頁以下参照。

② 庭山英雄『刑事訴訟法』（日本評論社，1977年）174頁参照。

③ 松尾浩也編『刑事訴訟法Ⅱ』（有斐閣，1992年）215頁参照。

④ 宇藤崇＝松田岳士＝堀江慎司『刑事訴訟法』（有斐閣，2018年）436—367頁。

⑤ 鈴木茂嗣『刑事訴訟法（改訂版）』（青林書院，1990年）221頁。

多数场合下，应该被评价为违法的，可以按照违法收集证据排除规则予以排除。[①]

虽然“违法排除说”在日本引起很大争议，但该说兴起以后，理论界已经意识到应当采取某些相对客观的标准判断自白是否具有自愿性，以及应当采取某些措施确保获取自白的程序符合正当程序的要求。基于此，日本理论界开始尝试将违法排除说与任意性说进行折中，使之共同成为自白排除规则的法理基础。在理论体系上，日本最终形成了“任意性一元说”“违法排除一元说”与“自白排除规则与违法收集证据排除规则共同适用二元并合说”（以下简称为“二元说”）三种评价体系。任意性一元说和违法一元说主张仅判断任意性或者仅判断违法性，前者不考虑自白收集程序的违法性，后者不关注违法程序对自白的自愿性的影响，这两种学说均具有明显的片面性，支持者较少。目前，二元说已经成为理论界的主流观点，是指：第一，在程序违法的情形下，如果认为可能存在诱发虚假供述或者侵害沉默权，按照自白排除规则予以排除。第二，如果不能认定存在上述两种危险，在符合“违法的重大性”和“具有排除相当性”两个条件时，按照违法收集证据排除规则予以排除。[②] 二元说以自愿性原则为原点，关注焦点逐步外化为程序的违法性和警察的非法行为，并确立强制性排除规则，排除法官在特定情形下的自由裁量权，以达到排除非法取证的目的，对于引导规制警察获取自白的取证行为意义重大。在2002年日本著名的罗萨尔案[③]中，东京高等法院在审判实践中正式采用了二元说的判断标准，标志着日本法院对自白效力的关注焦点开始外化为程序的违法性和警察的非法行为。不过，对于罗萨尔案带来的影响，学界的看法也不一致。有个别论者认为，“如果觉得‘罗萨尔案’之后，日本实务界普遍接纳了程序违法性标准，那就太乐观了。实务界的主流观点依然是以虚伪排除说为主，辅以人权维护说的‘任意说’”。[④] 也有学者认为，罗萨尔案标志着以任意说为主，辅以违法排除说，其中，任意说以虚伪排除说为基础、辅以人权维护说的双重二元说已经成为现阶段日本自白排除规则的法理基础。如爱媛大学关口和德教授在博士毕业论文中收集了从1948年至2008年与自白自愿性相关的194件判例中，其中，体现虚伪排除说的有54件、人权维护说的有6件、任

① 松尾浩也『刑事訴訟法（下）』（弘文堂，1999年）41頁参照。

② 杉田宗久「自白の任意性とその立証」井上正仁＝酒巻匡編『刑事訴訟法の争点』（有斐閣，2013年）159頁；三井誠「自白の排除法則とその根拠（一）」法学教室246号（2011年）77頁；酒巻匡「被告人の供述」法学教室289号（2013年）89頁。

③ 以下案情源自日本东京高等裁判所2002年9月4日判决，判例时报1808号144页。

④ 宇藤崇＝松田岳士＝堀江慎司『刑事訴訟法』（有斐閣，2018年）438頁。

意说的有 90 件、违法排除说的有 41 件。[①] 由此可见，程序违法性标准也是实务中法官采纳和排除自白的重要依据之一。

二、日本自白排除规则中“自愿性”判断的实际操作

通过前述分析，可以窥见日本一直试图在实体真实、人权保障、正当程序等多元价值之间寻找适当的平衡点。实践中也逐渐形成了一套符合本国诉讼传统和诉讼模式特点的技术性标准，具体包括：

（一）自愿性判断的三个层次

自愿性是自白排除规则的灵魂。日本法院通过一系列判例，确立了自愿性判断的三个层次。

首先，日本宪法和刑事诉讼法同时禁止采用强制、拷问、胁迫或者不当长期羁押、拘禁获得的自白。法庭上遇有上述规定的任一情况，都必须无条件地将非法自白予以排除，而不享有自由裁量权。实践中，法院采用“情节考察”方法。具体来说：（1）法律预设上述行为本身对被追诉人的肉体和精神施加了强大的压力；（2）法院只需要审查是否存在上述行为，不论自白的内容真实可靠与否，也不论取证行为与自白之间的因果关系如何；（3）只要查实存在这种自白取得方式，就必须排除。

其次，日本刑事诉讼法还规定，其他任意性值得怀疑的自白，不得作为证据。这赋予了法庭根据案件的具体情况自由决定是否将某一自白加以排除，也就是所谓的“裁量排除”原则和“综合判断”方法。日本最高法院在判例中逐渐明确了法庭裁量排除某些自白时需要考虑的要素，包括：（1）取证手段对自白的心理强制程度；（2）导致虚伪供述的盖然性高低；（3）对侦查、审判公正性的影响。[②] 这实际上意味着只有采取了对被追诉人的供述心理造成压力，有较高盖然性导致虚假供述，并且可能对司法公正造成影响的取证手段获取的自白，才会被排除。在日本的判例中，存在下述行为，在查明或者不能排除存在诱供可能性时，一般排除自白：许诺、[③] 欺诈、[④] 诱导、[⑤] 病中讯问、[⑥]

---

① 関口和德「自白排除法則の研究」北大法学論集 62 巻（2011 年）1 号 25 頁以下，3 号 49 頁以下，5 号 91 頁以下参照。

② 坂本武志『最高裁判所判例解説刑事編昭和四一年度』（法曹界，1966 年）100 頁。

③ 日本最高裁判所 1966 年 7 月 1 日判決，最高裁判所刑事判例集 20 巻 6 号 537 頁。

④ 日本最高裁判所 1970 年 11 月 25 日判決，最高裁判所刑事判例集 24 巻 12 号 1670 頁。

⑤ 日本最高裁判所 1964 年 6 月 1 日判決，最高裁判所刑事判例集 18 巻 5 号 177 頁。

⑥ 日本浦和地方裁判所 1990 年 10 月 12 日判決，判例タイムズ743 号 69 頁。

疲劳审讯、[①] 妨碍辩护权、[②] 妨碍沉默权[③]等。

最后，对于通过违法程序获取的自白如何处理问题，可以按照违法收集证据排除规则否定其自白的证据能力。日本宪法和刑事诉讼法所规定的排除范围是“不具有自愿性”和“自愿性值得怀疑”的自白。但是，针对实践中很难判断自愿性，或者已经认定被追诉人是自愿供述，但是获取自白的程序是违法的情形，如果不否定自白的证据能力，不仅不利于规制违法讯问行为，还与宪法的正当程序观念和人权保障精神相背离。在这种情况下，日本法院的一般做法是运用违法收集证据排除规则否定自白的证据能力。但是，这种做法在实践中有很大的争议，也是近些年来日本实务界和理论界重点关注的问题。

（二）自愿性与违法性的“两段式评价”向“竞合式评价”过渡

违法收集证据排除规则在日本以往的司法实践中主要适用于排除非法物证，排除的范围重点指向非法搜查、扣押获得的实物证据。对于以非法方法获取的自白，则是根据不被强迫自证其罪的特权规则和自白任意性规则加以排除。但是，在自白的任意性很难判断或者自白具有任意性，但讯问程序显著违法的情形下，这种泾渭分明的证据规则显得尤其捉襟见肘。

学界很早之前就开始讨论违法收集证据排除规则与自白排除规则在评价自白证据能力上的关系问题，并形成两种主要观点：一是“自白排除规则与违法收集证据排除规则两段式评价说”；二是“自白排除规则与违法收集证据排除规则竞合说”。日本实务界和理论界的通说观点是前者，即先判定自白的自愿性，只有在自愿性没有疑问时，方可讨论侦查的违法性。[④] 但是，在2002年罗萨尔案中，东京高等法院在二审时放弃了传统的二段式评价方法，主张自愿性评价和违法性评价不存在明确的先后顺序，在自愿性判断难度较大的情形下，可以优先判断程序的违法性，并直接适用违法收集证据排除规则否定自白的证据能力。该案件的二审判决充分吸收了违法排除说的核心内涵，给以往实务中的自愿性评价体系造成极大的冲击，被视为实务界对自白排除态度缓和的代表性案件。

罗萨尔案[⑤]的基本情况是：菲律宾女性马纳利·比利雅努瓦·罗萨尔（被告人）与丈夫及长女分居，与恋人T先生同居。罗萨尔正打算将生病的长女

---

① 日本高松高等裁判所1954年4月20日判决，高等裁判所刑事判例集7卷9号1321頁。

② 日本大阪地方裁判所1971年5月15日判决，刑事裁判月報3卷5号661頁。日本浦和地方裁判所1990年10月12日判决，判例タイムズ743号69頁。

③ 日本最高裁判所1950年11月21日判决，最高裁判所刑事判例集4卷11号2359頁。

④ 小林充「自白法則と証拠排除の将来」現代刑事法38号（2002年）58頁。

⑤ 以下案情源自日本东京高等裁判所2002年9月4日判决，判例时报1808号144页。

送去医院时，T 先生阻止了她并说了让长女去死之类的话。两人为此发生争吵。在 1997 年 11 月 10 日上午 8 点左右，罗萨尔发现 T 先生在公寓床上被刺伤后马上跑到 Y 医院呼救，但救援人员到场时 T 先生已经死亡。上午 9 点 50 分左右，罗萨尔被带到松户警署。警察在没有逮捕令的情形下把罗萨尔带到酒店连续拘留了 10 天。在第 10 天（11 月 19 日）中午，罗萨尔亲笔书写了认罪呈报书后，于当天被正式逮捕。检察官拘留提讯时，罗萨尔曾在检察官面前否认罪行，但是被警察责备后再次招供。之后，罗萨尔被指控在 1997 年 11 月 9 日晚上 10 点 36 分到 11 点前，用菜刀砍伤 T 先生的头部、颈部等，导致 T 先生因脑损伤而死亡。但是，罗萨尔在与律师会面和正式审判中，一直坚持不认罪，主张没有实施被指控的行为，并对其本人在侦查阶段亲笔书写的认罪呈报书和自白的自愿性及可信性提出质疑。

在罗萨尔案中，一审千叶地方法院遵循了以往自愿性与违法性两段式评价方法，在判断认罪呈报书及口供笔录的证据能力时，判决书中首先肯定了自白的自愿性，认为“在讯问过程中并不存在威胁、暴力等可能导致供述自愿性存在疑问的情形，被告人基于自由意思作出供述”。随后才评价侦查行为的违法性，指出：“侦查官对罗萨尔采取的一系列措施，从整体来看，已经超出社会一般观念上能接受的任意侦查的形态、限度，不得不说是一种违法的任意侦查。”而二审东京高等法院则采取了“自白排除规则与违法收集证据排除规则竞合说”立场，在判决书中指出，“本案虽然也关系到宪法第 38 条第 2 款、刑诉法第 319 条第 1 款所说的自愿性判断问题，但对于同时存在自白收集程序严重违法的案件，如果个别、具体地审查、判断自愿性伴随着相当大难度时，可以优先审查自白收集程序是否违法、违法程度、应否依据违法收集证据排除规则排除自白，这种方法作为判断基准是明确且妥当的”，即主张在自愿性判断难度较大的情形下，可以优先审查程序的违法性，并可以直接适用违法收集证据排除规则否定自白的证据能力。

（三）有限制的违法收集自白证据排除规则

罗萨尔案以后，自白的证据能力将受到“自愿性”标准和“违法性”标准双重规制。这是否意味着在日本司法实务中对通过违法程序取得的自白也采取了相对严格的排除态度呢？笔者认为，从罗萨尔案中确立的违法性评价标准和排除标准来看，能够运用违法收集证据排除规则否定自白证据能力的情况仍在少数。

1. 界限模糊的“与社会一般观念相当”的违法性评价标准

在罗萨尔案中，针对罗萨尔在酒店被连续讯问了 10 天 9 夜的行为，一审和二审法院均按照社会一般观念相当性标准进行评价。但是，对于何谓“社会一般观念上所能接受的方法、形态、限度”，依据和界限相当模糊。例如，在1984年日本最高法院审理的高轮绿色公寓杀人案件[①]中，对于被告人在酒店被连续讯问了5天4夜的行为，日本最高法院多数意见认为，“鉴于案件的性质、对嫌疑人的怀疑程度、嫌疑人的态度等各种情况，应该在社会一般观念上被认定为相当的方法或符合形态及限度，理解为容许的”。“10天9夜”自然比“5天4夜”的程度更为严重，但两者能否为社会一般观念所接纳的界限却难以划分。由此看来，“与社会一般观念相当”的违法性评价标准并不能单独成为自白收集程序违法性评价标准。对自白收集程序违法性的判断依然由法官根据自由裁量权加以判断，只不过，要求法官根据个案情况进行自由裁量时，需要关注社会的接纳程度。

2. 自白排除标准参用物证排除标准

违法收集证据排除规则同样适用于自白之后，是否应当按照物证排除的标准排除自白也是一个值得讨论的关键问题。日本法院对物证排除却持相当谨慎态度，认为收集程序违法不会改变物体的性质和形态，因而不会改变其作为该种形态的证据的价值，如果否定其效力，将违反实质真实的原则。[②] 正是基于这种理由，直到1978年9月7日，最高法院审理大阪冰毒案件时才改变这一态度，开始采用非法证据排除规则。根据该判例，排除非法收集的物证必须同时具备两个条件：（1）证据物的收集程序有违《日本国宪法》第35条及《刑事诉讼法》第218条第1款的令状主义的重大违法的（违法重大性）；（2）从抑制将来的违法侦查的角度看将该证据物作为证据是不适当的（排除相当性）。[③] 实物证据具有唯一性和相对稳定性，其真实性很少受到取证方式的影响。因此，对物证设置相对较高的排除基准是世界各国通行做法。而言词证据的可靠性受取证手段影响较大，如果将物证排除基准直接适用于言词证据，其正当性可能存在疑问。但是，在罗萨尔案中，法院所确立的自白排除标准与物证排除标准几乎没有差异。一审法院依据的标准为“是否有违宪法和刑事诉讼法所期许的基本原则的重大违法行为”。二审法院则依据的是“是否有利于抑制将来的违法侦查”。可见，在自白排除适用标准上，只是将“有违令状主义精神”置换为“宪法和刑事诉讼法所期许的基本原则”，虽然字面表达不同，但依旧要求具备“违法重大性”和“排除相当性”。

① 日本最高裁判所1984年2月29日判决，最高裁判所刑事判例集38卷3号479頁。

② 日本最高裁判所1949年12月13日判决，最高裁判所裁判集刑事15号349頁。

③ 日本最高裁判所1978年9月7日判决，最高裁判所刑事判例集32卷6号1672頁。

三、裁判员制度实施以后自愿性调查程序与证明方法的变化

根据日本《裁判员法》第6条第2款第2项的规定，自白是否出于自愿的判断，属于法官专属权限。按照以往的做法，控辩双方对自白的自愿性有争议时，一般在审前整理程序中，由法官在裁判员不参与的情况下进行审查。如果是在庭审程序中才发生争议的，通常也会要求裁判员回避，由法官单独审查。但是，如上分析，日本在判断自白是否具有自愿性时，经常会与自白的证明力判断相重合，尤其是对于侦查人员实施引诱取供行为时，判断自白自愿性和可信性的证据通常是一样的。可信性判断是事实问题，依法应当由法官与裁判员共同确定。从诉讼经济的立场来看，没有必要进行两次审查、判断。另外，《裁判员法》第68条第3款还规定了允许裁判员旁听仅由法官合议决定的法律问题的审查过程，并有权发表意见，法官也要征求他们的意见。因此，最近几年审判实务中出现新的趋势，在裁判员面前调查自愿性已经相当普遍。[①] 相应的，实务中自愿性的调查程序以及证明方法也发生很大的变化。

（一）裁判员参审案件中自白自愿性调查程序的运行方式

裁判员参审以前，控辩双方对自白是否具有自愿性发生争议时，为了迅速掌握控辩双方的争议焦点，法官通常会依职权先行讯问被告人。[②] 裁判员参审以后，如何明确自愿性问题的争议焦点，防止控辩双方长期争执不休成为裁判员能否真正参与自愿性调查程序的基础性问题。理论界的主流意见认为，控辩双方应当在审前整理程序中开示各自的主张。辩方对自白的自愿性有异议的，应当在审前整理程序中提供涉嫌非法取证的人员、时间、地点、方式、内容等相关线索和材料。检察官需要提前制定并开示自愿性证明计划，围绕着判断自愿性的核心证明命题：辩方主张的具体情况是否存在，以及被告人在审前从拒绝认罪到自愿供述犯罪事实的经过，客观地说明讯问的经过。[③] 也有辩护人反对这种做法，主要理由有二：一是认为辩方还未能做好充分的辩护准备；二是

---

① 岩倉広修、三輪篤志「自白の任意性が問題となる事案の審理計画・審理の在り方」判例タイムズ1411号（2015年）43頁。

② 从辩护人的立场来看，主张应当先行询问负责讯问的侦查人员的意见较多，因为先行讯问被告人，相当于给侦查人员提供了辩解和反驳的机会。丸山輝久「自白の任意性をどのように争うか」澤ほか編集代表『刑事弁護の技術（上）』（第一法規出版社、1994年）567頁。

③ 角田正纪『裁判員制度の下における大型否認事件の審理の在り方』（2006年度司法研究）64頁。

担心侦查人员会根据辩护主张提前做好证人询问的准备。[①] 对于辩护人的顾虑，主流意见认为可以通过以下方法消除：针对辩护准备不足问题，可以通过在审前整理程序中充分的证据开示予以解决。针对侦查人员提前防备问题，首先，要求控方在辩方开示具体辩护主张后，必须对应辩方的主张开示具体的举证方针。其次，控方申请相关侦查人员出庭作证时，必须事先向辩方开示侦查人员之前提供的证人证言，或者预备在法庭上提供的证人证言，以防备侦查人员提前“对口供”等不正当的准备行为。[②]

现阶段，法庭上关于自白的自愿性调查程序一般以听取裁判员的意见为前提。判断自白是否具有自愿性会经过三个阶段：（1）主张的事实是否成立；（2）该事实对被告人的供述自愿性是否产生影响；（3）以上述事实为基础判断自愿性时法律的符合性判断，即法律的具体适用。通说认为，前两个阶段也是可信性判断的必经阶段，应当听取裁判员的意见，关于第三个阶段是否应该听取裁判员意见，实务中争议较大。毫无疑问，裁判员的意见仅是一种参考意见，自白是否具自愿性，只能由法官独立判断。问题在于裁判员可以在多大程度上参与法官的裁断程序。实务中有三种做法：一是法官单独合议，不用听取裁判员的意见；二是法官在听取裁判员意见之后，移步到单独的评议室进行合议；三是法官在听取裁判员意见后，在裁判员的面前进行合议。[③]

在法庭上合并自愿性调查程序和可信性调查程序的主要原因是自愿性判断结果通常会影响可信性判断，出于诉讼经济考虑，对于相同的证据不再进行重复调查。但是，实务中双方当事人对自愿性争议的具体主张和对罪体的具体主张是不同的，且从理论上看，证据能力判断应当先于证明力判断。因此，世界各国通常会设置专门的证据合法性调查程序，按照证据能力优先审查原则先行判断证据的合法性问题。日本立法上并没有设置专门的证据合法性调查程序。为了防止裁判员混淆自愿性判断和可信性判断，实务中有的地方法院增加了对自愿性问题进行判断的中间评议环节，由法官对证据能力问题进行充分解释说明。在中间评议之前，由控辩双方围绕自愿性的争点问题进行专门的开庭陈述、论告、辩论（日本称之为ミニ冒頭陳述、ミニ論告・弁論），相当于建立了“审中审”程序。

---

① 日本弁護士連合会「全国冤罪事件弁護団連絡協議会第15回交流会」2010年6月2日での弁護団報告。載五十嵐二葉『こう直さなければ裁判員裁判は空洞になる』（現代人文社、2016年）53—54頁。

② 角田正纪『裁判員制度の下における大型否認事件の審理の在り方』(2006年度司法研究）65頁。

③ 杉田宗久『裁判員裁判の理論と実践［補訂版］』（成文堂，2013年）399頁。

（二）裁判员参审案件中自愿性证明方法的变化

裁判员参审案件中，关于自愿性的证明方法也发生了一定的变化。主要体现在两个方面：

1. 改变证据的主要形式

在一般刑事案件中，证明自愿性的证据形式以口供为主。根据日本法务省2013年公布的《关于讯问的国内调查结果报告书》，自2010年6月1日至2011年5月31日一年期间，日本全国地方法院和简易法院共计审理了74982件刑事案件。对自愿性发生争议的有218件。其中，有12件没有对自愿性问题进行专门审查；有101件只讯问了被告人；有81件要求讯问人员出庭作证；只有56件除了讯问被告人或要求讯问人员出庭作证外，还调查了其他书面（包括视听资料、电子数据）证据。① 而在裁判员参审案件中，检察官们有意识地改变讯问被告人的做法，或减少使用审前讯问笔录，主要利用讯问录音录像等客观证据证明自愿性。② 另据法务省统计，2010年6月1日至2011年5月31日一年期间，日本全国地方法院共计审理了1653件裁判员参审案件，对自愿性发生争议的有61件，其中，有25件是利用讯问录音录像进行调查的。③

2. 改变证据的运用方法

自白的自愿性存在争议时，由控方承担证明责任。除申请讯问被告人或讯问人员出庭作证以外，控方还会向法庭提供侦查阶段全部的讯问笔录、看守所出入登记簿以及侦查人员制作的“取调经过一览表”。在裁判员参审以后，讯问笔录的运用方式发生了一定程度的变化。例如，有些检察官会将侦查阶段全部的讯问笔录简化成“供述经过一览表”。“供述经过一览表”中只是简单记载了被告人对自愿性争点事实的供述内容的变化情况。不过“供述经过一览表”在实践中并没有统一的模板，有的检察官会区分认罪事实和不认罪事实分要点记载供述内容的变迁。“供述经过一览表”是对原始证据加工、简化后形成的二次证据。辩方虽然不承担证明责任，但是，为了削弱控方证据的证明力，实务中辩方会申请法庭调查的被告人记录讯问情况的笔记和律师记载有关讯问情况的会见笔记。

“供述经过一览表”、被告人记录讯问情况的笔记以及律师记载有关讯问情况的会见笔记都是以被告人的供述为内容，不过，在2004年5月28日东京

---

① 法務省『取調べに関する国内調査結果報告書』(2011年8月) 11、15頁。

② 岩倉広修、三輪篤志「自白の任意性が問題となる事案の審理計画・審理の在り方」判例タイムズ1411号（2015年）43頁。

③ 法務省『取調べに関する国内調査結果報告書』(2011年8月) 11、17頁。

地方法院审理的“鹿儿岛铁路建筑贪污案”① 中，该法院在判决书中将这些言词类证据视为实物证据，用以查明被告人的供述经过。虽然实务中肯定了这类证据的证据资格，但一般而言，这类证据并不适用于证明犯罪实体事实，仅是用以证明被告人供述的自愿性。

四、日本经验的启示与借鉴

我国 1998 年最高人民法院《关于执行〈中华人民共和国刑事诉讼法〉若干问题的解释》第 61 条和同年颁布的《人民检察院刑事诉讼规则》第 265 条首次对非法言词证据的效力作出否定性规定。2010 年颁布的“两个证据规定”明确了排除非法言词证据的具体操作规则。2012 年以后，以《刑事诉讼法》规定的“反对强迫自证其罪”为中心，我国初步建立了体现自愿性规则的非法言词证据排除规则。② 但到目前为止，实施效果不彰是显而易见的事实。其主要原因包括以下两个方面：一是实务界往往顾虑该规则的广泛实施可能导致犯罪嫌疑人、被告人的有罪供述被排除而造成案件实质真实之失落，最终使公安司法机关查明事实、惩罚犯罪的功能难以发挥；二是我国非法言词证据的认定从一开始就将关注的重点集中于外部的非法取证行为，采用列举的方式规制严重的非法取证行为。通过所列举的非法取证行为获取的自白也并非适用强制性排除，而是依据“使被告人在肉体上或精神上遭受剧烈疼痛或者痛苦”的“痛苦规则”③ 由法官在司法实践中裁量排除。对于没有列举但明显侵犯被告人基本人权的非法取证行为和程序违法的取证行为是否应当排除，在实际操作中更是没有明确的依据。面对中国司法实践中的境况，国内学术界对英美法系自白排除规则倾注了较多的关注和研究，这些研究为推动和完善我国非法言词证据排除规则作出了贡献。但是，由于我国的诉讼传统偏重于查明真相，刑事诉讼依然实行具有一定纠问色彩的职权主义，在这种大的诉讼环境下，直接借鉴充分彰显保障人权和正当程序理念的英美法系自白排除规则将受到极大的阻力。

日本“是继美国之后坚定地采取了自白排除规则的国家”。④ 尽管日本在

---

① 2004 年 5 月 28 日东京地方法院判决，判例時报 1873 号 3 頁。

② 参见王爱平、许佳：《“非法供述排除规则”的实证研究及理论反思》，载《中国刑事法杂志》2014 年第 2 期；杨宇冠、郭旭：《非法证据排除规则实施考察报告》，载《证据科学》2014 年第 1 期；田文昌、邹佳铭：《排除非法言词证据的若干问题》，载《人民司法（应用版）》3013 年第 7 期；郭松：《非法证据为何难以有效排除》，载《法学论坛》2012 年第 4 期；闫召华：《“名禁实允”与“虽令不行”：非法证据排除难研究》，载《法制与社会发展》2014 年第 2 期等。

③ 龙宗智：《我国非法口供排除的“痛苦规则”及相关问题》，载《政法论坛》2013 年第 5 期。

④ 李心鉴：《刑事诉讼构造论》，中国政法大学出版社 1992 年版，第 274 页。

美国的指导下建立了以自愿性为核心的自白排除规则，但是，日本与我国的刑事司法在发展过程中面临着极其相似的难题，在拉近与西方国家人权保障水平的差距的同时，又要对本国的实体真实主义诉讼传统有所关照。因此，在自白排除规则的适用过程中，日本一直试图在实体真实、人权保障、正当程序等多元价值之间寻找适当的平衡点。时至今日，日本已经形成了明显区别于美国的基础理论、排除标准以及审查程序。笔者认为，美国几乎完全抛弃可靠性原则，实行彻底的自愿性规则并以米兰达规则为自愿性原则的程序保障，这一做法对我国的现实情况而言似乎有“走过头”的一面。因此，在我国“自愿性”规则起步阶段，借鉴日本的经验，继续坚持真实可靠性原则，并适当地注入自愿性原则和程序违法性原则，可能更具有可行性。日本的自白排除规则颇具特色，不少做法值得借鉴，有必要加以总结、凝练。

（一）将真实可靠性始终作为判断自白是否可采的实质标准

日本原本属于大陆法系，长期受到大陆职权主义法律文化的浸渍与影响，将案件的实体真实置于一个优先考虑的地位。尽管“二战”后日本受到美国正当法律程序思想的影响，但在司法实践中，实体真实的刑事诉讼观仍十分强劲有力，由此使得在日本的司法实务中对于自白排除规则的法理基础侧重于自白真实可靠性方面的考察。自愿性原则和程序违法性原则的发展实质上也是为了保障真实性。首先，真实可靠性的判断依据自白内容的真实性。作为言词证据，自白内容的真实性自然与犯罪嫌疑人供述的自愿性紧密相关。如果不对犯罪嫌疑人的自由陈述权加以保障，实难避免因违背意志作出的自白内容虚假而错认事实。因此，为了保障自白出自犯罪嫌疑人的真实意志决定，日本又将犯罪嫌疑人的自由陈述权，尤其是沉默权纳入考量视野。这是日本的“任意性说”得以形成的核心理念。其次，犯罪嫌疑人在受到外界不当压迫的情况下所作的自白不能一概认为是虚假的，根据压迫的程度不同，自白内容虚假的可能性也有高低之分。因此，根据犯罪嫌疑人供述意志被压迫的程度高低，自白排除标准被分为绝对排除、原则排除和可以排除三个层次。换言之，并非所有的违背自愿性的自白都会被排除，是否排除，还需要满足导致虚假供述的盖然性较高和对程序公正有影响这两个条件。最后，程序违法性标准也只有在真实可靠性和自愿性难以判断的情况下，才会被用来排除自白。但是，为了防止被告人的有罪供述被排除而造成案件实质真实无法实现，程序违法的取证行为只有属于重大违法且违反宪法和刑诉法所期许的基本原则时，才会排除通过该程序获取的自白。

在我国，切实防范冤假错案是非法证据排除规则得以迅速发展的根本动力。近年来发现并纠正的多起冤假错案，都与刑讯逼供、非法取证紧密相关。我国的当务之急，是确保被告人认罪供述的真实性，防止因虚假供述错认事实。因此，在我国宜继续坚持真实可靠性原则。

(二) 将经验性判断问题转化为清晰的技术性标准

任何事实问题的实质性标准，都是一个模糊的经验性判断问题。因为任何事物都经历由浅入深的、渐进的发展过程，如果强行划分临界点，都会面临是否恰当、合理的质疑。在诉讼中，这些原本是模糊的实质性标准都必须转化为清晰的技术性标准，否则，法院或法官根本无法给出一个最终的结论。[①] 真实可靠性和自愿性判断也是如此，具有模糊性和不确定性的缺陷。为此，日本曾试图借鉴美国的米兰达推定，采用一种简单、清晰的程序违法性标准满足易于操作的要求。只不过，程序违法性标准主张以违法正当程序获取的自白，无论是否具有真实可靠性，均应予以排除，过于武断和绝对，并没有为司法实务界所认同与接受。为了方便法官判断，日本实务中形成了相对复杂的技术性标准。如上文分析，在判断自白是否排除问题上，日本根据犯罪嫌疑人供述意志被压迫的程度高低分成三个层次。

我国采取列举的方式认定非法言词证据，具有直观、明确、操作性强的优点。但是，对于如何排除非法言词证据，并没有建立起科学、合理的判断标准。对此，本文建议借鉴日本的经验，对于所列举的非法言词证据，采用“自动排除”“强制排除”标准。对于未处于列举之列的，由法官可以综合考量下列因素裁量排除：(1) 取供方式对被告人的心理强制程度；(2) 导致虚假供述的盖然性；(3) 对正当程序的影响。另外，对于重大违法且显著影响程序公正的程序违法取供行为，即使自白的内容真实可靠，也应当予以排除。

(三) 允许人民陪审员适度参与非法言词证据合法性调查程序

我国实行参审制，人民陪审员和法官同职同权，加之在我国一元法庭的诉讼模式下，对证据合法性的调查和法庭调查均由同一审判组织负责，因此，理论上我国采用的是法官与陪审员共同裁决模式。2018 年 4 月 27 日通过的《人民陪审员法》第 22 条规定，人民陪审员参加 7 人合议庭审判案件，对事实认定，独立发表意见，并与法官共同表决；对法律适用可以发表意见，但不参加表决，以立法的形式确立了参审职权改革的成果。此后，大多数观点认为，自白的可采性判断属于法官专有职权，应由法官独立裁决。[②] 但是，在我国的司法实践中，和日本一样，都存在证明力反制证据能力的现象，即在判断证据能

① 王景龙：《美国的自白任意性规则及借鉴》，载《环球法律评论》2016 年第 1 期。

② 参见陈学权：《人民陪审员制度改革中事实审与法律审分离的再思考》，载《法律适用》2018 年第 9 期。

力时，将证明力作为一个重要考量因素。[①] 日本出于诉讼经济考虑以及《裁判员法》中规定了裁判员可以对法律适用问题发表意见，因而在实践中形成了在裁判员面前调查自愿性并听取裁判员意见的调查方式。从日本的实践效果来看，这种调查方式带来一定的积极作用。以往控辩双方围绕自白自愿性问题争执不休的现象得到一定程度的遏制。检察官有意识改变依赖讯问笔录的习惯，主要利用讯问录音录像等客观证据进行证明。法庭调查中还初步形成了相对独立的"审中审"程序，这更有利于严格实行自白排除规则。

在我国参审职权改革的背景下，人民陪审员将有机会实质性地参与事实问题的认定。通过构建和完善非法证据排除规则来管控和保障人民陪审员准确地认定事实，是一个值得考虑的改革方向。因此，在具体设计如何完善我国非法证据排除规则时，重视人民陪审员作为事实认定裁判主体的地位，将允许人民陪审员适度参与非法言词证据合法性调查程序作为对策设计的选项之一，进行细致的理论论证，是有必要的。

---

① 纵博：《证明力反制证据能力论》，载《中国刑事法杂志》2014年第4期。

德国与美国的辩诉协商和信息披露：比较课程*

[美] Jenia I. Tuener** 著　张靖雪*** 译

介绍

辩诉协商已成为美国刑事司法系统标准定罪方法。尽管如此，许多重要的刑事诉讼规则在审判阶段受到强调，检察官的证据开示义务就是这样的规则之一。① 在美国的许多司法管辖区域中，必须在审判前公开某些证据，但不必在有罪答辩之前公开。② 即使某些可能为无罪的证据也可能在被告人认罪前被隐藏。③ 认罪答辩前和审前不同阶段的信息披露都强调辩护权的保障，因为过早

* 本文原载《威廉与玛丽法律评论》2016 年卷。

** SMU Dedman 法学院教授。感谢 Jeff Bellin, Darryl Brown, JackieRoss, Meghan Ryan, John Turner, Thomas Weigend, Bettina Weisser 以及参加 willamette 大学法学院研讨会和 William & Mary Law ReviewSymposium 关于辩诉交易的宝贵意见和建议。感谢 Thomas Weigend 帮助我组织与德国科隆的检察官和辩护律师的面谈。

*** 西南政法大学刑事诉讼法学专业博士研究生。

① 在本文中，交替使用"披露"（disclosure）和"发现"（discovery）两个术语，因为它们用于描述相同的信息分享过程。美国法律倾向于使用"发现"一词，尽管刑事案件中的辩护通常不允许主动进行类似于民事案件过程的发现。See generally IonMeyn, Discovery and Darkness: The Information Deficit in Criminal Disputes, 79 BROOK. L. REV. 1091, 1101 (2014). 其他普通法国家更恰当地描述了辩方接受控方的披露（disclosure）的过程。See, e. g., Criminal Justice Act 2003, c. 44, § 37 (Eng.); R. v. Stinchcombe, [1991] 3 S. C. R. 326, 326 - 28 (Can.).

② See, e. g., GA. CODEANN. § 17 - 16 - 4 (2010) （要求"在审判前十天内，或在法院命令之时"披露）; VA. SUP. CT. R. 3A （披露动议必须"在审判日期前至少 10 天"作出）.

③ See United States v. Ruiz, 536 U. S. 622, 625 (2002). （鲁伊斯认为，宪法不要求政府在认罪前披露弹劾证据，但它没有直接解决政府是否必须披露事实上无罪的证据。）See id. at 625 - 34. （联邦巡回法庭在这个问题上存在意见分歧）. e. g., Or manv. Cain, 228 F. 3d 616, 617 (5th Cir. 2000) （布雷迪要求公诉人披露无罪证据，以确保审判公平，而当被告人在审判中认罪时，这一要求就不存在了），with, e. g., Mc Cann v. Mangialardi, 337 F. 3d 782, 787 - 88 (7thCir. 2003) （最高法院在鲁伊斯案的判决中表明，当控方"知道刑事被告人的实际清白，但在被告人认罪前未向其披露此类信息"时，可能需要布雷迪式披露）.

的披露会增加诉讼成本和证人的风险。①

承认上述担忧的同时，许多学者认为，尽早而广泛地披露证据对于确保案件公正审判和被告人知情地作出认罪答辩是至关重要的。② 辩诉交易前的充分披露能够使辩护律师更有效地为被告人提供法律咨询，尤其是当这些律师可能缺少时间或资源进行独立调查。③ 这可以使被告人选择认罪答辩还是审判程序时作出更明智的决定。辩护方不仅能对指控作出更早的回应，还可以进行认罪答辩前调查。当事人双方及时了解相关事实有助于更迅速地解决案件。④

美国各地立法者越来越多吸收上述思想，并体现为要求进行更广泛的诉前证据开示。大量的无罪开释表明，隐瞒证据是导致误判的一个关键因素。虽然大多数被揭露的错误定罪都是在审判之后进行的，但仍有13%存在于认罪协商案件中。⑤ 认识到限制证据披露可能产生不公正的结果，过去10年中美国

---

① See, e. g. , Ruiz, 536 U. S. at 631 - 32; Miriam H. Baer, Timing Brady, 115 COLUM. L. REV. 1, 51 - 52 (2015); Bennett L. Gershman, Pre - plea Disclosure of Impeachment Evidence, 65VAND. L. REV. EN BANC 141, 145 - 46 (2012); Steven M. Goldstein et al. , Response to the Majority's Re - port, in NYSBA TASK FORCE ON CRIMINAL DISCOVERY FINAL REPORT 76, 81 (2014); Meyn, supra note 1, at 1127.

② See, Stephanos Bibas, Plea Bargaining Outside the Shadow of Trial, 117 HARV. L. REV. 2463, 2495 (2004); R. Michael Cassidy, Plea Bargaining, Discovery, and the Intractable Problem of Impeachment Disclosures, 64 VAND. L. REV. 1429, 1469 - 73 (2011); Daniel S. Mc Conkie, Structuring Pre - Plea Criminal Discovery, 106 J. CRIM. L. & CRIMINOLOGY (forth - coming 2016) (manuscript at 13 - 21); Janet Moore, Democracy and Criminal Discovery Re - form After Connick and Garcetti, 77 BROOK. L. REV. 1329, 1372 (2012). See generally EleanorOstrow, Comment, The Case for Pre - plea Disclosure, 90 YALE L. J. 1581 (1981) (arguing that pre - plea disclosure is essential to fairness).

③ See Darryl K. Brown, The Decline of Defense Counsel and the Rise of Accuracy inCriminal Adjudication, 93 CALIF. L. REv. 1585, 1624 (2005); Jenny Roberts, Too Little, TooLate: Ineffective Assistance of Counsel, the Duty to Investigate, and Pretrial Discovery in Pretrial Cases, 31 FORDHAM URB. L. J. 1097, 1145 - 46, 1152 - 55 (2004).

④ See, e. g. , Alafair S. Burke, Revisiting Prosecutorial Disclosure, 84 IND. L. J. 481, 516 (2009); Mc Conkie, supra note 5 (manuscript at 19 - 20); Daniel S. Medwed, Brady's Bunch ofFlaws, 67 WASH. & LEE L. REV. 1533, 1560 (2010); Turner & Redlich, supra note 7.

⑤ 在国家无罪登记处列出的1748个错误定罪中，有277个涉及认罪答辩。Browse Cases: Detailed List, NAT'L REGISTRY EXONERATIONS, https: //www. law. umich. edu/specialexoneration/Pages/detaillist. aspx. 在这些认罪案件中，至少有21起涉及未披露无罪证据。未能披露开脱罪责的证据是导致错误审判定罪的一个重要因素。

许多州修改了证据开示规定，要求控方更早和更广泛地进行案件信息披露。①

随着美国司法管辖区继续就证据开示的范围及其可能对证人安全和辩诉交易效率的影响展开讨论，其他国家考虑如何处理同类型问题是有价值的。本文中，笔者将探讨在刑事案件中需要广泛信息披露的德国如何处理上述情况，同样讨论德国司法制度中证据开示与辩诉交易规则如何运作。

研究德国的方法具有一定价值。一方面，美国在刑事案件中采用更广泛和更早的证据开示，使其与德国在获取调查文件方面的阅卷权更加一致。② 另一方面，自20世纪80年代以来，辩诉交易在德国已成为一种普遍做法，并受到法院和国家的严格监督。③ 随着两国发展路径趋于一致，有必要反思德国的经验，研究德国模式中哪些特征被证明有效，哪些特征仍有待探讨。

德国经验为尽早与广泛的开示证据促进刑事诉讼公正审判的论点提供了支撑。德国法院和立法者连续地、明确地确认被告人有权在预审过程中尽早检查证据，而且随着时间的推移，这一权利的范围已经扩大。④ 这种扩展并没有给证人的安全带来不应有的风险，至少部分原因是立法还规定了一些缩小公开档案的披露和证人保护之间冲突的措施。⑤ 在侦查阶段，为保护侦查的完整性和证人的安全，检察官可以限制辩护人对警方收集的证据的查阅范围。⑥ 即使在

① See, e. g. , ARIZ. R. CRIM. P. 15. 1; COLO. R. CRIM. P. 16; N. J. CT. R. 3: 13 - 3; N. C. GEN. STAT. § 15A - 903 (2011); TEX. CODE CRIM. PROC. ANN. art. 39. 14 (West 2015); see also Baer, supra note 4, at 22 - 23 (描述了要求控方更早、更广泛地披露信息的趋势); Brown, supra note 6, at 1622 - 23 (same). 得克萨斯州和北卡罗来纳州的改革在很大程度上是由那些臭名昭著的错误判决案件驱动的。See TEX. HOUSE RESEARCH ORG. , BILL ANALYSIS, SB 1611 (2013); Phillip Bantz, Death Row Inmate's Exoneration in North Carolina Inspired Change, N. C. LAW. WKLY. May 3, 2013, 2013 WLNR 11476236. 其他州的改革是由一种更普遍的信念引发的，即更广泛的发现将使刑事程序更公平、更有效。See, e. g. , ARIZ. R. CRIM. P. 15. 1 committee cmt. to 2003 amend. (为了促进有效的沟通和问题的有效解决，改革了在诉讼程序的传讯阶段之前或审讯阶段进行初步证据开示的普遍做法); OHIO R. CRIM. P. 16 staff notes to July 1, 2010 amends. (修订《刑事规则》第16条目的是要对刑事诉讼作出公正的裁决，并通过扩大当事各方之间交换材料的范围来确保公平、公正和迅速地执行司法)。在俄亥俄州，至少辩护律师特别提倡公开证据开示，理由是这样可以防止错误定罪。See THE OHIO ASS'N OF CRIMINAL DEF. LAWYERS, BROKEN DUTY: A HISTORICAL GUIDE TO THE FAILURE TO DIS - CLOSE EVIDENCE BY OHIO PROSECUTORS, at i - ii (2005).

② See Darryl K. Brown, The Decline of Defense Counsel and the Rise of Accuracy in Criminal Adjudication, 93 CALIF. L. REv. 1585, 1624 (2005); Jenny Roberts, Too Little, Too Late: Ineffective Assistance of Counsel, the Duty to Investigate, and Pretrial Discovery in Pretrial Cases, 31 FORDHAM URB. L. J. 1097, 1145 - 46, 1152 - 55 (2004) at 1624 - 25.

③ See infra Part III.

④ See infra notes 30 - 36 and accompanying text.

⑤ See infra notes 50, 61, 71, 204 - 11 and accompanying text.

⑥ See infra notes 48 - 61 and accompanying text.

调查完成后，考虑到披露的具体风险，检察官和法院也可不披露特定证人的身份和地址。① 美国实施全面证据开示制度的司法管辖区也采取了类似的措施，但德国模式为探索如何平衡证人安全和证据开示之间提供了另一参考角度。②

德国阅卷制度还表明，公开案卷信息不一定会降低认罪协商效率。德国辩护律师有权在认罪协商前检查整个调查文件，且协商时不考虑此类发现的成本，这被认为是协商过程中准确性的关键保证。③ 美国日益普及的通过协商手段以替代证据开示的做法，对于德国法院和当事人而言却是难以理解的。④ 尽管德国的刑事司法系统在许多方面与美国司法系统相似，都承受着案件数量的压力，⑤ 然而，与美国各州和联邦法律相比，德国法律对认罪协商的规定通常更严格，体现为对公平和对真相的追求高于对效率的考虑。⑥ 正如第二部分要讨论的，德国刑事诉讼法和判例法对协商不成立进行了限制，明文禁止大多数指控的讨价还价和协商放弃，并要求对定罪的事实依据进行更深入的审查。⑦ 审查这些规则与证据开示如何在德国实现更公平的制度，可为正在考虑对辩诉交易实施更严格监管的美国政策制定者提供更多的启示。

德国经验提供了审前广泛调查的有用性，强调了美国最自由、最开放的诉前证据开示制度可能无法发挥潜力的三个方面。德国模式强调有必要对调查制定更详尽的规则，具体来说：第一，在“文件”中具体规定收集并记录哪些证据，然后提交给控方（进而提交给辩方）。第二，揭示了规范准则的重要性，要求全面调查在可能的情况下，在协商之前完成。第三，强调了向法庭和当事人开示证据的优点。

这些来自德国经验的教训对于美国的对抗制传统似乎太陌生而无法采用。的确，鉴于两国的法律传统、司法文化和机构设置截然不同，在美国背景下大

---

① See infra note 71 and accompanying text.

② See, e. g., Tex. Code Crim. Proc. Ann. Art. 39. 14 (c) (West 2015); N. Y. State Bar Ass'Ntask Force on Criminal Discovery Final Report 13 – 21 [hereinafter NYSBA RE – PORT]; Supreme Court of Va., Report of the Speclal Committee on Criminal Discoveryrules to the Chief Justice and Justices of the Supreme Court of Virginia 6 (2014).

③ See infra Part I.

④ See, e. g., Interview with Prosecutors, in Cologne, Ger. (June 18, 2014) [hereinafter Interview with Prosecutors]（强调德国检察官不愿意承诺以调查过程换取认罪结果）.

⑤ See infra note 147 and accompanying text.

⑥ See infra Part II.

⑦ See infra Part II.

规模移植德国的证据开示或辩诉交易制度不可行。[①] 然而，对德国司法体系的审视，仍有助于我们更仔细地审视在美国许多司法管辖区独立出现的有关辩诉交易和证据开示的改革思路。[②] 此外，随着司法适度制度在证据开示和辩诉交易领域越发趋同，比较法视角变得更加有用和富有成效。

一、德国刑事案件中辩方的阅卷权

一些学者提出，“严格来说，德国没有‘披露程序’（disclosure process）这回事”。[③] 事实上，德国的法典与判决从未使用“开示”（discovery）或“披露”（disclose）一词，而是指查阅调查档案的权利。实际上，德国在审判前对档案的辩护审查规则在许多方面类似于过去美国一些地方采用的全面开示制度。[④] 在德国，就像在美国采用的证据开示规则的地区一样，原则上允许辩方查看和复制起诉文件，但在保护调查成果、调查完整性和证人的安全等例外情况下除外。[⑤]

根据德国法律，阅卷权可追溯到德国第一部刑事诉讼法生效的 1879 年。[⑥] 虽然该法早期对查阅档案的权利有更严格的限制，但这些限制在欧洲人权法庭

---

① Cf. Richard S. Frase, Comparative Criminal Justice as a Guide to American Law Reform: How Do the French Do It, How Can We Find Out, and Why Should We Care?, 78CALIF. L. REV. 539, 547 – 48 (1990)（我们注意到，与我们自己的程序从根本上不同的程序不太可能被成功地引进，但是建立在我们的系统中已经存在的程序的移植更有可能成功）. 虽然对移植外国程序的担忧是合法的，但大量的学术研究已经卓有成效地比较了德国和美国刑事司法系统的不同方面，至少在一定程度上关注了美国刑事诉讼程序的讨论。See, e. g. , John H. Langbein, Comparative Criminal Procedure: Germany 1 – 2 (1977); Craig M. Bradley, The Exclusionary Rule in Germany, 96 HARV. L. REV. 1032, 1032 – 34 (1983); Markus Dirk Dubber, American Plea Bargains, German Lay Judges, and the Crisis of Criminal Procedure, 49 STAN. L. REV. 547, 591 – 601 (1997); Richard S. Frase & Thomas Weigend, German Criminal Justiceas a Guide to American Law Reform: Similar Problems, Better Solutions?, 18 B. C. INT'L &COMP. L. REV. 317, 360 (1995); Erik Luna, A Place for Comparative Criminal Procedure, 42BRANDEIS L. J. 277, 277 (2004) . See generally Floyd Feeney & Joachim Herrmann, One-case – Two Systems: A Comparative View of American and German Criminal Justice 2 (2005)（通过一个假设案例研究比较美国和德国的刑事司法系统）.

② See, e. g. , NYSBA REPORT, supra note 19, at 2 – 3; TEX. HOUSE RESEARCH ORG. , supranote 12, at 1 – 4; The Justice Project, Expanded Discovery in Criminal Cases: A Policyreview 20 (2007) .

③ Alexander Heinze, International Criminal Procedure and Disclosure 310 (2014) .

④ Compare Part I, with infra Part IV.

⑤ See infra Part I. A.

⑥ Feeney & Herrmann, supra note 25, at 413, 423.

的影响下[1]于1964年的法典的修正案中首次缩限。[2]

当下，被告人有权审查案件文件，是基于宪法规定的在审判中得到公正听证的权利，也是“平等武装”和法治原则的基本要求。[3] 德国宪法法院裁定，仅可基于被告人有机会进行审查和回应的事实和证据作出法院裁决；这就是所谓的“公平听证原则”。[4] 审查调查文件同样被视为“平等武装”的要素，这是德国宪法法院和欧洲人权法院判例中确立的另一项原则。[5] 这有助于确保辩护方在审判中具有同等地位，使被告人不仅是诉讼的客体，而且是诉讼的积极参与者。[6] 同时，案件信息披露也被证明有助于加强被告人在庭审中的地位，进而寻找事实真相。另外，调查事实真相有时可能作为限制及早披露的理由，以防止被告人干扰调查。[7] 最终，一些学者赞同广泛地披露案件信息，以便能迅速澄清事实、解决问题，从而加快诉讼的程序。[8]

（一）侦查阶段阅卷权的范围

在德国刑事案件中，信息披露的范围通常非常广泛，但也会因诉讼阶段的不同而有所差异。虽然检方可以在调查阶段基于某些法定事由单方面限制查阅档案，但一旦检方完成调查并准备向法院提出起诉，这种限制必须立即解除。[9]要理解信息披露的时机，首先有必要概述德国刑事诉讼阶段。

---

① See Christoph Safferling, Audiatur et altera pars - die prozessuale Waffengleichheitals Prozessprinzip?, Neue Zeitschrift fur Strafrecht [NSt Z] 181, 181 - 88 (2004).

② See id.; see also LUTZ MEYER - GOSSNER, STRAFPROZESSORDNUNG, at xxxviii (48th ed. 2005).

③ Werner Beulke & Tobias Witzigmann, Das Akteneinsichtsrecht des Strafverteidigersin Fdllen der Untersuchungshaft, Lutz Meyer - Gossner, Strafprozessordnung, At Xxxviii (48th Ed. 2005). [NSt Z] 254, 254 (2011).

④ E. g., Beulke & Witzigmann, supra note 33, at 254; Bundesverfassungsgericht [BVerf G] [Federal Constitutional Court] July 11, 1994, NEUEJURISTISCHEWOCHENSCHRIFr [NJW] 3219 (3220), 1994.

⑤ See Safferling, supra note 32, at 181 - 88.

⑥ BJORN GERCKE ET AL., STRAFPROZESSORDNUNG 973, § 147 Rn. 1 (5th ed. 2012); JanBockemhfil, Verteidigung im Ermittlungsverfahren, in HANDBUCH DES FACHANWALTSSTRAFRECHT 49, 70 (Jan Bockemfihl ed., 2000); Reinhart Michalke, Das Akteneinsichtsrechtdes Strafverteidigers - Aktuelle Fragestellungen, NEUE JURISTISCHE WOCHENSCHRIFT [NJW] 2334, 2334 (2013); Wolfgang Wohlers & Stephan Schlegel, Zum Umfang des Rechts derVerteidigung auf Akteneinsicht gemdss § 147I St PO - Zugleich Besprechung von BGH - Urteilvom 18. 6. 2009 - St R 89/09 (LG Hannover), NEUE ZEITSCHRIFT FOR STRAFRECHT [NSt Z] 486, 487 (2010).

⑦ See Bockemiihl, supra note 36, at 73 (citing BVerf G St V 1994, 465, 466).

⑧ See id.; see also Helmut Schifer, Die Grenzen des Rechts auf Akteneinsicht durch denVerteidiger, NEUE ZEITSCHRIFT FOR STRAFRECHT [NSt Z] 203, 205 (1984)（认为控方应尽早向辩方提供信息，以避免案件拖延）.

⑨ See infra notes 48 - 65 and accompanying text.

侦查阶段，警察在检察机关指导下正式收集证据。[1] 在此过程中，辩护律师可以审查警方和检方收集的所有证据，除非检方以法定事由限制信息披露。[2] 事实上，审查相关调查证据是辩护律师在调查阶段的主要活动。[3] 虽然辩护律师也可以在审判前独立调查案件，但他们很少这样做。[4] 有几个因素可以解释辩护律师在调查阶段的相对被动性：缺少时间和薪酬，[5] 担心被指控"干扰"证人，[6] 在主要程序开始后有权要求法院收集更多的证据。

虽然辩护律师一般有权在调查阶段查阅调查文件，但法律允许检察官在法定情形限制其阅卷权。首先，公诉方不必共享所有调查内容，例如内部备忘录中法律解释或案件部分证据，因为此类型内容不被视为披露的一部分。[7] 其次，在调查阶段可以对秘密侦查人员身份保密。[8] 同样，检察官可以隐瞒特殊证人的姓名和地址，尽管这种做法在实践中很少。最后，如果披露会危害正在进行的调查，检察官可能拒绝披露部分文件。此限制必须基于对调查有潜在危险的具体证据，例如被告人通过律师审阅该文件[9]以销毁证据，干扰调查或影响证人。[10] 但如果被告人享有自由，检察官在调查阶段拒绝查阅部分档案的决

① 实践中，检察官主要在调查的后期阶段指导调查，例如，建议警方采取额外的措施。See, e. g. , CLAUS ROXIN &BERND SCHJNEMANN, STRAFVERFAHRENSRECHT § 9, Rn. 21 (28th ed. 2014). 检察官还更广泛地指导对复杂或有组织犯罪案件的调查。但一般案件中，警方主要是主动进行调查，并在调查大致完成后将档案移交控方。

② 调查阶段无力支付律师费用的被告，如果需要辩护律师的协助，可以在调查阶段受到指定一名律师帮助。See GERCKE ET AL. , supra note 36, § 141, at 938 – 39; STRAFPROZESSORDNUNG [St PO] [CODE OFCRIMINALPROCEDURE], § 141 (1), (3), translation at http: //www. gesetze – im – internet. de/englisch_stpo/german – code_of_criminalprocedure. pdf [https: //perma. cc/ACY5 – FNWY].

③ 虽然审查案卷是辩护律师现阶段最重要的工作之一，但其他关键职能还包括提交对指控和案卷中的证据作出回应的陈述，并代表当事人出席拘留听证会。See St PO § § 136, 163a; Bockemiihl, supra note 36, at 67.

④ See Bockemiihl, supra note 36, at 7. 注意到辩护律师必须在现阶段审查潜在的辩护证人，以确保这些证人对辩方有利，但承认此类调查仍相对少见。see also MICHAEL BOHLANDER, PRINCIPLES OF GERMAN CRIMINAL PROCEDURE 67 – 68 (2012).

⑤ See BOHLANDER, supra note 44, at 68; Bockemihl, supra note 36, at 76.

⑥ Thomas Weigend & Franz Salditt, The Investigative Stage of the Criminal Process in Germany, in Suspects in Europe: Procedural Rights at the Investigative Stage of the Criminal Process in the European Union 79, 91 (Ed Cape et al. eds. , 2007); see also Bockemiuhl, supra note 36, at 76.

⑦ 该文件只包括必须在诉讼的后一阶段提交法院的文件。See St PO § 147 (1).

⑧ St PO § 96; ULRICH SOMMER, EFFEKTIv E STRAFVERTEIDIGUNG 149 (2011); Hegmann, Beck'scher Online – Kommentar St PO § llob, Rn. 10; see also BOHLANDER, supra note 44, at92.

⑨ On the scope of this access, see infra Part I. D.

⑩ See, e. g. , SOMMER, supra note 49, at 140 – 41; Wessing, supra note 48, § 147 Rn. 5a.

定不可复审。[1]

对阅卷权的限制只是暂时的，一旦不具备法定事由，检方必须通知辩方可查阅相关调查文件。例如，如果担心被告人可能干扰即将进行的搜查，那么一旦进行搜查就必须准予辩方查阅该文件的权利。实践中，检方很少在调查阶段限制提供相关案件信息给辩方。最常见的限制理由一般是必须保持被告人或者被告人的共犯在不知情的情况下才能取得成功的调查措施（如搜查、窃听或逮捕）。在有组织犯罪和贩卖人口案件中，调查阶段秘密侦查人员的身份需要保密。另外，证人的身份很少保密。

尽管上述限制可适用于调查档案中的某些证据，但被告人陈述、专家报告、列明辩护律师有权参与诉讼的三类特殊案件信息在任何情况下均不得限制对辩方披露。同样，如果被告人被拘留，律师享有无条件审阅任何与法院拘留决定有关证据的权利。若检方拒绝披露上述特殊案件材料，被告方可以寻求司法审查手段进行救济。

（二）提起诉讼后阅卷权的范围

一旦控方确定收集了足够的证据启动审判程序，即在案卷中记录调查结束，向法院提出正式指控。提出指控后，法院将审查起诉文件和其中的证据，并确定是否存在足够的证据来确认指控以及启动审判。根据案件适用的不同程序和法院日程表，从提起诉讼到开始审判可能会间隔数月，在此期间，法院和辩护方都可以完整地查阅调查文件。

即使辩护律师在诉讼早期就可以查阅该调查文件，他们通常也要求在文件转交给法院后再次查阅，以发现之前尚未全面收集的信息。此时限制披露的唯一法定情形是出于保护证人安全而不开示调查文件中证人的地址（少数时候，也包括证人的姓名）。[2] 审判期间，秘密侦查人员的身份也可能保密，其可使用别名作证，或允许相关警务人员代替作证。上述限制披露必须以保护“国家利益”为依据，并需要部长级的事先批准。

（三）调查文件的内容及完整性

法院和辩方查阅的调查文件包含与起诉方或任何国家调查机构收集的案件

---

① St PO § 147 (5). 关于审判阶段拘留被告人的规则，见第63—64条及其所附案文。

② See Interview with Daniel W61ky, Defense Attorney, in Cologne, Ger. (June 18, 2014) [here in after Interview with Wolky]; Interview with Sommer & Tharra, supra note 58.

有关信息。[①] 可能包含无罪证据或定罪证据。根据德国法律，警察和检察官基于调查案件的基本职责，有责任收集这两种证据。在实践中，由于认知偏见和本位主义，往往在证据收集中带有治罪倾向，警方和检方可能因为对某些能够证明无罪的证据理解不足而遗漏收集。[②] 但至少公权力方一般会按照辩方的要求作出回应，以讯问特定证人或核实不在场证明或确认辩护。[③] 因此，该文件可能包含当局应辩方要求收集的内容。

重要的是，在文件内容完整的原则下，警方必须记录所有可能与案件有关的信息。[④] 正如法院所确认，这一原则意味着案卷记载内容应当全面。[⑤] 因此，案卷应该包括警察、检察官或调查法官所采取的每一项有关的调查措施的记录，以及检察官对这种调查措施的任何书面指示。[⑥] 警方有责任“不拖延地”将文件转交控方。[⑦] 调查步骤的全面记录使辩方和法院能够了解案件调查的时间顺序，并在某些情况下用以确定是否忽略了相关证据。辩护律师指出，尽管目前尚无实证研究证明此类遗漏的频率是否较高，学界也尚未将遗漏调查步骤作为系统性问题进行研究，但警方的确偶尔会从文件中省略相关的调查步骤，

---

① 包括专家报告、被告人陈述、证人陈述、警察报告以及来自控方关于案件调查步骤的指示。还包括相关非刑事诉讼中的文件，只要这些文件可能与被告人的案件有关。See, e. g. , Schlothauer, MAH Strafverteidigung, § 3 Ermittlungsver - fahren, Rn. 48 (2d ed. 2014); see also BOHLANDER, supra note 44, at 104 n. at n. 20. 该文件不包括物证，辩护律师可以在检察官办公室的调查阶段就对物证进行审查，但这些物证不能复制或带出检察官办公室。St PO § 147 (1) . 了解调查某些“实际”证据的困难，例如电话调查的 DVD 录音。See DanielW6lky, Beschrankungder Verteidigung dutrch Einschrdnkung des Akteneinsichtsrechts, STRAFVERTEIDIGER FORUM [Stra Fo] 493 (2013).

② See SOMMER, supra note 49, at 32 - 36; see also Wolky, supra no (注意理想与现实之间的差异，检察官可能粗心、过分热心或有认知偏见，因此可能不是确认证据相关性的最佳人选).

③ 如果证据与案件有关，法律要求控方按照辩方的要求跟进。St PO § 163a (2). 这就给检察官在确定证据相关性时留下了一些不可审查的自由裁量权，但辩护律师手册并没有指出实践中检察官在这方面的问题。See, e. g. , SOMMER, supra note 49, at 88 - 89; Bockemiihl, supra note 36.

④ 《刑事诉讼法》要求公诉方将侦查措施结果记录在案。See St PO § 168b (1); MEYER - Go SSNER, supranote 31, § 168b (1), at 712. 但大多数人的观点倾向于支持警察适用该条款。LOWE - ROSENBERG, DIE STRAFPROZESSORDNUNG UND DAS GERICHTSVERFAS - SUNGSGESETZ: GROSSKOMMENTAR, § 168b (1) Rn. 2a & n. 7 (26th ed. 2008); Wohlers & Schlegel, supra note 36, at 487. 控方有责任终止调查。See St PO § 169a.

⑤ See Wohlers & Schlegel, supra note 36, at 487 (citing Bundesgerichtshof in Straf sachen [BGHST] [Federal Court of Justice for Criminal Matters] Oct. 10, 1990, 37 (204)); see also Bundesgerichtshof [BGH] [Federal Court of Justice] Nov. 12, 2013, NJW 277 (281), 201.

⑥ See BOYNE, supra note 48, at 53 (检察官在案卷中记录了几乎每一个与刑事案件的调查和起诉有关的决定). 这些指示是检察官和调查机构以及其他检察官之间交流的标准方法，用以日后对案件的处理。

⑦ St PO § 163 (2); see also id. § 163 (1) (侦查机关及其工作人员依法追究刑事责任，应当采取一切不拖延的措施，防止隐瞒事实).

特别是在使用秘密侦查人员方面。①

一些实务工作者也对案件资料收集中不起诉证据可能造成的信息收集遗漏表示担忧。信息收集遗漏，此处指某些线索警方或检方已经调查过，但视为与定罪无关而不予考虑。② 这些线索作为案卷的一部分，只在与被告人案件有关的时候向辩方披露。③ 但是，由于证据相关性由警方评估，潜在的无罪证据可能会因为调查当局无法理解其对辩方的价值而从案卷中被省略。④ 如果被告方认为案卷中遗漏了相关证据，可以向法院申请查阅这些证据。⑤ 而没有任何经验证据表明相关性甚至是无罪的证据会从证据资料中消失。⑥

影响案卷完整性的另一个潜在问题是访谈中的审讯和证人证言音频或视频记录的稀缺性。⑦ 警察通常只提供采访或审讯的详细摘要。⑧ 被告人或证人可以查阅问题和回答的摘要，但这不足以消除案卷中偶尔包含原陈述错误的风险。⑨

虽然没有完全记录或逐字记录，以及有时省略的记录摘要可能会降低调查案卷的准确性，但总体而言，德国的案卷信息仍然相当详细，特别是与美国警方的报告相比。⑩ 德国的调查案卷通常包括每一项相关调查的记录，包括国防

---

① See, e. g. , Interview with Sommer & Tharra, supra note 58（一名经验丰富的辩护律师指出，在他的执业过程中，经常看到相关案卷中遗漏记载相关调查措施，尤其是涉及使用秘密侦查人员的时候）. 但是在与检察官的面谈中，检察官认为记录了文件中的所有内容，遵循了文件真实、完整的原则，但不知道警察是否把所有调查措施都记录在档案中。检察官们假设该文件是完整的。有时警察打电话给他，说目击者还说了些什么。然后他们把它写在文件里。从他们的角度来看，这个文件应该是完整的。

② See Lutz Meyer - Gossner, Die Behandlungkriminalpolizeilicher Spurenakten im Straf - verfahren, NEUE ZEITSCHRIFr FOR STRAFRECHT [NSTZ] 353, 353 (1982); Michalke, supra note36, at 2335.

③ See BVerf G [Federal Constitutional Court] Dec. 1, 1983, NJW273 (276), 1983; see alsoBOHLANDER, supra note 44, at 62.

④ See, e. g. , SOMMER, supra note 49, at 148; Karl Peters, Anmerkung, BVerf G, Beschlussvom 12. 01. 1983 - 2 Bv R 864/81, NSt Z 273 (276), 1983; Interview with Sommer & Tharra, supra note 58.

⑤ The petition is filed under Section 23 of the Introductory Law to the Judicature Act (EGGVG). MEYER - Gos SNER, supra note 31, at 614, § 147 Rn. 40 (citing BVerf G [Federal Con - stitutional Court] Dec. 1, 1983, NJW 83 (1043), 1983); PFEIFFER, STRAFPROZESSORDNUNG § 147 Rn. 3 (5th ed. 200.

⑥ 一些学者指出，随着科学技术的进步，警方更容易进行“拖网式”调查，信息遗漏情况可能会有所增长。See, e. g. , Meyer - Gossner, supra note 86, at 353. Commentators .

⑦ See Weigend & Salditt, supra note 46, at 84（注意到审讯没有被录音）; see also St PO § 58a (1)（提供可选择的证人录像）.

⑧ See MEYER - Go SSNER, supra note 31, § 163a Rn. 10, 31（注意到审讯被告人的程序必须详细）.

⑨ FEENEY & HERRMANN, supra note 25, at 35.

⑩ See id. at 356 - 57; see also BOYNE, supra note 48, at 51 - 52; MAximo Langer & KentRoach, Rights in the Criminal Process: A Case Study of Convergence and Disclosure Rights, in Rout Ledge Handbook of Constitutional Law 273, 277 (Mark Tushnet, Thomas Fleiner & Cheryl Saunders eds. , 2)（描述了在刑事调查程序中案卷的重要性并强调要全面保存案卷记录）.

部门要求采取的措施。[①] 此外，由于调查通常必须在原告向法院提出正式指控之前完成，因此即使在认罪协商开始之前，该文件也是全面的和“为审判环节而准备”的。[②]

（四）被告人和辩护律师：获取案卷的不同权利

无论是在调查阶段还是在审判阶段，对证据的阅卷权均属于辩护律师，而不属于被告人。[③] 因此，被告人供述只是在必要时提供案卷所需的相关证据内容，以确保充分的自我辩护。[④] 然而，这一限制具有有限的现实意义，因为至少在严重犯罪案件中，将适用强制辩护原则，即使被告人反对，法院也会为其指定一名律师。[⑤] 只有在轻微罪行案件中，才允许被告人自行辩护。[⑥]

在被告人有辩护人的案件中，法律还对律师与当事人共享案卷信息的能力作了一些限制。一般来说，辩护律师有能力，甚至有职业义务告诉客户从案卷中收集到的相关信息。[⑦] 辩护律师可以口头传达给被告人这些信息，或者更常见的做法是，简单地将文件副本交给被告人。[⑧] 但是，如果有具体证据表明被告人会滥用案卷中的某些信息来妨碍调查（特别是威胁证人），或者持有某些案卷本身就是犯罪（如儿童色情作品），根据主流观点，律师不得向被告人提

---

① BOYNE, supra note 48, at 53.

② 这一说法适用于重罪案件，是本文的重点。在情节较轻的案件中，可以在诉讼请求终结前进行辩诉谈判，并可以根据《刑事诉讼法》第407条通过刑事命令作出处理，或者根据《刑事诉讼法》第153a条有条件地作出撤销决定。See St PO § § 153a, 407.

③ St PO § 147 (7). 辩护律师有权查阅起诉时提交给法院的案卷以及正式扣押的证据。

④ St PO § 147 (1)（“辩护律师有权审查法院收到的文件，或在提出指控后必须向法院提出的文件，并检查正式扣押的证据”）; see also Wessing, supra note 48, § 147 Rn. 1.

⑤ 有关适用强制辩护原则的各种情况的一览表，见 St PO § 1（规定在某些复杂、严重的案件，如重罪案件、被告人的精神能力有问题的案件，必须指定辩护律师）。例如，如果案卷中包含对解决问题至关重要的不一致的证人陈述或专家报告，或者如果需要对案卷进行全面评估以作充分的陈述，那么对案卷进行检查本身就可以作为指派律师的理由。See MEYER - GOSSNER, supra note 31, § 140 Rn. 27, at 559.

⑥ FEENEY & HERRMANN, supra note 25, at 357.

⑦ BOHLANDER, supra note 44, at 63.

⑧ See SOMMER, supra note 49, at 149 - 50; Bockemiuhl, supra note 36, at 74; Weigend &Salditt, supra note 46, at 9.

供案卷的复印件。[①]

（五）缺乏辩方的对等披露

有别于美国的做法，德国辩方没有披露审判前收集的证据的义务。[②]（通常是在起诉书提交后、审判开始前）辩方必须披露申请出庭作证的证人的姓名和地址。[③] 但辩护律师很少使用上述方式申请证人出庭，因为这将导致被告方承担证人的行程费用和工资损失。[④] 相反，辩护律师通常要求法庭传唤证人，然后法庭将选定的证人告知双方。这可能发生在审判前或审判期间，具体取决于辩护动议的时间。[⑤]

---

① See Oberlandesgericht Frankfurt a. M. ［OLG］［Higher Regional Court of Frankfurt］ Apr. 11, 2013, NJW 1107, 2013（若辩护律师将调查案卷中包含的儿童色情图片传递给他的当事人，可以被判传播儿童色情作品罪）；Bundesgerichtshofes in Strafsachen［BGHSt］［Federal Court of Justice for Criminal Matters］ Mar. 10, 1979, 29 (99, Rn. 9 – 11)（如果这样做会危及调查工作，例如，妨碍正在进行的调查措施，辩护律师可能不会将案卷中的信息传递给被告人）. 是否以及在何种情况下，辩护律师可能被禁止将文件中的信息传递给被告人仍然存在争议。大多学者同意，如果律师知道向当事人的传达会对调查造成具体的危险，那么在调查阶段禁止将案卷信息传递给当事人是合理的。PFEIFFER, supra note 89, § 147 Rn. 8, 10（律师可能被禁止向其客户披露可能危及调查的信息）；SOMMER, supra note 49, at 55; Annekatrin Donath & BastianMehle, Akteneinsichtsrecht und Unterrichtung des Mandanten durch den Verteidiger, NEUEJURISTISCHE WOCHENSCHRIFr［NJW］1399, 1399 – 1400 (2009)（披露信息的危险，不能被泛化为被告人可能干扰调查的模糊怀疑，必须是具体的危险）；Michalke, supra note 36, at 2336; Wessing, supra note 48, § 147Rn. 23（辩护律师可能因为该信息可能被用于非法目的或者可能危及调查，而被禁止向其客户传递案卷中的信息；被告人仅有可能滥用材料，不足以禁止案卷信息传递）；see also Interview with Prosecutors, supranote 21（检察官偶尔会呼吁辩护律师不要将案卷的某些内容传递给被告人，并提醒辩护人也是"司法机关"的地位。但其补充说，检方不能禁止辩护律师向其被告人传递案卷内容。）. 与大多数人的观点相反，一些辩护律师和学者认为，这种限制如果解释得过于宽泛，可能有损辩护律师对被告人的职责。E. g., SOMMER, supra note 49, at 55; Wilhelm Krekeler, Strafrechtliche Grenzender Verteidigung, NEUE ZEITSCHRIFr FOR STRAFRECHT［NSTZ］146, 149 – 50 (1989)（辩护律师可能不被禁止向当事人透露即将被搜查或逮捕的消息，但可能被禁止透露其知道可能被用于犯罪目的的信息，如威胁证人）；Volkmar Mehle, Weiter. gabe von Informationen als Strafvereitelung, NEUE ZEITSCHRIIP FuR STRAFRECHT［NSTZ］556, 558 (1983)（批评"主流观点"，即律师可能被禁止将案卷中的信息传递给被告人，因为这种传递可能会危及调查）；Wessing, supra note 48, § 147 Rn. 5a（控方不能要求辩护律师不告知当事人未来的调查措施，即使这些信息会危及调查）；see also Oberlandesgericht Hamburg［OLG］［Higher Regional Court of Hamburg］ Sept. 9, 1991, NSt Z 50, 1992（作者坚持认为，在调查阶段结束后，不得禁止辩护律师向被告人提供即使可能危及调查的材料，但他也指出，在调查阶段是否可以禁止律师向被告人提供材料存在争议）.

② Weigend & Salditt, supra note 46, at 94; see also BOHLANDER, supra note 44, at 114.

③ St PO § 222 (2); see also BOHLANDER, supra note 44, at 114.

④ St PO § 220 (2).

⑤ Id. § § 219 (1), 244 (2), 246; see also BOHLANDER, supra note 44, at 114. 有下列情况的，辩方关于证据（包括传唤特定证人）的动议可以被否决：待证明的事实与判决无关或者已经被证明；证据完全不适当或者无法取得。

考虑到德国刑事诉讼程序致力于调查真相，因此辩方不需要对等披露的制度令人惊讶。缺乏证据的对等披露，实质上反映了调查中心主义，即诉讼调查进程应作为对证据的一项职权调查而不是双方相互竞争的调查。① 此外，由于德国辩护律师在收集证据方面相对被动，严重依赖于法院和公诉方，因此，辩方的披露义务在实践中不那么重要。

简言之，德国辩方从检方得到广泛的审前案件信息披露，但辩方没有对等的披露义务。一旦提交指控，法院将收到整个调查案卷。由于调查案卷非常详细，而且调查一般在审判开始前就已完成，因此该案卷被认为是当事各方和法庭在审判前的可靠和充分的案件材料来源。② 如下所述，在部分辩诉交易案件中，调查案卷甚至在认罪协商前就向辩方和法院披露了。

二、刑事案件中案件协商与信息披露之间的关系

在对抗制的司法辖区，诉前的证据开示被视为加快诉讼进程的手段。③ 支持者称，被告人看到不利于自己的证据后更有可能认罪，因而案件相关问题会得到更快澄清。④ 另有观点认为，要求在认罪前披露案件信息，实际上会降低认罪协商的效率。⑤ 尽管认罪前信息披露的效率仍存在争议，但几乎没有人会不同意这样一种观点，即提前披露可以保障更多的当事人知情地作出认罪决定和法院作出更公正的审判。为了理解证据开示和辩诉交易如何相互作用，有必要简要研究一下德国法律如何规范相对较新的“认罪协商”实践。⑥

长期以来，德国的刑事司法系统没有诉诸认罪协商来解决案件。但随着案件数量在20世纪70年代开始增长，德国立法机构引入了一些简化的审判和分流程序，以使该系统更有效地处理案件。⑦ 由于各种原因，上述措施不足以解决案多人少的问题，到20世纪80年代，德国法官和律师开始就案件进行没有任何法律授权的非正式协商。⑧ 1987年，德国宪法法院首先承认了这种做法，

---

① See Langer & Roach, supra note 94, at 27.

② 虽然法院在决定是否确认证据之前可能会采用额外的证据，但在实践中这种情况很少发生。See id. § 202; GERc KE ET AL. , supra note 36, § 202 Rn. 1.

③ See infra note 159 and accompanying text.

④ Turner & Redlich, supra note 7 (manuscript at 12, 43).

⑤ See, e. g. , United States v. Ruiz, 536 U. S. 622, 631 - 32 (2002); Baer, supra note 4, at 51.

⑥ 在阐述德国以认罪换取减刑的做法时，“认罪协商”一词比“辩诉交易”更加准确。

⑦ 本文对德国认罪协商交易程序的概述主要基于 thomas Weigend 和 Jenia Iontcheva Turner，《德国协商刑事判决的合宪性》，15 GERMAN L. J. 82, 83 - 85 (2014)。

⑧ For a discussion of the possible causes of the spread of plea bargaining, see id. at 86.

并试图为其运作确立一些基本准则。[①] 随后，联邦最高法院根据宪法和法定原则，详细阐述了认罪协商的相关判决规则。[②] 随着非正式协商的发展，最高法院声明，在缺乏明确法定授权情况下，其监管非正式协商的能力受限。2005年，德国最高法院呼吁立法机构制定关于认罪协商的明确规则，[③] 2009 年议会通过了一项刑事诉讼法修正案。该法令以现有判例法为基础进行编纂，只做了少许修改。[④] 德国宪法法院推行该法令，并在2013 年的一项裁决中重申了对认罪协商的限制。[⑤]

比较来看，德国法律中认罪协商的核心特征体现为以下几点：首先，认罪协商的时间以及它对案件参与者信息收集的影响。在严重犯罪案件中，协商是在调查结束并向法院提出正式指控之后进行的。[⑥] 这意味着警察和检察官已经收集了所有他们需要的证据来提起诉讼。一旦调查结束，法庭和辩方就可以得到这些文件，有助于确保案件各方参与者在确定协商方案之前就对案件有较为全面的了解。在德国认罪协商不同于美国，并非被用来免除检方对事实的调查的职责，而是用来简化审判程序。[⑦]

德国认罪协商的第二个显著特征是法官在这一过程中发挥的积极作用。德国法官与当事人根据案卷中提供的事实和证据，协商作出什么判决是适当的。[⑧] 法官还需核实认罪是否与调查案卷中的事实相符，如果在核实案卷后乃至协商过程中对案件有任何存疑，法院既有义务也有能力独立调查事实，例如

---

① See BVerf G [Federal Constitutional Court] Jan. 27, 1987, NJW 2662, 1987.

② See Bundesgerichtshof [BGH] [Federal Court of Justice] Aug. 28, 1997, translated in Stephen Thaman, Comparative Criminal Procedure 145 - 46 (2002).

③ See BGH [Federal Court of Justice] Mar. 3, 2005, translated in JENIA I. TURNER, Pleabargaining Across Borders 96 (2009).

④ See Entwurf eines Gesetzes zur Regelung der Verst Andigung im Strafverfahren, DEUTSCHERBUNDESTAG: DRUJCKSACHEN [BT] 16/1230.

⑤ See BVerf G [Federal Constitutional Court], 2 Bv R 2628/10, 2 Bv R 2883/10, 2 Bv R2155/11, Mar. 19, 2013.

⑥ 在某些轻微的案件中，控方有权在某些条件下不提出指控，控方和辩方之间进行协商，一般不涉及法院。这些协商是在提出指控之前进行的。

⑦ 同样，这种说法只适用于严重犯罪情况。在轻微案件中，如果双方同意根据第 153a 条有条件解雇或根据第 407 条发出刑事命令，则可以缩短调查。

⑧ See id. § § 257b, 257c; Jenia Iontcheva Turner, Judicial Participation in Plea Negotiations: A Comparative View, 54 AM. J. COMP. L. 199, 219 - 20 (2006).

在程序进程中传唤证人。①

德国检察官的立场也与众不同。在较严重犯罪案件中，由于受到强制起诉原则以及《刑事诉讼法》明确禁止认罪协商条款的约束，禁止检察官进行认罪协商。② 此外，对指控的最后决定取决于法官，其可以（且经常）作出与起诉书所列不同的指控直接定罪。③ 有时会出现一种有限形式的认罪协商，但最终由法院决定是否重新认定或驳回指控，而不是起诉。④

检察官对经过协商的判决也有相对较小的影响力。法官在认罪协商和争议案件中有相对广泛的量刑自由裁量权。在认罪协商中，法律禁止法官承诺具体的判决结果，但调查显示，实践中法官经常间接地承诺被告人，如果承认有罪将会得到什么样的具体判决。尽管判决具要有约束力，前提是得到公诉人和被告人双方同意，但法官在案件中有撤销判决的权力，意味着其对认罪协商后的判决具有重大影响。

然而，法官的自由裁量权并非完全不受限制。即使是认罪协商的判决也必须与被告人的罪责相适应。实践中，认罪的减刑幅度往往不超过预期刑期的1/3。与美国法院不同的是，德国实践已证明，法院通常倾向撤销量刑折扣过度的判决，理由是这种量刑减让不仅不合理，而且可能具有强制性。

相较于美国，德国关于协商中放弃权利的方式和内容的规定也有所不同。一般而言，德国法律禁止双方就任何非固有权利进行协商。例如，明确禁止协商达成上诉豁免，理由是破坏法治制度所要求的司法责任。⑤ 被告人也无法通

---

① 在实践中，法官通常只依赖供词和调查文件作为定罪的依据。KARSTEN ALTENHAIN ET AL, DIE PRAXIS DER ABSPRACHEN INSTRAFVERFAHREN 93, 99 - 100 (2013). 自从研究结果公布以来，德国宪法法院强调，法官必须做更多的工作来确证经过协商的供词。See 2013 Constitutional Court Decision, supra note 122, 71; see also Andreas Mosbacher, The Decision of the Federal Constitutional Court of 19 March 2013 on Plea Agreements, 15 GERMAN L. J. 5, 8 (2014); Alexander Schemmel et al., Plea Bargaining in Criminal Proceedings: Changes to Criminal Defense Counsel Practice as a Result of the German Constitutional Court Verdict of 19 March 2013?, 15 GERMAN L. J. 43, 59 - 60 (2014).

② 相比之下，在美国，限制辩诉交易中的讨价还价只是例外，而不是惯例。

③ 只要法院在起诉书中以事实为依据，并给予被告人适当的通知，法院就可以判定被告人犯有不同的（包括更严重的）罪行。

④ See id. § 154. 当案件中有许多重复犯罪时，法院可能会驳回指控，“以免浪费时间审查每一项指控”，这样的减刑通常不会导致显著的减刑。Turner, supra note 125, at 219. 一项更近期的实证研究还发现，尽管存在法律禁止，但在德国法庭上确实偶尔会发生认罪协商中的讨价还价。See ALTENHAIN ET AL. supra note 126, at 77 - 78, 86. 例如，在接受调查的法官中，大约有14%的人承认，作为协商的结果，他们曾在某一时刻同意将犯罪行为定性为过失行为而非故意行为。

⑤ See St PO § 302 (1); BGH [Federal Court of Justice], GSSt 1/04, 50 Entscheidungen desBGHSt [Federal Court of Justice] 40 (Mar. 3, 2005), translated in TURNER, supra note 119, at 96. 一项调查发现，尽管有禁令，当事各方经常同意在达成判刑协议后放弃上诉。ALTENHAIN ET AL., supra note 126, at 183.

过讨价还价以选择放弃或获得辩护权的权利。事实上，被告人甚至可能不能像美国那样有放弃接受审判的权利；诉讼程序甚至在认罪之后才开始，但比有争议的审判时间要短。① 实践中，由于被告人有在认罪协商之前就获得了该案卷的查阅权，因此在协商中不允许放弃阅卷权。② 即使可以这么做，也会违反刑事诉讼法，甚至被视为违宪。③

最后，德国宪法法院强调，认罪协商必须以透明的方式进行。一旦诉讼程序开始，当事人和法院之间的协议内容必须记录在案。法院还必须在判决书中对被告人提出某些警告，例如声明如果在判决前出现新的法律或事实情况，法官可能拒绝上诉豁免成为生效协议的一部分，即不采纳之前的认罪协商内容。尽管2012年的一项实证研究发现，法院经常未能遵守这些要求，但合规性可能会有所改善，因为宪法法院2013年的裁决使被告人更容易基于违反认罪协商法规的程序对判决提出异议。④

总之，在几个重要方面，德国的认罪协商比美国的辩护交易受到更严格的限制。对量刑折扣和指控交易的限制，降低了认罪协商导致不成比例的结果或迫使无辜被告人认罪的可能性。在协商前，向辩方和法庭全面开示证据是德国监管框架的一个重要组成部分。广泛和早期的证据开示，可保障法庭和辩方作出的有罪决定是建立在客观的事实基础之上，惩罚符合被告人的罪责，调查是公平进行的。

虽然上述不同法律约束可能会降低协商的效率，但认罪协商制度通常是被接受的。实践中的司法审查在认罪的事实依据、协商内容和上诉豁免方面，偶尔会出现与法律规定的偏差；但刑事诉讼法的基本要求，如罪刑相适应原则、协商阶段获得律师帮助权的权利、诉前证据开示和禁止指控交易等内容，通常都得以遵守。⑤ 尽管德国与美国的刑事司法系统的案件压力都很大，但德国认

---

① Andreas Ransiek, Zur Urteilsabsprache im Strafprozess: ein amerikanischer Fall, ZEITSCHRIFT FOR INTERNATIONALE STRAFRECHTSDOGMATIK [ZIS] 116 (2008).

② See, e. g., Interview with Sommer & Tharra, supra note 58. 虽然证据开示不能协商，但在为了加速诉讼程序的案件中，法院试图在主要诉讼程序中限制被告人查阅该文件的权利，在补充证据之后，初审法院的这一决定在上诉时被驳回。

③ See St PO § 257c (2). 他们可能违反宪法, see 2013 Constitutional Court Decision, supra note 122, 73 – 74, 109.

④ See 2013 Constitutional Court Decision, supra note 122, 96 – 99; see also Mosbacher, supra note 126, at 12 – 13; Schemmel et al., supra note 126, at 60.

⑤ See ALTENHAIN ET AL., supra note 126, at 181 – 83.

罪协商制度仍然遵守了认罪协商的这些限制。①

三、德国阅卷制度与美国全面开示制度的比较

相较以美国为代表的对抗制度，德国法律赋予辩方在刑事案件中更全面的阅卷权。② 对抗性制度之所以忽视证据开示的重要性，是基于解决当事人之间冲突的诉讼价值优于寻求刑事案件真相。③ 在这种观点下，对抗程序的主要目的是解决当事双方之间的冲突，而非对案件事实进行更广泛客观的调查。④

在对抗性制度中证据开示更为有限的另一个解释是当事人主义所固有的对抗因素。控辩双方有责任调查己方相关案件信息。⑤ 辩方应该独立调查事实，而非依靠公权力方提供相关案件信息。⑥ 相比之下，职权主义制度并不把案件证据收集视为一种对抗行为，而是对客观案件事实的中立调查；控方向辩方披露相关案件信息被视为推进诉讼进程的一个步骤。⑦

在过去的几十年里，随着澳大利亚、加拿大、英格兰、新西兰、苏格兰和美国的多个适用对抗制度的州展开的完善辩护权改革，案件证据开示的方法开始出现融合趋势。⑧ 这些改革认识到，在刑事案件中进行广泛的发现在对抗制度和调查制度的核心目标是一致的：案件的公平和效率以及寻求真相。

在美国，北卡罗来纳州和得克萨斯州等州最近采用了全面开示制度，使得辩方有权查阅整个起诉阶段的案件信息。⑨ 其他一些州，包括亚利桑那州、科

---

① See Volker Krey & Oliver Windgatter, The Untenable Situation of German CriminalLaw: Against Quantitative Overloading, Qualitative Overcharging, and the Over Expansion of Criminal Justice, 13 GERMAN L. J. 579, 586 – 92 (2012); see also BOYNE, supra note 48, at 8 – 9, 72 – 80.

② See Weigend & Salditt, supra note 46, at 79.

③ See Peter Duff, Disclosure in Scottish Criminal Procedure: Another Step in an Inquisitorial Direction?, 11 INYL J. EVIDENCE & PROOF 153, 174 (2007).

④ See HEINZE, supra note 27, at 31（致力于解决争端的过程，不容忍被迫披露超出当事各方所界定的问题范围的材料；这样的信息只会引起新的争议，而不会促进诉讼结果的达成）.

⑤ Duff, supra note 149, at 173.

⑥ See id.; Langer & Roach, supra note 94, at 276 – 77.

⑦ See, e. g., FEENEY & HERRMANN, supra note 25, at 42（"因为它关注的是案件本身而不是当事人，德国调查制度要求控方和法院公开整个案件档案。"）. 19 世纪末，德国刑事案件中出现了广泛的证据公开，这在德国的调查制度史上是相对现代的。不仅承认了披露信息将有助于推进对事实的调查，也反映了被告人被视为诉讼主体的地位。See supra note 37 and accompanying text.

⑧ See, e. g., ARIZ. R. CRIM. P. 15. 1; Cow. R. CRIM. P. 16; N. J. CT. R. 3: 13 – 3; N. M. R. CRIM. P. 5 – 501; N. C. GEN. STAT. § 15A – 903 (2011); OHIO R. CRIM. P. 16; TEX. CODE CRIM. PROC. ANN. art. 39. 14 (West 2015); Criminal Justice Act, 2003, c. 44 § 37 (Eng.); Criminal Disclosure Act2008 s 13 (N. Z.); R. v. Stinchcombe, [1991] 3 S. C. R. 326 (Can.); Baer, supra note 4, at 22; Duff, supra note 149, at 174.

⑨ N. C. GEN. STAT. § 15A – 903; TEX. CODE CRIM. PRo C. ANN. art. 39. 14.

罗拉多州、新泽西州和新墨西哥州，都有类似于全面开示制度的广泛诉前案卷披露。[①] 在所有这些州，辩方在诉讼程序的早期，通常是进行辩诉谈判之前，即可查阅控方收集的证据。[②] 广泛的辩诉交易前的信息披露受到支持，因为这样可以确保诉讼公正以及促进对案件真相的探索。在一些州，辩诉前证据开示作为加快诉讼程序的一种手段，被进一步证明是正当的——这种论点通常并非来自德国的阅卷制度，而是对抗制度中学者的普遍认可。[③]

与德国一样，在对证人的安全或调查完整性有特别要求的情况下，美国在审前阶段的全面证据开示也受到限制。[④] 这些限制须由法院根据具体情况批准。[⑤] 在一些美国实施全面证据开示制度的司法管辖区，由于担心知晓案件信息的被告人可能会篡改证据或以其他方式干扰调查，自行辩护的被告人能获得的披露信息相对受限。[⑥] 最后，辩护律师向被告人传达某些证人信息（如家庭住址和其他个人资料）的能力也可能受到限制。[⑦]

虽然美国全面开示制度和德国阅卷制度大致轮廓相同，但仍有显著区别。第一个重要的区别涉及法院在审理过程中的作用。在德国，一旦提出正式指控，法院就会收到完整的案卷调查文件。[⑧] 如前所述，该文件包含与案件相关的所有文档和记录。[⑨] 向法院开示案件信息，使法官能够履行德国刑事诉讼程

---

① 在北卡罗来纳州，全面开示制度只适用于上级法院原管辖权范围内的案件——从本质上讲，仅限于重罪案件。

② See, e. g. , ARIZ. R. CRi M. P. 15. 1; COLO. R. CRIM. P. 16; N. J. CT. R. 3: 13 – 3; N. M. R. CRIM. P. 5 – 501; OHIO R. CRIM. P. 16. See generally Baer, supra note 4, at 22.

③ See, e. g. , ARIZ. R. CRIM. PROC. 15. 1 committee cmt. to 2003 amend.（案卷内容的提前披露，旨在促进有效沟通和有效解决问题）; The Justice Project, supra note 26, at 19. 一位德国学者提出，信息开示可以澄清问题，并有助于加快程序。See Bockemdhl, supranote 36, at 73, and Schafer, supra note 39, at 205. 从普通法的角度看，信息提前披露与诉讼效率之间的联系，See, for example, Duff, supra note 149, at 156, 174; Allard Ringnalda, Procedural Tradition and the Convergence of Criminal Procedure Systems: The Case of the Investigation and Disclosure of Evidence in Scotland, 62 AM. J. COMP. L. 1133, 1151 (2014)。

④ See, e. g. , COLO. R. CRIM. P. 16 (Il) (d); N. C. GEN. STAT. § § 15A – 903 (a) (3), 15A – 908 (b); OHIO R. CRIM. P. 16 (D); TEX. CODE CRIM. PROC. ANN. art. 39. 14 (c).

⑤ See COLO. R. CRi M. P. 16 (III) (d); N. C. GEN. STAT. § § 15A – 903 (a) (3), 15A – 908; TEX. CODE CRIM. PROC. ANN. art. 39. 14 (c); see also NYSBA Report, supra note 19, at 15 – 1. 这与德国制度有些不同，德国在调查阶段赋予检察官完全的自由裁量权，至少在不拘留被告人的情况下是如此。

⑥ See OHIO R. CRIM. P. 16 (L) (2)（初审法院可具体规定被告人接触任何可发现材料的时间、地点和方式，但不得超越本规则的范围）; TEX. CODE CRIM. PROC. ANN. art. 39. 14 (d)（被告人可以查阅但不能复制文件中的材料）.

⑦ See, e. g. , ARIZ. R. CRIM. P. 39 (b) (10); OHIO R. CRIM. P. 16 (C); TEX. CODE CRIM. PROC. ANN. art 39. 14 (f) .

⑧ St PO § 199.

⑨ See supra Part I. C.

序中的核心角色，即在协商和审判过程中独立调查案件事实，确保诉讼公正。① 相比之下，在美国，控方只向被告人披露证据，而法庭只在必要时才在披露过程中审查证据，以解决当事人之间的争议。② 上述过程符合对抗性制度的传统——担心法庭在审判前审查证据可能会产生主观预断，因而支持案件应由双方当事人自行调查。③

美国全面开示制度和德国阅卷制度的另一个不同之处在于，前者通常要求辩护方提供完整的案件信息，而后者则不要求。在这两个国家，无罪推定原则、被告人的沉默权以及律师和被告人的权利都在一定程度上限制了辩护方的信息披露。④ 但在美国，最近的改革要求控辩双方都需要承担更多的信息披露义务。⑤ 辩护材料的披露与起诉材料的披露具有同样的正当性——它促进了对真相的探寻，使审判过程更加公平，并消除了“突袭审判”。⑥ 虽然相互披露的趋势看似呈现“纠问式”特点，但它实际上是普通法系国家所特有的。⑦ 对等披露反映出对刑事诉讼程序的一种理解，即刑事诉讼程序是控辩双方之间的对抗，而非法院对真相进行事实调查。

在德国和美国信息披露的方式不同，还有另一个原因——辩诉交易前双方

---

① See St PO § 244（2）（法院有责任在必要时通过收集更多证据来确定事实真相）；supra notes 33 – 36 and accompanying text（讨论提供公平聆讯的责任）.

② See，e. g.，FED. R. CRIM. p. 16.

③ See infra notes 218 – 20 and accompanying text；see also Duff，supra note 149，at 15.

④ See，e. g.，Wardius v. Oregon，412 U. S. 470（1973）. But see United States v. Nobles，422U. S. 225（1975）；Williams v. Florida，399 U. S. 78（1970）. See generally Eric D. Blumenson，Constitutional Limitations on Prosecutorial Discovery，18 HARV. C. R. – C. L. L. REV. 123（1983）；Robert P. Mosteller，Discovery Against the Defense：Tilting the Adversarial Balance，74 CALIF. L. REV. 1567（1986），讨论德国刑事法庭对国家获得被告人合作能力的类似限制，see，for example，BGH［Federal Court of Justice］NJW 2940（2942），1996（根据“尼莫·特内图尔”原则，国家不能强迫被告配合自己的起诉，也不能传唤当局）；Bockemiihl，supra note 36，at 90.

⑤ See，e. g.，N. C. GEN. STAT. § 15A – 905（2011）. 然而，在得克萨斯州，辩方只披露作证专家的姓名和地址。Tex. Code Crim. Proc. Ann. Art. 39. 14（B）（West 2015）. See Generally Tex. Def. Serv. & Tex. Appleseed，Improving Discovery In Criminal Cases In Texas：How Best Practices Contribute To Greater Justice6，15，38（2013）.

⑥ Therese M. Myers，Note，Reciprocal Discovery Violations：Visiting the Sins of the Defense Lawyer on the Innocent Client，33 AM. CRIM. L. REV. 1277，1281（1996）.

⑦ Langer & Roach，supra note 94，at 278.

当事人可获得的案卷信息在美国通常不如在德国那么全面，[①] 有三个主要原因。

首先，美国的调查规则不同于其他许多国家，不要求警察或检察官在进行辩诉交易前彻底调查所有重要案件信息。[②] 相反，由于早期的辩诉协商请求通常因为节省了宝贵的调查资源，而得到更慷慨的罪罚减让。[③] 如果被告人愿意认罪，那么花时间和精力去调查犯罪细节就没有什么意义了。焦点是迅速审理案件，而非寻找客观真相。此外，由于美国警察无须积极寻找无罪证据，侦查结果可能对案件事实仅呈片面性、不完整性的还原。[④]

其次，因为不完善的立法规定，党派组织文化和结构性激励不足，美国警方的调查报告往往不如德国详细。[⑤] 任何法规或程序规则都没有要求美国的警方报告包含所采取的各项调查措施结果。[⑥] 一些部门法规有时要求警方报告全面的调查内容，[⑦] 但这些法规通常规定含糊，并且没有强制性的司法效力。[⑧] 调查报告的全面性与行业培训、党派文化和司法资源分配等因素紧密相关。培训材料强调在警察报告中包含基本事实的重要性，但同时鼓励警察简明扼要，并建议省略与案件不直接相关的细节。同样，一些部门法规要求官员记录证人

---

① See Turner & Redlich, supra note 7（manuscript at 54）（调查发现，即使在未要求辩方对等披露的司法管辖区，辩护律师也经常对他们在诉前收集的文件完整性表示担忧）; see also Stanley Z. Fisher, "Just the Facts, Ma'am": Lying and the Omission of Exculpatory Evidence in Police Reports, 28 NEW-ENG. L. REV. 1, 18 (1993)（除极为严重或特殊案件外，许多被告人是根据对相关事实的不充分告知下而进行谈判认罪的）.

② See Fisher, supra note 174, at 38 – 39.

③ See Cynthia Alkon, The Right to Defense Discovery in Plea Bargaining Fifty Years After Brady v. Maryland, 38 N. Y. U. REV. L. & SOC. CHANGE 407, 408 & n. 6（2014）; See also 2CHRISTOPHER A. W. BENTLEY, CRIMINAL PRACTICE MANUAL § 45: 12 (2000)（讨论辩诉交易的时机）.

④ See, e. g. , People v. Hayes, 950 N. E. 2d 118, 122（N. Y. 2011）; see also Baker v. Mc Collan, 443 U. S. 137, 145 – 46（1979）; United States v. Rodriguez, 496 F. 3d 221, 224（2d Cir. 2007）; United States v. Martinez – Mercado, 888 F. 2d 1484, 1488 (5th Cir. 1989)（布雷迪规则并未成为揭露案件真相的主要手段：只是限制了起诉方压制证据的能力，而非向被告方提供发现犯罪证据的权利）. quoting United States v. Bagley, 473 U. S. 667, 675（1985）.

⑤ See BOYNE, supra note 48, at 4 – 5; FEENEY & HERRMANN, supra note 25, at 356 – 57; cf. Fisher, supra note 174, at 6 – 16; Symposium, New Perspectives on Brady and Other Disclosure Obligations: Report of the Working Groups on Best Practices, 31 CARDOZO L. REV.

⑥ See Fisher, supra note 174, at 5 – 6, 7 – 8.

⑦ 列举两个罕见的要求彻底报告，见 ANAHEIMPOLICE DEP'T, POLICY MANUAL, POLICY 344, at 158 (2013)（报告应"为其目的而充分详细，在提交前没有错误"，"准确反映所涉人员的身份，所看到、听到或吸收的所有相关信息，以及所采取的任何行动"）。Minneapolis Police Dep't, Policy & Procedure Manual, § 4 – 600Specific Report Policies and Procedures, MINNEAPOLISMN. GOV.（last updated Sept. 17, 2013）.

⑧ See Fisher, supra note 174, at 27 – 28.

陈述的“近似表达”的方式，实际上损害了调查报告的全面性和准确性。最后，调查报告通常以表格形式记录涉案人员和基本内容，但报告的要点是以自由形式进行叙述。在要点叙述部分留给官员的自由裁量权较大，导致调查报告所包括的详细程度和方式上不一致。①

案件报告也反映了警察部门的党派文化和资源限制。作为一般规则，部门法规不要求调查主体在其报告中包括无罪证据（作为一般类别或作为特定清单，如不在场证明）。② 培训材料同样强调编写报告的重要性，以保护调查报告不受辩方随后挑战而进一步阻止报告记录可能有助于对罪行作出另一种解释的行为。③ 最后，司法资源有限，尤其是在繁忙的大都市地区的调查人员“应付电话的时间压力很大”，以致“几乎没有时间去调查或写报告”。④ 警察部门倾向于通过逮捕来结案，而不是通过广泛调查来查明案件。⑤

向辩方开示证据信息可能不完整的第三个原因是警方缺乏足够的程序来确保相关证据被及时、一致地移交给检方。⑥ 理论上，调查报告包含了案件所有的信息，实际警察部门内部中的某些类型材料如调查笔记或内部备忘录，可能

---

① See id. at 27 – 28. 185. See, e. g., WILLIAM F. MCDONALD, NAT'L INST. OF JUSTICE, PLEA BARGAINING: CRITI – CAL ISSUES AND COMMON PRACTICES 22 (1985).

② See Fisher, supra note 174, at 28; see also TIMOTHY P. MARTA, CRIMINAL JUSTICEINST. POLICEREPORTING (2004).

③ See Fisher, supra note 174, at 30 – 31. 一些实务人员和学者担心，随着各州采用全面证据开示，官员在报告的叙述部分总结和省略细节的倾向可能会增加。他们认为，公开档案可能会导致警察可以回避记录他们采取的一些调查步骤或收集的信息，以避免妨碍国家公权力机关的调查工作。See Turner & Redlich, supra note 7 (manuscript at 50)（一些弗吉尼亚州的检察官认为这是全面证据开示制度的一个主要缺点）cf. Brown, supra note 6, at 1623 n. 13（“如果警察知道他们与之交谈的所有人都将受到披露，则可能会选择性地进行调查，只寻找他们怀疑有犯罪证据的证人，以避免发现相矛盾的内容”）。另一些人认为，国防部门对报告的定期审查将鼓励更彻底的报告。See, e. g., Fran Hart, 10 Steps to Improve Your Written Reports, POLICEONE. COM (Oct. 19, 2000.)（“在 80 年代早期，一些警官认为他们的报告应该简短而中肯，尽量减少细节。他们相信，如果他们写得少，就不太可能在法庭上就各种问题受到质疑，也不太可能被聪明的辩护律师歪曲自己的行为。他们错了！”）.

④ Fisher, supra note 174, at 8; see id. at 20 – 21; see also James Schnabl, Reinventingthe Police Report for the 21st Century: Are Video Police Reports the Answer?, POLICE CHIEF (Sept. 2012).

⑤ See Fisher, supra note 174, at 8, 20 – 21; See also Bruce Frederick & Don Stemen, Nat'L Inst. of Justice, the Anatomy of Discretion: An Analysis of Prosecutorialdecision Making – Technical Report 62 – 63 (2012).

⑥ See, e. g., Rachel E. Barkow, Organizational Guidelines for the Prosecutor's Office, 31CARDOZO L. REV. 2089, 2093 (2010); Stanley Z. Fisher, The Prosecutor's Ethical Duty to Seek Exculpatory Evidence in Police Hands: Lessons from England, 68 FORDHAM L. REV. 1379, 1415 – 16 (2000); Meyn, supra note 1, at 1093.

不会传递给检察官。[1] 其他证据的移交也有相当大的延迟。特别是当众多机构参与案件调查时，检察官很难及时从所有相关机构收集信息。由于向检方开示证据方面存在各种漏洞和延误，在辩诉谈判之前被告方可获得的文件可能无法充分反映案件的事实。[2]

最后，美国的证据开示不仅揭示更少的案件信息，而且也可能作为认罪协议的部分内容而被辩方放弃。与德国法律不同的是，美国法律允许就各种各样的豁免进行谈判，而这些豁免并非认罪所固有的，例如放弃民事权利救济、不受双重危险的权利、获得有效辩护权利和案件发现的权利。[3] 研究表明，在美国一些司法管辖区，当事人经常就是否放弃证据开示权而进行讨价还价。[4] 这在限制证据开示制度的司法管辖区（如联邦系统和纽约）以及一些实施证据开示制度的司法管辖区（如得克萨斯州）都广泛存在。[5]

四、全面开示制度及超越：比较启示

德国和美国的诉前案件信息披露机制的比较给政策制定者提供何种启示？在一般层面，德国经验为诉前全面披露案件信息对于确保刑事案件公平和准确审理至关重要的这一主张提供了印证。德国辩护律师将阅卷权视为审前阶段最关键的辩护权利之一——无论是为认罪协商还是为正式庭审做准备。[6] 法院还强调，获得这些案卷信息的权利对保障公正的诉讼程序至关重要。[7] 德国的做法表明，案件信息的披露可以在认罪协商之前进行，并不会给证人带来严重风险，也不会给刑事司法资源带来不必要的负担。

在证人保护方面，德国的经验表明，法院和检察官可以根据具体情况采取措施，同时保留证据开示的一般规则，从而确保证人的安全。包括检察官在内的德国实务人员并不认为证人安全是一个需要通过广泛限制案卷信息披露来解

---

① See Fisher, supra note 174, at 37 - 38; Meyn, supra note 1, at 109.

② See, e. g. , Turner & Redlich, supra note 7 (manuscript at 55) .

③ See, e. g. , Turner, supra note 119, at 35 - 36; Susan R. Klein et al. , Waiving the Criminal Justice System: An Empirical and Constitutional Analysis, 52 AM. CRIM. L. REV. 73 (2015); Slobogin, supra note 137.

④ See NYSBA REPORT, supra note 19, at 66; Klein et al. , supra note 195, at 83 - 8.

⑤ See NYSBA REPORT, supra note 19, at 66; Klein et al. , supra note 195, at 83 - 85; Tex. Criminal Def. Lawyers Ass'N & Managing to Excellence Corp. , the Cost of Compliance: A Look at the Fiscal Impact and Process Changes of the Michael Morton Act 24 (2015) .

⑥ See SOMMER, supra note 49, at 139; Bockemiihl, supra note 36, at 70.

⑦ See, e. g. , BVerf GE 18, 399, 404; BVerf G NJW 3219 (3220), 1994; BVerf G, Beschlussvom 12. 01. 1983 - 2 Bv R 864/81, NSt Z 273, 1983.

决的重大问题。[①] 暴力犯罪率的降低有可能在某种程度上解释了人们缺乏关注的原因。美国的故意杀人犯罪是德国的6倍，德国的重大袭击案比率比美国低60%。[②] 此外，帮派暴力在德国似乎不像在美国那样普遍。[③] 由于与帮派有关的暴力犯罪率较低，德国检察官相应的更少考虑采取保护措施来确保调查案件过程可能的风险，因此无须过多担心这些措施（或证据开示制度）的成本和代价。

虽然犯罪率的差异是部分原因，但在个别案件中保护证人的机制也有助于防范潜在危险。[④] 这些机制包括不透露证人地址，以及特殊情况下不透露证人姓名；[⑤] 向自行辩护的被告人提供有限案件信息披露；[⑥] 在可能危及证人的情况下，限制辩护律师将案件信息传达给被告人的权利范围；[⑦] 必要时，起诉干扰证人作证的被告人或其他人；[⑧] 利用拘留手段使具有潜在危险的被告人丧失行为能力。[⑨]

类似有助于完善调查完整性和证人安全保护措施，在美国实施全面证据开示制度的司法辖区通常已经有规定。[⑩] 在某些暴力犯罪案件（特别是涉及有组织犯罪的案件）中，可能需要不止一种保护措施。检察官必须在某类案件中定期采取法定保护措施，实际上实施这类措施所要求的诉讼成本可能很高，以至于促使司法机关重新考虑是否要采取证据开示的方式。这方面还需要进一步的实证研究，以了解不同的证人安全措施在这些情况下的成本效益。但是，在

---

① 我采访过的三名检察官和三名辩护律师也有同样的看法，而法律文献中对这个问题讨论的缺乏也证实了这一点。See Interview with Prosecutors, supra note 21, at 2 – 3; Interview with Sommer &Tharra, supra note 58; Interview with Wblky, supra note 70.

② U. N. OFFICE ON DRUGS & CRIME [UNODC], Tenth United Nations Survey of Crimetrends and Operations of Criminal Justice Systems, Covering the Period 2005 – 2006 (2008)（2005年报告的凶杀率为0.94，重大袭击率为每10万人口178人）. For the data on the United States, see UNODC, UNITEDSTATES OF AMERICA 2005 – 2006, at 2277, 2278 – 79 (2008)（2005年报告的凶杀率为5.58，重大袭击率为每10万人口287.55人）. On the difficulty of comparing European and U. S. crime rates, see Ineke Haen Marshall, How Exceptional Is the United States? Crime Trends in Europe and the US, 4 EUR. J. CRIM. POLY & RES. 7, 8 – 10 (1996).

③ See Scott H. Decker & David C. Pyrooz, Gang Violence Worldwide: Context, Culture, and Country, in Small Arms Survey 2010: Gangs, Groups, and Guns 129, 136 – 37 (2010); Malcolm W. Klein et al., Street Gang Violence in Europe, 3 Eur. J. Criminology 413, 422 (2006).

④ Interview with Prosecutors, supra note 21, at 1.

⑤ See supra notes 50, 61 and accompanying text.

⑥ See supra note 98 and accompanying text.

⑦ See supra note 102 and accompanying text.

⑧ See STRAFGESETZBUCH [St GB] [PENAL CODE], § 2.

⑨ See St PO § 112.

⑩ See supra notes 160 – 63 and accompanying text; see also NYSBA REPORT, supra note19, at 15 – 21.

绝大多数案件中一般不会引起威胁证人的担忧，美国的司法管辖区可以效仿德国模式，即允许广泛的证据开示，同时根据具体案件的情况，要求法院提供强制性保护措施。

有些人还担心，在美国对抗性制度中公开披露可能会导致“辩方滥用”权利，而非恐吓证人——例如，根据所披露的证据编造抗辩理由。[①] 正如一位美国检察官感慨的，公开案卷的规则导致辩护律师滥用权利，他们扭曲所收到的信息，向法庭歪曲法律，并以没有法规或判例法支持的方式使用这些信息来弹劾证人。[②] 在这种观点下，广泛的案件信息披露之所以在德国成功，因为辩护律师一般处于较为被动地位，公权力机关并没有如实告知案件事实的职责，因此，他们不太可能歪曲证据。[③] 但没有证据表明，美国辩护律师在采用公开披露案件信息的司法管辖区内滥用证据的频率高于未采用公开披露案件信息的司法管辖区。[④] 目前尚不清楚美国的辩护律师是否比德国辩护律师更具攻击性。德国法院和学者们越来越关注“辩护冲突”兴起，而美国的律师们则担心美国的律师经费不足、不堪重负、缺乏热情。[⑤] 因此，辩护律师的行为不可能完全解释或证明德国和美国对信息披露的不同做法合理与否。

尽管如此，德国的阅卷权制度深嵌于纠问制背景，限制了美国在对抗制背景下效仿阅卷权的程度。例如，德国的信息披露之所以成功在很大程度上取决于对调查案卷的司法审查。法官在确认指控之前对案卷进行审查，这就鼓励警方和检方在审前作出更加彻底的调查。法官在起诉书提交后有能力审查证据，使其能够在认罪协商中发挥积极作用，并确保任何经协商作出的判决都能反映案件的事实。这些职能完全符合纠问式传统下法官独立地调查事实的职权。同样符合纠问制传统的是，相对缺乏对法官可能提前阅卷或参与认罪协商过程而产生偏见的担心。基于对法官的培训和职业的信任，法官一般被视为是独立和

---

① 至少有的美国检察官认为，这种辩方滥用权利的可能性是全面证据开示制度的主要缺点之一。See Turner & Redlich, supra note 7 (manuscriptat 14).

② Id. (manuscript at 48) (footnote omitted).

③ For a discussion of German attorneys' duties as "organs" of justice, see, for example, Joachim Kretschmer, Der Strafrechtliche Parteiverrat 76 (2005) (援引法院的裁决，将作为司法机关的义务与了解真相的义务联系在一起); Wilhelm Krekeler, Strafrechtliche Grenzen der Verteidigung, 4 NEUE ZEITSCHRIFr-FOR STRAFRECHT (NSt Z) 146, 152 (1989); Gerd Pfeiffer, Zuldssiges und Unzulassiges Vertei - digerhandeln, 9 DEUTSCHE RICHTERZEITUNG (Di RZ) 341 (1984).

④ See Turner & Redlich, supra note 7 (manuscript at 48) (北卡罗来纳州的检察官被要求提供公开的五项证据，他们认为国防滥用并不是一个严重的问题).

⑤ For a discussion of conflict defense in Germany, see, for example, Michael Bohlander, A Silly Question? Court Sanctions Against Defence Counsel for Trial Misconduct, 10 CRIM. L. F. 467, 470 - 71 (1999). For a discussion of defense attorney behavior in the United States, see, for example, Brown, supra note 6, at 1590.

冷静的。尽管越来越多的评论人士质疑这一假设，但这种价值预设仍然广泛存在，并解释了德国愿意使法官审查案卷和参与认罪协商的原因。

在美国，许多允许法官在德国刑事案件中发挥职权的条件都不存在。由于当事人对独断专行的法官持怀疑态度，往往更担心让法院在辩诉交易或参与证据开示中发挥积极作用。[①] 法官往往是选举出来的，在担任法官之前缺乏专门的司法培训，这增加了民众对法官中立和公正立场的怀疑。因此，一些实务人员和学者认为，如果法官在审判前审查证据并参与辩诉协商，则案件出现胁迫和偏见的可能性会更大。[②] 由于这些观念根深蒂固，即使法律允许，部分美国法官本身也难以在证据开示和辩诉交易中有发挥积极作用的空间。[③] 更大的可能性是，前述司法介入程度更广泛——审查所有公开的证据以确保辩诉交易的公平和真实——将减缓诉讼程序的处理速度。由于国家的司法资源有限，处理案件的压力巨大，任何阻碍诉讼进程的程序都可能是反向阻力。[④]

这些关于司法干预对抗性制度的可行性的担忧在某种程度上是切实的。但重要的是，不必过度夸大法院介入的风险，并承认它所带来的好处。首先，思辨一种论点，即法官如果审查当事人之间披露的证据，就会产生预判和偏见。法官们在法定期间内审查大量案件证据，以便对审前动议（包括证据开示动议）作出裁决，但他们随后并未被免除主持辩诉交易或庭审的职责。没有理由相信，审查整个案卷材料会对其产生更不利的影响。事实上，在现有对等披露制度中，法官产生偏见的危险尚不如德国严重。因为向法院披露的证据将包括双方当事人提供的证据，这将减少法院审查事实的片面性的风险。正如美国一些司法管辖区正在做的，规定参与辩诉交易失败的法官随后取消参与后续审

---

① 至少在民事案件中，这种态度并没有阻止“职权型”法官的兴起，他们积极监督审前开示和和解讨论。See Judith Resnik, Managerial Judges, 96 HARV. L. REV. 374, 376 - 80 (1982)（描述了尽管传统上抵制职权主义，但联邦法官如何在民事案件中承担起更多的管理角色，以应对民事诉讼规则的变化和案件数量的急剧增加）.

② See, e. g. , FED. R. CRIM. p. 11 advisory committee's note to 1974 amendment (citing United States ex rel. Elksnis v. Gilligan, 256 F. Supp. 244, 254 (S. D. N. Y. 1966)); Richard Klein, Due Process Denied: Judicial Coercion in the Plea Bargaining Process, 32 HOFSTRA L. REV. 1349, 1351 - 52 (2004).

③ See Allen F. Anderson, Judicial Participation in the Plea Negotiation Process: Some Frequencies and Disposing Factors, 10 HAMLINE J. PUB. L. & POL'Y 39, 46 (1989).

④ See Darryl K. Brown, Defense Counsel, Trial Judges, and Evidence Production Proto - cols, 45 TEX. TECH L. REv. 133, 144 - 45 (2012). 准备全面而彻底的证据通常需要更多的时间，可能导致审判推迟。虽然理论上，相对于快速判决而言，普通程序更容易获得可靠的判决，但现实中，法官往往面临着有效处理案件的巨大压力。

判的资格，以缓解参与辩诉交易可能导致的相关弊端。[①]

更重要的是，在辩诉交易前对案件证据进行司法审查可以带来明显的好处，而这些好处是目前的美国司法体系所缺失的。对案卷的司法审查可能会鼓励警方和检察官在被告人认罪前进行更彻底的调查。向法院披露案件信息，也能使法院对被告人认罪的有效性作出更公允的决定。现有规定要求法官审查认罪的事实依据，而审查前披露的证据将有助于法官更准确地进行审查。[②] 上述优点也许足以让至少一些美国司法管辖区考虑投入必要的资源，使这种司法介入得以成功。

即使向法院披露信息被认为成本太高，而且在不久的将来也难以实施，德国模式也可以在其他方面提供可借鉴经验。具体来说，强调规范调查工作的重要性，以确保证据开示的有效性。在德国，信息披露对当事人和法院都是有价值的，因为要求警察记录每一个调查步骤，并将这些记录的文件立即转交给检方。德国学者和实务人员认识到这种规定的重要性，主张加强要求警察保留调查记录，以及审讯和证人询问进行录音或录像的要求。[③] 在美国某些司法管辖区，已经出现了类似的建议，要求更严格地监管证据文件并移交给检方。德国的经验为此提供了额外的佐证。

首先，美国警察部门可以进一步规范向控方移交调查文件以及其他相关文件的规定。制定要求对审讯、证人询问和警察调查进行录像的更严格规则，这是朝着这个方向迈出的有希望的一步。[④] 另一项积极的改革措施已有一些美国警察部门在实施，即在侦查报告中为调查证据制定具体表格，从而使报告更加全面。[⑤] 实际上，个别警察部门制定了更为完善的侦查报告表格，即将可证明无罪证据的设定为必填的特定类别，以便鼓励更客观全面地记录案件事实。[⑥]

---

① See, e. g. , State v. Revelo, 775 A. 2d 260, 268 (Conn. 2001); State v. D'Antonio, 830 A. 2d1187, 1194 (Conn. App. Ct. 2003); see also Turner, supra note 125, at 263.

② See generally Turner, supra note 125 (讨论司法参与的好处和可采取的措施，以减轻这种参与可能带来的不利影响). See also Jed S. Rakoff, Why Innocent People Plead Guilty, N. Y. REV. Boo Ks (Nov. 20, 201).

③ See Thomas Weigend, Strafprozessreform und Rechtsprechung, in Deutsche Straf - Prozessreform Und Europaische Grundrechte (Matthias Jahn & Henning Radtke eds. , forthcoming 2016).

④ See Lindsay Miller Et Al. , Police Exec. Research Forum, Implementing Abody - Worn Camera Program: Recommendations and Lessons Learned 1 (2014) Schnabl, supra note 188; Andrew E. Taslitz, High Expectations and Some Wounded Hopes: The Policy and Politics of a Uniform Statute on Videotaping Custodial Interrogations, 7 NW. J. L. & SOC. POL'Y 400, 409 (2012) (但是他补充说，绝大多数警察部门仍然没有记录所有的审讯).

⑤ See MARTA, supra note 186, at 9, 15.

⑥ See Fisher, supra note 174, at 28 (在他的研究中，亚特兰大警察局是唯一一个特别呼吁在警察报告中加入无罪证据的部门).

警察部门可以更进一步制定规则，明确要求调查人员记录其所采取的每一项调查措施，而不是仅仅要求报告具有全面性（目前规定的要求）。伊利诺伊州成立了一个委员会，旨在改革刑事诉讼程序，以减少司法不公。该委员会建议警方“把所有证据和日程安排相关的复印件提供给检察官。”① 随着技术的进步，电子表格和核对清单可使得制定侦查表格措施在最繁忙的警察局也变得可行。这些具体的改革可帮助警察部门克服根深蒂固的思维和做法，更接近德国确保完整和准确的调查记录的做法。

同样，美国的立法机关、检察部门和警察部门也可以颁布规定和政策，要求调查主体向检察官提供完整的调查记录。美国一些学者已指出，有必要改进程序、培训和技术，以“确保警方所提供的所有资料得以保存，并在检控人员提出要求时及时提供”。② 推荐的另外两种具体方法包括检查清单和软件提示，它们将提醒侦查人员需要记录哪些信息，以允许主管人员、检察官和法院检查调查记录的完整性。③

德国模式提出了另一种有助于产生更全面的文件供当事方在辩诉交易中使用的政策：鼓励在协商之前进行更全面的调查。美国学者讨论了“会见与问候当事人”的可能威胁主要是作为辩护人的道德问题。④ 但即使早期的认罪协商制度，允许检察官在缺乏事实依据的情况下处理案件，也同样存在问题。

为避免信息不充分下的处置，首席检察官可以制定检察办公室指导方针，鼓励在认罪协商之前进行更彻底的调查。这些指导方针只在内部有效，因为美国检察官——不像他们的德国同行——对警察没有监督权力。⑤ 虽然美国检察官不能命令警察在更早的时间点进行全面调查，但他们可以使用非正式和间接的手段，在提出初步指控之前，要求警察提供更详细的调查文件。⑥ 如果这一过程还不足以客观反映案件，检察官还应该依靠检方的调查人员在认罪协商前

---

① Susan S. Kuo & C. W. Taylor, In Prosecutors We Trust: UK Lessons for illinois Dis - closure, 38 LOY. U. CHI. L. J. 695, 710 (2007) (citing Ill. Governor's Comm'n on Capital Punishment, Report of the Governor's Commission on Capital Punishment 19, Recommendation 2 (2002)).

② NYSBA REPORT, supra note 19, at 73.

③ See, e. g., New Perspectives on Brady, supra note 178, at 1974; see also Baer, supra note4, at 62; Brown, supra note 219, at 146 - 47, 147 n. 85; Fisher, supra note 174, at 50.

④ E. g., Benjamin H. Barton & Stephanos Bibas, Triaging Appointed - Counsel Fundingand Pro Se Access to Justice, 160 U. PA. L. REV. 967, 975 (2012); Geri L. Dreiling, Meet - and - Greet'Pleas Not Good Enough: Public Defender in Florida Bans Long - Standing Practice, ABAJ. EREPORT, June 24, 2005; Erica J. Hashimoto, The Price of Misdemeanor Representation, 49WM. & MARY L. REv. 461, 473 - 74 (2007).

⑤ See New Perspectives on Brady, supra note 178, at 2023.

⑥ See Ronald Wright & Marc Miller, The Screening/Bargaining Tradeoff, 55 STAN. L. REV. 29, 32 n. 9, 63, 65 (2002); see also New Perspectives on Brady, supra note 178, at 1973.

收集额外的事实证据。[①]

德国调查模式的另一个特点——控方有责任收集案件所有的相关证据——对美国的对抗模式参考价值较小。在德国，检方收集无罪证据的职责有利于使调查更加客观，更利于保护被告人（这对于缺乏对抗力量的被告自行调查至关重要）。这种制度导致大多数德国辩护律师在预审阶段保持被动，主要依靠公权力方收集证据。这并不是美国司法制度希望引进的内容。[②] 即使在德国，司法实践手册也提醒辩护律师注意国家公权力主体的认知偏见，以及警方和检方不承认未寻找无罪证据的可能性。[③] 一些辩护律师认真采纳了这一建议，开始在审判前自行调查案件。但在大多数情况下，根深蒂固的观念、实际的制度约束和某些法律规则实质上阻碍了独立的辩护调查。[④]

要求警方寻找无罪证据的规定在美国不太可能成功。首先，对抗制度下案件调查主要依靠控辩双方分别调查两种路径的对抗思维，可能会限制该规则的适用。[⑤] 我们的法院一贯反对警察依职权收集对辩方有利的证据的观点，而强调辩方律师有责任进行充分的案件调查。[⑥]

即使这样的规则被采纳也不会奏效，除非伴随着美国警察文化观念的根本性转变。正如最近英格兰和苏格兰的经验所表明的那样，当事人方自行收集证据的传统根深蒂固，难以被警方寻找无罪证据的观念所取代。[⑦] 对抗制下的警

---

① See Wright & Miller, supra note 231, at 63, 65.

② 如前所述，由于严重的资金削减和其他实际的和法律上的限制，美国的刑事辩护已经失去了其应有的效用。See, e. g. Brown, supra note 6, at 1590. But open – file discovery should not be used as an excuse to entrench such underfunding. See infra note 241 and accompanying text.

③ See SOMMER, supra note 49, at 32 – 39, 88 – 89. 另一些人建议在审判前阶段进行辩护调查，以避免审判中出现令人不快的意外。See Bockemuhl, supra note 36, at 75 – 76.

④ See Bockemiil, supra note 36, at 76; Weigend & Salditt, supra note 46, at 91.

⑤ See Ill. Governor's comm'n on Capital Punishment, Report of the Governor's Commission on Capital Punishment 20 (2002)（建议伊利诺伊州采取一种责任，让警察“进行所有合理的调查”）; Kuo & Taylor, supra note 226, at 710 & n. 93（立法机关未能采纳伊利诺伊州州长委员会的建议，即要求警方寻找无罪证据）; see also Fisher, supra note 190, at1399 – 1401, 1415 – 20（注意到英国要求警察寻找无罪证据的规定的不确定影响，并讨论了在美国采用类似规定的不可能性）.

⑥ 警方没有义务调查对辩方有利的证据，见 Langer & Roach, supra note 94. On the duty of counsel to investigate。See, for example, Foustv. Houk, 655 F. 3d 524, 537 – 38 (6th Cir. 2011); Jones v. Ryan, 583 F. 3d 626, 646 – 47 (9th Cir. 2009). 布雷迪尽职调查规则规定，州政府无须披露辩护方通过合理努力可以获得的证据。See 6WAYNE R. LAFAVE ET AL., CRIMINAL PROCEDURE § 24. 3 (b), at 1105 (3d ed. 2000); The a Johnson, What You Should Have Known Can Hurt You: Knowledge, Access, and Brady in the Balance, 28 GEO. J. LEGAL ETHICS 1, 3 (2015); Kate Weisburd, Prosecutors Hide, Defendants Seek: The Erosion of Brady Through the Defendant Due Diligence Rule, 60 UCLA L. REV. 138, 138 (2012).

⑦ See Quirk, supra note 10, at 49; Ringnalda, supra note 159, at 1155, 1160.

方，很难摆脱长期以来刑事诉讼程序中与辩方敌对的心态。[①] 因此，他们常常不完全承认无罪证据，即使承认，也不认为收集无罪证据并提供辩护是他们的责任。[②]

最后，适用公权力方收集无罪证据的规则将对辩方产生不利影响。可能使一些辩护律师不愿主动调查案件。此外，可能被辩方用作调查发现不足的借口，因为一旦公权力方有职责收集所有证据，辩方就不再需要进行此类调查。[③]

简而言之，德国调查模式的某些特点——强调在认罪协商前进行更彻底的调查，以及更广泛和提前的证据开示——对希望充分挖掘证据开示制度潜力的美国司法有所启示。而其他的规定，比如警方和检方有义务收集无罪证据，对美国对抗制度来说，实在是太遥远了，无法成功。

结论

美国越来越多的司法管辖区采用文件披露规则，这一事实反映出对抗制和调查制两种司法制度对刑事案件中案卷证据广泛披露的重要性日益达成共识。随着美国的证据开示与国外证据披露手段更加紧密结合，比较分析变得越发重要。首先，比较法表明全面和充分的调查案卷对于提高辩诉协商前发现的效力至关重要。其次，表明向法院披露案件信息可以为公开案卷的发现提供有益补充。这种信息披露使法官能够监督辩诉交易和认罪答辩所依赖的事实依据和公正性，并在必要时进行干预，以防止不公正的结果出现。德国模式还表明，保护证人的措施可以在个别案件中使用，以最大限度地降低信息披露可能对证人造成的风险。

实际上，比较制度中的案件信息披露因素，只是影响协商案件的众多要素之一。其他刑事诉讼规则与侦查权相关联，以确保公正、准确地认定犯罪行为。德国法律在几个重要方面的监管比美国法律更严格。它要求在调查完成后进行认罪协商；限制了协商范围；禁止固有权利放弃范围，并要求对认罪进行更深入的审查。这些要求都与证据开示制度相结合，以降低认罪协商中强制和歪曲事实的风险，尽管一定程度上也降低了认罪协商的效率。

对德国制度进行分析，提供了一些关于规范发现和辩诉交易的一般性思路，尽管德国的许多具体刑事程序可能并不完全符合美国的刑事诉讼传统，但

---

① See Quirk, supra note 10, at 48 (quoting a sergeant as saying: "We're salesmen for jail…it's us against them").

② See id. at 47 – 48; see also Peter Henry Gross, Review of Disclosure in Criminal Proceedings 56 (2011).

③ See Duff, supra note 149, at 176; Ringnalda, supra note 159, at 1153 – 54.

并不妨碍德国模式可能对美国学者和政策制定者产生一定的启发意义。程序传统、组织文化、司法资源和犯罪率等差异都可能限制不同国家之间的司法制度移植。然而，仔细审视不同刑事司法系统的不同的社会和法律背景，可以审查德国经验在哪些方面为美国司法提供了有益的启示。随着美国司法管辖区越来越多地讨论和实施与德国类似的证据开示和辩诉交易规则，这种比较变得越来越重要。

不公平操作原则和证据排除规则

——以印度刑事审判中非法证据的可采性为视角[*]

[印] 卡噶西·高塔姆[**] 著 李 珺[***] 译

令人吃惊的是，我们现在的司法判决竟然还沿用的是亨利四世时代制定该法律的依据。

——奥利弗·温德尔·霍姆斯法官[****]

导言

在迄今为止的66年间，印度最高法院一直坚持认为只要在案件中与事实问题有关的证据，即使是非法获取的，在刑事审判中也都是可采的，这是因为宪法或法律并没有明确禁止采纳这种非法获取的证据。《印度宪法》第20条为刑事审判中的被告人提供了若干保护。尽管许多人试图将《印度宪法》第20条类比为美国第四修正案的保护条款，从而创建一个印度的“证据排除规则”，但是印度最高法院一直坚决反对扩大《印度宪法》第20条的适用范

---

* 本文原载《印度法律评论》2017年第27卷。

** 卡噶西·高塔姆（Khagesh Gautam）曾是斯通奖学金获得者，取得德里大学法学学士学位、哥伦比亚大学一年制法学硕士学位；就职于位于印度索尼帕特的金达尔全球大学，任该校法学院的副教授，并担任研究出版院的副院长，公法和法理学研究中心副主任、模拟法庭项目副主任。邮箱联系方式kgautam@jgu.edu.in。特别感谢波士顿的新英格兰法学院的大卫·西格尔（David Siegel）教授在2015年7月对本文初稿提出的宝贵意见。与本文相关的观点最早是在2014年8月13日，由印度哈里亚纳邦的金达尔全球法学院组织的“印度和美国：司法程序、法律制度和法治比较”研讨会上提出的。随后本文在以“印度和美国的法律实践、法院程序和宪法观点”为主题的会议上正式发表。作者对本次的会议主席，蒙哥马利县巡回法院的助理法官加里·尤金·贝尔（Gary Eugene Bair），美国第六巡回法院、获得哈佛大学博士学位的斯蒂芬·P.马克思（Stephen P. Marks）教授和在研讨会中所有发表了宝贵的意见参与者表示衷心的感谢。还要特别感谢一下我的教学助理——金达尔全球法学院2012级学生V.巴拉吉（V. Balaji）提供了出色的研究帮助。

*** 西南政法大学刑事诉讼法学专业博士研究生。

**** 奥利弗·温德尔·霍姆斯（Oliver Wendell Holmes），《法律之路》，10 Harv. L. Rev. 457，469（1897）。

围。因此，在《印度宪法》或其他法律未明确禁止采信的情况下，在印度刑事审判中，非法获取的证据仍然可以采信。

虽然有观点认为，最好的办法是能够建立一个经司法程序制定的印度证据排除规则，那么《印度宪法》第 20 条就可以作为制定该规则的基础，但是仍需使用 1872 年《印度证据法》作为阐明印度证据排除规则的依据，即如何通过一场审判排除非法获取的证据。关于非法获取的证据的可采性问题，印度与英国的司法观点非常接近，后者对非法获取的证据的可采性持包容态度，认为只要该证据与审判的事实相关就可以被采纳。印度与英国的司法机关都只承认此规则的一个例外，即不公平操作原则。根据这一原则，如果非法获取的证据的可采性会对被告人产生不公平的影响，审判法官可酌情排除。虽然有已决案件一再重申这一原则，但是几乎没有任何案例通过对具体事实的运用来检验这一原则的可行性。为了印度证据排除规则的发展，本文对不公平操作原则进行了细致考察，并建议印度在法庭审判中更积极地使用这一原则，以驳斥非法证据可采的观点。

本文共分三部分。第一部分概述了印度关于证据可采性的相关法律。虽然在民事和刑事法律中都有条款涉及证据的可采性，但本文侧重讨论在刑事审判中的证据可采性问题。在对刑事审判中的证据可采性的法律作了归纳和概述之后，第一部分的重点在于论述不公平操作原则，这目前还是一种司法理论。不公平操作原则之所以作为整理和阐述的一部分，是因为其目前在印度最高法院提到的所有关于证据可采性的问题中都一再被提及。然而事实上，法院从未详尽说明不公平操作原则的确切含义及其运作方式。本部分对相关法律进行了归纳和概述，最后对不公平原则作了更为细致的阐释。第二部分介绍了不公平操作原则和被称为与美国相似的印度证据排除规则，并引用德沃金教授的法哲学理念作为本文的理论支撑。这一部分的分析参考了英国、澳大利亚和加拿大最高法院的观点。同时该部分揭示了印度最高法院在论证非法证据的可采性上的缺陷：即使运用不公平操作原则，非法获取的证据也是可采的。还通过论证这样一个观点来弥补缺陷，即在不公平操作原则要求下，非法获取的证据不但同样应被排除，而且是一项不允许任何自由裁量的司法规则。换言之，如果在审判法官面前证明某项证据是通过警察的不当行为、侵犯被告人的权利或通过违反具有约束力的法律规则获得的，则该证据是不可采的。第三部分通过比较，对“不公平操作原则”和美国的“证据排除规则”作了更深入的研究。本部分论述了两种规则的异同。虽然非法证据排除规则是美国宪法的一部分，不公平操作原则是印度一项长期存在的普通法原则，但是二者都旨在实现同样的目的，并有相同的法理依据证明它们存在的正当性。

一、印度证据法下的可采性规则及不公平操作原则

（一）印度证据法下的可采性规则

虽然印度关于证据的一般规则都载于1872年的《印度证据法》，[①] 但是与其他成文法国家的证据法有所不同，印度所有的证据规则并不仅存在于《印度证据法》。《印度证据法》只是一部原则性立法，此外在联邦议会和各邦的立法中也有很多重要的证据规则，并且印度最高法院关于证据规则也有很多不同的司法观点。所有上述来源共同构成了印度的证据法。

关于"证据推定"规则的形成就是一个能够很好地说明这些来源是如何融合在一起构成印度证据法的例子。完整的证据推定规则由《印度证据法》的几个法条共同构成。[②] 其中适用最广泛的"推定结论可推翻"的证据推定规则体现在《印度证据法》第114条，即从本质上来说大多数通过该条推定的结论都是可以推翻的。[③] 这一条表明法院有权假定"对于持有盗窃案赃物的人，如果不能就此持有物的来源给出合理合法的解释，那么根据赃物与盗窃案中盗窃行为的关系，就可以推定其为盗窃者或知赃买赃的人……"并且这样的推定是具有法律效力的。[④] 但是如果发生这样的情况，比如一个人偷了我的钱包，然后用从我这里偷到的现金付给了店主进行消费。这就会出现一个可以推翻的"推定结论"。若推定拥有被盗物品的人就是小偷，则在这种推论下店主就因为拥有我被偷走的现金而被认为是小偷。但第114条显然不是这个意思。[⑤] 虽然根据第114条作出的推定应由法院判定，但是法院并没有义务来作出所有情形的推定。这主要是为了防止在案件中出现某项需要明确的、争执不清的焦点事实时，因为证明负担过重或证明标准过高而给当事人带来不公平的结果，故在提出部分证据的基础上可以对相关事实进行证明、推理，并得出相

---

① 见 Vepa P. Sarathi，《〈印度证据法〉的历史背景》，1872年1月，印度法律杂志，19，19-25（1972年）；Vepa P. Sarathi，《证据法》7-10（第6期，2008）。

② 第一次议会法案通过的1872年《印度证据法》第111A、112、113、114、114A条。

③ 这是一条很长的规定，列举了法院可以论证证据推定的若干例子。见1872年《印度证据法》第114条（"法院可假定存在某些事实……法院可假定存在它认为可能发生的任何事实，并结合自然事件、人的行为以及公共和私人事务的共同发生过程，如果与特定案件的事实有关，就可以推定某些事实的存在"）。

④ 1872年《印度证据法》第114条，注释（a）。

⑤ 见第114条［"但法院对于判断该准则是否适用于其所审理的特定案件时，也应该充分考虑到以下事实：正如注释（a）说明的——一个店主在被害人财物被盗后不久就有特殊标记的卢比（被害人可识别），店主又不能具体说明其拥有的情况，就推定其是盗贼，但是值得注意的是他在营业过程中会不断收到卢比（店主也不会注意一些特殊标记，不能说明钱财的来源是合理的）……"］。

应的“推定结论”。[①]

关于证据推定的规则也可见于其他法律。如 1881 年《可转让票据法》第 118 条（a）项“关于可转让票据的推定”，就提供了一个很好的例子。[②] 根据规定，首先推定一张可转让票据已经经过了提请审议的程序，并且随后也需要对该票据进行核实，当然这个推定得出的结论是可以推翻的。举一个非常简单的例子：如果 A 履行一个合约，说他从 B 处购买了 2 万包棉花，并欠了 B 共计 10 万卢比，B 诉请根据本合约付款，A 不能以这笔交易实际上从未发生提出抗辩来对抗 B 的主张。尽管 B 也没有证明交易的存在，但 B 的债权并不会在一开始就被法院否定。也许交易确实从未发生过，证明交易没有发生的责任由 A 承担，而不是由 B 承担。[③] 同样，根据 1985 年《麻醉药品和精神药物法》，法院也被强制要求对被告人是否存在应受惩罚的精神状态提出论证，否则证明的责任就由被告人承担。[④] 这一点不再举例。

既然确定只有证据的一般性规则才能编入《印度证据法》，而证据的其他若干规则实际上是在《印度证据法》之外的，可以看出本文其余部分将致力于阐释最重要的证据规则，即可采性规则。具体来说，什么样的证据可以在刑事审判中被采纳？这一问题的答案参见《印度证据法》第 5 条，该条规定所有相关证据在刑事审判中均可采纳。[⑤] 简而言之，根据第 5 条可知，该规则是

① 这部分法律在法院的裁决中也得到了合理运用。《印度证据法》第 114 条规定，法院可以假定它认为可能发生的任何事实的存在，并考虑到必须是共同的事实、自然事件、人类行为以及公共和私人事务，且与特定案件的事实有关。根据这一规定，法院没有义务推定所有事实。S. N. Bose v. State of Bihar, AIR 1968 SC 1292（印度）[注意第 114 条用的词是“may”（可以）].

② 第二十六次议会法案通过的 1881 年《可转让票据法》第 118 条（印度）[“在作出相反的规定之前，应作出下列推定：（a）每一次可转让的票据都需要经过充分考虑或得出结论，而且每一次可转让票据在被接受、认可、谈判或转让时，都需要这么做……”对比《印度证据法》第 114 条中的“may”（可以）与这里的“shall”（应该）的用法区别]。

③ 1872 年《印度证据法》第 102 条（“举证责任的承担。提起诉讼或者在诉讼程序中，承担举证责任的一方在双方都没有提供证据的情况下败诉。”）；另见 K. L. Ralaram v. Custodian, Evacuee Prop，孟买，AIR 1961 SC 1316（印度）。

④ 第六十一次议会法案通过的 1985 年《麻醉药品和精神药物法》第 35 条“推定有罪的精神状态。（1）在根据本法起诉被告人有犯罪行为时，法院可以推定其具备承担刑事责任的精神状态，但必须为被告人提供辩护，以此来对抗法院的推定结论”（再一次需要注意《印度证据法》第 114 条，用“may”和“shall”这两个词的区别）；另见第 54 条。

⑤ 1872 年《印度证据法》第 5 条（“可提供有关事实和相关事实的证据。——可以在任何诉讼或程序中提供证据，证明每一个有争议的事实存在或不存在，以及下文提到的具有相关性的其他事实，而不是其他事实。”）。该议会法案之后附了一个“司法解释”和两个“司法案例”来再次说明排除某项证据对于结果的影响并不大。

指“所有相关的证据在刑事审判中均是可采的”。[①] 什么才是“相关的”?《印度证据法》共五十章，其中第二章“事实的相关性”详尽列举了几乎所有具有相关性的情况，本文无须详细讨论。

上文对可采性规则的重述并不完整，有几类相关证据是不可采的。例如，《印度证据法》第122条[②]规定的关于“配偶特权”的规则，或第123条[③]规定的关于“国家特权”的规则。我们可以将该规则进一步表述为:“在没有任何法律禁止的情况下，所有相关的证据在刑事审判中都是可采的。”但这并不够完整。

《印度宪法》第20条“对于行为进行定罪”规定了三项非常具体的权利。[④] 首先是防止事后法;[⑤] 其次是防止双重危险;[⑥] 最后是免受自证其罪[⑦]。《印度宪法》第21条也是最著名的条款之一，该条规定，非经法定程序，不得剥夺任何人的生命或人身自由。[⑧]《印度证据法》第25条和第26条也是非常有名的两条规定，更是《印度宪法》第20条三项权利的具体体现，尽管《印度证据法》第25条实际上比《印度宪法》早了七十多年。[⑨] 因此，我们可以这样阐述该规则，即在宪法或法律未禁止的情况下，所有相关的证据在刑事审判中都是可采的。但这一阐述还可以进一步细化，因为我们还没有探讨司法机关在这一点上的自由裁量。

---

① 见 Osmond K. Fraenkel,《关于搜查和扣押》，34Harv. L. REV. 361，368（1921年）（我们可以顺便指出，在博伊德诉美国案［116 U. S. 616（1886）］确立排除规则之前，美国的证据可采性规则在使用程度上与印度相同。在博伊德诉美国案中确立了该规则，随后美国最高法院又通过几个案件对该规则进行了扩大和完善。在美国，“……在刑事案件的审判中，法院很大程度上是为了防止提出附带性问题，所以才会在不调查获取证据手段的情况下，将收到的证据均视为合法，这是不得更改的法律准则”。美国证据排除规则的发展将在本文的第三部分讨论）。

② 婚姻期间的通信。任何已婚的人不得被迫透露其在婚姻存续期间向配偶发出的通信；也不得允许对方透露任何此种通信，除非作出此种通信的人或其利益代表同意，但已婚者双方之间的诉讼除外，或一个已婚者因对另一人犯下罪行而被起诉的诉讼除外。见1872年《印度证据法》第122条。

③ 见第123条（涉及国家事务的证据。任何人不得提供未经公开的、与国家事务有关的证据，除非得到有关部门负责人的许可，且该负责人需要根据具体情况谨慎地作出禁止或许可其提供的决定）。

④ 见《印度宪法》第20条。

⑤ 见《印度宪法》第20条第1款（任何人只有在被指控为犯罪的行为发生时违反已经生效的法律，才可以被定罪，同时不应受到比犯罪发生时有效的法律规定的更重的惩罚）。

⑥ 见《印度宪法》第20条第2款（任何人不得因同一罪行受到两次以上的起诉和惩罚）。

⑦ 见《印度宪法》第20条第3款（任何被指控犯罪的人不得被强迫做不利于自己的证人）。

⑧ 见《印度宪法》第21条（除法律规定的程序外，不得剥夺任何人的生命或人身自由）。

⑨《印度宪法》于1950年通过，《印度证据法》于1872年3月15日生效。见《印度证据法》第25条（对向警察作出的供述无须证明。在没有向警察作出供述的情况下，应当提供充分的证据指控被告人所犯罪行）和第26条（被告人在警方拘留期间的供词不得被要求自证其罪。任何人在被警察拘留期间所作的供词，除非是在治安官在场的情况下作出的，否则不得要求其自证其罪）。

印度最高法院[①]的上诉审判庭通常由两名法官组成，根据《印度宪法》第145条他们被称为“上诉法院”，但通常也被称为“分庭法庭”。[②] 如果在分庭法官审理任何事项的过程中决定必须由较高级别[③]的分庭法庭审理此事，应将此事提交首席大法官，由首席大法官选出更高规格的法庭，此时通常由3名法官组成。[④] 如果一个案件需要对《印度宪法》进行实质性的法律解释，则必须由5名法官组成的法官团，如有必要也可以更多。[⑤] 这样一个法庭通常被称为“宪法法庭”。最高法院判决案件参与的法官人数越多，其理论价值就越大。[⑥] 目前，结合本文的研究目的，即仅研究判例中对证据的可采性发表的观点，可供参考的主要有3名法官在一个普通案件中发表的意见和5名法官在两个宪法案件中发表的相关意见。[⑦]

1967年在Y. S. 纳格尼诉马哈拉施特拉邦（位于印度西部）一案中就非法获取证据的可采性问题有3位分庭法官提出了许多观点。[⑧] 本案中的证据受到质疑的理由有三个：证据不具有相关性（这是技术上的反对）；法律禁止采纳非法获取的证据；宪法禁止采纳非法获取的证据。根据《印度刑法》第165A条，被告人被指控贿赂一名政府官员。[⑨] 被贿赂的政府官员提前通知了警察，因此警察在官员家中设下一个陷阱来抓捕被告人。[⑩] 警察在靠外的房间里安装

---

① 当前印度最高法院由一名首席大法官和24名陪席大法官组成。其下各邦的高等法院、区法院、下级法院的构成模式也是由一名首席法官和若干名普通法官构成。——译者注

② 《印度宪法》第145条第2款规定：“在符合第三款规定的前提下，根据本法制定的章程，可以确定各种情况下出庭法官的最少人数，规定每位法官及各个分庭的权力。”根据1966年《最高法院规则》第七章第1条［《印度公报》附加版（1966年1月15日）］，“……每一起上诉均应由首席法官提名的不少于两名法官组成的法官团审理……”第七章“分庭法庭的组成和每位法官的权力”第1条规定了一份八种事项的清单，可以由一位法官听取和处理与本条无关的审查。

③ 级别更高，不是意味着比印度最高法院还高，而是因人数组成上更多，所以法庭的级别更高。——译者注

④ 1966年《最高法院规则》第七章第2条（“在审理上诉案件或其他诉讼过程中，本庭认为应由一个较大的本庭审理时，应提交首席法官，由首席法官组成一个新的法庭审理。”）。

⑤ 在裁定涉及诸如解释宪法之类的重大法律问题的案件时，以及因第143条所述的咨询而举行听讯时，出庭法官的最少人数为5人。但是，如果最高法院在审理本章除第132条以外其他各条规定所述的上诉案件时出庭法官不足5人，并且最高法院在审理该上诉案件的过程中认为该案涉及诸如解释宪法之类的重大法律问题，而该问题的裁决对该上诉案的处理又属必要时，则该院应将此问题提交根据本款要求设立的法庭征求意见，并遵照其意见处理该上诉案件。见《印度宪法》第145条第3款。

⑥ 参见普通版本A. LAKSHMINAT H，《印度法律》（2016年第4版）。

⑦ State of Punjab v. Baldev Singh（1999）6 SCC 172（印度）；Pooran Mal v. Director of Inspection（1974）1 SCC 345（印度）.

⑧ Y. S. Nagree v. State of Maharashtra，AIR 1968 SC 147（印度）.

⑨ Y. S. Nagree v. State of Maharashtra，AIR 1968 SC 148（印度）.

⑩ Y. S. Nagree v. State of Maharashtra，AIR 1968 SC 148（印度）.

了一个麦克风，这个麦克风与靠里的房间中的一台录音机相连。[①] 被告人进入屋内后向官员行贿，这段谈话被藏在另一个房间的机器记录下来，尽管当时警察无法听到谈话的内容。[②] 在审判中，这名官员也对这段谈话进行了证实，但孟买高等法院不愿意采纳这名官员在没有进一步证据证明的情况下提供的证词，因为这种证词来自录音谈话，孟买高等法院仅将其作为相关证据予以考虑，但随后最高法院在上诉中对该证词予以确认。[③] 上诉人，即原审被告人首先附上了证据陈述，理由是有法律禁止采纳录音谈话（理由是不具有相关性，因此不可采，尽管如此还是被驳回了），而且有法律规定禁止采纳政府官员的证词，但被驳回了。[④] 最后，其援引《印度宪法》第 20 条第 3 款，辩称在靠外的那间房间中所说的话（对被告人不利的话）都是自己说的，宪法规定禁止使用此类证据。[⑤] 但最终法院认为，被告人在靠外的那个房间所说的话不具有任何的被强迫性，所以驳回了其以《印度宪法》为依据提出的抗辩意见。[⑥]

R. M. 马卡蒂诉马哈拉施特拉邦一案的判决是两位法官的意见，此案是另一个与证据可采性有关且被广泛引用的重要案件。[⑦] 一位病人被送进了医院，由阿达蒂亚医生治疗，他诊断这个病是“急性阑尾炎”的情形之一。[⑧] 病人病情加重后，梅赫塔医生第二次诊断，认为病人是急性阑尾炎和“广泛性腹膜炎”，并建议立即手术。[⑨] 由阿达蒂亚医生进行手术后，病人出现了回肠瘫痪，后来在孟买医院由一名叫莫特瓦尼的医生护理，病人却在入院三天后死亡。[⑩] 尸体未经任何尸检就立即被处理，并且孟买的医院也签发了死亡宣告书（死亡证明），指出病人死于急性阑尾炎手术后的“麻痹性回肠和腹膜炎”。[⑪]

---

① Y. S. Nagree v. State of Maharashtra, AIR 1968 SC 148, 149（印度）.

② Y. S. Nagree v. State of Maharashtra, AIR 1968 SC 147, 149（印度）.

③ Y. S. Nagree v. State of Maharashtra, AIR 1968 SC 148, 150（印度）.

④ Y. S. Nagree v. State of Maharashtra, AIR 1968 SC 149, 150（印度）（这一论点是根据《刑事诉讼法》第 162 条提出的。根据这一规定，在刑事审判中根据该条向警察作出的陈述是不可采的）.

⑤ Y. S. Nagree v. State of Maharashtra, AIR 1968 SC 150（印度）.

⑥ 我们不能说在本案中上诉人被迫做了不利于自己的证人。他可以自由交谈，也可以不与他人交谈。他与被贿赂的政府官员之间的谈话是自愿的，不存在胁迫或强迫的因素。他的言词不是以强迫性的方式或以武力以及其他违背其意愿的方式获得的。故其不能要求《印度宪法》第 20 条第 3 款的保护（Bachawat 大法官发表的判决意见）。

⑦ R. M. Makani v. Maharashtra,（1973）1 SCC 471（印度）.

⑧ R. M. Makani v. Maharashtra,（1973）1 SCC 473（印度）.

⑨ R. M. Makani v. Maharashtra,（1973）1 SCC 473（印度）.

⑩ R. M. Makani v. Maharashtra,（1973）1 SCC 473（印度）.

⑪ R. M. Makani v. Maharashtra,（1973）1 SCC 473（印度）.

此后，孟买的验尸官对此案展开调查（这是一起医院术后死亡的案件）。[①] 这件事发生时，验尸官告诉莫特瓦尼医生，阿达蒂亚医生可能“（在手术中）有错误”，并向他提出了一个建议：如果阿达蒂亚医生愿意给自己2万卢比的现金，就可以撤销对阿达蒂亚医生的所有指控。[②] 莫特瓦尼向阿达蒂亚转达了这一建议，但阿达蒂亚拒绝付款，莫特瓦尼虽然向验尸官转达了这一回复，但还是建议验尸官将金额从2万卢比减到1万卢比。[③] 阿达蒂亚依然拒绝支付，[④] 并随后向反贪局提出检举[⑤]。

在得到莫特瓦尼的同意后，警方在他的电话中装上了录音设备，并要求他在警察在场时把钱款要求打电话告知验尸官。[⑥] 同时，莫特瓦尼与验尸官在电话中约好了第二天见面，这次谈话也被录音带记录了下来。[⑦] 在谈话期间，验尸官再次提高了要求，从1万卢比加到了1.5万卢比，这也是阿达蒂亚给莫特瓦尼的实际数额。这笔钱随后支付给了验尸官，但事情还没有结束。[⑧] 随后验尸官又打来一通电话，让莫特瓦尼把钱带到他的住所，把钱连同一封信一起交给他的妻子，信中要说明这1.5万卢比是莫特瓦尼归还的一笔借款，录音带上对此也有记录。[⑨] 最后，虽然验尸官没有直接经手钱财，但也因此被指控企图通过公务行为来非法获利。[⑩] 验尸官被孟买高等法院裁定有罪，其不服向最高法院提出上诉，最高法院接受了上诉。[⑪]

上诉中争议的焦点是“预审法庭和高等法院是否错误地采纳了莫特瓦尼医生和上诉人之间被记录在磁带上的电话交谈内容为证据”。[⑫] 有两个抗辩理由用以证明这一采纳存在错误。我们可以把第一个称为“非法性抗辩”，第二个称为“宪法性抗辩”（尽管攻击非法获取证据的可采性的性质与纳格尼一案相同）。根据非法性抗辩的理由，警方违反了1885年《印度电报法》（以下简称《电报法》）第25条。根据该条，能够通过拦截电报线路的方式获取通话

① R. M. Makani v. Maharashtra，（1973）1 SCC 473（印度）.

② R. M. Makani v. Maharashtra，（1973）1 SCC 473（印度）.

③ R. M. Makani v. Maharashtra，（1973）1 SCC 473（印度）.

④ R. M. Makani v. Maharashtra，（1973）1 SCC 473（印度）.

⑤ R. M. Makani v. Maharashtra，（1973）1 SCC 473（印度）.

⑥ R. M. Makani v. Maharashtra，（1973）1 SCC 474（印度）.

⑦ R. M. Makani v. Maharashtra，（1973）1 SCC 474（印度）.

⑧ R. M. Makani v. Maharashtra，（1973）1 SCC 474（印度）.

⑨ R. M. Makani v. Maharashtra，（1973）1 SCC 474（印度）.

⑩ R. M. Makani v. Maharashtra，（1973）1 SCC 475（印度）.

⑪ R. M. Makani v. Maharashtra，（1973）1 SCC 472，480（印度）.

⑫ R. M. Makani v. Maharashtra，（1973）1 SCC 475（印度）.

录音记录的，应当是由法律明确规定的罪行。[①] 此外，《电报规则》第 149 条也规定，只有“电报局”才有对电话传送的信息进行监测或截获的合法管辖权，而非警察。[②] 基于此，对谈话录音的证据是不可采的。[③] 从宪法性抗辩的理由来看，虽然获取录音的方式不是法律所禁止的，但如果最终导致上诉人被强迫自证其罪，那么根据《印度宪法》的规定，对电话录音记录是不予采纳的。[④] 孟买高等法院认为，警察窃听电话确实违反了《电报法》第 25 条，但由于没有法律禁止采纳非法获取的证据，因此该录音可采。[⑤] 最高法院推翻了这一说法，驳回了非法性的抗辩理由，并认为警察没有“拦截”《电报法》第 25 条所指的任何信息。[⑥] 此外，由于验尸官的陈述是自愿的，基于宪法的抗辩理由也被驳回。[⑦]

驳回非法性抗辩的根据是《印度证据法》第 7 条和第 8 条。只要这些声音是可识别的、录音的谈话内容是清晰准确的，那么该录音谈话就是可采纳的证据，如果再发现其具有相关性，就确定可采。[⑧] 在驳回了非法性的抗辩之后，法院进一步讨论了非法获取证据的可采性，并提出：法庭有理由认为，即使非法获取的证据也是可采的。一个多世纪以前，在英国的一起案件中，一名警察非法搜查了上诉人，并在他的口袋里发现了大量违规物品，虽然持有这些物品会对执法产生巨大的危险障碍，但是由于证据是通过非法手段获取的，就不能

---

① R. M. Makani v. Maharashtra，(1973) 1 SCC 475，476 (印度).

② R. M. Makani v. Maharashtra，(1973) 1 SCC 476 (印度).

③ R. M. Makani v. Maharashtra，(1973) 1 SCC 476 (印度).

④ R. M. Makani v. Maharashtra，(1973) 1 SCC 479 (印度). 上诉人依据《印度宪法》第 20 条和第 21 条提出这一观点。

⑤ R. M. Makani v. Maharashtra，(1973) 1 SCC 476 (印度).

⑥ R. M. Makani v. Maharashtra，(1973) 1 SCC 479 (印度). 见 R. M. Makani v. Maharashtra (印度) (Ray 大法官发表判决意见)。在本案中，警官在莫特瓦尼医生的授权下将录音仪器固定在电话上，不能认为是警官拦截了《电报法》第 25 条所指的信息或采取了对机器的破坏、重组、拆除、贴附其他仪器等接触方式。这是因为警官并没有直接听到莫特瓦尼医生和验尸官之间的对话，而是用录音装置录下了对话。当一个人在电话交谈中允许他人进行记录或监听时，不能说就等同于允许其对自己的通话设备进行破坏、重组、拆除或者贴附其他仪器以获取谈话的内容。

⑦ R. M. Makani v. Maharashtra，(1973) 1 SCC 479 (印度). (Ray 大法官发表的判决意见)“上诉人的谈话是自愿的，没有人强迫他。上诉人虽然不知道录音仪器的存在，但这一事实并不足以使记录谈话的证据不可采。上诉人的谈话也不是在被胁迫或者被强迫的情形下进行的。”

⑧ 1872 年《印度证据法》第 7 条（“事件的起因、地点和结果。事件的起因、地点或者争议事实与其结果间的直接、间接的因果关系，这些要么是前述事件的组成部分，要么就为前述事件的发生提供机会或者转变，都具有相关性。”）和第 8 条（“动机、预备、事前或者事后行为。那些能够表明动机或者正在进行预备活动的事件及其结果都具有相关性。”）。Malkani，(1973) 1SCC at 477. (Ray 大法官发表的判决意见)“录音谈话之所以是可采的，第一，谈话与争议的事项有关；第二，声音具有识别性；第三，通过排除更改磁带记录的可能性来证明录音谈话的准确性。”

用来指控犯罪的一方。[①]

法院援引了两个案件——琼斯诉欧文斯案和库鲁马诉 R. 案来作为支持依据。[②] 在库鲁马一案中，枢密院司法委员会认为警方以违反法律的方式取得的证据是可采的。[③] 该案中对被告人的搜查是由一名警官进行的，但是根据法律，这名警官是不允许进行此种搜查的。[④] 该委员会认为："如果证据是可采的，那么如何获取就无关紧要了。"[⑤] 然而在这个调查报告中，还需要注意下述司法规则：必须充分考虑审慎原则，即如果严格的可采性规则会对被告人不利，那么法官就有权拒绝在刑事案件中采纳该证据。该原则也是刑事法学中的黄金法则。[⑥]

不公平操作原则到底何时发挥作用？法院在马尔卡尼一案中虽然没有详细说明，但我们不妨参考 1965 年在杜尔加普拉萨德[⑦]一案中 5 位法官发表的一致意见。在谈到 1962 年的《海关法》第 105 条时，法院指出："我们认为根据《海关法》第 105 条授予的搜查权应当是一般搜查权。但重要的是在行使这一权力之前，必须严格满足该条法律所要求的基本条件，即有关官员必须有理由相信与该诉讼有关的文件或物品被藏匿在拟搜查的地方。"[⑧]

因此，本文的分析讨论就要从法律条款和司法机关两方面来看：只要排除所有宪法和法律所禁止获取证据的方式，那么所有具有相关性的证据都是可采的，但如果证据是非法获取的，且采信这种证据会对被告人不利，则法官可酌

---

① Jones v. Owen (1870) 34 JP 759. 477.

② Kuruma v. R. (1955) AC 197 (PC) (Afr 的上诉). Jones v. Owens (1870) 34 JP 759 (英国)；见 Talha Abdul Rahmam，《毒树的果实：非法获取的证据是否应被采纳》，《实用律师》，2011 年 4 月，第 38 页。Kuruma 一案仍然是印度最高法院援引最多的英国权威案例之一，因为印度最高法院认为尽管国家获取证据的方式不同，但对于证据的可采性，其唯一的检验标准应该是相关性。实际上，英国法院本身对这一判例持保留态度，而印度最高法院也因为依据 Kuruma 案审判而受到非议。

③ Kuruma v. R. (1955) AC 197 (PC) (Afr 的上诉).

④ Kuruma v. R. (1955) AC 197 (PC) (Afr 的上诉).

⑤ Malkani, (1973) 1 SCC at 477.

⑥ Malkani, (1973) 1 SCC at 477；另见 Rishbud v. State of Delhi, AIR 1955 SC 196 (印度) (最高法院的 3 名法官在谈到针对未获授权的警官进行调查所获取的相关报告时，一致认为"从事实认定上来看，如果警方的调查报告因违反强制性的法律规定而无效，那么毫无疑问的是……之后的审判结果不能撤销，除非调查报告中的非法行为对最终的审判结果存在误导"。根据事实，没有发现这种误导)。

⑦ Durgaprasad v. H. R. Gomes, AIR 1966 SC 1209 (印度).

⑧ 如果协助海关征收者的工作人员……有理由相信，任何应予没收的货物，或他认为与案件有关或与本法规定的程序有关的任何文件或物品，即使是在秘密的地方，也可以授权海关官员或自己亲自搜查这些货物、文件或物品。第五十二次议会法案通过的 1962 年《海关法》第 105 条 (相关部分)；Durgaprasad, AIR 1966 SC, 第 1216 页 (印度)。

情拒绝采纳。

在普兰·马尔诉检查主任一案中，依据1951年《所得税法》第132条提出了违宪质疑。[①]《所得税法》第132条是一项很长的规定，赋予了“检查主任或所得税司专员搜查和扣押”的权力，并就如何根据该规定进行“搜查和扣押”制定了详细的程序。[②] 依据《所得税法》第132条提出的违宪质疑在普兰·马尔一案中全部被驳回。[③] 不过我们可以注意到，美国最高法院关于宪法第四修正案的第一个重要的案件就是博伊德诉美国案。[④] 与普兰·马尔案一样，该案也涉及一项税收法规，特别是一则关于允许税务当局扣押私人文件的条款。

普兰·马尔案最值得注意的且与本文该部分有关的是上诉人关于解除禁止令状的诉求。[⑤] 上诉人辩称，假定《所得税法》第132条在宪法上是有效的，那么根据该条进行的搜查就是非法的，因为它违反了该条规定；并请求发出禁止令状，禁止所得税征管部门使用从这种非法搜查中收集到的任何证据。[⑥] 上诉人一方还特意援引了《印度宪法》第20条“免受自证其罪”的规定，认为以违反法律规定的程序扣押的证据并不比非法强迫所得的证据更好。[⑦] 上诉人辩称，采信因非法搜查和扣押而获取的证据违背《印度宪法》的精神。[⑧] 上诉人还提到了美国宪法的第四和第五修正案，并列举了美国的相关判例。[⑨] 法院

---

① Pooran Mal v. Director of Inspection, (1974) 1 SCC 345 (印度).

② 首先可以看出，指挥搜查和扣押的权力是交给检查主任的。其次，这种搜查和扣押的授权对象必须是不低于所得税官员级别的官员。最后，只有在检查主任或者检查员有理由相信存在下列情形时，才得授予搜查及扣押的权力：(1) 虽然根据第132条第1款 (a) 所述的有关条文提出了要求，但所需的簿册及文件仍未出示；(2) 任何人不论是否根据上述规定提出或不提出申请，现在或者未来都不会产生或导致一些账簿和文件对诉讼有用或与《所得税法》规定的程序有关；(3) 需要搜查和扣押的是他人拥有的金钱、金银、珠宝、贵重物品或任何其他可以代表搜查或扣押对象全部或部分的、未公开的收入或财产的有价物品。见第354页 (Paleka大法官发表的判决意见)。

③ 我们认为，这些保障措施足以使关于搜查和扣押的规定在当时的情况下尽可能不那么复杂和被限制。因此，第132条和第112条中关于搜查和扣押的规定不能被视为违反了第19条第1款 (f) 项和 (g) 项，“关于采用两种不同的鉴定程序的观点不具备实质性意义，并且与第14条的适用存在区别”。见第358页 (Paleka大法官发表的判决意见)。

④ Boyd v. United States, 116 U. S. 616 (1885).

⑤ Pooran Mal, (1974) 1 SCC 362 (印度).

⑥ Pooran Mal, (1974) 1 SCC 362, 363 (印度). 印度最高法院以及各邦的高等法院有权根据最合适的命令，批准人身保护令、人身保护令、禁止令、维持原状和移送令等五项令状。见《印度宪法》第32条第2款，Cl, 2；第226条第1款，Cl, 2。

⑦ 《印度宪法》第20条第3款，Cl, 2；Pooran Mal, (1974) 1 SCC at 364 (印度)。

⑧ 《印度宪法》第20条第3款，Cl, 2；Pooran Mal, (1974) 1 SCC at 363 (印度)。

⑨ 《印度宪法》第20条第3款，Cl, 2；Pooran Mal, (1974) 1 SCC at 364 (印度)。Palekar大法官只记录了与美国宪法第四和第五修正案相关的案件，但没有记录律师举示的其他美国判例。

驳回了所有这些抗辩，主要依据的是8名法官组成的宪法法院的意见，即印度最高法院不能因为法理学的不断发展而形成的对美国宪法第四和第五修正案不同理解而导致的不同判例去裁判案件。[①] 因此，试图采纳因非法搜查和扣押而获取的证据在本案中未成功。[②] 法院提出的理由是，印度的证据法“允许作为证据可接受性的唯一检验标准是相关性……”而且印度也没有其他法律允许排除非法获取的相关证据，[③] 虽然在英国法律中可以找到依据。最终，法院裁定如下：“就印度而言，其证据法是仿照英国法律中的证据规则制定的，但印度和英国的法院一直拒绝排除仅仅是因为通过非法搜查或扣押而获取的证据。”[④]

此外，同样值得注意的还有马尔卡尼一案。虽然“合理执行”的搜查和扣押并不违宪，但法院有权酌情采纳非法搜查所获取的证据。[⑤] 故法院认为：“如果证据是检方通过不应使用的方法取得的，法院可以不予采纳不利于被告人的证据。但这不是证据规则，而是审慎规则。因此，可以看到和英国一样，在印度对证据的可采性检验只取决于相关性，除非《印度宪法》或其他法律明文或默示禁止非法搜查或扣押所获取的证据，否则该类证据不可能被排除。”[⑥]

根据对刑事审判中非法获取的证据的可采性的条文分析可作如下理解：不论宪法和法律是明示还是默示禁止采纳非法获取的证据，只要该证据具有相关性，就是可采的；但如果检方是以其不应使用的方式获取的证据，法官可酌情拒绝采纳该证据。

那么，司法上规定的不公平操作原则在马尔卡尼案中又是如何运用的呢？这个问题有两个答案。一个答案就在普兰·马尔案中，因为它最终由5名法官提出了一致意见，其深层含义是推翻了马卡蒂案中关于不公平操作原则适用后的裁决，确立了一个新的标准，即使采纳这种证据会对被告人不公平，也应允许检方利用非法获取的证据进行指控。另一个答案是：通过普兰·马尔案制定了一个明确的标准来完善不公平操作原则。因此，如果非法获取的证据会对被

① M. P. Sharma v. Satish Chandra, AIR 1954 SC 300（印度）.

② M. P. Sharma v. Satish Chandra, AIR 1954 SC 300（印度）.

③ Pooran Mal,（1974）1 SCC at 363 - 364（印度）.

④ Palekar大法官列举了4个案例来支持这一主张，即：Barindra Kumar Ghose v. Emperor（1910）ILR37（Cal.）467（印度）；Emperor v. Allahdad Khan, 358（1913）（印度）；Kuruma v. R.（1955）AC197（PC）（Afr的上诉）；Herman King v. Queen（1969）1 AC 304（PC）314。其中，Kuruma v. R. 案被Makani案和Pooran Mal案均援引，并且在Pooran Mal案中被援引了两次。

⑤ Pooran Mal,（1974）1 SCC，366（印度）.

⑥ Pooran Mal,（1974）1 SCC（印度）（认为本案的搜查和扣押符合宪法规定，因此获得的所有证据均可采）.

告人不公平，那么该证据就不会被采纳，因为如果不这样做，将使检方利用他们本就错误的违法行为来获得诉讼上的优势。当然，这两个答案本身也存在竞合的部分。目前看来把第二个答案作为对普兰·马尔案件的分析似乎才是正确的法律立场。

旁遮普省（位于印度西北部）诉巴尔德夫·辛格案是在《麻醉药品和精神药物法》第50条的狭隘语境下判决的。① 由于先前在巴尔德夫·辛格案的预审中出现了两种不同的观点，巴尔德夫·辛格案成立了一个由5名法官组成的审判庭。② 前述两种分歧观点直接与本文讨论的内容有很大的关联性：违反《麻醉药品和精神药物法》第50条收集的证据是否可采？③

法院强调了搜查和扣押的特殊重要性，5位法官一致认为，搜查和扣押在“调查员的权力”中至关重要。④ 但这个问题从本质上要看如何解释“如果这个人（被搜查人）提出这样的要求”，⑤ 正如《麻醉药品和精神药物法》第50条表述的那样。在审查了几个关于巴尔德夫·辛格案的预审报告之后，法院得出结论认为，《麻醉药品和精神药物法》第50条中使用的这一措辞实质上是为被告人提供了一项权利性质的程序保障，规定警官有相应的义务将这一权利告知被告人。⑥ 因此，法院认为：“如果犯罪嫌疑人提出要求，则可在相关官员或治安法官面前进行搜查，这是立法机关赋予犯罪嫌疑人的一项极为宝贵的权利，而立法机关也应该充分考虑到适用《麻醉药品和精神药物法》后，可能会发生犯罪嫌疑人因拥有非法物品而产生严重后果的情况。”⑦ 在确定了《麻醉药品和精神药物法》第50条赋予的权利之后，法院面临的下一个显而

---

① 可以进行搜查的情形，包括：(1) 根据第42条正式授权的人员根据第41条、第42条或第43条的规定搜查任何人时，如果被搜查人提出权利要求，应立即将其带往第42条所述的最近的任何一个部门找到相关官员或最近的治安法官。(2) 见到的相关官员或治安法官如果认为没有合理理由进行搜查，则应立即释放该人，否则需要依据指示的方式进行搜查。1985年《麻醉药品和精神药物法》第50条（有关部分）；State of Punjab v. Baldev Singh (1999) 6 S. C. C. 172。

② State of Punjab v. Baldev Singh (1999) 6 S. C. C. 172, 182 (印度).

③ State of Punjab v. Baldev Singh (1999) 6 S. C. C. 172, 182 (印度).

④ State of Punjab v. Baldev Singh (1999) 6 S. C. C. 188 (印度). 依据为 M. P. Sharmav. Satish Chander 案，A. LR。1954 安理会第300号决议也支持这一观点，并援引 Pooran Mal 案强调搜查和扣押规定的重要性。

⑤ 根据第50条的规定，“这个人（被搜查人）提出这样的要求”，即被搜查人提出将其带往最近的相关官员或治安法官面前进行搜查的要求。但这一表述是否考虑到，被搜查人要提出前面的要求需要知晓自己享有这项权利，那么相关被授权的官员是否尽到了告知他享有这项权利的义务？State of Punjab v. Baldev Singh (1999) 6 S. C. C. 191 (印度).

⑥ State of Punjab v. Baldev Singh (1999) 6 S. C. C. 192, 195 (印度).

⑦ State of Punjab v. Baldev Singh (1999) 6 S. C. C. 197 (印度).

易见的问题就是“在违反第 50 条进行的搜查中收集的证据是否可采”。[①] 法院对普兰·马尔案中的立场以及之后在巴尔德夫·辛格案中对普兰·马尔案的解读都持反对意见，认为：“……不能认为，对普兰·马尔案的判决是依据‘搜出的违禁品’来证明被告人的非法占有，因为这些违禁品也是通过非法搜查、扣押得到的。”[②] 法院首次默认存在印度版本的美国证据排除规则，认为：“如果法院在仔细审议了记录在案的材料之后发现，采纳因违反了《麻醉药品和精神药物法》第 50 条而收集到的证据会使得审判不公平，则必须排除该证据。”[③]

（二）印度证据法中可采性规则的重述

结合巴尔德夫·辛格案的观点，本文的归纳和阐述遵循了以下三条清晰明确且相互关联的规则。

1. 在宪法和所有法律明示或默示禁止的情况下，所有具有相关性的证据都是可采的。

2. 如果证据是通过侵犯被告人法定的程序性权利获取的，法院认定采纳这种证据会使审判结果缺乏公正性，则可排除采纳该证据。

3. 如果对被告人的定罪仅仅是根据违反给予被告人的程序性法定权利而获取的证据得出的，则不能对其定罪。

（三）对重述的一些批评的发展预期和回应[④]

虽然第（二）部分中提到的第一条规则是在所有争议焦点之外解决的，但第二条和第三条规则也受到了一些批判。一种批评认为第二条和第三条的表述过于宽泛，或者说它们没能很好地概括巴尔德夫·辛格案的争议焦点。关于第二条规则，在巴尔德夫·辛格案中，判决受到了《麻醉药品和精神药物法》第 50 条的限制，也说明已决案件受限于相关的法条规定，不能随意扩大适用范围。与其对这种批评观点花精力进行回应，不如关注巴尔德夫·辛格案判决书中的以下内容：由于负责执法的官员的行为不合理且违法，那么这样的程序

---

① State of Punjab v. Baldev Singh (1999) 6 S. C. C. 201 (印度).

② 在非法搜查中查获的非法药物或精神药物本身不能作为被告人非法拥有违禁品的证据。非法搜查也不能使检方有权根据《麻醉药品和精神药物法》第 54 条作出推定，因为推定是从已知的事实中得出相关事实的推断。State of Punjab v. Baldev Singh (1999) 6 S. C. C. 205, 208 (印度).

③ State of Punjab v. Baldev Singh (1999) 6 S. C. C. 206 (印度). 参见 R. v. Collins, 1987) 1 S. C. R. 265, and R. v. Stillman, (1997) 1 S. C. R. (607)。

④ 第（三）部分所提到的第一条规则、第二条规则、第三条规则是指在第（二）部分“印度证据法中可采性规则的重述”中总结重述的三条规则。——译者注

就不能被视为是公平、公正或合理的[①]……事实上，在每一个案件中，最终结果无疑都是重要的，但实现这一点的手段必须是在法律允许的范围内。俗话说，治病的办法不能比疾病本身更糟。如果法院纵容了调查机构在搜查行动中的违法行为，则可能给司法程序的合法性蒙上一层阴影，并且可能损害法律的尊严和权威，这种结果不应该发生。”[②]

如果有人认为第二条规则包含的范围比巴尔德夫·辛格案所允许的范围更广，那么也可以认为，通过承认《麻醉药品和精神药物法》第 50 条赋予被告人的这一项程序性权利（其实反过来也是为警方规定了相应的职责），法院承认了程序法规可以创造法定实体权利的主张。如果规范警方的搜查行为是《麻醉药品和精神药物法》第 50 条授予被告人的一项程序性权利，人们也难免据此提出疑问：为什么其他法规中类似的程序性条款不能在实践中成为相关权利的赋权依据？并指出根据《麻醉药品和精神药物法》第 50 条规定的程序性权利和其他法规中的类似规定（如关于搜查和扣押的规定）可知，不给予被告人程序性权利不符合法律发展的规律。正是由于这种观点的落后和局限性，第二条规则才会如此表述。

在类似的推理中，第三条规则也可以作为辩护的基础。如果违反《麻醉药品和精神药物法》第 50 条搜查所获取的证据不能用来支持对被告人定罪，那么违反任何其他程序性规定的搜查也必须产生相同的结果。第三条规则将证

---

① State of Punjab v. Baldev Singh (1999) 6 S. C. C. 198（印度）. 美国最高法院似乎同意合理性的理由。在 New Jersey v. T. L. O 案［469U. S. 325, 337 (1985)］中，发表法院意见的 White 法官认为：“虽然第四修正案的默示标准通常是搜查和扣押是合理的，但什么是合理的取决于搜查的情形。确定适用于任何特定类别搜查的合理性标准需要‘平衡搜查的必要性和搜查所涉及的入侵（范围）’。”本案中法院的意见是以第四修正案禁止学校当局适用搜查和扣押为背景的。Akhil Amar 教授在其一篇颇有影响力的文章《第四修正案第一原则》［107 Harv. L. REV. 757, 768, 774 (1994)］中认为，无证搜查和扣押公然违反了第四修正案，获取的证据也应该被认为是不可采的。这里可以清晰地看到，虽然警方既没有真正的搜查令，也没有不行使权力，但他们的行为是合理的。不得不承认，合理性是所有搜查和扣押的最终试金石，而非搜查令。参见 Tracy Maclin，《当第四修正案的修订比缺陷更糟糕时》，68 S. CAL. L. REV. 1, 4 - 5 (1994)。(Maclin 教授接受“合理性”理论作为 Amar 教授文章的中心论点，但持反对意见)。Amar 教授希望将法院的注意力从司法授权和可能的诉讼要求转移到第四修正案的核心——合理性上。在他看来，第四修正案的核心……既不是搜查令，也不是可能性，而是合理性。

② State of Punjab v. Baldev Singh (1999) 6 S. C. C. 199（印度）. 然而，需要指出的是，印度最高法院所指的“可行性”与 Amar 教授提出的“合理性”并不相同。法院更关注的是防止警察的不当行为以及警察滥用搜查和扣押的权力。在这个方面上，Amar 教授的“合理性”理论没有多大帮助。Maclin 教授反驳了 Amarr 教授的“合理性”理论：Amar 教授希望常识成为第四修正案规则的指南针。在现实中，警察阻止由黑人青少年驾驶的汽车，因为长期的经验告诉他，“与黑人在一起”总是有更大的可能性出问题。但是反对方明确指出，第四修正案的核心是防止警察的不当行为和滥用职权。见 Maclin，第 38 页。

据分为两类：通过非法搜查获取的证据和通过合法搜查获取的证据。根据通过合法搜查获取的证据，仍然可以支持定罪。但是，如果我们所掌握的证据只是非法搜查的直接结果，那么根据《麻醉药品和精神药物法》进行定罪的案件如何继续下去，根据其他刑事法规进行的定罪如何继续下去？这也是一个不能自洽的立场。这一观点在下面两个案件中得到了宪法法院5位法官的部分支持。第一个是1954年维齐尔·常德诉喜马偕尔邦案。[①] 在该案中，喜马偕尔邦警察进行了多次搜查和扣押，导致搜查扣押的有证明价值的药物被质疑为非法获取的。[②] 上诉人辩称，应将非法扣押的物品解除扣押并归还给他们。[③] 上诉人辩称，搜查是在没有治安法官签署令状的情况下进行的，执法者也没有管辖权。[④] 政府却认为在本案中没有获取治安法官签署令状的必要性。[⑤] 法院接受管辖权的抗辩后认为："除非法律明确授权，否则不能扣押并非法占有这些物品，即在没有授权的情况下，不能剥夺维齐尔·常德的所有权，并下令将非法扣押的物品归还上诉人。"[⑥] 另一个1968年商业税专员诉R.S.贾维尔案。[⑦] 上诉人根据1959年《马德拉斯一般销售税法》（以下简称《马德拉斯法》）第41条质疑执法者进行的搜查和扣押是非法的，并请求将这次非法搜查扣押的物品归还自己。[⑧] 本案的核心条款是《马德拉斯法》第41（2）条。[⑨] 认定治安法官签发的搜查上诉人住宅的搜查令是非法的，理由如下："根据这一有缺陷的搜查令从搜查住宅中搜到的任何东西必须归还上诉人。"[⑩] 法院还指出，

---

① Wazir Chand v. State of Himachal Pradesh, A. LR. 1954S. C. 415, 416 - 417（印度）。另见 Rishbud v. State of Delhi, A. I. R. 1955 S. C. 196（印度）；Durga Prasad v. H. R. Gomes, Superintended（保护），中央消费税，A. I. R. 1966 S. C. 1209, 1216（印度）。

② Wazir Chand v. State of Himachal Pradesh, A. LR. 1954S. C. 415, 416 - 417（印度）.

③ Wazir Chand v. State of Himachal Pradesh, A. LR. 1954S. C. 415, 416 - 517（印度）.

④ Wazir Chand v. State of Himachal Pradesh, A. LR. 1954S. C. 417（印度）.

⑤ 副检察长出庭指控时，未能提示我们注意《刑事诉讼法》或任何其他法律的规定来说明Jammu警官可以在此类情况下扣押这些货物。诚然，这些扣押也不是根据地方法官的命令进行的。

⑥ Chamba警官无权调查已经向Jammu和Kashmir警官报告过的罪行。Chamba警官继续调查则违反了该条规定的程序要求。Jammu和Kashmir警官在没有任何法律的授权，也没有任何根据法律通过的治安法官的命令的情况下，无权调查被告人犯下的罪行。

⑦ 商业税专员 v. R. S. Jhaver, A. LR. 1968S. C. 59（印度）。

⑧ 商业税专员 v. R. S. Jhaver, A. LR. 1968S. C. 60（印度）。

⑨ 经销商在经营过程中所持有的货物及其拥有的办公室、商店、仓库、船只或车辆的所有账目、登记册、记录和其他文件，均应在合理的时间接受被授权的官员的检查；但该官员不得进入或搜查其居所（非经营和居住的地方），除非有对该地区有管辖权的治安法官签发的搜查令。第一次议会法案通过的1959年《马德拉斯一般销售税法》第41（2）条（相关部分）；商业税专员 v. R. S. Jhaver, A. LR. 1968S. C. 59, 62（印度）。

⑩ 商业税专员 v. R. S. Jhaver, A. LR. 1968S. C. 67（印度）。

任何违反《刑事诉讼法》规定的保障措施进行的搜查都是“有缺陷的”，必须归还搜查的物品。[①]

首席大法官在上述引述段落中给出的理由是充分的，并且用强有力的理由以重述的三条规则对巴尔德夫·辛格案进行了分析。几乎没有人会认为，普通警察的违法行为可以基于某种原因而得到必然的原谅，或者说认为这一宽恕的做法会比严格处理麻醉药品和精神药物的官员的违法行为在某种程度上更可取。首席大法官还使用了“调查机构”这样一个足够大的范围，不仅包括麻醉药品和精神药物局的官员，而且包含了各种从事执法工作的警察。

二、以德沃金的理念分析印度的“证据排除规则”即不公平操作原则

（一）非法获取的证据的可采性

罗纳德·德沃金教授在其具有高度影响力的《疑难案件》一文中指出基于规则的论点和基于政策的论点思考之间的关键区别。[②] 在处理棘手的案件时，“法官应避免孤立地作出看似正确的决定，却不能将其融入与其决定相一致的、正确的一般原则和政策的综合理论中去”。[③] 法律主张必须以符合案件发生领域的一般法律原则为基础，并提出理由和依据。[④] 刑事被告人在审判中提出的排除非法获取证据的法律主张，必须以证据法的一般法律原则为依据，才能被采纳。换言之，如果能够证明非法获取的证据不可采的法律是基于现行证据法的一般原则要求，那么基于此，被告人会在刑事审判中强烈要求执行对非法证据进行排除。而这种要求排除非法证据的权利，并不是《印度宪法》第20条赋予所有刑事被告人的基本权利。这种主张是基于证据法的一般原则

---

① 商业税专员 v. R. S. Jhaver, A. LR. 1968S. C. 67（印度）。法院认为：由于违反《刑事诉讼法》第165条规定的保障措施，因此必须返还因这种有缺陷的搜查而扣押没收的物品。然而，在 Sheonath Prasad v. State of Bihar［A. LR, 1968 SC 1517（印度）］案中，两名法官却在1947年《比哈尔销售税法》第17条的范围内，认为自1959年第19号法废除以来，《刑事诉讼法》的规定不适用于《比哈尔销售税法》的搜查和扣押规定。当然，没有任何权威机构支持这一主张。据称，分庭法官在本案中采取的立场与贾维尔案的宪法法院不一致。

② 见 Ronald Dworkin,《疑难案件》, 88 Harv. L. REV. 1057, 1058, 1059（1975）；另见 Upendra Baxi,《“一位知名却冷漠的法官”——罗纳德·德沃金在当代印度法学中的地位》, J. CONST. L. 557, 562（2003）。

③ 见 Ronald Dworkin,《疑难案件》, 88 Har v. L. REV. , 1064, 1065。

④ 见 Ronald Dworkin,《理论的赞美》, 29 ARIz. ST. L. J. 353, 355–56（1997）（“我们运用这些法律主张，通过展示支持这些主张的一般性原则，为理论领域提供最好的依据支撑。”）；另见 Richard A. Posner,《法律的“理论”概念：对罗纳德·德沃金的回应》, 29Ariz. St. L. J. 377（1997）（“德沃金的‘理论’概念，特别是指导法官应对疑难案件的相关理论，要求法官通过展示支持这些主张的一般性原则，为理论领域提供最好的依据支撑”）。

而提出，并且独立于《印度宪法》第20条或《印度宪法》赋予的任何其他可能产生类似效果的基本性权利。德沃金的文章适用于非法获取的证据的可采性问题，其内容如下："在刑事案件中，如果被告人是无辜的，他有权得到有利于他的裁决，但如果他有罪，国家却没有同等性质的定罪权。因此，在一些检验证据规则的疑难案件中，法庭就可能会作出有利于被告人的判决。例如，存在一种政策性思考的观点，不支持被告人享有任何被宣告无罪的权利。"①

上述引述的部分被称为"刑法例外"，并受到了社会广泛的关注和评论。②该刑法例外被攻击的理由是它提出了"一种关于刑事诉讼性质的假设，却忽略了在刑事审判中国家代表谁和代表什么的这一基础内容"。③ 与被告人的"知情权"相抗衡的是犯罪受害者获取正义的权利，而国家正是这一权利的代表。④ 德沃金的文章因此受到批评，理由是他没有考虑到犯罪受害者的权利，这与他自己的文章存在冲突。⑤ 为了支持这种对德沃金观点的攻击，关于正义的报应理论被强行运用到此。⑥ 然而，如果仔细分析排除非法获取证据的基本原则，这种攻击就会不成立了。

犯罪调查和罪犯惩处程序分为犯罪控制模式和正当程序模式。犯罪控制模式的核心是制止犯罪行为，而正当程序模式的核心则是事实调查过程的可靠性。⑦ 犯罪推定已成为犯罪控制模式的一个必要部分，因为该模式旨在提高抑制犯罪发生率。当然，在事实调查部分的准确性上就要付出代价。⑧ 但在正当程序模式中，有罪推定是没有立足之地的，因为该模式所依据的假设是"刑事诉讼最终结果中所体现的污名化（定罪）和自由的丧失……是国家对个人

---

① 见 Ronald Dworkin，内部引用第112页，1077。

② 参见 H. Scott Fairley，《罗纳德·德沃金在刑事案件中的权利的不对称性：一个复杂的例外》，L. REV. 373（1980）。

③ 参见 H. Scott Fairley，《罗纳德·德沃金在刑事案件中的权利的不对称性：一个复杂的例外》，L. REV. 375（1980）。

④ 参见 H. Scott Fairley，《罗纳德·德沃金在刑事案件中的权利的不对称性：一个复杂的例外》，L. REV. 380，381（1980）。

⑤ 参见 H. Scott Fairley，《罗纳德·德沃金在刑事案件中的权利的不对称性：一个复杂的例外》，L. REV. 381（1980）。

⑥ 参见 H. Scott Fairley，《罗纳德·德沃金在刑事案件中的权利的不对称性：一个复杂的例外》，L. REV. 382（1980）。

⑦ Herbert L. Packer，《刑事诉讼的两种模式》，113U. PA . L. REV. 1、9、13（1965）；Herbert L. Packer，《刑事诉讼的两种模式》，113U. PA. L. REV. 1（1964）（犯罪控制模式和正当程序模式之间的区别已在关于刑事诉讼程序的文献中得到广泛认可和接受，当然也受到了攻击和批评）；Abraham S. Goldstein，《对两种模式的反思：美国刑事诉讼中的调查研究》，26 STAN L. REV. 1009（1974）。

⑧ Herbert L. Packer，《刑事诉讼的两种模式》，第9页，第14页。113U. PA. L. REV. 1（1964）.

所能施加的最严重的剥夺”。[①] 但有一个更深层次的原则作为正当程序模式的基础，即在刑事诉讼中滥用自由裁量权。[②] 因此，正当程序模式反对犯罪控制模式的以抑制犯罪发生率为原则的做法，其秉承的是“为了防止官方对个人的压迫”。[③] 几乎不需要任何详细的阐述来表明英国、印度和美国的刑事司法系统是完完全全的正当程序模式。

在任何正当程序模式的系统中，认为国家作为受害人的代表起诉据称有罪的人，以便为犯罪受害人获得司法公正的报复性观点都是不正确的。国家起诉被指控有罪的人，是因为国家有义务执行刑法并惩罚那些违反这些法律的人。国家作为法律的执行者和维护者，本身不能违反它所维护的法律。法官根据不公平操作原则排除非法所得证据的裁量权，原则上来说并不是一项真正的酌情权，其不会因为案件的实际情况不同而导致适用范围随案件发生变化。因此，如果原则上国家已经收集到将在审判中提出的证据，并使用非法手段或通过利用被告人相较于公权力的弱势来对被告人定罪，则必须排除这些证据。[④]

法官根据不公平操作原则排除非法获取的证据的权力是为了被告人的利益而不是为了国家的利益。[⑤] 相关性原则的存在是为了确保事实调查程序的准确性（尤其是在审判中）。有一条证据规则规定，为了确定该证据的可采性，首先必须审查该证据，确定该证据是否比其他证据更有分量以及更可靠或更不可靠，但这项规则违背了证据普通法的基本原则（即证据的可采性和证据的权

---

① Herbert L. Packer，《刑事诉讼的两种模式》，第 16 页。113U. PA. L. REV. 1 (1964).

② 权力总是被滥用的，有时是微妙的，有时是公开的、丑陋的。正是由于其使个人受到国家强制力的影响，刑事诉讼程序在这种模式下必须受到控制和保障，使其无法以最大的效率运作。根据这种理论体系，最大的效率也意味着最大的暴政。

③ Herbert L. Packer，《刑事诉讼的两种模式》。113U. PA. L. REV. 1 (1964).

④ 在德沃金的观点里，法官不能有不受控制的自由裁量权。见 John W. Van Doren，《H. L. A. 教授的理论，哈特和罗纳德·德沃金的一个评论》，L. REV. 279，296 (1980)；Upendra Bax《“一位知名却冷漠的法官”——罗纳德·德沃金在当代印度法学中的地位》，1 INT'L. J. CONST. L. 557，559 - 60 (2003)；Ian Duncanson，《权力，解释和罗纳德·德沃金》，9U. TAS. L. REV. 278 (1989)（本文批评了不公平操作原则在实践中涉及的司法裁量权，主要理由是不公平操作原则给予法官不受控制的裁量权，使其在排除或列入属于非法获取的证据时，面对一项明确了非法证据的内涵和外延的反对规则，法官却主要以不正确的依据来行使自由裁量权）。

⑤ Tracy Macln，《当第四修正案的修订比缺陷更糟糕》，68S. CAL . L . REV. 1、5、7、16、24、45 (1994)（即使没有第四修正案，预防政府的不当行为仍然是阐明一套不同的排除规则的主要驱动因素）。在不受第四修正案规定和判例限制的情况下，本文建议重新界定搜查和扣押法程序和实体的内容。在程序上，委员会的重点是防止政府采取不适当的行动，建议在所有紧急搜查或扣押行动之前，要求执法人员寻求与有关行动完全隔绝的决策者（不一定受过法律培训）的授权，以便对行动进行独立评估。参见 Christopher Slobogin，《没有第四修正案的世界》，加州大学洛杉矶分校，REV. 1，106 (1991)。

重是完全不同，不应该被混同）。[①] 相关的证据可能不是非常可靠的，法院也许会因此不对该证据给予足够的重视，甚至忽视这些证据。但这种做法在逻辑上只能在证据有待审查时才能进行（以便找出其证明价值）。因此，确定证据可采性规则和确定所采证据的权重的规则存在于两个相互排斥的区域中，不能相互交叉。[②] 任何可采性规则都没有规定一份证据会因为它很少或没有证明价值而不被采纳。[③] 英国刑事上诉法院在 R. 诉佩恩案中支持不能以证据的权重来确定证据是否可采。[④] 在该案中，法院排除了一名医生在被告人被警察拘留期间对其进行检查的证据。[⑤] 因为警方告诉被告人，医生的职责只是看他是否有疾病或残疾，不对被告人是否适合开车发表意见。[⑥] 医生被传唤作为检方证人，提供证据证明被告人喝醉了酒，不适合开车。[⑦] 最终，医生的证词被排除，被告人的定罪也被撤销。[⑧] 现在如果将证据的权重作为关键的考虑因素，那么医生的证词是不能被排除的，但实际上最终还是被排除了。因此，在决定是否应该排除证据时，考虑的关键是证据的权重这一说法是错误的。对“可采性”和“相关性”之间的理论和实践区别缺乏清晰的理解，这也是印度最高法院在这一点上造成概念混乱的根本原因。但是，公平地说，印度最高法院并不是唯一一个在这种混乱中沦为牺牲品的法院。

---

① John H. Wigmore，《书评》，3Ill. L. REV. 477，477－78（1909）；Charles L. Barzun，《规则的重量》，83 Notre Dame L. REV. 1957，1959（2008）（被誉为“本世纪最杰出的证据学者”的 John Wigmore 在评论 Charles Moore《关于事实或证据的重要性和价值的论述》（1908）一书［该书认为证据的证明价值是对可采性的检验］时谴责 Moore 提出这样的建议简直是道德沦丧）。

② 见 Charles L. Barzun，《规则的重量》，83 Notre Dame L. REV. 128，1966，1967（坚持不这样做就是赞同了 Jeremy Bentham 的“自由防卫”理论，因此“……法官们发现事实已经完全不受规则的限制”。但这样一个关于 Wigmore 权威的理论遭到了完全的否定，也没有构成英国、美国和印度以及澳大利亚和加拿大等其他类似司法管辖区中普遍存在的证据法或者判例的一部分）。

③ Geoffrey S. Com&Kevin Cieply，《外国胁迫下供述的可采性：国际刑事合作时代的价值观念探讨》，42 Pepp. L. REV. 467，482－84（2015）（关于外国政府官员在美国刑事审判中通过胁迫逼供获取的供词是否可采，作者认为“官员被逼供证词的可靠性不是可采性分析的关键……虽然排除固有的不可靠证据是正当程序模式能够提供的潜在优势，但可靠性不应该是最终的决定性因素，法律的决定性因素也并不是所谓的可靠性”）；另见 New Jersey v. T. L. O.，469 U. S. 325，345（1985）（美国最高法院根据《联邦证据规则》第 401 条裁定，“……普遍认为与调查有关的证据不一定能确凿地证明最终事实，只是‘使定罪事实的存在或者犯罪嫌疑人犯罪的倾向，在有证据比没有证据的情况下，可能性或倾向性更高或更低’”）。

④ R. v. Payne，（1963）1 W. L. R. 637（美国）.

⑤ R. v. Payne，（1963）1 W. L. R. 637（美国）.

⑥ R. v. Payne，（1963）1 W. L. R. 637（美国）.

⑦ R. v. Payne，（1963）1 W. L. R. 637（美国）.

⑧ R. v. Payne，（1963）1 W. L. R. 637（美国）.

（二）德沃金对自由裁量权与不公平操作原则的分析

一方面，印度最高法院明确阐述了不公平操作原则，即采纳非法获取的证据是不允许的，但这一原则的措辞实际上使法官有裁量权决定是否采纳这类证据。① 行使这一自由裁量权的关键因素是这一证据的证明价值，即如果没有该证据，被告人将被宣告无罪。美国也表明了类似的基本原理。② 用德沃金的话来说，这种方法也会出现如下问题：对于所有合法获取的证据，申请采纳的审查标准是相关性，而对于非法获取的证据，适用的审查标准是相关性加证据的权重。这一关于非法获取的证据的法律原则在两种情况下被否定。第一，毫无疑问是合法获取的证据。第二，是其他相关但仍不允许被采纳的证据，例如配偶特权③或国家特权④所涵盖的证据。也从来没有人认为，由于配偶特权或国家特权的规定而被排除在外的证据是因为其不具有相关性或没有足够的证明价值。法院也从来没有抱怨过刑事审判寻求真相的功能因排除这些相关证据而受到损害。⑤ 这种排除的理由与相关性规则无关，与所采证据的权重规则无关，也不属于可采性证据规则的考虑范畴。因此，如果认为以非法获取的证据具有相关性和重要性而不得予以排除是一项规则，显然与众所周知的证据法理论不一致。用德沃金的话来说，这种不一致是不公平的。⑥ 承认非法获取的证据不仅缺乏对作为所有普通证据法基础的可采性规则理论的正确理解，而且根据证据法的一般原则，可能附带的违法行为也应当是完全被禁止的。

例如，澳大利亚高等法院在皇后岛诉爱尔兰岛案⑦中指出，承认非法获取的证据可能会对被告人造成损害，因为对被告人不利的推论可能来自于此。⑧

---

① 在这一点上，英国有关不公平运作原则的判例也存在类似情况。不过，英国法官可以行使排除证据的裁量权的考虑似乎是基于警方“故意误导”嫌疑人取证。例如，Herman King v. Queen（1969）1 AC 304（PC），第 314 页（如果证据是通过“诡计”获取的，法官可以排除该证据。英国法律的考虑似乎是允许采信这种证据将使定罪不充分。这一考虑更多涉及证据的可靠性）。

② 采取一种新的方法对第四修正案进行分析，Slobogin 教授通过假设第四修正案不存在来分析这一问题。在这方面他指出：“……搜查和扣押所涉及的主要是国家的目的，即有效执法。由于犯罪给国家的公民以及国家的社会、经济和文化结构造成了巨大的伤害，政府坚定地认为，为逮捕罪犯和对他们定罪去获取证据是非常重要的。”

③ 1872 年《印度证据法》第 122 条。

④ 1872 年《印度证据法》第 123 条（“涉及国家事务的证据。任何人不得提供未经公开的、与国家事务有关的证据，除非得到有关部门负责人的许可，且该负责人需要根据具体情况谨慎地作出禁止或许可其提供的决定”）。

⑤ 例如，Carol S. Steiker，《宪法性的刑事诉讼中的反进化？两个角度，两种答案》，94 MICH. L. REV. 2466，2476（1996）。

⑥ Ronald Dworkin，《理论的赞美》，29 ARIz. ST. L. J. 362（1997）。

⑦ Queen v. Ireland，（1970）126 CLR 321（澳大利亚）.

⑧ Queen v. Ireland，（1970）126 CLR 331（澳大利亚）.

自然证据法允许推导出这种不利推论，但证据法的这些原则都源于一个基本假设，即据以得出不利推论的证据在法律上是可采的。但是在证据系非法获取的情况下，不利推论对被告人不利，这将会造成严重的不公正结果，并使得证据法的适用不一致。[①] 如果不利推论只能从法律上可采的证据推导出来，那么从原则上讲，如果因为非法获取的不可采证据而推导出了不利推论，这将是一种严重的理论矛盾，只有通过禁止采纳这种非法获取的证据才能解决这种矛盾。[②] 用澳大利亚高等法院首席法官巴威克的话说，在此类案中"通过违反该规则的行为所获取的有关陈述或供述的不会因此变得无关紧要和不可采。违反该规则将为考虑行使司法自由裁量权来排除此类证据提供相应的理由。"[③] 因此，非法获取的证据不可采的原因并不是由于适用可采性规则而导致这些证据不被认定。如果是这样，就不需要考虑证据是如何获取的问题。非法获取的证据不可采的原因是其获取方式。[④] 因此，首席法官巴威克指出，"通过承认非法或不公平行为对被告人定罪，可能代价太高。尤其是对司法自由裁量权的把握。"[⑤] 法兰克福大法官在著名的"胃抽搐案"中也同样指出，"不能通过牺牲正义感的方式来定罪"。[⑥]

引用加拿大最高法院在 R. 诉柯林斯案中的观点：在这种情况下的定罪代价太高，会使得司法机关声名狼藉。用拉马尔法官的话说："警方在调查过程中的行为往往会对司法的公信力产生某种影响，但《加拿大权利和自由宪章》第 24 条第 2 款并不是对警察不当行为的补救办法，如果由于某种不当行为，司法冒着被毁誉的风险，则应要求排除证据……第 24 条第 2 款的目的是防止通过在诉讼程序中采纳该证据而进一步损害司法的公信力。这种进一步的损害

---

① 在陪审团审判方面，强调了保护陪审团不受他们无法合理评估的证据的重要性的影响。参见 Edmund M. Morgan & John MacArthur Maguire,《回顾和展望证据》50 HARV. L. REV. 909, 919 (1937)。

② 例如，Silverthorne Lumber Co. 诉美国，251U. S. 385，391，392（1920）。在本案中，政府辩称应允许使用它从违宪扣押中取得的相关信息。Holmes 法官拒绝了这一申辩，认为接受这一申辩将使第四修正案沦为"文字形式"。司法机关更支持这样的观点，即虽然可以在刑事审判中推断事实，但这种推断的范围应受证据推定法的限制，证据推定法是一般证据法的一个子集，证据推定法只适用于合法获取的相关证据。

③ Queen v. Ireland,（1970）126 CLR 321，333（澳大利亚）.

④ Queen v. Ireland,（1970）126 CLR 334（澳大利亚）.

⑤ Queen v. Ireland,（1970）126 CLR 335（澳大利亚）.

⑥ Rochin v. California，342U. S. 165，173（1952）。在本案中，被告人 Rochin 涉嫌销售毒品。3 名警官，还有一位副警长，强行进入 Rochin 的卧室。Rochin 吞下两粒吗啡胶囊。被捕后，他被送往一家医院，在那里一位医生违背他的意愿，通过一根管子将一种催吐液强行灌进他的胃。这种"洗胃"导致 Rochim 呕吐，呕吐物中有他先前吞下的两粒吗啡胶囊。获得的吗啡胶囊这一证据被认为不可采，因为允许采信就等于"批准了警方公然明显的非法行为"。

是由于采纳证据将会剥夺被告人获得的公正审讯的权利，也是对调查和检察机关不当司法行为的纵容。当然，还必须考虑排除证据可能造成的任何不利后果。如果排除证据会使司法机关的形象比采纳证据更糟糕，那么排除证据就不符合第24条第2款的目的。”① 对于《加拿大权利和自由宪章》第24条第2款具体规定应作如下理解：如果以侵犯或否认《加拿大权利和自由宪章》所保障的任何权利或自由的方式获取某项证据，且采纳该证据会使司法机关声名狼藉，那么这种证据应被排除在外。但是很难说当地司法机关是在《加拿大权利和自由宪章》第24条第2款颁布之后，才开始采纳非法获取的证据，从而导致司法机关声名狼藉的。澳大利亚和加拿大的立场明显属于正当程序模式。

经过一定的法理学分析，发现以英国制度为基础、类似于澳大利亚、加拿大和美国制度的印度制度也属于正当程序模式，那么被告人的权利就应更为重要。在这种模式下，国家无权直接对犯罪之人定罪。用帕克教授的话说：“对（国家）行使权力目的的怀疑会使其产生压力，以此限制其行使权力的自由裁量权。”② 一旦消除了这些疑虑，就会发现在排除非法获取的证据上不公平操作原则并不是一项真正的自由裁量权。根据德沃金的理论来看，在不公平操作原则的基础上，只要政府提交的相关证据经充分证明确系非法所得，那么非法获取的证据就理应被排除，哪怕已经充分证明该证据的价值。③ 这种排除与被告人无关，与政府有关。④ 原则上，不能允许作为法律维护者的国家为确保定罪而违法。⑤ 在一项旨在研究证据排除规则的美国权威报告中，几名芝加哥官员的研究成果说明证据排除规则是为防止警官滥用权力而设立的。⑥ 该研究也

---

① R. v. Collins，(1987) 1 S. C. R. 265（加拿大）.

② Herbert L. Packer，《刑事诉讼的两种模式》，113U. PA. L. REV. 20（1964）。

③ 例如，Mark M. Stavksy，《罗纳德·德沃金和第四修正案：基于权利的理由》，14期《法律研究》，F. 163168（1990）。“因此，法官必须考虑拒绝非法取得的证据——并不是因为法官是作为发现事实或正确适用法律的要求——而是因为他作为政府官员的责任，有义务不利用非法搜查和扣押的结果去更好地发挥法官的作用。对于政府来说，可能需要承担（不利用非法搜查和扣押的结果）对犯罪调查过程的准确性造成损害的弊端，但这也是社会政策的成本，必须承担这笔费用；而另一个选择就要糟得多。”

④ Potter Stewart，《搜索与分类案例中排除规则的起源、发展与未来：以马普诉俄亥俄案为例》，83 Colum. L. REV. 1365，1393（1983）（在美国宪法第四修正案的背景下的发言）。Potter Stewart 教授指出，这是制定者期望并愿意付出的代价，以确保个人、家庭和财产的神圣性，不受政府权力的限制。在美国宪法中，这一原则已被宪法化，而在印度，其仅作为一项原则成为证据普通法的一部分。

⑤ Herbert L. Packer，《刑事诉讼的两种模式》，113U. PA. L. REV. 25（1964）。“当法律授权警察做什么和警察实际做了什么，这两者之间有很大的偏差时，就是对法律极大的不尊重。”

⑥ Myron W. Orfield，《排除规则与威慑：芝加哥麻醉品官员的经验研究》，54U. CHI. L. REV. 1016，1051－1054（1987）。

与本文提出的不公平操作原则背后的理论基础不谋而合：不公平操作原则的存在是为了控制国家权力，而不是为了保护被告人。在上述研究中，警官承认证据排除规则的替代办法是使“警察部门涣散”，并建立一个“军事国家”或某种极有可能被滥用的“警察国家”。① 正如一位评论员所观察到的那样，使用“军事国家”或“警察国家”这样的短语是可以理解的，因为美国公众在了解希特勒统治下的德国时，形成了一种“提高对国内警察暴行的敏感度”的习惯。② 值得注意的是，警察自己在使用这些武器时就已经表明他们非常清楚地意识到，除非建立和严格执行强有力的威慑力量进行约束，否则自己的权力很容易被滥用。

认为不公平操作原则将阻碍有效调查犯罪和起诉罪犯的论点是不具备说服力的，原因有二。第一，从证据法的角度来看，非法证据具有可采性是对证据法的错误理解。当法律被正确解释时，就会清楚地看到非法获取的证据是不可采的。第二，数据并不能够作为支持警察在调查犯罪和起诉罪犯方面的高成本投入和低效率产出的说法。③ 不公平操作原则可以说是类似美国证据排除规则的印度证据排除规则，区别在于不公平操作原则是基于传统的证据普通法，而不是宪法的规定。根据不公平操作原则，宣告事实上有罪但在法律上无罪的人最终无罪也是一种“意外收获”，当然，这种代价也是正当程序模式下所必须付出的。

三、印度“证据排除规则”（不公平操作原则）与美国宪法第四修正案的比较

美国最高法院1885年首次在博伊德案中确立了“以财产权为中心”的第

---

① Myron W. Orfield，《排除规则与威慑：芝加哥麻醉品官员的经验研究》，54U. CHI. L. REV. 1016，1051－1052（1987）。

② AbrahamS. Goldstein，《对两种模式的反思：美国刑事诉讼中的审问主体》，26 STAN L. REV. 1011（1974）。

③ Thomas Y. Davies，《仔细看看我们所知道的（以及仍然需要学习的）关于排除规则的“代价”：全国司法学会研究和其他关于“失踪”逮捕的研究》，AM. B. FOUND. RES. J. 611（1983）。本研究报告经美国最高法院White大法官在案件中援引并获得认可。Leon，468U. S. 897，907（1984），是关于第四修正案的一个主要案例。这一部分在文章中已经讨论过，也被认为是当下学术评论员对现有经验数据更仔细、客观地评估报告。参见Wayne R. LaFave，《最精彩的判决：美国诉Leon案的基本原理和结果》。U. ILL. L. REV. 894，904（1984）. Davies教授发现，“……关于非法搜查数据的最显著特点是对案件结果的影响极小，集中于毒品犯罪（可能还有持有武器类犯罪）以及其他犯罪，包括在暴力型犯罪的逮捕之中”。Davies教授的结论是，得出的经验数据使人怀疑所谓的证据排除规则需要花费高成本的观点是否可信。另见，Tracy Maclin，《当第四修正案的修订比缺陷更糟糕时》，68 S. CAL. L. REV. 1，43－44（1994）。

四修正案分析法也是被引用最广泛的观点。[1] 本案中的上诉人被指控在没有支付关税的情况下进口商品，因此根据 1874 年通过的国会法案，其构成欺诈行为。[2] 1874 年的国会法案规定，若法院下令，则被告人必须出示检方要求的"簿册、发票或文件"，理由是这种簿册、发票或文件往往能证明检方提出的指控。[3] 但如果被告人未能或拒绝出示这种簿册、发票或文件，"应视为对前述指控供认不讳，除非他能就未能或拒绝出示向法院作出合理的解释"。[4] 该案的初审法院根据这一规定通过了一项命令，要求被告人出示检方要求的关于扣押和没收其财产案件中所必需的某些材料。[5] 但美国最高法院反对将这些簿册、发票或文件作为证据采纳，理由是在没收诉讼中不能强迫上诉人提供任何证据，而且在命令本身可能就不合理的情况下再强迫他们出示用于指控自己的证据是违宪且无效的。[6]

请注意当时因为巴尔德夫·辛格案而备受争议的《麻醉药品和精神药物法》的相关规定与 1874 年国会法案提出的推定规则之间的相似性。在巴尔德夫·辛格案中，初审法院被要求推定被收缴非法药品的人有罪。那么证明无罪的责任就由被告人承担，检方只需确定从被告人身上搜到了非法药品即可。1874 年的国会法案与之类似，因为它确立了一种从拒绝或不出示文件中得出不利推定结论的规则。但是，这种规则把假设推得太远了。要知道在博伊德案件中法院被要求作出的不仅仅是一个可推翻的不利推定结论，其实质是不论博伊德拒绝还是回避都会视为对指控罪名的承认。也许正是这样一项极端的规定

---

① Boyd v. United States, 116 U. S. 616 (1885)（虽然根据本文所述的内容无法确定博伊德案是否实际上是美国最高法院对第四修正案的第一次解释，但对美国最高法院关于此类案件解释的意见的简要调查显示，在随后的每一个与第四修正案相关的案件中，包括相关的材料所引用的案件都是博伊德案）；Weeks v. United States, 232U. S. 383, 390 (1914)；Mapp v. Ohio, 367U. S. 643、646、662 (1961)；Plymouth Sedan v. Pennsylvania, 380U. S. 693, 696 (1965)；Osmond K. Fraenkel,《关于搜查和扣押》, 34Har v. L. REV. 366 (1921)（其中 Boyd v. United States 案据说是关于第四修正案解释的第一个案例）；David A. Sklansky,《第四修正案和普通法》, 100 COLUM. L. REV. 1739, 1740 (2000)（Sklansky 教授还指出 Boyd v. United States 案是第四修正案的"第一大解释"）。

② Boyd v. United States, 116U. S. 616, 617 - 618 (1885). 在这篇文章中使用了"上诉人"一词，指的是向美国最高法院提出声称其第四修正案中的权利受到侵犯的当事方。传统的美国术语"被告人"在这里未被使用。

③ Boyd v. United States, 116U. S. 616, 619, 620 (1885).

④ Boyd v. United States, 116U. S. 620 (1885).

⑤ Boyd v. United States, 116U. S. 617, 618 (1885).

⑥ Boyd v. United States, 116U. S. 618 (1885).

在本案中引起了大家对宪法的质疑。[①]

博伊德向美国最高法院提出的问题如下："搜查或扣押，或者强制出示私人文件，用来作为不利于其的证据，尤其在因涉嫌违反税收法而没收财产的诉讼中，这种诉讼是否属于宪法第四修正案所指的'不合理的搜查和扣押'？或者说这是一个合法的程序吗？"[②] 为了回答这个问题，法院采取了一种比较办法，并在很大程度上参照了尹提科诉卡灵顿一案以及英国的法规和法院程序。[③] 事实上，尹提科案被认为是一个权威案例，因为其为所有后来判例的观点奠定了基础，这一点在阅读大量后续案例和这一领域的文献时也不难发现。[④] 博伊德案中法院的立场无论在英格兰还是美国都是一个古老且被公认的法律立场，即扣押被盗财产和因违反税收法而没收的物品是合法的。但在本案中，试图使某人接受在法庭上用自己的私人文件来指控自己，并不是公认的普通法传统的一部分。[⑤] 在尹提科案中，这一问题并不是由国务卿签发一般搜查令的权力引起的，而是为什么行使这一权力的"行为"是由国务卿实施的。[⑥] 对尹提科案，卡姆登勋爵认为，迫使一个人指控自己是残酷且不公正的，没有法律能作出如此要求。[⑦] 根据同样的原则，通过入侵一个人的私人领域或者侵犯一个人的财产性利益的方式进行搜查而获取的证据不应被采纳。[⑧] 卡姆登勋爵认为，通过非法侵犯一个人的隐私而获取的强迫性供词和证据（在本案中，是一个人的私人文件）在本质上是相同的。[⑨] 法院承认这才是美国宪法第四修正案起草者的真实立场，并认为第四修正案和第五修正案具有一致性。法院解

① 但是根据法律规定，如果他不出示这些材料，将意味着对本应出示证据证明的指控的供认不讳。这相当于强迫其出示这些证据，因为检察长始终十分肯定地认为从被告人那里得到的证据会使案件的证明坚不可摧。Boyd v. United States, 116U. S. 621, 622 (1885) （Bradley 大法官发表判决意见，Miller 大法官和首席大法官与其持相同意见）.

② Boyd v. United States, 116U. S. 622 (1885).

③ Boyd v. United States, 116U. S. 618 (1885). Bradley 大法官认为，从法律的本质来看"在很大程度上"引用这一著名的英国判决是可取的；尹提科诉卡灵顿案被 Bradley 大法官描述为"英国宪法永久的纪念碑之一"。Boyd v. United States, 116U. S. 616, 623, 624, 632 (1885).

④ Osmond K. Fraenkel,《关于搜查和扣押》, 34Harv. L. REV. 364 (1921)。

⑤ 扣押赃物由普通法授权；扣押因违反税收法而没收的货物，或为逃避应付税款而隐藏的货物，至少在两个世纪前已由英国法规授权；而类似的扣押对美国政府来说，则是从税收法案通过才授权的。Boyd v. United States, 116 U. S. 616, 623, 624 (1885). Bradley 大法官发表判决意见，Miller 大法官和首席大法官表示赞同，并指出，"鉴于目前正在审议的诉讼程序，法院正在试图强行获取当事人的私人书籍和文件，以使其承担处罚或没收其财产"。

⑥ Boyd v. United States, 116 U. S. 627 (1885).

⑦ Boyd v. United States, 116 U. S. 629 (1885).

⑧ Boyd v. United States, 116 U. S. 627, 629 (1885).

⑨ Boyd v. United States, 116 U. S. 629, 630 (1885).

释道："任何采用暴力或者强迫一个人以自己的证词或私人文件作为证据，再以此对其定罪或没收其财物，都属于应该被谴责的判决。在这方面，第四修正案和第五修正案几乎既交叉又矛盾……在以往的刑事案件中，第四修正案提到的'不合理的搜查和扣押'几乎都是为了迫使一个人提供不利于自己的证据而作出的，而第五修正案却对此予以谴责。我们无法察觉没收一个人的私人书籍和文件作为对他不利的证据与强迫他作不利于自己的证人，这两者是否有本质上的不同。"[①] 基于这些理由，上诉法院认为下级法院采纳非法获取的证据无效，因为这一做法违背了宪法。[②]

一些人认为 1914 年的威克斯诉美国案是关于上述问题的第一个重要案件，其中上诉人被控违反美国联邦法律，利用邮件运送了禁止运送的礼券、有价证券、彩票或抽奖销售券。[③] 上诉人称在没有逮捕证的情况下被警方逮捕，房子也被警方和执法官在没有搜查证的情况下进行了搜查。[④] 虽然某些文件是在无证搜查时获得的，但在审判期间检方试图将其纳入证据，上诉人对此表示反对，理由是这些文件获取的方式违反了宪法第四修正案。[⑤] 以下是威克斯案中

---

① 在革命和建国时期，美国的每一位政治家都认为尹提科案才是对宪法本质的真正理解，并视其为象征英国自由的纪念碑。我们也可以确定，在这个案件中形成的司法主张和解释才是当时宪法第四修正案制定者的立法原意（如到底什么才是不合理的搜查和扣押）。Boyd v. United States, 116 U. S. 630, 633 (1885)（Bradley 大法官写了详细的判决意见，Miller 大法官和首席大法官均对 Bradley 大法官提出的尹提科案象征英国自由的纪念碑持赞同意见）.

② Boyd v. United States, 116 U. S. 638 (1885). 有两点虽与我们的讨论并不直接相关，但必须提及。第一，法院为了宣布所有的行为是违宪的，首先需要承认的就是没收程序是一项符合宪法第四修正案立法目的的刑事诉讼程序，事实上也确实符合立法目的。第二，Miller 大法官持支持判决意见，但实际上首席大法官并非完全同意 Miller 大法官的意见。Miller 大法官在第 641 页的意见中有一个部分显示了其持不同意见："我无法想象，一部法规能如何恰当地制定规则，规定只要向拥有该证据的当事人发出通知，就有权要求其在诉讼中出示证据，也可以认为是授权了一项不合理的搜查或没收，然而实际上并没有法律法规对此作出授权或许可。"虽然对这一裁决的批评超出了本文的范围，但据此可知 Miller 大法官并没有适当考虑到，1874 年国会法案要求法院在被告人拒绝或回避出示个人文件时，就应作出被告人承认指控罪行的极端不利的推定结论。

③ Weeks v. United States, 232 U. S. at 383, 386 (1914); Charles Alan Wright,《如果警员犯错就必须释放罪犯吗?》, 50 TEX . L. REV. 在 736 (1972)。Wright 教授认为，"证据排除规则" 首次出现是在美国最高法院对 Weeks v. United States 案的审判中［232 U. S. at 383, 386 (1914)］。然而，对美国最高法院若干意见的调查显示，第一个案件应该是 Boyd 案，而不是 Weeks 案；另见 Osmond K. Fraenkel,《关于搜查和扣押》, 34Harv. L. REV. 366 (1921)。

④ Osmond K. Fraenkel,《关于搜查和扣押》, 34Harv. L. REV. 366 (1921)。

⑤ Osmond K. Fraenkel,《关于搜查和扣押》, 34Harv. L. REV. 388, 389 (1921)。

与本文研究相关的值得注意的两点。①

首先，人们认为在博伊德案和尹提科案中，要从刑事诉讼的“宪法层面”来看：“执行国家刑法的人有通过非法扣押和强迫招供的方式获得定罪证据的倾向，后者往往是在对被告人采取侵犯《联邦宪法》所保障的权利的非法行为之后获得的，但实践中这类倾向却在法院的判决中找不到任何被制裁的痕迹，因为法院的判决始终都能够得到宪法的支持。那么任何情况下，人们都应有权为维护这些基本权利而提出上诉。”② 法院认为，在对被告人的刑事审判中允许使用非法扣押的信件和私人文件将使宪法第四修正案的保护毫无意义。③ 印度最高法院在巴尔德夫·辛格案中通过首席大法官阿南德博士的发言也表达了类似的看法，认为为获取正义所采用的手段必须始终不受到质疑，否则司法程序本身的合法性就会受到质疑。④ 美国最高法院和印度最高法院都强调，在刑事审判中使用非法获取的证据将使司法程序本身的合法性受到质疑。⑤

在这种情况下，政府也经常会权衡，即抓捕和惩罚犯罪人员的权力与释放

---

① Osmond K. Fraenkel，《关于搜查和扣押》，34Harv. L. REV. 384（1921）。请注意之前在威克斯案中的观点。美国最高法院在处理 Walder v. United States［347 U. S. at 62（1954）］一案时受到了一些限制。在本案中，法院认为，为了反驳被告人在直接询问下提供的证词的可信度，可以使用之前警员非法搜查获取的证据或证词。这里与印度法律的相似之处也值得关注，即本案中采用的用来降低被告人可信度的非法搜查所得证据和案件的审判并没有关联。因为根据印度 1973 年《刑事诉讼法》第 162 条的规定，印度法院一般不采纳警察的陈述，但是三种情况除外，其中之一就是在盘问期间，被告人利用警方声明去反驳控方证人。当然，不同之处在于，瓦尔德原则（在 Walder v. United States 一案中确立了“警察不合法地取得的证据可以用来反驳被告人在法庭上的直接询问时的陈述”。——译者注）在印度不适用于被告人，只针对所有控方证人（可用非法获取的证据弹劾控方证人的可信度。——译者注）。这一点是值得注意的，但对此问题的详细阐述超出了本文的范围。另见 Harrisv v. New York，401U. S. at 222（1971）和 Oregon v. Hass，420 at U. S. 714（1975）。

② Osmond K. Fraenkel，《关于搜查和扣押》，34Harv. L. REV. 392（1921）。

③ Osmond K. Fraenkel，《关于搜查和扣押》，34Harv. L. REV. 393（1921）。

④ State of Punjab v. Baldev Singh，(1999) 6 SCC 172，1999（印度）.

⑤ 见 Rahman，Rishbud v. State of Delhi，AIR 1955 SC 196（印度）（印度和美国的评论一直特别关注这一点）。印度对这一点的评论，参见 A. M. Bhattacharjee，《第 21 条，“正当程序”和“证据排除规则”》3 S. CC.（期刊）at 32（1983）；Ashish Chugh，《对自证其罪条款的再评价》8 S. CC.（期刊）at 19（2006）；Ashish Chugh，《印度宪法中出现类似“第四修正案”的证据排除规则》7 S. C. C.（期刊）at 24，25（2009）（这些文章想通过解读《印度宪法》的相关条款，尤其是与美国第四修正案相当的《印度宪法》第 20 条，以此提出一项宪法性权利来引起对宪法的讨论和关注，并对非法证据的可采性进行抗辩。这种尝试性的解读之前在印度最高法院也有过几次，本文也会对其中的一些案件进行详细分析。本文主张排除非法证据是作为一项根据《印度证据法》规定的不公平操作原则而得出的权利，并且认为其作为一项对抗非法证据可采性的权利，不同于通过解读《印度宪法》的基本权利条款得出的权利，两者性质不同）。

犯罪人员回到的社会中去的代价之间的冲突。[①] 此时，政府往往会援引法律规则，即只要证据具有相关性，法院就不会调查证据的取得方式，以此来捍卫其惩罚犯罪的立场。[②] 其实，印度最高法院在普兰·马尔案中对将搜查和扣押比作一件军械库中的武器是持支持态度的，想以此来维护广义上的社会安全。[③] 政府也在普兰·马尔案中提出了一个类似于威克斯案件中的观点，与威克斯案不同的是这一观点被采纳了。[④] 事实上，从1954年起印度最高法院的意见就非常支持政府的想法。[⑤] 然而，在巴尔德夫·辛格案之后，这样严重顺从政府的观点被禁止，更为提倡的观点是尊重公民的基本权利。[⑥]

其次，是将宪法的这一原则适用于威克斯案的案件事实，也就是在美国马歇尔案件中确立的"只有在持有宪法规定的搜查令"的情况下才能对被告人的住宅进行搜查。[⑦] 这一做法无疑引起了学术界对司法机关的批评和质疑。[⑧] 从表面上看，要求每一次搜查都必须有批准的搜查令并要求搜查具备合理性，但这两者之间是矛盾的（表面审查与实质审查之间的矛盾），而且实际上有充分的证据说明，宪法第四修正案的起草者在制定修正案时，意在要求搜查和扣押行为的合理性，而不是要求必须出示令状才能进行搜查和扣押。[⑨] 无论如何，该案中，法院认为在违反第四修正案的无证搜查后允许获取上诉人的信件和私人文件会对上诉人不利。[⑩] 因此，下级法院的判决被推翻。[⑪]

另一个与我们讨论相关的就是美国最高法院在1961年对马普诉俄亥俄州案作出的著名判决。[⑫] 这个案件因为扩大了宪法第四修正案的保护范围而闻名，在此之前，在联邦和州的刑事审判中能够援引的只有宪法第十四修正案。[⑬] 这一联邦制的立场与本文无关；然而，警方在本案中明显的违法行为是

---

① Charles Alan Wright,《如果警员犯错就必须释放罪犯吗?》, 50 TEX. L. REV. 736 (1972)。

② Weeks v. United States, 232 U.S. at 383, 386 (1914).

③ Pooran Mal v. Director of Inspection, (1974) 1 SCC 345, 356 (印度).

④ Pooran Mal v. Director of Inspection, (1974) 1 SCC 363, 364 (印度).

⑤ M. P. Sharma v. Satish Chander, AIR 1954 SC 300 (印度); Commissioner of Commercial Taxes v. R. S. Jhaver, AIR 1968 SC 59 (印度).

⑥ State of Punjab v. Baldev Singh, (1999) 6 SCC 172, 198-199 (印度).

⑦ Weeks v. United States, 232 U.S. 383, at 393 (1914).

⑧ Akhil Amar,《第四修正案的第一原则》107 HARV. L. REV. at 757 (1994)。

⑨ Akhil Amar,《第四修正案的第一原则》107 HARV. L. REV. at 771, 774, 780 (1994)。

⑩ Weeks v. United States, 232 U.S. 383, at 393 (1914).

⑪ Weeks v. United States, 232 U.S. 383, at 399 (1914).

⑫ Mapp v. Ohio, 367 U.S. at 643 (1961).

⑬ Mapp v. Ohio, 367 U.S. at 655, 659 (1961).

值得关注的。在马普案中，警察强行打开上诉人的门，进入她的房子。[1] 当她要求搜查令时，被出示了一张声称是搜查令的纸，随后她“抢过来并放在了怀里”。后来，这张纸被警方用武力从她手中夺回去，也再未在法庭中出示过。[2] 在警察强行进入她家之前，她聘请了一名律师，但律师也不被准许与她见面。[3] 之后进行的搜查没收了一些淫秽物品，随即根据俄亥俄州的法律对她提出了起诉。[4] 警方在本案中采取高压手段获取的证据被法院描述为“官方的不法行为在本案中获取证据，公然滥用权力剥夺了公民的基本权利，而这项基本权利恰恰是法律预先规定用来对抗此类非法行为而赋予所有人的一项特殊保障”。[5] 关于“罪犯因警察的失误而逍遥法外”这个争议不断的问题，法院指出：“有人说，正如当时的卡多佐法官所说的那样，根据我们的宪法规定的证据排除规则，‘罪犯得以逃脱法律的制裁，是因为警察犯了大错’。无疑在某些情况下，这也是不可避免的。但也正如埃尔金斯所说，‘还有另一个考虑因素，即司法的正义的必要性’。如果罪犯逃脱了制裁，那一定是法律使他逃脱的。没有什么能比不遵守自己的法律，甚至无视自己宪章的存在更快地摧毁一个政府的了。”[6] 美国最高法院作为其他法院最有力的后盾，特别是宪法法院，更有责任维护宪法和法律，并确保不论何时，当政府有任何行为违反了宪法和法律时，那些曾经宣誓保护和捍卫宪法和法律的官员们都会作出与印度最高法院5名宪法法官在巴尔德夫·辛格斯案中形成的一致意见相同的抉择。[7] 在此之前，该案也常与马普案、博伊德案和威克斯案进行权威性比较，后者曾经被认为与巴尔德夫·辛格斯案的权威性旗鼓相当，当然，该权威性最开始仅在巴尔德夫·辛格斯案中有所体现。现在，笔者认为是时候构建完整的印度证据排除规则了。[8]

必须强调的是，此处的冲突不是罪犯逍遥法外和根据违反宪法、法律收集的证据定罪之间的冲突。真正的冲突是如果法院允许政府使用非法获取的证据

---

① Mapp v. Ohio, 367 U. S. at 644 (1961).

② Mapp v. Ohio, 367 U. S. at 644, 645 (1961).

③ Mapp v. Ohio, 367 U. S. at 643, 644 (1961).

④ Mapp v. Ohio, 367 U. S. at 645 (1961).

⑤ Mapp v. Ohio, 367 U. S. at 655 (1961).

⑥ Mapp v. Ohio, 367 U. S. at 659 (1961). 第一次引用 People v. Defore 案，242 13，21 (1926)；然后引用 Elkins v. United States 案，364U. S. 206，222 (I960)。

⑦ State of Punjab v. Baldev Singh, (1999) 6 SCC 172, 198－199 (印度).

⑧ State of Punjab v. Baldev Singh, (1999) 6 SCC 206 (印度). 终审法院首席法官 Anand 认为：“如果法庭在仔细考虑了记录在案的材料后，裁定采纳在搜查过程中收集的违反第50条的证据会使审判不公平，则必须排除该证据。”

则会纵容他们的非法行为，但是严格执行宪法和法律则不允许采纳政府非法获取的证据。我们也许可以比较普利茅斯·塞丹案和维齐尔·常德案。[①] 在这两起案件中，由于印度最高法院最终认定搜查和扣押行为非法，政府也被要求返还非法搜查和扣押的物品。特别是在普利茅斯·塞丹案中，政府还被法院下令一并返还其没收的上诉人的一辆非法经营酒类的汽车。[②] 上诉人对在没收诉讼中没收的物品提出异议，理由是这些物品是基于违反第四修正案而获得的证据。[③] 初审法院认可了这一异议。[④] 美国最高法院认为证据排除规则适用于没收程序。[⑤] 但是印度最高法院还指出，排除规则并不要求政府必须返还没收的非法经营的酒。[⑥] 因此，政府也得到了一些慰藉，那就是他们在非法搜查之后扣押的违禁品（酒），仍然在其管控之下，远离街道，无法对社会继续造成危害。[⑦] 但是，要将这些非法获得的违禁品作为证据来对上诉人定罪，对美国最高法院和印度最高法院来说，无疑也是一种折磨。

而前文所说的冲突，即如果法院允许政府使用非法获取的证据则会纵容甚至是鼓励他们的非法行为，但是严格执行宪法和法律则不允许采纳政府非法获取的证据这两者间的冲突，被美国最高法院在美国诉塞科里尼案中运用成本效益的模式作了详细的分析。[⑧] 该案中，一名穿制服的警察去了一家花店，注意到收银机上有一个信封，他拿起信封检查了一下，发现里面有一些现金和保单。[⑨] 他问负责收银的女士关于信封的情况，收银的女士说信封是雇主的，也就是案件中的上诉人的。[⑩] 警察又把这件事告诉了联邦调查局。[⑪] 在联邦调查局调查之后，上诉人被传唤到一个大陪审团面前，询问他是否进行过保险赌博，其予以否认。[⑫] 随后，他被指控作伪证罪，而负责收银的女士则被要求提

---

① Commissioner of Commercial Taxes v. R. S. Jhaver, AIR 1968 SC 59（印度）；Plymouth Sedan v. Pennsylvania, 380 U. S. 693 (1965)；Wazir Chand v. State of Himachal Pradesh, AIR 1954 SC 415（印度）.

② Plymouth Sedan v. Pennsylvania, 380 U. S. 693 (1965).

③ Plymouth Sedan v. Pennsylvania, 380 U. S. 694, 695 (1965).

④ Plymouth Sedan v. Pennsylvania, 380 U. S. 695 (1965).

⑤ Plymouth Sedan v. Pennsylvania, 380 U. S. 690, 671 (1965). Goldberg 大法官代表大多数法官发表意见，认为在刑事诉讼中非法获取的证据不可采是“不合理的”，但在行政没收程序中可采纳。

⑥ Plymouth Sedan v. Pennsylvania, 380 U. S. 699 (1965).

⑦ 在印度部分地区（本段的案件发生地）是不允许卖酒或者喝酒的，甚至酒精类的饮料的经营方式也受到很大的限制。——译者注

⑧ United States v. Ceccolini, 435 U. S. 268 (1978).

⑨ United States v. Ceccolini, 435 U. S. 269, 270 (1978).

⑩ United States v. Ceccolini, 435 U. S. 269, 270 (1978).

⑪ United States v. Ceccolini, 435 U. S. 269, 270 (1978).

⑫ United States v. Ceccolini, 435 U. S. 272 (1978).

供不利于上诉人的证据。[①] 上诉人要求取消收银员的证词，理由是这是非法搜查的结果。[②] 法院区分了物证和言词证据，认为证据排除规则不适用于证人。[③] 首席法官伯格的赞同意见尤其一针见血："虽然坚决认为一个证人不会永远沉默，毕竟他进行了宣誓，但这并不值得证据排除规则去付出高昂的代价。如果任何法律规则的运作是为了阻止犯罪的目击证人作证，比如阻止谋杀的目击证人告诉陪审团自己看到了什么，那么这项法律规则设立的理性标准就与原始宗教中的人祭一般，毫无理性可言。"[④] 法院指出，由于证据排除规则需要耗费大量资源和费用，所以该规则仅适用于那些能够通过排除非法获取的证据的方式来服务于"最有效的目的"[⑤] 的情况。[⑥] 取消"专家证人"在刑事审判中提供相关证据的资格将严重阻碍司法人员的工作。要知道审判的目的是查明真相，与证据排除规则设立的目的没有任何关系。[⑦] 证据排除规则是一项补救规则，旨在阻止国家不合理地违反第四修正案，以此来对人们进行保护。[⑧] 法院认为，"永久性地使一名合格的证人沉默"的（高昂）代价是推测性的，可以忽略不计。[⑨]

遏制警察的不当行为和保护公民免受不合理的隐私侵犯间的冲突在美国诉利昂案中再次显现。[⑩] 利昂案中的法律问题是证据排除规则是否适用于起诉时使用警方依据"合理根据"由"中立的治安法官"签发的搜查令所获取的证据，但最初法院审判时认为不存在这样一个合理的根据。[⑪] 在本案中，一名州高等法院法官签发了"表面有效的搜查令"，警方从被告人的住所搜查到了大量毒品和其他证据。[⑫] 地方法院提出了一项禁止采信该证据的决议，其中部分理由是宣誓书不足以确定警方有合理的理由这样做。[⑬] 与证据排除规则有关的

---

① United States v. Ceccolini, 435 U. S. 272 (1978).

② United States v. Ceccolini, 435 U. S. 273 (1978).

③ United States v. Ceccolini, 435 U. S. 276, 277, 279 (1978)（Rehnquist 法官认为："证人不像枪支或文件，枪支或者文件在一个人翻过沙发或打开档案柜之前，仍然可以隐藏在视线之外，而证人却往往可以站出来提供完全基于自己意愿的证据。"）.

④ United States v. Ceccolini, 435 U. S. 272 (1978).

⑤ 对案件的结果更有帮助。——译者注

⑥ United States v. Ceccolini, 435 U. S. 285 (1978).

⑦ United States v. Ceccolini, 435 U. S. 277, 279 (1978).

⑧ United States v. Ceccolini, 435 U. S. 280 (1978).

⑨ United States v. Ceccolini, 435 U. S. 280 (1978).

⑩ United States v. Leon, 468 U. S. 897, 900 (1984).

⑪ United States v. Leon, 468 U. S. 897, 900 (1984).

⑫ United States v. Leon, 468 U. S. 897, 902 (1984).

⑬ United States v. Leon, 468 U. S. 897, 903 (1984).

"大量资源和费用"引起关注，法院也正确地指出"不加区分地适用证据排除规则"也是对法律和司法的不尊重。① 允许太多有罪的人逍遥法外将使司法程序受到质疑，正如不分青红皂白地纵容警察无法无天的行为必然会引起对司法独立性的质疑一样。② 通过对警方扣押的物证进行成本效益模式的分析，法院认为："通过禁止采纳某项证据的微小甚至不存在的好处是不能得出证据排除规则需要消耗大量的成本这一结论的，因为该证据是通过先申请一张有客观合理的理由作为依据而签发的有效搜查令，但是该搜查令随后被认定失效的方式获得的。"③ 证据排除规则背后的传统依据应当是威慑警察的不当行为。根据这一理由，法院认为："如果治安法官或法官在签搜查令时被宣誓书中的信息误导，即宣誓人明知是假的或本来应该知道是假的，那么禁止令仍然是一种适当的补救办法，除非不顾后果地无视真相。"④

基于上述事实，美国最高法院认为，警察依赖治安法官对合理根据的裁定是客观合理的，因此，没有理由在本案中适用证据排除规则。⑤ 再往前的伊利诺伊州诉克鲁尔案中，一名警探根据州法律（伊利诺伊州《车辆法》的一项规定）进行搜查后获取了证据，后来联邦法院认定该法违背了宪法。⑥ 与利昂案中法院所做的一样，克鲁尔案中法院的分析也采用了成本效益的模式分析。⑦ 因后来被裁定违宪的法律，直接导致当局搜查和扣押的证据被排除，但是这真的会对立法者产生任何的威慑作用吗？⑧ 法院认为，对立法者最大的威慑作用是法院有权宣布法律违宪，而不是将证据排除规则扩大到克鲁尔案这样的案件中去。⑨

此外，还有一些包容性的规则，使政府可以避免非法获取的证据在审判中被排除。⑩ 例如，对善意搜查令要求的例外情况（善意例外规则），即根据搜

---

① United States v. Leon, 468 U. S. 897, 907, 908 (1984).

② United States v. Leon, 468 U. S. 910, 911, 917 (1984)；见 Akhil Amar，《第四修正案是第一原则》，107Harv. L. REV. 757, 773 (1994)（然而，法院认为 Amar 教授在其文章中也强调的"治安法官告发警察（的非法行为）"的观点是带有"推测性的"）。

③ United States v. Leon, 468 U. S. 913, 922 (1984).

④ United States v. Leon, 468 U. S. 923 (1984).

⑤ United States v. Leon, 468 U. S. 926 (1984).

⑥ Illinois v. Krull, 480 U. S. 340, 342 – 344, 359 (1987).

⑦ Illinois v. Krull, 480 U. S. 347 (1987). Blackmun 法官指出，"与任何补救办法一样，证据排除规则的正确适用仅限于有效推进其补救目的的情况"。

⑧ Illinois v. Krull, 480 U. S. 352.

⑨ Illinois v. Krull, 480 U. S. 352.

⑩ Steiker, Queen v. Ireland, (1970) 126 CLR 321, 333（澳大利亚），334，第 2504 页。参见 R. v. Payne, (1963) 1 W. L. R. 637（美国），第 19—21 页（列举了证据排除规则的几个"紧急例外"）。

查令获取证据，后来搜查令被认定为在宪法上无效，证据也是可采的。[①] 第四修正案的保护范围不包括那些故意向公众暴露的私人领域，这则是另一个例子。[②] 这些规则的目的是制止警察可能或潜在的滥用权力的行为。如果某张搜查令并非明显违宪，并且所获取的证据并非完全不合理，则该证据应予采纳，因为警务人员根据该搜查令行事，事实上并没有滥用其权力。维护刑事审判寻求真相的功能并不是善意例外规则的最初目的，防止警察的不当行为和滥用权力才是。实践中不可避免地会发生例外，比如警方也发现有些案件中即使手段合法也会涉及证据的排除问题。[③] 在这种情况下，如果警察可以通过合法的手段发现被质疑的证据，那么证据的发现就不能说是警察滥用职权的结果。[④] 印度的证据排除规则背后的原理，应当与不公平操作原则是一样的。

结语

依据《印度宪法》第 20 条给予刑事被告人保护，也就是对非法获取的证据的可采性可以提出质疑。虽然《印度宪法》第 20 条也确实为刑事被告人提供了实质性的保护，保护他们不受事后法律的追诉、自证其罪和双重危险的影响，但它对非法获取的证据却保持了沉默。《加拿大权利和自由宪章》第 24 条第（2）款或美国宪法第四修正案的规定都与《印度宪法》第 20 条具有相似性。在印度最高法院，也有人曾多次试图对加拿大和美国宪法中类似《印度宪法》第 20 条的相关保护条款进行解读，但都失败了。虽然目前已经有人作了一些尝试性的解读，但《印度宪法》是否将保护刑事被告人不受非法获取证据的影响作为一项基本权利予以规定仍有待论证。尽管如此，本文仍坚持阐述一个法律立场，即非法获取的证据是不可采的；这并不是作为一个宪法性的基本权利进行讨论，而是将其作为《印度证据法》赋予的权利来进行讨论的。

为了做到这一点，本文援引了一项非常古老且被司法公认的原则，即不公平操作原则，适用于非法获取的证据情况。本文首先将“不公平操作原则”定位为印度证据法可采性一般规则中的一部分。然后援引了罗纳德·德沃金教

---

① Carol S. Steiker，《宪法性的刑事诉讼中的反进化？两个角度，两种答案》，94 MICH. L. REV. 2466，2512（1996）。

② Katz v. United States，389 U. S. 347，351（1967）．“一个人故意向公众暴露的事物，哪怕是在他自己的家里或办公室，也不是第四修正案保护的对象”（第四修正案保护公民的人身、住宅、文件和财产不受无理搜查和扣押的权利，不得侵犯。——译者注）。另见，Oliver v. United States［466 U. S. 170（1984）］（讨论开放领域理论），与 United States v. Dunn［480 U. S. 294（1987）］一致。

③ Wong Sun v. United States，371 U. S. 471（1963）．

④ Steiker，Queen v. Ireland，（1970）126 CLR 321，333（澳大利亚），334，第 2515 页。

授的法哲学理念，认为在审判中排除非法获取的证据是印度法律中证据可采性一般规则的一部分。同时，非法证据不可采的观点，也应该是一种基于传统的一般证据原则而长期普遍存在的合理且合法的主张。本文分析了非法证据可采的法律原因，并且认为这些法律原因并不属于证据可采性的一般原则（不公平操作原则是其中的一部分）。然后引用了德沃金的一个论点，并提供了相关的法律依据，以此说明对非法获取的证据因适用不公平操作原则而不被采纳。对这一法律立场的其他实践支持还来自美国、澳大利亚和加拿大的司法机关。

抛开德沃金的相关分析，本文还将印度主要的司法权威与美国宪法第四修正案的判例就这个问题作了比较，并认为即使《印度宪法》中不存在可以与美国宪法第四修正案相媲美的条文，但进一步分析美国与印度最高法院在这点的权威意见，最终可以得出肯定结论，就是两个法院均希望达到的目的是非常相似的。正如德沃金的分析所表明的那样，有一项排除非法获取证据的合法权利对印度最高法院来说变得更加重要。不但《印度宪法》赋予了刑事被告人一项基本权利来对抗在审判中非法获取的证据，而且《印度证据法》中的一般可采性规则也为排除非法证据提供了充分的法律支持。这就是本文试图突出和阐明的基本观点，也是以前关于这一主题的文献都没有尝试过的内容。本文的立场是不公平操作原则作为《印度证据法》中一般可采性规则的一部分，长期以来已经得到了普遍的司法适用，其为印度的证据排除规则提供了更强有力的法律依据（排除非法获取的证据作为一项法律赋予的权利），相比之下《印度宪法》只是赋予了一项类似（排除非法证据）的基本性权利。

稿　约

《证据法学论丛》是由西南政法大学证据法学研究中心主办，潘金贵教授担任主编，面向全国的学术论著荟萃，由中国检察出版社出版，每年出版一卷或者两卷，每卷约40万字。现向全国同行征稿，稿约如下：

一、《证据法学论丛》作为证据法学专业学术园地，主要栏目包括：证据法理、前沿聚焦、实证研究、异域法苑等，尤其欢迎实证类稿件，每期依据来稿酌设专栏。

二、《证据法学论丛》发表证据法学领域包括刑事诉讼证据、民事诉讼证据、行政诉讼证据等方面有较高水平、有创见的学术论文，字数一万字以上，无上限，来稿采用与否以学术价值为基本标准。

三、《证据法学论丛》注释采用脚注，每页分别编码，所注文献依次注明著（译）者、著作或者文章名、出版社或者报刊名、出版时间、版次或刊次及页数。引用外文文献的，按该语种通行注释体例设注。

四、来稿请寄：西南政法大学证据法学研究中心收或西南政法大学法学院，潘金贵收；邮编：401120。电子邮箱：1169911388@qq.com。来稿一律不退，请自留底稿。文章发表时署名自便，但来稿务必写明作者的真实姓名、地址、现工作单位、学衔、职称及联系方式。来稿不得一稿多投。3个月后如未接到采用通知，可另行处理。翻译稿件原文版权事宜，由译者自行处理并自行负责，投稿时需附原文。

五、编者保留对来稿进行技术性加工处理的权利。文章如发表，文责自负。

编　者

图书在版编目（CIP）数据

证据法学论丛．第八卷/潘金贵主编．—北京：中国检察出版社，2021.5

ISBN 978－7－5102－2534－5

Ⅰ.①证…　Ⅱ.①潘…　Ⅲ.①证据－法学－文集　Ⅳ.①D915.130.1－53

中国版本图书馆CIP数据核字（2021）第009193号

证据法学论丛（第八卷）

潘金贵　主编

出版发行：中国检察出版社
社　　址：北京市石景山区香山南路109号（100144）
网　　址：中国检察出版社（www.zgjccbs.com）
编辑电话：（010）86423751
发行电话：（010）86423726　86423727　86423728
（010）86423730　86423732
经　　销：新华书店
印　　刷：北京宝昌彩色印刷有限公司
开　　本：710 mm×960 mm　16开
印　　张：19
字　　数：338千字
版　　次：2021年5月第一版　2021年5月第一次印刷
书　　号：ISBN 978－7－5102－2534－5
定　　价：68.00元